Kerstin Neumann

Die Aufsicht über Finanzkonglomerate

BrV 13

Schriftenreihe der Bankrechtlichen Vereinigung

herausgegeben von

Walther Hadding, Mainz
Klaus J. Hopt, Hamburg
Herbert Schimansky, Karlsruhe

Band 13

Walter de Gruyter · Berlin · New York

Kerstin Neumann

Die Aufsicht über Finanzkonglomerate

1998
Walter de Gruyter · Berlin · New York

Dr. *Kerstin Neumann*, Wirtschaftsjuristin in Stuttgart

♾ Gedruckt auf säurefreiem Papier, das die US-ANSI-Norm über Haltbarkeit erfüllt.

Die Deutsche Bibliothek – CIP-Einheitsaufnahme

Neumann, Kerstin:
Die Aufsicht über Finanzkonglomerate / Kerstin Neumann. – Berlin ; New York : de Gruyter, 1998
(Schriftenreihe der Bankrechtlichen Vereinigung ; Bd. 13)
ISBN 3-11-016259-8

Printed in Germany
Druck und buchbinderische Verarbeitung: WB-Druck, Rieden am Forggensee
Umschlaggestaltung: Angela Dobrick, Hamburg

Vorwort

Im Zuge der sich verstärkenden Allfinanzbestrebungen und der Schaffung eines europäischen Binnenmarktes nimmt die Bildung von Finanzkonglomeraten aus Kreditinstituten, Wertpapierdienstleistungs- und Versicherungsunternehmen zu. Im Hinblick auf ihre Beaufsichtigung stellt sich daher die Frage, ob die vorhandenen Instrumentarien, insbesondere die Regelungen über die Eigenmittelausstattung, ausreichen oder weiterer Harmonisierung bedürfen. Die vorliegende Arbeit untersucht die aufsichtsrechtliche Behandlung von Finanzkonglomeraten unter Berücksichtigung der europäischen Rahmenbedingungen und legt die Notwendigkeit, aber auch die Grenzen ergänzender Regulierungen dar. Auf der Grundlage der gefundenen Ergebnisse wird ein eigenes Aufsichtskonzept entwickelt.

Herr Professor Dr. Meinrad Dreher, LL.M., hat mich bei dieser Arbeit unterstützt und während meiner Zeit als wissenschaftliche Mitarbeiterin an seinem Lehrstuhl auf vielfältige Weise gefördert. Ihm gilt mein besonderer Dank.

Den Freunden der Universität Mainz e.V. bin ich für die Zuerkennung eines Dissertationspreises sehr verbunden.

Schließlich danke ich den Herausgebern der Schriftenreihe der Bankrechtlichen Vereinigung für die Aufnahme meiner Arbeit in diese Reihe.

Diese Arbeit ist im November 1997 abgeschlossen worden. Zur Drucklegung konnten einzelne, bis Mai 1998 erschienene Veröffentlichungen und Materialien eingearbeitet werden.

Freiburg im Breisgau/Stuttgart, im Juni 1998 — Kerstin Neumann

Inhaltsübersicht

Inhaltsverzeichnis

Abkürzungsverzeichnis

a.A.	anderer Ansicht
ABl.EG	Amtsblatt der Europäischen Gemeinschaften
Abs.	Absatz
AG	Die Aktiengesellschaft
AktG	Aktiengesetz
ausdr.	ausdrücklich
ausf.	ausführlich
BAK	Bundesaufsichtsamt für das Kreditwesen
BAV	Bundesaufsichtsamt für das Versicherungswesen
BCCI	Bank of Credit and Commerce International
Begr.	Begründung
BetrAV	Betriebliche Altersversorgung
BFA	Bankenfachausschuß des Instituts der Wirtschaftsprüfer
BGBl.	Bundesgesetzblatt
BR-Drs.	Bundesratsdrucksache
BT-Drs.	Bundestagsdrucksache
BAnz.	Bundesanzeiger
CEA	Comité Européen des Assurances
DZWir	Deutsche Zeitschrift für Wirtschaftsrecht
ECU	European Currency Unit
EG	Europäische Gemeinschaft
EGV	Vertrag zur Gründung der Europäischen Gemeinschaft
Einl.	Einleitung
EU	Europäische Union
EuGH	Europäischer Gerichtshof
EuZW	Europäische Zeitschrift für Wirtschaftsrecht
EWG	Europäische Wirtschaftsgemeinschaft
FAZ	Frankfurter Allgemeine Zeitung
FS	Festschrift
GB	Geschäftsbericht
GDV	Gesamtverband der Versicherungswirtschaft e.V.
grds.	grundsätzlich
HdV	Handwörterbuch der Versicherung
h.M.	herrschende Meinung
Hrsg.	Herausgeber
ICBS	International Conference of Banking Supervisor
i.d.R.	in der Regel
Int.I.L.R.	International Insurance Law Review
IOSCO	International Organisation of Securities Commissions
i.V.m.	in Verbindung mit
Kap.	Kapitel

KWG	Gesetz über das Kreditwesen
m.w.N.	mit weiteren Nachweisen
n.F.	neue Fassung
ÖBA	Österreichisches Bankarchiv
OECD	Organization for Economic Cooperation and Development
OTC	Over the counter
o.V.	ohne Verfasser
RL	Richtlinie
Rn.	Randnummer
Rs.	Rechtssache
S.	Seite
Slg.	Sammlung
SVZ	Schweizerische Versicherungs-Zeitschrift – Revue Suisse d'Assurances
VAG	Gesetz über die Beaufsichtigung der Versicherungsunternehmen
VerAfP	Veröffentlichungen des Reichsaufsichtsamtes für Privatversicherung (bis 1939); Veröffentlichungen des Zonenamtes des Reichsaufsichtsamtes für das Versicherungswesen (ab 1947)
VerBAV	Veröffentlichungen des Bundesaufsichtsamtes für das Versicherungswesen
VersArch.	Versicherungswissenschaftliches Archiv
VersR	Versicherungsrecht
VR	Versicherungsrundschau
VO	Verordnung
Vorbem.	Vorbemerkung
VP	Die Versicherungs-Praxis
VVaG	Versicherungsverein auf Gegenseitigkeit
VW	Versicherungswirtschaft
WPg.	Wirtschaftsprüfung
ZBB	Zeitschrift für Bankrecht und Bankwirtschaft
ZfB	Zeitschrift für Betriebswirtschaft
ZfgK	Zeitschrift für das gesamte Kreditwesen
ZfV	Zeitschrift für Versicherungswesen
ZVersWiss	Zeitschrift für die gesamte Versicherungswissenschaft

Im übrigen richten sich die verwendeten Abkürzungen nach dem „Abkürzungsverzeichnis der Rechtssprache" von Hildebert Kirchner, 4. Auflage, Berlin u.a. 1993.

Literaturverzeichnis

Adams, Michael, Stellungnahme zur Anhörung im Bundestag „Macht der Banken", ZBB 1994, 77-100.

Adler, H./*Düring*, W./*Schmaltz*, K., Rechnungslegung und Prüfung der Unternehmen, Teilbd. 3, 6. Aufl., Stuttgart 1996.

Aha, Christof, Verbot des Erwerbs eigener Aktien nach den §§ 71 ff. AktG und eigener Genußscheine nach § 10 Abs. 5 S. 5 KWG, AG 1992, 218-227.

Albrecht, Peter, Grundlagen des Risikomanagements von derivativen Finanzinstrumenten, ZfV 1997, 84-91.

Altenburger, Otto A., Art. 14 der ersten Lebensversicherungsrichtlinie – eine kritische Analyse, ZVersWiss 1997, 479-484.

Amely, Tobias, Allfinanz-Konzerne als Problem der Bank- und Versicherungsaufsicht. Vorschläge zu einer integrativen Behandlung der Erfolgsrisiken, Köln 1994.

Angerer, August, Zur Solvabilität der Lebensversicherungsunternehmen, in: Wirtschaftsprüfung und Wirtschaftsrecht. Beiträge zum 75jährigen Bestehen der Treuhand-Vereinigung Aktiengesellschaft, Stuttgart 1980, S. 11-49.

- Dienstleistungen zwischen verbundenen (Versicherungs-)Unternehmen, VW 1982, 1456-1462.
- Beteiligungen im Vermögen von Versicherungsunternehmen, ZfV 1983, 134-145.
- Aufsichtsrechtliche Probleme bei Versicherungsgruppen und -konzernen, Frankfurter Vorträge zum Versicherungswesen, Karlsruhe 1984.
- Grundlinien der Versicherungsaufsicht, Mannheimer Vorträge zur Versicherungswissenschaft, Karlsruhe 1985.
- Probleme der Versicherungsaufsicht, ZfV 1987, 590-600.
- Erfahrung mit Versicherungsaufsicht, ZVersWiss 1989, 107-127.

Angermayer, Birgit/*Dietz*, Jürgen/*Scharpf*, Paul, Zulässigkeit derivativer Finanzinstrumente bei Versicherungsunternehmen, VW 1996, 107-113.

Armbrüster, Christian, Zur Harmonisierung des Privatversicherungsrechts in der EG, Jahrbuch Junger Zivilrechtswissenschaftler 1991, S. 89-107.

Artopoeus, Wolfgang, Innovative Handelsgeschäfte und Bankenaufsicht, Die Sparkasse 1996, 149-155.

Bader, Udo-Olaf, Die EG-Bankrechtsharmonisierung. Stand und Ausblick, in: Rechtsfragen bei Bankleistungen im Europäischen Binnenmarkt, hrsg. v. Walther Hadding und Reinhard Welker, Köln 1994, S. 173-191.

Baas, Volker, Die Tage des Glass/Steagall-Act sind gezählt, Die Bank 1997, 606-608.

Bähre, Inge Lore/*Schneider*, Manfred, KWG-Kommentar, 3. Aufl., München 1986.

Baran, Peter, Der europäische Binnenmarkt für Versicherungen und das Allgemeininteresse, VR 1997, 173-179.

Barth, Andreas/*Kropp*, Matthias, Die Transformation der EU-Großkreditrichtlinie in der 5. KWG-Novelle, WM 1995, 1297-1304.

Baseler Ausschuß für Bankenaufsicht und der Offshore-Gruppe von Bankenaufsichtsbehörden (Hrsg.), Grenzüberschreitende Bankenaufsicht, Oktober 1996.

Baumbach, Adolf/*Hopt*, Klaus J., Handelsgesetzbuch, 29. Aufl., München 1995, zitiert: Baumbach/Hopt, HGB.

Baums, Theodor/*Fraune*, Christian, Institutionelle Anleger und Publikumsgesellschaft: Eine empirische Untersuchung, AG 1995, 97-112.

Baur, Jürgen, Investmentgesetze, Berlin 1997.

Beck'scher Bilanzkommentar. Handels- und Steuerrecht – §§ 238 bis 339 HGB –, 3. Aufl., München 1995, zitiert: Bearbeiter, in: Beck'scher Bilanzkommentar.

Bering, Rolf, Einsatz derivativer Finanzinstrumente gem. § 7 Abs. 2 S. 2 VAG, Betriebliche Altersversorgung 1992, 112-115.

Beusch, Karl, Rücklagenbildung im Konzern, in: Festschrift für Reinhard Goerdeler, hrsg. v. Hans Havermann, Düsseldorf 1987, S. 25-44.

Beuthien, Volker, Die eingetragene Genossenschaft als verbundenes Unternehmen, in: Ernst-Joachim Mestmäcker und Peter Behrens (Hrsg.), Das Gesellschaftsrecht der Konzerne im internationalen Vergleich, Baden-Baden 1991, S. 133-168.

Bezzenberger, Gerold/*Schuster*, Detlev, Die öffentliche Anstalt als abhängiges Konzernunternehmen, ZGR 1996, 481-499.

Bitz, Michael, „Haftendes Eigenkapital" und „freie unbelastete Eigenmittel", ZBB 1996, 269-287.

Bleckmann, Albert, Europarecht, 6. Aufl., Köln/Berlin/Bonn/München 1997.

Boetius, Jan, Veränderung der PKV-Solvabilität notwendig?, PKV-Publik 1/1997, 6-7.

Bolwin, Heinrich, Rückversicherung und Versicherungskonzerne, ZVersWiss 1922, 308-322.

Boos, Karl-Heinz/*Höfer*, Birgit, Die Kapitaladäquanz-Richtlinie (I), Die Bank 1995, 285-291; (II), Die Bank 1995, 359-367.

Boos, Karl-Heinz/*Schulte-Mattler*, Hermann, Der neue Grundsatz I: Kreditrisiken, Die Bank 1997, 474-479.

- Der neue Grundsatz I: Fremdwährungs- und Rohwarenrisiken, Die Bank 1997, 556-562.
- Der neue Grundsatz I: Aktienkurs- und Zinsänderungsrisiken, Die Bank 1997, 610-615.
- Der neue Grundsatz I: Interne Risikomodelle, Die Bank 1997, 684-687.

Borio, Claudio E.V./*Filoso*, Renato, The Changing Borders of Banking: Trends and Implications, Bank for International Settlements, BIS Economic Papers, No. 43 – Basle December 1994.

von Borries, Reimer, Verwaltungskompetenzen der Europäischen Gemeinschaft, in: Festschrift für Ulrich Everling, Bd. I, hrsg. Ole Due, Marcus Lutter, Jürgen Schwarze, Baden-Baden 1995, S. 127-147.

Brachmann, Harald, Finanzdienstleistungen des Kompositversicherers, ZfV 1994, 298-302.

Brackert, Gerhard, Grundsatzfragen der Konzernrechnungslegung von Finanzkonglomeraten, in: Internationale Wirtschaftsprüfung, Festschrift zum 65. Geburtstag von Hans Havermann, Düsseldorf 1995, S. 65-82.

Braekler, Kai Uwe, Solvabilität von EU-Lebensversicherern, ZfV 1995, 596-600.

Braeß, Paul, Die Bedeutung des Eigenkapitals in der Versicherungswirtschaft, ZVersWiss 1964, 1-20.

– Betriebswirtschaftliche Aspekte der „Solvabilitätsvorschriften“, VW 1969, 152-160.

Braeß, Paul/*Karten*, Walter, Kapital- und Gewinnströme bei verflochtenen Kapitalgesellschaften, ZVersWiss 1967, 261-313.

Brandes, Helmut, Grundsätze der Kapitalerhaltung im Vertragskonzern, in: Festschrift für Alfred Kellermann zum 70. Geburtstag am 29. November 1990, hrsg. v. Reinhard Goerdeler, Peter Hommelhoff, Marcus Lutter, Walter Odersky, Herbert Wiedemann, Berlin/New York 1991, S. 25-35.

Braumüller, Peter, Die Vorschriften über die Eigenmittelausstattung der Versicherungsunternehmen auf Einzelunternehmensebene, VR 1997, 130-140.

Braun, Wilfried, Finanzderivate im Spannungsfeld betriebswirtschaftlicher Notwendigkeit und rechtlicher Risikobegrenzung – Ein Problemaufriß aus dem Blickwinkel des deutschen Rechts –, in: Währung und Wirtschaft: Das Geld im Recht; Festschrift für Hugo J. Hahn zum 70. Geburtstag, hrsg. v. Albrecht Weber i.V.m. Ludwig Gramlich, Baden-Baden 1997, S. 319-338, zitiert: *Braun*, in: FS f. Hugo J. Hahn.

Büchner, Georg, Der Referentenentwurf eines Dritten Durchführungsgesetzes/EWG zum VAG auf dem Prüfstand, Münsteraner Reihe, Karlsruhe 1993.

– Fragen des aufsichtsrechtlichen Verbraucherschutzes (unter Berücksichtigung EU-ausländischer Anbieter), ZVersWiss 1994, 349-367.

Geburtstags-Schrift für Georg Büchner 1991, Versicherungen in Europa. Heute und Morgen, hrsg. v. Franz Wilhelm Hopp und Georg Mehl, Karlsruhe 1991, zitiert: *Autor*, in: Geburtstags-Schrift f. Büchner.

Büschgen, Hans E., Bankbetriebslehre, 3. Aufl., Stuttgart/u.a. 1994.

– In-house banking, WM 1995, 733-743.

Bundesverband deutscher Banken, Bankkonzernbilanzierung nach neuem Recht, WPg. 1994, 11-20.

Burgard, Ulrich, Die Tatbestandsmerkmale des qualifizierten faktischen GmbH-Konzerns und ihre Konkretisierung nach „TBB“, WM 1993, 925-934.

Burghard, Peter, Einsatz und Risiken derivativer Finanzinstrumente in Versicherungsunternehmen, Mannheimer Vorträge zur Versicherungswissenschaft, Karlsruhe 1995.

Burghof, Hans-Peter/*Rudolph*, Bernd, Bankenaufsicht: Theorie und Praxis der Regulierung, Wiesbaden 1996.

Busch, Torsten, Genußkapital als Eigenmittel von Versicherungsunternehmen, Frankfurt am Main/Berlin/Bern/New York/u.a. 1992.

– Die Nachhaftung des Anstalts- bzw. Gewährträgers bei Privatisierung der Rechtsform öffentlich-rechtlicher Kreditinstitute, AG 1997, 357-362.

Busse von Colbe, Walther/*Ordelheide*, Dieter, Konzernabschlüsse, 6. Aufl., Wiesbaden 1993.

CEA, Finanzkonglomerate, Paris 1993.

Claussen, Carsten P., Kapitalersatzrecht und Aktiengesellschaft, AG 1985, 173-184.

Clemm, Hermann, Der Abschlußprüfer als Krisenwarner und der Aufsichtsrat – Anmerkungen zu einem – wieder einmal – aktuellen Thema, in: Festschrift für Hans Havermann, hrsg. v. Josef Lanfermann, Düsseldorf 1995, S. 83-107.

Consbruch/Möller/Bähre/Schneider, Kreditwesengesetz mit verwandten und zugehörigen Vorschriften, München, Stand: Januar 1998.

Crezelius, EWiR § 256 AktG, 1/94, S. 9.

Dauses, Manfred A. (Hrsg.), Handbuch des EG-Wirtschaftsrechts, München, Stand: April 1997.

Decher, Christian E., Die Zulässigkeit des qualifiziert faktischen Aktienkonzerns, DB 1990, 2005-2010.

Degenhart, Heinrich, Zweck und Zweckmäßigkeit bankaufsichtlicher Eigenkapitalnormen, Berlin 1987.

Deutsche Bundesbank (Hrsg.), 6th International Conference of Banking Supervisors, Oct. 1990, Frankfurt 1990, zitiert: ICBS, S.

– Geschäftsbericht 1993, Mitwirkung der Bundesbank bei der Bankenaufsicht und Änderungen des Bankenaufsichtsrechts, S. 123-130.

– Finanzkonglomerate und ihre Beaufsichtigung, Monatsbericht April 1994, S. 49-61.

– Die Fünfte Novelle des Kreditwesengesetzes, Monatsbericht November 1994, S. 59-67.

– Zum Informationsgehalt von Derivaten für die Geld- und Währungspolitik, Monatsbericht November 1995, S. 17-32.

– Mitwirkung der Bundesbank bei der Bankenaufsicht und Änderungen des Bankenaufsichtsrechts, Geschäftsbericht 1996, S. 150-163.

– Mindestanforderungen an das Betreiben von Handelsgeschäften der Kreditinstitute, Monatsbericht März 1996, 55-64.

Deutscher Sparkassen- und Giroverband, Jahresbericht 1995, Bonn 1996.

Dickinson, G. M./*Dinenis*, E., Investment Regulations of Insurance Companies across the OECD, in: OECD (ed.), Policy Issues in Insurance. Investment, Taxation, Insolvency, Paris 1996.

Dietz, Detlev, Bankkonzernrecht nach der Novelle zum Kreditwesengesetz, Diss. Tübingen 1988.

– Bankkonzernrecht nach der Novelle zum Kreditwesengesetz, AG 1990, 269-289 (I), AG 1990, 333-359 (II), AG 1990, 376-392 (III).

Doerry, Astrid, Zum Begriff von Funktionsausgliederungen und Betriebsausgliederungen, VersR 1989, 1133-1134.

Dreher, Meinrad, Die Zulässigkeit von Unternehmensverträgen unter Beteiligung von Versicherungsaktiengesellschaften, ZVersWiss 1988, 619-654.

– Die Versicherung als Rechtsprodukt, Tübingen 1991.

– Konkurssicherungsfonds statt Wirtschaftsaufsicht? – Zu den Schranken des Vorrangs der privatautonomen Selbstverwaltung der Wirtschaft –, in: Festschrift für Fritz Rittner, München 1991, S. 93-117.

– Sicherungseinrichtungen im Kreditsektor zwischen Instituts-, Einlagen- und Herrschaftssicherung, ZIP 1992, 1597-1612.

– Versicherungskonzernrecht nach der Aufsichtsderegulierung – Das Beispiel der Unternehmensverträge mit Versicherungsaktiengesellschaften –, DB 1992, 2605-2612.

– Inhalt und Grenzen einer künftigen Mißstandsaufsicht des VAG, VersR 1993, 1443-1453.

– Ratsprotokollerklärungen, nationale und europäische Publizität und die Umsetzung von EG-Richtlinien, EuZW 1994, 743-747.

– Personelle Verflechtungen zwischen den Leitungsorganen von (Versicherungs-) Unternehmen nach Gesellschafts-, Konzern- und Versicherungsaufsichtsrecht, in: Recht und Ökonomie der Versicherung. Festschrift für Egon Lorenz zum 60. Geburtstag, hrsg. v. Hübner, Ulrich/Helten, Elmar/Albrecht, Peter, Karlsruhe 1994, S. 175-204.

– Das Ermessen des Aufsichtsrats, ZHR 158 (1994), 614-645.

– Die Mißstandsaufsicht über Versicherungsunternehmen nach dem Versicherungsaufsichtsgesetz 1994, WM 1995, 509-520.

– Transparenz und Publizität bei Ratsentscheidungen, EuZW 1996, 487-491.

– Die Quersubventionierung bei Versicherungsunternehmen nach europäischem und deutschem Versicherungsrecht, ZVersWiss 1996, 499-520.

Drygala, Tim, Verhaltenshaftung im faktischen GmbH-Konzern, GmbHR 1993, 317-329.

Dürselen, Karl E., Novellierung der Bankaufsichtsnorm Grundsatz I zur Erfassung und Begrenzung von Ausfallrisiken eines Kreditinstituts, ZBB 1994, 100-115.

Ebenroth, Carsten Thomas, Die qualifiziert faktische Konzernierung und ihre körperschaftssteuerrechtliche Auswirkung, AG 1990, 188-205.

Ebenroth, Carsten Thomas/*Fuhrmann*, Lambertus, Gewinnverlagerungen durch Unterpreisleistungen im transnationalen Konzern, DB 1989, 1100-1106.

Ehricke, Ulrich, Gedanken zu einem allgemeinen Konzernorganisationsrecht zwischen Markt und Regulierung, ZGR 1996, 300-325.

Eichholz, Rainer, Das Recht konzerninterner Darlehen, Berlin 1993.

Emmerich, Volker/*Sonnenschein*, Jürgen, Konzernrecht, 5. Aufl., München 1993.

Ensthaler, Jürgen/*Kreher*, Markus, Verlustausgleichspflicht im qualifizierten faktischen GmbH-Konzern, BB 1995, 1422-1430.

– Haftungspotentiale unterschiedlicher Finanzierungsformen im Zusammenhang mit qualifizierten faktischen GmbH-Konzernen, BB 1996, 385-389.

European Commission, Insurance. Solvency margins. (1997) 10 Int.I.L.R., G-178-179.

Fabritius, Hans Georg, Ordnungspolitischer Handlungsbedarf bei Derivaten, in: Bernd Rudolph (Hrsg.), Derivative Finanzinstrumente, Stuttgart 1995, S. 277-286.

Fahr, Ulrich, Die Umsetzung der Versicherungsrichtlinien der dritten Generation in deutsches Recht, VersR 1992, 1033-1047.

– Aktuelle Reformfragen zum VAG, Mannheimer Vorträge zur Versicherungswissenschaft, Karlsruhe 1993.

Fahr, Ulrich/*Kaulbach*, Detlef, Versicherungsaufsichtsgesetz mit BAG, 2. Aufl., München 1997.

Farny, Dieter, Solvabilität und Solvabilitätspolitik der Versicherungsunternehmen, ZVersWiss 1984, 35-67.

– Allfinanz – Das betriebswirtschaftliche Konzept, in: Beihefte zu Kredit und Kapital, Heft 11, Allfinanz-Strukturwandel an den Märkten für Finanzdienstleistungen, hrsg. v. Hans-Jacob Krümmel, Hannes Rehm, Diethard B. Simmert, Berlin 1991, S. 161-176.

– Versicherungsbetriebslehre, 2. Aufl., Karlsruhe 1995.

Flütsch, Jürg, Versicherungsaufsicht und versicherungsfremdes Geschäft, SJZ 1988, 257-265.

Forestieri, Giancarlo, Economies of Scale and Scope in the Financial Services Industry: A Review of recent literature, in: OECD (ed.), Financial Conglomerates, Paris 1993, S. 63-124.

Frels, Harro, Konzernrechtliche Probleme des VVaG nach dem neuen Aktiengesetz, VersR 1966, 993-999.

Gabler Versicherungslexikon, hrsg. v. Peter Koch, Wieland Weiss, Wiesbaden 1994.

Gaddum, Johann Wilhelm/*Hahn*, Hugo J./*Kuntze*, Wolfgang, Allfinanz, ZfgK 1989, 710-720.

Gärtner, Bertolt-D., Finanzielle Beteiligung Privater an Anstalten des öffentlichen Rechts, Diss. Tübingen 1994.

GDV, Die deutsche Versicherungswirtschaft, Jahrbuch 1994, 1995, 1996.

Geiger, Helmut, Die deutsche Sparkassenorganisation, 2. Aufl., Frankfurt am Main 1992.

Geise, Wolfgang, Sparkassen-Finanzgruppe und Allfinanz, Die Sparkasse 1993, 56-63.

Gerick, André, Die Beteiligung der Sparkassen- und Giroverbände an den Landesbanken dargestellt am Beispiel der WestLB, Berlin 1996.

von Gerkan, Hartwin, Das Recht des Eigenkapitalersatzes in der Diskussion, ZGR 1997, 173-205.

von Gerkan, Hartwin/*Hommelhoff*, Peter, Kapitalersatz im Gesellschafts- und Insolvenzrecht, 5. Aufl., Köln 1997.

Geßler, Ernst, Bestandsschutz der beherrschten Gesellschaft im Vertragskonzern?, ZHR 140 (1976), 433-441.

Geßler, Ernst/*Hefermehl*, Wolfgang/*Eckardt*, Ulrich/*Kropff*, Bruno, Aktiengesetz. Kommentar, München 1973 ff., zitiert: Bearbeiter, in: Geßler/Hefermehl, AktG.

Gies, Helmut, Versicherungskonzerne – Versicherungen in Konzernen, Frankfurter Vorträge zum Versicherungswesen, Karlsruhe 1985.

Gies, Helmut/*Müller*, Helmut/*Kuntze*, Wolfgang, Möglichkeiten und Grenzen von Allfinanzkonzepten, Münsteraner Reihe, Karlsruhe 1990.

Giessmann, Claus D., Genußrechtskapital – nicht nur der Solvabilität wegen, VW 1987, 1162-1168.

von Godin, R./*Wilhelmi*, Hans, Aktiengesetz. Kommentar, 4. Aufl., Berlin/u.a. 1971.

Götz, Heinrich, Rücklagenbildung in der Unternehmensgruppe, in: Bilanzrecht und Kapitalmarkt, Festschrift zum 65. Geburtstag von Adolf Moxter, Düsseldorf 1994, S. 573-600.

Goldberg, Alfred/*Müller*, Helmut, Versicherungsaufsichtsgesetz, Berlin/New York 1980.

Golz, Joachim-Friedrich, Ausgewählte Fragen der Umsetzung der dritten Versicherungsrichtlinien, Karlsruhe 1993.

Grabitz, Eberhard/*Hilf*, Meinhard, Kommentar zur Europäischen Union, München, Bd. I, Stand: Mai 1995, Bd. II, Stand: Oktober 1996.

Graff, Antonia, Der Einsatz derivativer Finanzinstrumente bei deutschen Schaden- und Unfallversicherungsunternehmen. Eine empirische Untersuchung, VW 1997, 986-989.

Gröschel, Ulrich, Von der 4. zur 7. KWG-Novelle, Sparkasse 1993, 225-230.

– Funktionen und Stellung der Landesbanken in der Sozialen Marktwirtschaft, ZögU 1996, 1-13.

Gröschel, Ulrich/*Möller*, Klaus, Aufsicht über Finanzkonglomerate, Sparkasse 1995, 394-400.

Gromann, Hans-Georg, Die Staatsaufsicht über Versicherungskonzerne nach dem Versicherungsaufsichtsgesetz. Eine Bestandsaufnahme der bisherigen Praxis, AG 1981, 241-249.

Großkommentar zum AktG, begründet v. W. Gadow u. E. Heinichen, 4. Aufl., Berlin/New York 1992 ff.

Gruner-Schenk, Petra, Harmonisierung des Bankaufsichtsrechts, Diss. Berlin 1995.

Güde, Udo, Die einzelne Sparkasse im Verbund und Verband, ZfgK 1992, 370-374.

Habersack, Mathias, Private public partnership: Gemeinschaftsunternehmen zwischen Privaten und der öffentlichen Hand – Gesellschaftsrechtliche Analyse –, ZGR 1996, 544-563.

Hachenburg, Gesetz betreffend die Gesellschaften mit beschränkter Haftung (GmbHG), Großkommentar, hrsg. v. Peter Ulmer, Bd. 1, 8. Aufl., Berlin/New York 1992.

Hadding, Walther, Nachrangige Verbindlichkeiten bei öffentlichrechtlichen Kreditinstituten, in: Bankpolitik, finanzielle Unternehmensführung und die Theorie der Finanzmärkte, Festschrift für Hans-Jacob Krümmel zur Vollendung des 60. Lebensjahres, hrsg. v. Bernd Rudolph und Jochen Wilhelm, Berlin 1988, S. 121-134.

Häusele, Stefan, Aufsicht über Finanzkonglomerate, ZVersWiss 1994, 563-632.

Haller, Gert, Wandel der Finanzdienstleistungen als Aufsichtsproblem, in: Allfinanz-Strukturwandel an den Märkten für Finanzdienstleistungen, hrsg. v. Hans-Jacob Krümmel, Hannes Rehm, Diethard B. Simmert, Beihefte zu Kredit und Kapital, Heft 11, Berlin 1991, S. 327-344.

Hammen, Horst, EG-rechtliche Grenzen mitgliedstaatlicher Bankgesetzgebung, EuZW 1996, 460-466.

– Beschränkung von Beteiligungen der Kreditinstitute an Nichtbankunternehmen, ZHR 160 (1996), 133-162.

Handwörterbuch der Versicherung, hrsg. v. Dieter Farny, Elmar Helten, Peter Koch, Reimer Schmidt, Karlsruhe 1988, zitiert: Bearbeiter, in: HdV, Stichwort.

Hansen, Herbert, Licht- und Schattenseiten der Großbankenabschlüsse 1996, AG 1997, R 213-220.

Heidelberger Kommentar zum Handelsgesetzbuch, 4. Aufl., Heidelberg 1996.

Heinrich, Herbert, § 7 Abs. 2 S. 1 VAG – ein gesetzliches Verbot?, VersR 1997, 1169-1172.

Hellenthal, Ludger, Das Bankenaufsichtsrecht der Europäischen Gemeinschaft, Berlin 1992.

Hemeling, Peter, Die Beteiligungen von Versicherungsunternehmen an Unternehmen anderer Wirtschaftszweige nach dem Versicherungsaufsichtsrecht, Diss. Göttingen 1989.

Henn, Günter, Handbuch des Aktienrechts, 5. Aufl., Heidelberg 1994.

Henze, Hartwig, Zur Problematik der „verdeckten (verschleierten) Sacheinlage" im Aktien- und GmbH-Recht, ZHR 154 (1990), 105-127.

– Höchstrichterliche Rechtsprechung zum Aktienrecht, 2. Aufl., Köln 1994, zitiert: *Henze*, HRR zum Aktienrecht.

Hertel, Achim, Über einige offene Fragen und „Ungereimtheiten" der Solvabilitätsvorschriften in der EG-Richtlinie zur Lebensversicherung, VW 1981, 436-442.

– Die Solvabilität deutscher Lebensversicherungsunternehmen, Frankfurt am Main/u.a. 1984.

Hesberg, Dieter, Anmerkungen zur Ausstattung der deutschen Schaden-Versicherungsunternehmen mit Sicherheitskapital nach der Novellierung des Versicherungsaufsichtsgesetzes durch das Erste Durchführungsgesetz/EWG zum VAG, ZVersWiss 1976, 379-437.

Hesberg, Dieter/*Karten*, Walter, Supervision of Financial Conglomerates – Remarks on Solvency Control and Alleged Double Gearing –, The Geneva Papers on Risk and Insurance, 19 (No. 70, January 1994), 1-21.

Hettrich, Eduard/*Pöhlmann*, Peter, Genossenschaftsgesetz, München 1995.

Hinsch, Christian, Allfinanz – eine Zwischenbilanz, in: Deutsches und Internationales Bank- und Wirtschaftsrecht im Wandel, hrsg. v. Harald Herrmann, Klaus Peter Berger, Ulrich Wackerbarth, Berlin/New York 1997, S. 65-77.

Hirsch, Alain, La surveillance des groupes bancaires, in: Jean Nicolas Druey (Hrsg.), Das St. Galler Konzernrechtsgespräch, Bern, Stuttgart 1988, S. 209-220.

Hoeren, Thomas, Selbstregulierung im Banken- und Versicherungsrecht, Karlsruhe 1995.

Hölscher, Reinhold, Eigenkapitalnormen für Banken und Lebensversicherungsunternehmen, ZfgK 1990, 173-178.

– Solvabilitätsvorschriften für Lebensversicherungsunternehmen, WiSt 1990, 600-604.

Hoffmann-Becking, Michael, Der qualifizierte faktische AG-Konzern – Tatbestand und Abwehransprüche –, in: Probleme des Konzernrechts: Symposion zum 80. Geburtstag von Wolfgang Schilling, hrsg. v. Peter Ulmer, Heidelberg 1989, S. 68-86.

Hohlfeld, Knut, Die Zukunft des Verbraucherschutzes im Privatkundengeschäft der Versicherungen, VW 1991, 1494-1502.

– Was bleibt von der materiellen Versicherungsaufsicht nach Vollendung des Binnenmarktes?, Münsteraner Reihe, Karlsruhe 1992.

– Finanzaufsicht und Rechnungslegung auf dem Versicherungssektor nach der Deregulierung, in: Dieter Farny und die Versicherungswissenschaft, hrsg. v. Robert Schwebler und den Mitgliedern des Vorstands des Deutschen Vereins für Versicherungswissenschaft, Karlsruhe 1994, S. 229-237.

– Einheitliche Aufsicht über Finanzdienstleistungen?, WM 1994, 2105.

– Kooperation/Konzernbildung zwischen Kreditinstituten und Versicherungsgesellschaften, VW 1995, 564-569.

– Auswirkungen der Deregulierung aus aufsichtsbehördlicher Sicht, Mannheimer Vorträge zur Versicherungswissenschaft, Karlsruhe 1996.

Hommelhoff, Peter, Die Konzernleitungspflicht, Köln/Berlin/Bonn/München 1982.

– Eigenkapital-Ersatz im Konzern und in Beteiligungsverhältnissen, WM 1984, 1105-1118.

– Der Verlustausgleich im Mehrmütter-Vertragskonzern, in: Bilanz- und Konzernrecht, Festschrift zum 65. Geburtstag v. Reinhard Goerdeler, hrsg. v. Hans Havermann, Düsseldorf 1987, S. 221-239.

– Zum revidierten Vorschlag einer EG-Konzernrichtlinie, in: Festschrift für Hans-Joachim Fleck, hrsg. v. Reinhard Goerdeler, Peter Hommelhoff, Marcus Lutter, Herbert Wiedemann, Berlin/New York 1988, S. 125-150.

– Praktische Erfahrungen mit dem Abhängigkeitsbericht – Ergebnisse einer rechtstatsächlichen Untersuchung –, ZHR 156 (1992), 295-313.

– Die qualifizierte faktische Unternehmensverbindung: ihre Tatbestandsmerkmale nach dem TBB-Urteil und deren rechtsdogmatisches Fundament, ZGR 1994, 395-421.

Hopt, Klaus J., Europäisches Konzernrecht – Thesen und Vorschläge –, in: Recht, Geist und Kunst: liber amicorum für Rüdiger Volhard, hrsg. v. Klaus Reichert u.a., Baden-Baden 1996, S. 74-88.

Horn, Norbert, Bankrecht auf dem Weg nach Europa, ZBB 1989, 107-121.

– Entwicklungslinien des europäischen Bank- und Finanzdienstleistungsrechts, ZBB 1994, 130-141.

Horsch, Andreas/*Paul*, Stephan, Risikoklassen in der Finanzaufsicht, ZfgK 1998, 328-336.

Houis, Bruno, Recht und Praxis der Finanzkonglomerate in Frankreich, Darmstadt 1991.

Hübner, Ulrich, Versicherer als Anbieter von Finanzdienstleistungen – neuere Entwicklungen und Rechtsprobleme in der Bundesrepublik Deutschland, VR 1989, 97-110.

Hübner, Ulrich/*Matusche-Beckmann*, Annemarie, Auswirkungen des Gemeinschaftsrechts auf das Versicherungsrecht, EuZW 1995, 263-273.

Hüffer, Uwe, Kapitalersatz durch Gesellschafterdarlehen einer Landesbank und durch Landesbürgschaft im Konkurs der illiquiden GmbH. Überlegungen zur HSW-Entscheidung des BGH, ZHR 153 (1989), 322-341.

– Aktiengesetz, Kommentar, 3. Aufl., München 1997.

Hüttemann, Rainer, Der Entherrschungsvertrag im Aktienrecht. Zulässiges Gestaltungsinstrument oder Verstoß gegen die aktienrechtliche Kompetenzordnung?, ZHR 156 (1992), 314-329.

Imelmann, Cord, Versicherungsaufsichtsrechtliche Fragen der Allfinanzkonzeption, Frankfurt am Main/u.a. 1996.

International Organisation of Securities Commissions (ed.), Principles for the Supervision of Financial Conglomerates, published in the UK for the International Organisation of Securities Commissions (IOSCO), Montreal, Canada. October 1992.

Jander, Klaus H./*Hess*, Frank Michael, Die Behandlung von Patronatserklärungen im deutschen und amerikanischen Recht, RIW 1995, 730-739.

Kagelmacher, Jürgen, Dienstleistungsverträge und Funktionsausgliederungen im Versicherungsaufsichtsrecht, Karlsruhe 1989.

Kalbaum, Günter, Acht Jahrzehnte Vermögensanlagepolitik der deutschen Lebensversicherungswirtschaft, in: Staat, Wirtschaft, Assekuranz und Wissenschaft, Festschrift für Robert Schwebler, hrsg. v. Rudolf Henn und Walter F. Schickinger, Karlsruhe 1986, S. 653-686.

Kalwar, Hans/*Weigel*, Hanns-Jürgen, Überlegungen zur Eigenkapitalbildung der Schadenversicherungsunternehmen nach Einführung der Solvabilitätsspanne unter besonderer Berücksichtigung des Versicherungsvereins auf Gegenseitigkeit – eine Arbeitsstudie –, ZVersWiss 1980, 583-625.

Karg, Manfred/*Lindemann*, Jan Henning, Regierungsentwurf der 6. KWG-Novelle, Die Sparkasse 1997, 123-132.

Karten, Walter, Marginalien zur EG-Solvabilitätskontrolle, in: Festgabe f. Marcel Grossmann zum 80. Geburtstag, St. Gallen 1984, S. 337-360.

– Do shares in other insurance companies reduce the solvency margin of an insurer?, in: Risk, Information and Insurance. Essays in the Memory of Karl H. Borch, ed. by Henri Loubergé, Boston/Dordrecht/London 1990, S. 257-267.

Kaulbach, Detlef, Holdingbildung in der Versicherungswirtschaft, ZfV 1989, 178-180.

– Patronatserklärungen in der Versicherungsaufsicht, VersR 1997, 286-288.

Keller, Thomas, Die Einrichtung einer Holding: Bisherige Erfahrungen und neuere Entwicklungen, DB 1991, 1633-1639.

Ketzer, Axel, Eigenkapitalersetzende Aktionärsdarlehen, Köln/Berlin/Bonn/München 1989.

Klein, A. Wilhelm, Entwicklung der Finanzdienstleistungen im europäischen Markt, VW 1991, 25-29.

– Der lange Weg zur Allfinanz – ein Konzept mit Zukunft in Europa – Zum Strukturwandel in der Banken- und Versicherungswirtschaft, VW 1996, 218-226.

Klein, Stefan Julius, Die Solvenz der Rückversicherungsunternehmen in der Bundesrepublik Deutschland: mit einem Ausblick auf ausgewählte europäische Märkte, Karlsruhe 1993.

Kleindiek, Detlef, Strukturvielfalt im Personengesellschafts-Konzern, Köln/Berlin/Bonn/München 1991.

Knauth, Klaus-Wilhelm, Kapitalanlagepolitik und Märkte im Wandel, VW 1995, 302-307.

– Effizienz und Wettbewerb der Aufsichtssysteme für Versicherungsunternehmen und Kreditinstitute, ZVersWiss 1996, 232-244.

Knauth, Klaus-Wilhelm/*Welzel*, Hans-Joachim, Finanzkonglomerate im Aufsichtsvisier, ZfgK 1993, 30-32.

Knobbe-Keuk, Brigitte, Bilanz- und Unternehmenssteuerrecht, 9. Aufl., Köln 1993.

Köhler, Günther, Harmonisierung der Kapitalanlagevorschriften in der EG, in: Festschrift für Georg Büchner, Karlsruhe 1991, S. 67-73.

– Grundsatzfragen der Kapitalanlagen, VW 1990, 1444-1448.

– Asset-Liability-Management – eine permanente Herausforderung!, Vortrag gehalten auf der 2. öffentlichen Veranstaltung des Vereins zur Förderung der Versicherungswissenschaft am 29.10.1993, in: Breitfeld, Werner (Hrsg.), Brandkriminalität, Brandstiftung – Reform des Brandstrafrechts überfällig?, Karlsruhe 1994.

– Asset/Liability-Management – eine permanente Herausforderung!, ZfV 1994, 30-38.

Kölner Kommentar zum Aktiengesetz, 2. Aufl., Köln/u.a. 1986 ff.; zitiert: Bearbeiter, in: Kölner Kommentar zum Aktiengesetz.

Koenig, Christian, Zur Anwendbarkeit der Ultra-vires-Lehre im Falle des Überschreitens der gesetzlich begrenzten Aufgaben öffentlicher Kreditanstalten am Beispiel einer Landesbank, WM 1995, 317-325.

– Begründen Anstaltslast und Gewährträgerhaftung unabhängig von ihrer Kodifizierung tragfähige Kreditmerkmale öffentlicher Finanzinstitute?, WM 1995, 821-828.

Koguchi, Kazuhiko, Financial Conglomeration, in: OECD, Financial Conglomerates, Paris 1993, S. 7-62.

Kohler, Klaus, Gedanken zur Aufsicht über Finanzkonglomerate, in: Recht, Geist und Kunst: liber amicorum für Rüdiger Volhard, Klaus Reichert (Hrsg.), 1. Aufl., Baden-Baden 1996, S. 96-104.

Koller, Ingo/*Roth*, Wulf-Henning/*Morck*, Winfried, HGB. Handelsgesetzbuch, München 1996.

Konrath, Norbert, Solvabilitätsregeln auf dem Prüfstand, VW 1979, 1509-1514.

– Zur Reform der Solvabilitätsvorschriften für Versicherungsunternehmen. Anmerkungen aus Assekuranzsicht, VR 1997, 124-129.

Koppensteiner, Hans-Georg, Über die Verlustausgleichspflicht im qualifizierten AG-Konzern, in: Probleme des Konzernrechts: Symposion zum 80. Geburtstag von Wolfgang Schilling, hrsg. v. Peter Ulmer, Heidelberg 1989, S. 87-101.

– Zur Grundrechtsfähigkeit gemischtwirtschaftlicher Unternehmungen, NJW 1996, 3105-3114.

– Bankenaufsicht und Bankengruppen, Heidelberg 1991.

Kort, Michael, Der Abschluß von Beherrschungs- und Gewinnabführungsverträgen im GmbH-Recht, Köln/Berlin/Bonn/München 1986.

Kremer, Arnold, Aspekte des Wandels an Banken- und Versicherungsmärkten, in: Staat, Wirtschaft, Assekuranz und Wissenschaft, Festschrift für Robert Schwebler, hrsg. v. Rudolf Henn und Walter F. Schickinger, Karlsruhe 1986, S. 693-702.

Krieger, Gerd, Der Tatbestand des qualifizierten faktischen Konzerns, in: Peter Hommelhoff, Walter Stimpel, Peter Ulmer (Hrsg.), Heidelberger Konzernrechtstage: Der qualifizierte faktische GmbH-Konzern, Köln 1992, S. 41-59.

– Kann die Praxis mit TBB leben?, ZGR 1994, 375-394.

Kropff, Bruno, Zur Konzernleitungspflicht, ZGR 1984, 112-133.

– Das TBB-Urteil und das Aktienkonzernrecht, AG 1993, 485-495.

– Der GmbH-Beherrschungsvertrag: Voraussetzung für den Vorrang von Konzerninteressen?, in: Festschrift für Johannes Semler zum 70. Geburtstag am 28. April 1993, Unternehmen und Unternehmensführung im Recht, hrsg. v. Marcus Bierich, Peter Hommelhoff, Bruno Kropff, Berlin/New York 1993, S. 517-540.

– Die Beschlüsse des Aufsichtsrats zum Jahresabschluß und zum Abhängigkeitsbericht – Zugleich Besprechung der Entscheidung des Bundesgerichtshofs ZIP 1993, 1862 –, ZGR 1994, 628-643.

Krümmel, Hans J., Bedeutung und Funktionen des Eigenkapitals in der modernen Kreditwirtschaft, ÖBA 1985, 187-198.

Krumnow, Jürgen/*Sprißler*, Wolfgang/u.a., Rechnungslegung der Kreditinstitute, Stuttgart 1994.

Kübler, Friedrich, Gesellschaftsrecht, 4. Aufl., Heidelberg 1994.

Kühbacher, Uli, Darlehen an Konzernunternehmen. Besicherung und Vertragsanpassung, Berlin 1993.

Kümpel, Siegfried, Bank- und Kapitalmarktrecht, Köln 1995.

Küting, Karlheinz/*Weber*, Claus-Peter (Hrsg.), Konzernmanagement: Rechnungswesen und Controlling, Stuttgart 1993.

Kuhn, Moritz, Allfinanz – ein Konzept mit Zukunft?, SVZ 1997, 253-268.

Kuntze, Wolfgang, Zusammenarbeit der Bankaufsichtsbehörden, ZfgK 1993, 18-21.

Lang/Weidmüller/Metz/Schaffland, Genossenschaftsgesetz (Gesetz betreffend die Erwerbs- und Wirtschaftsgenossenschaften) Kommentar, bearbeitet v. Egon *Metz* und Hans-Jürgen *Schaffland*, 33. Aufl., Berlin/New York 1997.

Lanzke, Gert Uwe, Umsetzung und Anwendung der europäischen Bankrichtlinien durch die Mitgliedstaaten, WM 1994, 2001-2010.

Larenz, Karl, Lehrbuch des Schuldrechts, Bd. II, 1. Halbbd., Besonderer Teil, 13. Aufl., München 1986.

Larenz, Karl/*Canaris*, Claus-Wilhelm, Lehrbuch des Schuldrechts, Bd. II, 2. Halbbd., Besonderer Teil, 13. Aufl., München 1994.

Lehnhoff, Jochen, KWG-Novelle verabschiedet – Grundgesetz der Banken weitgehend neu gefaßt –, WM 1993, 277-281.

Leuering, Dieter, Der Erwerb von Beteiligungen durch Versicherungsunternehmen an Unternehmen anderer Wirtschaftszweige. Eine Betrachtung nach dem VAG und KWG, Karlsruhe 1997.

Lichtenstein, Cynthia-C., International Standards for consolidated supervision of financial conglomerates: controlling systemic risks, in: Brooklyn Journal of International Law, vol. 19, 1993, p. 137-157.

Liebscher, Thomas, Konzernbildungskontrolle. Rechtsformspezifische und rechtsformunabhängige Aspekte der Problematik eines konzernrechtlichen Präventivschutzes im Rahmen des Konzernierungsprozesses, Berlin 1995.

Limmer, Peter, Die Haftungsverfassung des faktischen GmbH-Konzerns. Haftungsrechtliche Konsequenzen von Konzernleitung und -organisation, Köln 1992.

– Der qualifizierte faktische GmbH-Konzern nach „TBB“ – Analyse und Folgerungen für die Praxis, DStR 1993, 765-770.

Loidl, Volker, Realkredite und andere Darlehensgeschäfte, in: Schwebler/Knauth/Simmert (Hrsg.), Kapitalanlagepolitik im Versicherungsbinnenmarkt – Auswirkungen des neuen Versicherungsaufsichtsrechts und des Zweiten Finanzmarktförderungsgesetzes –, Karlsruhe 1994, S. 59-81.

Lutter, Marcus, Die zivilrechtliche Haftung der Unternehmensgruppe, ZGR 1982, 244-275.

– Die Haftung des herrschenden Unternehmens im GmbH-Konzern, ZIP 1985, 1425-1435.

– Verdeckte Leistungen und Kapitalschutz, in: Festschrift f. Ernst C. Stiefel zum 80. Geburtstag, hrsg. v. Marcus Lutter u.a., München 1987, S. 505-533.

– Stand und Entwicklung des Konzernrechts in Europa, ZGR 1987, 324-369.

– Macht der Banken, NJW 1995, 2766-2767.

Lutter, Marcus (Hrsg.), Konzernrecht im Ausland, Berlin/New York 1994.

– Holding-Handbuch, Köln 1995, zitiert: Bearbeiter, in: Holding-Handbuch.

Lutter, Marcus/*Drygala*, Tim, Grenzen der Personalverflechtung und Haftung im Gleichordnungskonzern, in: Grundlagen des Versicherungsvereins auf Gegenseitigkeit, hrsg. v. Wolfgang Peiner, Köln/Göttingen 1995.

Mannheimer, Peter-Ulrich, Die Bedeutung des Steuerrechts für die Konzernfinanzierung: dargestellt am Beispiel konzerninterner Darlehen und der Selbstfinanzierung im Konzern, Berlin 1992.

Maser, Harald, Läßt sich das Rechnungswesen eines Versicherungsunternehmens auf einen Dritten übertragen?, VW 1997, 1149-1154.

– Was dürfen konzerninterne Dienstleistungen kosten?, VW 1998, 286-290.

Mertens, Hans-Joachim, Verpflichtung der Volkswagen AG, einen Bericht gemäß § 312 AktG über ihre Beziehungen zum Land Niedersachsen zu erstatten?, Die AG 1996, 241-249.

Mestmäcker, Ernst-Joachim/*Behrens*, Peter (Hrsg.), Das Gesellschaftsrecht der Konzerne im internationalen Vergleich. Ein Symposium des Max-Planck-Instituts für ausländisches und internationales Privatrecht, Hamburg. Baden-Baden 1991.

Metz, Egon/*Schaffland*, Hans-Jürgen, Genossenschaftsgesetz – Kurzausgabe auf der Grundlage des Lang/Weidmüller, Kommentar zum Genossenschaftsgesetz, 32. Aufl. – Berlin/New York 1990.

Michaels, Bernd, Staatsaufsicht über Versicherungsunternehmen und Kreditinstitute. Vergleichende juristische Überlegungen, Hamburg 1967.

Michalski, Lutz, Die Patronatserklärung, WM 1994, 1229-1240.

Mielk, Holger, Die wesentlichen Neuregelungen der 6. KWG-Novelle, – Teil I –, WM 1997, 2200-2210.

Miersch, Gerald, Versicherungsaufsicht nach den Dritten Richtlinien. Aufsichtsbefugnisse und Inländerbenachteiligungen, Karlsruhe 1996.

Möschel, Wernhard, Monopolverband und Satzungskontrolle, Tübingen 1978.

– Eigenkapitalbegriff und KWG-Novelle von 1984, ZHR 149 (1985), 206-235.

– Bankenaufsicht und internationales Geschäft, ZBB 1989, 169-184.

Mohr, Paul Günther, Der Gleichordnungskonzern bei Versicherungsvereinen auf Gegenseitigkeit, VW 1987, 560-564.

– Finanzdienstleistungen – Allfinanzangebote in rechtlicher Sicht, VW 1992, 862-865.

Monopolkommission, IX. Hauptgutachten 1990/1991: Wettbewerbspolitik oder Industriepolitik, 1. Aufl., Baden-Baden 1992.

Motive zum Versicherungsaufsichtsgesetz, hrsg. v. Bundesaufsichtsamt für das Versicherungs- und Bausparwesen, Berlin 1963.

Mudrack, Olaf, Genußrechtskapital als „freie unbelastete Eigenmittel" bei Versicherungsunternehmen – Zugleich ein Beitrag zum Eigenmittelbegriff des Versicherungsaufsichtsgesetzes und zum Eigenkapitalbegriff der EG-Koordinierungsrichtlinien betreffend die Direktversicherung –, BB 1986, Beil. 5, S. 16-23.

– Zur Anwendung der Vermögensanlagegrundsätze des § 54 Abs. 1 des Versicherungsaufsichtsgesetzes, BB 1988, Beilage 12, S. 25-31.

– Zur Behandlung stiller Reserven bei Bestandsübertragungen von Lebensversicherern, BB 1989, Beilage 14, S. 26-30.

– Zur Streuung der Vermögensanlagen und zur Solvabilität nach dem Vorschlag für eine dritte EG-Richtlinie für die Nichtlebens-Direktversicherung, ZfV 1991, 2-11.

– Das gebundene Vermögen, ein Ersatz für Solvabilität?, ZfV 1991, 186-190.

– Zu den EG-Koordinierungsrichtlinien der dritten Generation für die Schaden- und Lebensversicherung – Der Einfluß auf die Sicherheit der deutschen Versicherungsunternehmen – RIW 1992, 1012-1019.

– Zur Mehrfachbelegung der Eigenmittel in Finanzkonglomeraten, ZfgK 1993, 560-563.

– Annäherung von Banken- und Versicherungsaufsicht?, ZfV 1995, 626-629.

Mülbert, Peter O., Aktiengesellschaft, Unternehmensgruppe und Kapitalmarkt: die Aktionärsrechte bei Bildung und Umbildung einer Unternehmensgruppe zwischen Verbands- und Anlegerschutzrecht, München 1995.

– Empfehlen sich gesetzliche Regelungen zur Einschränkung des Einflusses der Kreditinstitute auf Aktiengesellschaften?, Gutachten E für den 61. Deutschen Juristentag, in: Verhandlung des 61. Deutschen Juristentages Karlsruhe 1996, hrsg. v. der Ständigen Deputation des Deutschen Juristentages, Bd. I, Teil E, München 1996, E 1-119.

Müller, Eberhard, Risk-Based Capital für Versicherungsunternehmen: Der amerikanische Ansatz, ZfV 1995, 586-592.

– Erste Erfahrungen mit dem Risk-Based Capital (RBC) für US-Property Casualty Versicherer: Solvabilitäts-Highway oder Daten-Sackgasse?, ZfV 1996, 606-610.

Müller, Eberhard/*Reischel*, Michael, Vom theoretischen Konzept des Risikoreserveprozesses zur praktischen Messung und Steuerung des Risikokapitals (Risk-Based Capital), in: Risiko, Versicherung, Markt. Festschrift für Walter Karten zur Vollendung des 60. Lebensjahres, hrsg. v. Dieter Hesberg, Martin Nell, Winfried Schott, Karlsruhe 1994, S. 465-500.

Müller, Helmut, Die zukünftige Rolle des Bundesaufsichtsamtes für das Versicherungswesen, VW 1993, 548-555.

– Versicherungsbinnenmarkt. Die europäische Integration im Versicherungswesen, München 1995.

– Überlegungen zur Vereinheitlichung der aufsichtsrechtlichen Rahmenbedingungen für Versicherungsunternehmen und Kreditinstitute, Münsteraner Reihe, Heft 28, Karlsruhe 1995.

– Die Kooperation der Versicherungsaufsichtsbehörden in der Europäischen Union, in: Versicherungswissenschaftliche Studien, Bd. 2, Jürgen Basedow/Eberhard Schwark/Hans-Peter Schwintowski (Hrsg.), Informationspflichten, Europäisierung des Versicherungswesens, Anerkannte Grundsätze der Versicherungsmathematik. Beiträge der Vierten Wissenschaftstagung des Bundes der Versicherten, Baden-Baden 1995, S. 55-66.

– Erste Überlegungen zu einer Neuordnung der europäischen Solvabilitätsanforderungen an Versicherungsunternehmen, VW 1996, 358-364 (I), VW 1996, 424-431 (II).

– Aktuelle Entwicklungen der Solvabilität von Versicherungsunternehmen, Versicherungsgruppen und Finanzkonglomeraten aus Sicht der Versicherungsaufsicht, ZfV 1997, 382-389; ZfV 1997, 435-438.

Müller-Lutz, Heinz Leo, Allfinanz – Pro und Kontra –, Frankfurter Vorträge zum Versicherungswesen, Bd. 24, Karlsruhe 1992.

Müller-Wiedenhorn, Andreas, Versicherungsvereine auf Gegenseitigkeit im Unternehmensverbund. Eine Untersuchung zum Recht und zu konzentrationsrechtlichen Fragen des Versicherungsvereins auf Gegenseitigkeit, Karlsruhe 1993.

Münchener Handbuch des Gesellschaftsrechts, Band 4: Aktiengesellschaft, München 1988, zitiert: Bearbeiter, in: MünchHdb AG.

Neuhaus, Walter, Euro-Pensionsfonds als Gegenstand einer Bank-Assekuranz-Zusammenarbeit, VW 1997, 1056-1059.

Neumann, Manfred J./*Rux*, Johannes, Einbindung öffentlich-rechtlicher Einrichtungen in einen privatrechtlichen Konzern?, DB 1996, 1659-1662.

Niehus, Rudolf J., Heterogenität eines Konzernunternehmens als Grund für die Nicht-Einbeziehung von Tochterunternehmen in den Konzernabschluß?, DB 1988, 869-873.

Niermann, Udo, Geschichte und Organisationsstruktur öffentlich-rechtlicher Versicherer in Nordrhein-Westfalen, Frankfurt am Main 1990.

Niethammer, Thomas, Die Ziele der Bankenaufsicht in der Bundesrepublik Deutschland. Das Verhältnis zwischen „Gläubigerschutz" und „Sicherung der Funktionsfähigkeit des Kreditwesens", Berlin 1987.

Nirk, Rudolf, Das Kreditwesengesetz. Einführung und Kommentar, 10. Aufl., Frankfurt am Main 1996.

Nowak, Erich, Unternehmensverbindung und Spartentrennung in der Sicht der Aufsichtsbehörde, VW 1966, 1358-1365.

Oechsler, Jürgen, Die Anwendung des Konzernrechts auf Austauschverträge mit organisationsrechtlichem Bezug, ZGR 1997, 464-492.

Die öffentlichen Versicherer, Jahrbuch 1995, Düsseldorf 1995.

o.V., Dresdner Bank/Allianz, ZfgK 1989, 177.
- Versicherung und Derivate, ZfV 1995, 176.
- Allianz in Polen, ZfV 1997, 220.
- Versicherer kaufen Aktien, ZfV 1997, 303.

Palandt, Otto, Bürgerliches Gesetzbuch, 56. Aufl., München 1997.

Paschke, Marian, Die kommunalen Unternehmen im Lichte des GmbH-Konzernrechts, ZHR 152 (1988), 263-285.

Peiner, Wolfgang, Konzernstrukturen von Versicherungsvereinen auf Gegenseitigkeit, VW 1992, 920-929.
- Probleme der Konzernbildung bei VVaG, VW 1993, 697-701.
- Probleme der Konzernbildung bei Versicherungsvereinen auf Gegenseitigkeit, in: Grundlagen des Versicherungsvereins auf Gegenseitigkeit, hrsg. v. Wolfgang Peiner, Karlsruhe 1995, S. 185-201.

Pohl, Wolfgang, Innovative Finanzinstrumente im gemeinsamen Europäischen Binnenmarkt. Europäisches und deutsches Bankenaufsichtsrecht, Baden-Baden 1994.
- Neue Generation derivativer Finanzinstrumente – Anlaß zu juristischer Nachstellung?, WM 1995, 957-964.
- Entwicklung und Kontrolle – Finanzderivate unter dem Recht der Europäischen Union, in: Währung und Wirtschaft: Das Geld im Recht; Festschrift für Hugo J. Hahn zum 70. Geburtstag, hrsg. v. Albrecht Weber i.V.m. Ludwig Gramlich, Baden-Baden 1997, S. 65-80.

Präve, Peter, Das neue Aufsichtsrecht, VW 1994, 800-810.
- Das Dritte Durchführungsgesetz/EWG zum VAG – Ausgewählte Fragen des neuen Aufsichts- und Vertragsrechts, ZfV 1994, 199-209, 227-235, 255-262.
- Möglichkeiten und Grenzen der Versicherungsaufsicht im europäischen Binnenmarkt, ZfV 1995, 258-263.
- Versicherungsaufsicht, Treuhänder und Verantwortlicher Aktuar, VersR 1995, 733-740.
- Versicherungsaufsichtsrecht im Wandel, ZfV 1996, 58-68.

Prahl, Reinhard/*Naumann*, Thomas K., Bankkonzernrechnungslegung nach neuem Recht: Grundsätzliche Konzepte, wichtige Vorschriften zum Übergang und andere ausgewählte Einzelfragen, WPg. 1993, 235-246.

Priester, Hans-Joachim, Liquiditätsausstattung der abhängigen Gesellschaft und unterjährige Verlustdeckung bei Unternehmensverträgen, ZIP 1989, 1301-1308.

Prölss, Erich R., Das Eigenkapital der Versicherungsunternehmen, VersArch 1957, 399-416.

Prölss, Versicherungsaufsichtsgesetz, hrsg. v. Reimer Schmidt, 11. Aufl., München 1997.

Prölss, Jürgen/*Armbrüster*, Christian, Europäisierung des deutschen Privatversicherungsrechts (I), DZWir 1993, 397-404, (II), DZWir 1993, 449-459.

Püttner, Günter, Die öffentlichen Unternehmen: ein Handbuch zu Verfassungs- und Rechtsfragen der öffentlichen Wirtschaft, 2. Aufl., Stuttgart/u.a. 1985.

v. Puskás, Géza, Versicherungsaufsichtsrecht im Umbruch (I), VW 1984, 358-370; (II), VW 1984, 432-439.

Rabe, Thomas, Liberalisierung und Deregulierung im Europäischen Binnenmarkt für Versicherungen, Berlin 1997.

Rabe, Thomas/*Winkler*, Birgit, Kapitalanlagevorschriften für Versicherungsunternehmen in den Mitgliedstaaten der EG, VW 1990, 1041-1044.

Raiser, Ludwig, Der Gegenseitigkeitsverein im Unternehmensrecht, VW 1977, 1272-1282.

Raiser, Thomas, Recht der Kapitalgesellschaften, 2. Aufl., München 1992.

- Konzernhaftung und Unterkapitalisierungshaftung – Besprechung der Entscheidung BGH AG 1994, 179 (EDV-Peripherie) –, ZGR 1995, 156-169.
- Konzernverflechtungen unter Einschluß öffentlicher Unternehmen, ZGR 1996, 458-480.
- Empfehlen sich gesetzliche Regelungen zur Einschränkung des Einflusses der Kreditinstitute auf Aktiengesellschaften?, NJW 1996, 2257-2262.

v. Randow, Philipp, Derivate und Corporate Governance, ZGR 1996, 594-641.

Reichert-Facilides, Fritz, Versicherungsverbraucherschutz und Internationales Privatrecht, in: Festschrift für Reimer Schmidt, hrsg. von Fritz Reichert-Facilides, Fritz Rittner, Jürgen Sasse, Karlsruhe 1976, S. 1023-1041.

Reinhard, Frank, Capitive-Rückversicherung: Risiken und Sicherungsmöglichkeiten bei der Vertragsgestaltung aus der Perspektive des Erstversicherers, VersR 1997, 1311-1328.

Reischauer/Kleinhans, Kreditwesengesetz, Kommentar, Berlin 1963, Stand: 1997.

Remsperger, Hermann, Erscheinungsformen, Ursachen und Implikationen von Allfinanz-Strategien, Die Bank 1989, 299-309.

Reul, Adolf, Das Konzernrecht der Genossenschaften, Baden-Baden 1997.

Rieger, Walter, Die Öffentlichen Versicherer nach dem Wegfall des Monopols – Eine Bestandsaufnahme, ZfV 1995, 310-316.

Rittner, Fritz, Die Beteiligung als Grund der Abhängigkeit einer Aktiengesellschaft (II), DB 1976, 1513-1515.

- Der Staat – ein Unternehmen im Sinne des Aktiengesetzes?, in: Festschrift für Werner Flume zum 70. Geburtstag, Bd. II, hrsg. v. Horst Heinrich Jakobs, Brigitte Knobbe-Keuk, Eduard Picker, Jan Wilhelm, Köln 1978, S. 241-256.
- Wirtschaftsrecht, 2. Aufl., Heidelberg 1987.
- Die Versicherungsaufsicht nach dem D.A.S.-Urteil des Bundesverwaltungsgerichts, VersR 1982, 205-209.

- Irrtümer und Irrlehren zu § 7 Abs. 2 VAG – Zugleich ein Beitrag zur VAG-Novelle –, VersR 1994, 5-10.

Römer, Wolfgang, Der Prüfungsmaßstab bei der Mißstandsaufsicht nach § 81 VAG und der AVB-Kontrolle nach § 9 AGBG, Karlsruhe 1996.

Roth, Wulf-Henning, Versicherungsmonopole und EWG-Vertrag, in: Festschrift für Ernst Steindorff zum 70. Geburtstag am 13. März 1990, hrsg. v. Jürgen F. Baur, Klaus J. Hopt, K. Peter Mailänder, Berlin/New York 1990, S. 1313-1332.

Rudolph, Bernd, Europäische Integration im Finanzdienstleistungsbereich und Allfinanz, in: Beihefte zu Kredit und Kapital, Allfinanz – Strukturwandel an den Märkten für Finanzdienstleistungen, hrsg. v. Hans-Jacob Krümmel/Hannes Rehm/Diethard B. Simmert, Berlin 1991, S. 345-359.

- Kapitaladäquanzrichtlinie: Zielsetzung und Konsequenzen der bankaufsichtlichen Regulierung im Wertpapierbereich, ZBB 1994, 117-130.
- Derivative Finanzinstrumente – Entwicklung, Risikomanagement und bankaufsichtsrechtliche Regelungen, in: Derivative Finanzinstrumente, hrsg. v. Bernd Rudolph, Stuttgart 1995, S. 3-41.

Rümker, Dietrich, Probleme der Anstaltslast und Gewährträgerhaftung bei öffentlich-rechtlichen Kreditinstituten, in: Festschrift für Ernst C. Stiefel zum 80. Geburtstag, hrsg. v. Marcus Lutter u.a., München 1987, S. 607-623.

- Überlegungen zur gesellschafterlichen Finanzierungsverantwortung, ZGR 1988, 494-515.

Sasse, Jürgen, Unternehmensverträge bei Unternehmensverbindungen in der Versicherungswirtschaft, in: Festschrift für Karl Sieg, hrsg. v. Horst Baumann, Helmut Schirmer, Reimer Schmidt, Karlsruhe 1976, S. 435-450.

- Weitere Überlegungen zur Kapitalausstattung, VW 1980, 657-661.

Scheffler, Eberhard, Zur Problematik der Konzernleitung, in: Bilanz- und Konzernrecht, Festschrift zum 65. Geburtstag von Reinhard Goerdeler, hrsg. v. Hans Havermann, Düsseldorf 1987, S. 469-485.

- Der qualifizierte faktische Konzern – Versuch einer betriebswirtschaftlichen Definition, AG 1990, 173-178.
- Konzernmanagement. Betriebswirtschaftliche und rechtliche Grundlagen der Konzernführungspraxis, München 1992.
- Aufsichtsrat und Abschlußprüfer als Überwachungsorgane der Aktiengesellschaft, in: Festschrift für Hans Havermann, hrsg. v. Josef Lanfermann, Düsseldorf 1995, S. 651-680.

Schenke, Wolf-Rüdiger, Schadensersatzansprüche des Versicherungsnehmers bei der Verletzung staatlicher Versicherungsaufsichtspflichten – Zur Frage der Drittgerichtetheit von Versicherungsaufsichtspflichten, in: Recht und Ökonomie der Versicherung. Festschrift für Egon Lorenz zum 60. Geburtstag, hrsg. v. Ulrich Hübner, Elmar Helten, Peter Albrecht, Karlsruhe 1994, S. 473-514.

Schierenbeck, Henner, Die Mehrfachnutzung von haftendem Eigenkapital bei Bankkonzernen, Die Bank 1982, 150-158.

– Der Pyramiden-Effekt im verschachtelten Konzern, DBW 40 (1980), 249-258.

Schierenbeck, Henner (Hrsg.), Bank- und Versicherungslexikon, 2. Aufl., München/Wien 1994.

Schierenbeck, Henner/*Hölscher*, Reinhold, Bankassurance, 3. Aufl., Stuttgart 1993.

Schimansky/Bunte/Lwowsky, Bankrechts-Handbuch, Band III, München 1997.

Schimetschek, Herbert, Erfahrungen mit der neuen VVaG-Gesetzgebung in Österreich, VW 1993, 701-705.

Schmid-Burgk, Klaus, Bankenaufsicht und Auslandstöchter, Frankfurt aM 1989.

Schmidt, Karsten, Die konzernrechtliche Verlustübernahmepflicht als gesetzliches Dauerschuldverhältnis – Eine rechtsdogmatische Problemskizze zu § 302 AktG –, ZGR 1983, 513-534.

– Gleichordnung im Konzern: terra incognita? Vorstudien und Thesen zu einem Recht der Konzernschwestern, ZHR 155 (1991), 417-446.

– Gesellschaftsrecht, 3. Aufl., Köln/u.a. 1997.

Schmidt, Reimer, Die Spartentrennung – eine juristische Analyse, ZVersWiss 1964, 265-280.

– Die Bedeutung der Finanzkraft von Versicherungsunternehmen für den Wettbewerb, VW 1978, 1150-1153.

– Überlegungen zu Strukturveränderungen der Versicherungsaufsicht, VW 1984, 350-356.

– Das DLF-Urteil des Europäischen Gerichtshofs vom 4.12.1986, VersR 1987, 1-5.

– Überlegungen zur Umsetzung der Dritten Versicherungsrichtlinien in das deutsche Recht, Mannheimer Vorträge zur Versicherungswissenschaft, Karlsruhe 1992.

Schmidt-Aßmann, Eberhard, Verwaltungskooperation und Verwaltungskooperationsrecht in der Europäischen Gemeinschaft, EuR 1996, 270-301.

Schneider, Hannes/*Busch*, Torsten, Swapgeschäfte der Landesbanken – Zugleich eine Entgegnung zu Christian Koenig, WM 1995, 317 (in diesem Heft), WM 1995, 326-330.

– Anstaltslast und Gewährträgerhaftung als Beihilfen im Sinne von Art. 92 EGV?, EuZW 1995, 602-608.

Schneider, Uwe H., Bankenaufsicht im Konzern, WM 1978, 1250-1267.

– Konzernbildung, Konzernleitung und Verlustausgleich im Konzernrecht der Personengesellschaften – Zugleich ein Beitrag zur Bedeutung des Gervais-Urteils für die Entwicklung des Konzernrechts, ZGR 1980, 511-547.

– Konzernleitung als Rechtsproblem, BB 1981, 249-259.

– Das Finanzierungsrecht der öffentlich-rechtlichen Kreditinstitute, in: Festschrift für Stefan Riesenfeld, 1983, S. 237-255.

- Das Recht der Konzernfinanzierung, ZGR 1984, 497-541.
- Die rechtlichen Möglichkeiten und Schranken für eine übergreifende Tätigkeit zwischen den Sektoren des Finanzbereichs, insbesondere der Banken und der Versicherungen und der Konzernbildung in diesem Bereich. Eine Studie zum kooperativen Vertrieb von Finanzdienstleistungen, zu den Allfinanzkonzernen und zu den Mischkonzernen mit Finanzdienstleistungs-Teilkonzernen, Mainz 1987.
- Kollektive konzernexterne und konzerninterne Patronatserklärungen, in: Bankpolitik, finanzielle Unternehmensführung und die Theorie der Finanzmärkte, Festschrift f. Hans-Jacob Krümmel, hrsg. v. Bernd Rudolph, Jochen Wilhelm, Berlin 1988, S. 351-364.
- Erweiterte Anzeigepflichten und aufsichtsrechtliche Beteiligungsverbote an Kreditinstituten?, BB 1989, 84-87.
- Das Aufsichtsrecht der Allfinanz-Konzerne, WM 1990, 1649-1658.
- Allfinanz – tatsächliche Entwicklungen und rechtliche Rahmenbedingungen, in: Der europäische Binnenmarkt 1992 – Auswirkungen für die deutsche Finanzwirtschaft –, hrsg. v. Hans E. Büschgen u. Uwe H. Schneider, Wertpapier-Mitteilungen, Frankfurt am Main 1990, S. 95-116.
- Die rechtlichen Rahmenbedingungen der Allfinanz. Vertragsrechtliche, gewerberechtliche, firmenrechtliche, wettbewerbsrechtliche, arbeitsrechtliche und steuerrechtliche Probleme bei Allfinanz, in: Beihefte zu Kredit und Kapital, Heft 11, Berlin 1991, S. 301-326.
- Ist die Annahme von Gesellschafterdarlehen ein „erlaubnisbedürftiges Bankgeschäft"?, DB 1991, 1865-1869.
- Der Konzern als Rechtsform für Unternehmen – Zum Regelungsgegenstand eines Konzernverfassungsrechts –, in: Das Gesellschaftsrecht der Konzerne im internationalen Vergleich, hrsg. v. Ernst-Joachim Mestmäcker/Peter Behrens, Baden-Baden 1991, S. 563-580.
- Europäische und internationale Rechtsangleichung und ihre Bedeutung für die Kreditwirtschaft, in: Rechtsfragen bei Bankleistungen im Europäischen Binnenmarkt, hrsg. v. Walther Hadding und Reinhard Welter, Köln 1994, S. 9-23.
- Die Überlagerung des Konzernrechts durch öffentlich-rechtliche Strukturnormen und Organisationspflichten – Vorüberlegungen zu „Compliance im Konzern" –, ZGR 1996, 225-246.

Schneider, Uwe H./*Burgard*, Ulrich, Transparenz als Instrument der Steuerung des Einflusses der Kreditinstitute auf Aktiengesellschaften, DB 1996, 1761-1767.

Schneider, Uwe H./*Troberg*, Peter, Finanzdienstleistungen im EG-Binnenmarkt: Sitzland- oder Gastlandrecht? – Zum Verhältnis zwischen europäischem Bankenaufsichtsrecht, europäischem Bankvertragsrecht und Verbraucherschutzrecht –, WM 1990, 165-172.

Schön, Wolfgang, Anm. zu BGH, Urt. v. 15.11.1993 – II ZR 235/92, JZ 1994, 684-686.

Scholz, Franz, GmbHG, 8. Aufl., Köln 1993.

Scholz, Rupert, Verfassungsrechtliche Strukturfragen der Versicherungsaufsicht, ZVersWiss 1984, 1-33.

Schork, Ludwig, Gesetz über das Kreditwesen mit Begründung, Durchführungsvorschriften und Anmerkungen, 19. Aufl., Stuttgart 1995.

Schradin, Heinrich R., Solvenzaufsicht in den Vereinigten Staaten von Amerika. Zur Konzeption des Risk Based Capital, ZVersWiss 1997, 269-294.

Schulte-Mattler, Hermann, Neufassung der Kreditrisikonorm im KWG-Grundsatz I, WM 1993, 977-981.

- Baseler Vorschlag zur Erfassung und Begrenzung von Marktrisiken, Die Bank 1994, 28-33.
- Bankaufsichtliche Eigenkapitalnormen für Marktrisiken im Vergleich, Die Bank 1994, 93-98.
- Entwicklungstendenzen in der europäischen und internationalen Bankenaufsicht, ZBB 1994, 333-339.
- Preisrisiken im Mittelpunkt der Sechsten KWG-Novelle, WM 1994, 1412-1417.

Schulz, Harald, Vertrieb von Lebensversicherungen über die Banken, Die Bank 1993, 630-632.

Schulze-Osterloh, Joachim, Vermeidung der Konzernhaftung nach dem TBB-Urteil durch ordnungsmäßige Buchführung, ZIP 1993, 1838-1843.

Schwake, Edmund, Das versicherungstechnische Risiko als arteigenes Risiko der Versicherungsunternehmen?, ZVersWiss 1988, 61-81.

Schwartze, Andreas, Die Neuregelung der deutschen Bankenrechnungslegung nach den Vorgaben der Europäischen Gemeinschaft, AG 1993, 12-24.

Schwebler, Robert, Vermögensanlage und Anlagevorschriften, in: Vermögensanlagepraxis in der Versicherungswirtschaft, hrsg. v. Robert Schwebler u.a., 2. Aufl., Karlsruhe 1991, S. 15-89.

- Allfinanz und Versicherung – ein vorläufiges Fazit, in: Dieter Farny und die Versicherungswissenschaft, hrsg. v. Robert Schwebler u.a., Karlsruhe 1994, S. 457-465.

Schwebler, Robert (Hrsg.), Vermögensanlagepraxis in der Versicherungswirtschaft, 2. Aufl., Karlsruhe 1991.

Schwebler/Knauth/Simmert (Hrsg.), Kapitalanlagepolitik im Versicherungsbinnenmarkt – Auswirkungen des neuen Versicherungsaufsichtsrechts und des Zweiten Finanzmarktförderungsgesetzes, Karlsruhe 1994.

Schweitzer, Michael/*Hummer*, Waldemar, Europarecht, 5. Aufl., Neuwied/Kriftel/Berlin 1996.

Schwintowski, Hans-Peter/*Schäfer*, Frank A., Bankrecht. Commercial Banking – Investment Banking, Köln/Berlin/Bonn/München 1997.

Siebelt, Johannes, Allfinanzunternehmen im Währungs- und Aufsichtsrecht, WM 1989, 1269-1276.

Siekmann, Helmut, Die verwaltungsrechtliche Anstalt – eine Kapitalgesellschaft des öffentlichen Rechts?, NWVBl. 1993, 361-370.

S.S., Neue Vertriebswege in Europa, ZfV 1997, 250.

Steffen, Klaus, Risk Management von Versicherungsunternehmen bei derivativen Finanzinstrumenten, in: Festschrift für Dieter Farny, hrsg. v. Hans-Peter Mehring/Volker Wolff, Karlsruhe 1994, S. 135-143.

Süchting, Joachim, Zur Risikoposition von Banken und Versicherungen – auch ein Beitrag zur Diskussion ihrer Aufsichtssysteme, in: Dieter Farny und die Versicherungswissenschaft, hrsg. v. Robert Schwebler u.a., Karlsruhe 1994, S. 537-553.

Surminski, Arno, Sind Beteiligungen besonders riskant?, ZfV 1983, 318-319.

– Lebensversicherung und Derivate, ZfV 1995, 318.

Szagunn, Volkhard/*Haug*, Ulrich/*Ergenzinger*, Wilhelm, Gesetz über das Kreditwesen, 6. Aufl., Stuttgart 1997.

Szagunn, Volkhard/*Wohlschieß*, Karl, Die Bankenaufsicht, in: Geld-, Bank- und Börsenwesen: ein Handbuch, Hrsg. von Norbert Kloten, Johann Heinrich v. Stein, Stuttgart 1993, S. 259-285.

Theisen, Manuel René, Der Konzern. Betriebswirtschaftliche und rechtliche Grundlagen der Konzernunternehmung, Stuttgart 1991.

– Die Finanzwirtschaft der Holding, in: Lutter (Hrsg.), Holding Handbuch, Köln 1995, S. 361-404.

Thode, Bernd, Veräußerung öffentlich-rechtlicher Versicherungsunternehmen in der Bundesrepublik unter Berücksichtigung vergleichbarer Probleme bei öffentlich-rechtlichen Sparkassen und Landesbanken, Hamburg 1994.

– Zur Gewährträgerhaftung und Anstaltslast bei Sparkassen und Landesbanken, Die Sparkasse 1994, 134-136.

Timm, Wolfram, Grundfragen des „qualifizierten" faktischen Konzerns im Aktienrecht, NJW 1987, 977-987.

Tipke, Klaus/*Lang*, Joachim, Steuerrecht, 14. Aufl., Köln 1994.

Trost, Martin/*Zwiesler*, Hans-Joachim, Nachrangige Darlehen und Genußscheine als rechtsformunabhängige Möglichkeit der Eigenkapitalbeschaffung von Versicherungen und Banken, ZVersWiss 1996, 341-399.

Trouet, Patrick, „Qualitative" Tendenzen im aktuellen Bankenaufsichtsrecht, WM 1996, 2188-2192.

Van den Berghe, Lutgart, Financial Conglomerates: Opportunity or Threat?, in: Risiko, Versicherung, Markt, Festschrift für Walter Karten zur Vollendung des 60. Geburtstages, hrsg. v. Dieter Hesberg, Martin Nell, Winfried Schott, Karlsruhe 1994, S. 445-462.

– Solvabilität von Finanzkonglomeraten und Versicherungsgruppen: Notwendigkeit einer neuen Richtlinie?, ZVersWiss 1997, 251-269.

Van den Berghe, Lutgart (Hrsg.), Financial Conglomerates. New Rules for New Players?, Dordrecht/Boston/London 1995.

Vespermann, Arnt/*Niewerth*, Jochen, Mißstandsaufsicht in der Kraftfahrtversicherung, VersR 1996, 1186-1194.

Vollmer, Lothar, Haftungsrisiken aus konzerninternen Patronatserklärungen mit Managementklausel, ZBB 1993, 89-97.

Wagner, Klaus, Die internationale Tätigkeit der Banken als aufsichtsrechtliches Problem, Baden-Baden 1982.

Waldeck, Werner Michael, Die Novellierung des Kreditwesengesetzes, NJW 1985, 888-892.

Walker, George A., The Law of Financial Conglomerates: The Next Generation, The International Lawyer, vol. 30, 1996, p. 57-97.

Warth, Wolfgang P., Bancassurance – Potentiale der Banken, Die Bank 1997, 280-286.

Wastl, Ulrich/*Wagner*, Franz, Wechselseitige Beteiligungen im Aktienrecht. Eine aktuelle und kritische Bestandsaufnahme, AG 1997, 241-250.

Weber, Christoph, Marktzugang von Auslandsbanken unter Berücksichtigung der neuen Regeln des GATS, Heidelberg 1996.

Weigel, Hanns-Jürgen, Die Auswirkungen unterschiedlicher Aufsichtssysteme auf die Geschäftspolitik von Banken und Versicherungen, Karlsruhe 1988, S. 36-63.

– Integrationsaufgaben für einen einheitlichen europäischen Versicherungsmarkt, Frankfurter Vorträge, Karlsruhe 1990.

– Möglichkeiten der Konzernentwicklung und Eigenkapitalbildung beim VVaG, VersR 1993, 1429-1443.

– Eigenkapitalbildung von Versicherungsvereinen auf Gegenseitigkeit, in: Grundlagen des Versicherungsvereins auf Gegenseitigkeit, hrsg. v. Wolfgang Peiner, Karlsruhe 1995, S. 141-157.

– Die Holding in der Assekuranz – was kann sie leisten?, ZfgK 1993, 219-221.

– Ansteckungsgefahr, ZfV 1995, 34-35.

Weigl, Gerald, Die Haftung im (qualifizierten) faktischen Konzern – insbesondere eine Analyse der Rechtsprechung und ihrer Übertragbarkeit auf den Schutz der Minderheitsaktionäre einer abhängigen AG bei fehlendem Abhängigkeitsbericht, Heidelberg 1996.

Weinel, Martina, Finanzkonglomerate im Europäischen Binnenmarkt. Eine aufsichtsrechtliche Analyse, Wiesbaden 1996.

Weiss, Wieland, Financial Services – Sind Finanzdienstleistungen eine versicherungswirtschaftliche Perspektive?, ZfV 1989, 226-233.

Wellkamp, Ludger, Der Gleichordnungskonzern – Ein Konzern ohne Abhängigkeit?, DB 1993, 2517-2521.

Werle, Franz-Josef, Freier Dienstleistungsverkehr in Europa, VR 1996, 62-69.

Werner, Winfried, Gewinnverwendung im Konzern, in: Festschrift für Walter Stimpel zum 68. Geburtstag, hrsg. v. Marcus Lutter, Hans-Joachim Mertens, Peter Ulmer, Berlin/New York 1985, S. 935-953.

Wesseling, Sabine, Öffentliche Unternehmen im Allfinanzverbund – Zur Kooperation von Sparkassen, Bausparkassen und Versicherungen, Baden-Baden 1997.

Westermann, Harm Peter, Der Tatbestand des qualifizierten faktischen Konzerns, aus: Hommelhoff/Ulmer (Hrsg.), Heidelberger Konzernrechtstage: Der qualifizierte faktische GmbH-Konzern, Analyse der Rechtsprechung – Folgerungen für die Praxis, Köln 1992, S. 21-35.

Wiedemann, Herbert, Gesellschaftsrecht, Band I, München 1980.

– Entwicklungen im Kapitalgesellschaftsrecht, DB 1993, 141-153.

Wiedemann, Herbert/*Hirte*, Heribert, Die Konkretisierung der Pflichten des herrschenden Unternehmens – Besprechung der Heumann-Ogilvy-Entscheidung BGHZ 89, 162 –, ZGR 1986, 163-174.

Wiedemann, Herbert/*Strohn*, Lutz, Die Zulässigkeit einer Konzernumlage im Aktienrecht, AG 1979, 113-120.

Wienberg, Klaus, Allfinanzkonglomerate, Adressenausfallrisiken und Bankenaufsicht, Göttingen 1993.

Wirth, Gerhard, Vereinfachte Kapitalherabsetzung zur Unternehmenssanierung – Zugleich eine Anmerkung zum Urteil des LG Dresden vom 15.8.1995 „Sachsenmilch AG" –, DB 1996, 867-872.

Wirtschaftsprüfer-Handbuch 1996. Handbuch für Rechnungslegung, Prüfung und Beratung, Band I, 11. Aufl., Düsseldorf 1996.

Wolff, Hans J./*Bachof*, Otto/*Stober*, Rolf, Verwaltungsrecht II, 5. Aufl., München 1987.

Zielke, Carsten, Vor- und Nachteile der Bankassekuranz, VW 1997, 750-755.

Zimmerer, Maximilian, Die Ausgliederung von Betriebsteilen im Versicherungsaufsichtsrecht, Karlsruhe 1989.

Zloch, Bernhard, Eigenkapitalausstattung von Versicherungsunternehmen, in: Festschrift für Dieter Farny zur Vollendung seines 60. Lebensjahres von seinen Schülern, hrsg. v. Hans-Peter Mehring und Volker Wolff, Karlsruhe 1994, S. 183-192.

Zöllner, Wolfgang, Der Große Versicherungsverein auf Gegenseitigkeit und die Aktienrechtsreform, ZVersWiss 1994, 295-310.

Die Orthographie und Interpunktion ausländischer Zitate, insbesondere aus dem britischen und U.S.-amerikanischen Schrifttum, ist nicht vereinheitlicht, sondern dem Original entsprechend wiedergegeben.

Verzeichnis der Richtlinien und Materialien

A. Richtlinien

Erste Richtlinie des Rates (73/239/EWG) zur Koordinierung der Rechts- und Verwaltungsvorschriften betreffend die Aufnahme und Ausübung der Tätigkeit der Direktversicherung (mit Ausnahme der Lebensversicherung) vom 24.7.1973, ABl.EG Nr. L 228 v. 16.8.1973, S. 3 (zit.: Erste Richtlinie Schaden).

Zweite Richtlinie des Rates (88/357/EWG) zur Koordinierung der Rechts- und Verwaltungsvorschriften für die Direktversicherung (mit Ausnahme der Lebensversicherung) und zur Erleichterung der tatsächlichen Ausübung des freien Dienstleistungsverkehrs sowie der Richtlinie 73/239/EWG vom 22.6.1988, ABl.EG Nr. L 172 v. 4.7.1988, S. 1 (zit.: Zweite Richtlinie Schaden).

Richtlinie des Rates zur Koordinierung der Rechts- und Verwaltungsvorschriften für die Direktversicherung (mit Ausnahme der Lebensversicherung) sowie zur Änderung der Richtlinie 73/239/EWG und 88/357/EWG vom 18.6.1992, ABl.EG Nr. L 228 v. 11.8.1992, S. 1. (zit.: Dritte Richtlinie Schaden)

Erste Richtlinie des Rates (79/267/EWG) zur Koordinierung der Rechts- und Verwaltungsvorschriften über die Aufnahme und Ausübung der Direktversicherung (Lebensversicherung) vom 5.3.1979, ABl.EG Nr. L 63 v. 13.3.1979, S. 1 (zit.: Erste Richtlinie Leben).

Zweite Richtlinie des Rates (90/619/EWG) zur Koordinierung der Rechts- und Verwaltungsvorschriften für die Direktversicherung (Lebensversicherung) und zur Erleichterung der tatsächlichen Ausübung des freien Dienstleistungsverkehrs sowie zur Änderung der Richtlinie 79/267/EWG vom 8.11.1990, ABl.EG Nr. L 330 v. 29.11.1990, S. 50 (zit.: Zweite Richtlinie Leben).

Dritte Richtlinie des Rates (92/96/EWG) zur Koordinierung der Rechts- und Verwaltungsvorschriften für die Direktversicherung (Lebensversicherung) sowie zur Änderung der Richtlinien 79/267/EWG und 90/619/EWG vom 10.11.1992, ABl.EG Nr. L 360 v. 9.12.1992, S. 1 (zit.: Dritte Richtlinie Leben).

Richtlinie des Europäischen Parlaments und des Rates (95/26/EG) zur Änderung der Richtlinien 77/780/EWG und 89/646/EWG betreffend Kreditinstitute, der Richtlinien 73/239/EWG und 92/49/EWG betreffend Schadenversicherungen, der Richtlinien 79/267/EWG und 92/96/EWG betreffend Lebensversicherungen, der Richtlinie 93/22/EWG betreffend Wertpapierfirmen sowie der Richtlinie 85/611/EWG betreffend bestimmte Organismen für gemeinsame Anlagen in Wertpapieren (OGAW) zwecks verstärkter Beaufsichtigung dieser Finanzunternehmen vom 29.6.1995, ABl.EG Nr. L 158 v. 18.7.1995, S. 7 (zit.: BCCI-Richtlinie).

Erste Richtlinie des Rates (77/780/EWG) zur Koordinierung der Rechts- und Verwaltungsvorschriften über die Aufnahme und Ausübung der Tätigkeit der Kreditinstitute vom 12.12.1977, ABl.EG Nr. L 322 v. 17.12.1977, S. 30, zuletzt geändert durch Art. 1 der Richtlinie 96/13/EG des Rates vom 11.3.1996, ABl.EG Nr. L 66 v. 16.3.1996, S. 15 (zit.: Erste Koordinierungsrichtlinie).

Richtlinie des Rates (92/30/EWG) über die Beaufsichtigung der Kreditinstitute auf konsolidierter Basis vom 6.4.1992, ABl.EG Nr. L 110 v. 28.4.1992, S. 52, zuletzt geändert durch Berichtigung der Richtlinie des Rates, ABl.EG Nr. L 280 v. 24.9.1992, S. 54 (zit.: Konsolidierungsrichtlinie).

Richtlinie des Rates (86/635/EWG) über den Jahresabschluß und den konsolidierten Abschluß von Banken und anderen Finanzinstituten v. 8.12.1986, ABl.EG Nr. L 372 v. 31.12.1986, S. 1, und Berichtigungen, ABl.EG Nr. L 316 v. 23.11.1988, S. 51.

Richtlinie des Rates (89/299/EWG) über die Eigenmittel von Kreditinstituten vom 17.4.1989, ABl.EG Nr. L 124 v. 5.5.1989, S. 16, zuletzt geändert durch Art. 10 der Richtlinie des Rates über die Beaufsichtigung von Kreditinstituten auf konsolidierter Basis vom 6.4.1992 (92/30/EWG), ABl.EG Nr. L 110 v. 28.4.1992, S. 52 (zit.: Eigenmittelrichtlinie).

Zweite Richtlinie des Rates (89/646/EWG) zur Koordinierung der Rechts- und Verwaltungsvorschriften über die Aufnahme und Ausübung der Tätigkeit der Kreditinstitute und zur Änderung der Richtlinie 77/780/EWG vom 15.12.1980, ABl.EG Nr. L 386 v. 30.12.1989, S. 1, zuletzt geändert durch die Richtlinie 95/26/EG des Europäischen Parlaments und des Rates vom 29.6.1995, ABl.EG Nr. L 168 v. 18.7.1995 (zit.: Zweite Koordinierungsrichtlinie).

Richtlinie des Rates (89/647/EWG) über einen Solvabilitätskoeffizienten für Kreditinstitute, ABl.EG Nr. L 386 v. 30.12.1989, S. 14, zuletzt geändert durch Art. 1 der Richtlinie 96/10/EG des Europäischen Parlaments und des Rates vom 21.3.1996, ABl.EG Nr. L 85 v. 3.4.1996, S. 17 (zit.: Solvabilitätsrichtlinie).

Richtlinie des Rates (92/121/EWG) über die Überwachung und Kontrolle der Großkredite von Kreditinstituten vom 21.12.1992, ABl.EG Nr. L 29 v. 5.2.1993, S. 1 (zit.: Großkreditrichtlinie).

Richtlinie des Rates (93/6/EWG) über die angemessene Eigenkapitalausstattung von Wertpapierfirmen und Kreditinstituten vom 15.3.1993, ABl.EG Nr. L 141 v. 11.6.1993, S. 1 (zit.: Kapitaladäquanzrichtlinie).

Richtlinie des Rates (93/22/EWG) über Wertpapierdienstleistungen vom 10.5.1993, ABl.EG Nr. L 141 v. 11.6.1993, S. 27, geändert durch die Richtlinie 95/26/EG des Europäischen Parlaments und des Rates vom 29.6.1995, ABl.EG Nr. L 168 v. 18.7.1995, S. 7 (zit.: Wertpapierdienstleistungsrichtlinie).

Richtlinie des Europäischen Parlaments und des Rates der Europäischen Union (94/19/EG) über Einlagensicherungssysteme vom 30.5.1994, ABl.EG Nr. L 135 v. 31.5.1994, S. 5 (zit.: Einlagensicherungsrichtlinie).

Richtlinie 97/9/EG des Europäischen Parlaments und des Rates vom 3.3.1997 über Systeme für die Entschädigung der Anleger, ABl.EG Nr. L 84 v. 26.3.1997, S. 22 (zit.: Anlegerentschädigungsrichtlinie).

Richtlinie des Rates (77/91/EWG) über die Gründung der Aktiengesellschaft sowie die Erhaltung und Änderung ihres Kapitals vom 13.12.1976, ABl.EG Nr. L 26 v. 31.1.1977, S. 1, zuletzt geändert durch Richtlinie 92/101/EWG des Rates vom 23.11.1992, ABl.EG Nr. L 347 v. 28.11.1992, S. 64 (Kapitalrichtlinie) (zit.: Zweite Gesellschaftsrichtlinie).

Vierte Richtlinie (78/660/EWG) vom 25.7.1978 (Jahresabschlußrichtlinie).

Siebente Richtlinie des Rates (83/349/EWG) vom 13.6.1983 aufgrund von Artikel 54 Absatz 3 Buchstabe g) des Vertrages über den konsolidierten Abschluß, ABl.EG Nr. L 193 v. 18.7.1983, S. 1 (zit.: Siebte Gesellschaftsrichtlinie).

B. Materialien

I. BCCI

Gemeinsamer Standpunkt (EG) Nr. 24/94 vom Rat festgelegt am 6. Juni 1994 im Hinblick auf den Erlaß der Richtlinie 94/.../EG des europäischen Parlaments und des Rates zur Änderung der Richtlinien 77/780/EWG und 89/646/EWG betreffend Kreditinstitute, der Richtlinien 73/239/EWG und 92/49/EWG betreffend Schadenversicherungen, der Richtlinien 79/267/EWG und 92/96/EWG betreffend Lebensversicherungen, der Richtlinie 93/22/EWG betreffend Wertpapierfirmen sowie der Richtlinie 85/611/EWG betreffend bestimmte Organismen für gemeinsame Anlagen in Wertpapieren (OGAW) zwecks verstärkter Beaufsichtigung dieser Finanzunternehmen, ABl.EG Nr. C 213 v. 3.8.1994, S. 29.

II. Versicherungsgruppen

Vorschlag für eine Richtlinie des Europäischen Parlaments und des Rates über die zusätzliche Beaufsichtigung der Versicherungsunternehmen einer Versicherungsgruppe, KOM (95) 406 endg.; Ratsdok. 11122/95, BR-Drs. 804/95.

Stellungnahme des Wirtschafts- und Sozialausschusses der Europäischen Gemeinschaften zu dem „Vorschlag für eine Richtlinie des Europäischen Parlaments und des Rates über die zusätzliche Beaufsichtigung der Versicherungsunternehmen einer Versicherungsgruppe“, CES 410/96.

Beschlußempfehlung und Bericht des Finanzausschusses (7. Ausschuß) zu der Unterrichtung durch die Bundesregierung – Drucksache 13/3286 Nr. 2.26 – Vorschlag für eine Richtlinie des Europäischen Parlaments und des Rates über die zusätzliche Beaufsichtigung der Versicherungsunternehmen einer Versicherungsgruppe – KOM (95) 406 endg. „Ratsdok.-Nr. 11122/95 vom 8.11.1995", BT-Drs. 13/4110.

Legislative Entschließung mit der Stellungnahme des Europäischen Parlaments zu dem Vorschlag für eine Richtlinie des Europäischen Parlaments und des Rates über die zusätzliche Beaufsichtigung der Versicherungsunternehmen einer Versicherungsgruppe (KOM(95)0406 – C4-0464/95 – 95/0245(COD)), EP-Dok. A4-295/97.

Geänderter Vorschlag für eine Richtlinie des Europäischen Parlaments und des Rates über die zusätzliche Beaufsichtigung der einer Versicherungsgruppe angehörenden Versicherungsunternehmen, KOM (1998) 38 endg. – 95/0245 (COD), ABl.EG Nr. C 108 v. 7.4.1998, S. 48.

III. Eigenkapitalausstattung

Vorschlag für eine Richtlinie des Europäischen Parlaments und des Rates zur Änderung der Richtlinie 93/6/EWG des Rates über die angemessene Eigenkapitalausstattung von Wertpapierfirmen und Kreditinstituten, KOM (97) 71 endg.; Ratsdok. 9406/97, BR-Drs. 512/97.

Geänderter Vorschlag für eine Richtlinie des Europäischen Parlaments und des Rates zur Änderung der Richtlinie 93/6/EWG des Rates über die angemessene Eigenkapitalausstattung von Wertpapierfirmen und Kreditinstituten, KOM (1998) 90 endg. – 97/0124 (COD), ABl.EG Nr. C 118 v. 17.4.1998, S. 16.

IV. Finanzkonglomerate

EU-Kommission, Versicherungsausschuß, Beaufsichtigung von Finanzkonglomeraten. Entwurf des Berichts der Gemischten Technischen Sachverständigengruppe, XV/1130/94-DE-Rev.3, Orig.: EN, 10. Mai 1995, zit.: Technische Sachverständigengruppe.

Tripartite Group of Bank, The Supervision of Financial Conglomerates, July 1995, zitiert: de Swaan-Report.

Consultation documents released by the Basle Committee on Banking Supervision, Supervision of Financial Conglomerates, Papers prepared by the Joint Forum on Financial Conglomerates, February 1998, zit.: Joint Forum.

Einleitung

A. Das Problem

Der Markt für Finanzdienstleistungen ist in Bewegung. Seit etwa zwei Jahrzehnten haben sich das Wettbewerbsumfeld und die Zusammenarbeit von Kreditinstituten und Versicherungsunternehmen einschneidend verändert.[1] Kennzeichnend für die Entwicklung sind der verschärfte Wettbewerb, neue Produkte, die verstärkte Gruppenbildung und die Internationalisierung. Mit der Schaffung eines europäischen Binnenmarkts für Kreditinstitute durch die Zweite Bankrechtskoordinierungsrichtlinie von 1989 und für Versicherungsunternehmen aufgrund der Dritten Versicherungsrichtlinien von 1992 wurden weitere Anreize hierfür gegeben. Der zunehmende Trend zur Allfinanz[2] hebt die strikte Trennung der Märkte von Kreditinstituten, Hypothekenbanken, Bausparkassen und Versicherungsunternehmen mehr und mehr auf.[3] Ziel der Allfinanzbestrebungen ist es, dem Kunden eine möglichst breite Palette von Finanzdienstleistungsprodukten „aus einer Hand" anbieten zu können. Organisatorisch werden hierzu Beteiligungen erworben, Kooperationen vereinbart oder Konzerne zwischen Banken und Versicherungsunternehmen gebildet.[4] Die zunehmenden organisatorischen Verflechtungen können jedoch auch Risiken bergen. Diese können in der zunehmenden Intransparenz, der Gefahr einer nicht mehr effizienten und effektiven Beaufsichtigung sowie in der Gefahr des Übergreifens finanzieller Schwierigkeiten eines Unter-

---

1 *Brackert*, in: FS f. Havermann, S. 65, 69; *Müller*, Überlegungen zur Vereinheitlichung, S. 2; *Haller*, Wandel der Finanzdienstleistungen, S. 327 f.; *R. Schmidt*, in: Prölss, VAG, Vorbem. Rn. 137; *Koguchi*, Financial Conglomeration, S. 7-62.

2 Vgl. die Beitragsreihe zur Allfinanz in der FAZ „Europas Finanzgewerbe im Umbruch" v. 12. Sept. 1997, S. 20; v. 17. Sept. 1997, S. 26; v. 25. Sept. 1997, S. 26; v. 29. Sept. 1997, S. 30; v. 2. Okt. 1997, S. 30; v. 8. Okt. 1997, S. 25.

3 Vgl. *Deutsche Bundesbank*, Monatsbericht April 1994, S. 49, 51; *Rudolph*, Europäische Integration und Allfinanz, S. 352 f.

4 *Haller*, Wandel der Finanzdienstleistungen, S. 327, 328. S. hierzu auch *Cassells*, Competition, in: Geburtstags-Schrift f. Büchner, S. 719, 721 f.; *v. Harder*, Kooperationen von Versicherungen und Banken, in: Geburtstags-Schrift f. Büchner, S. 735, 737; *Koguchi*, Financial Conglomeration, S. 10 ff.

nehmens auf ein anderes gruppenzugehöriges Unternehmen oder auf die Gruppe insgesamt (Ansteckungsgefahr)[5] liegen. Ansteckungsgefahren wirken sich auf die Solvenz und damit auf das Vertrauen der Marktteilnehmer in die Stabilität der gruppenangehörigen Kreditinstitute und Versicherungsunternehmen aus. Sie können eine Vertrauenskrise und dadurch einen Gläubigerrun auslösen. Hiervon sind in besonderer Weise Kreditinstitute betroffen.[6] Durch Solvabilitätsschwierigkeiten von Versicherungsunternehmen können zum einen die Versicherungsnehmer und Versicherten existentiell betroffen werden, zum anderen kann das Neugeschäft des Versicherungsunternehmens aufgrund des Vertrauensschwunds ins Stocken geraten, da Versicherungsverträge nur schwer oder nur mit hohen Verlusten kündbar sind.[7]

Die EU-Kommission hat sich daher die Regelung einer harmonisierten Beaufsichtigung von Finanzkonglomeraten vorgenommen. Für ihr Vorhaben führt sie im wesentlichen drei Gründe an:[8]

– Es soll den Möglichkeiten einer Risikoverschleierung und der „Ansteckungsgefahr" durch die sogenannte Mehrfachbelegung des Eigenkapitals („double gearing") begegnet werden;
– Wettbewerbsverzerrungen im Verhältnis Banken zu Versicherungen sollen ausgeräumt werden;
– die Aufsichtstätigkeit sei notwendigerweise zu erleichtern.

5 *Koguchi*, Financial Conglomeration, S. 30 f. mit Beispielen; *Borio/Filosa*, The Changing Borders of Banking: Trends and Implications, S. 30 mit Beispielen; *de Swaan*-Report, S. 18; GB BAV 1993, 54; *Van den Berghe*, Financial Conglomerates, S. 70; *Brackert*, in: FS f. Havermann, S. 70 ff.; *Müller*, Möglichkeiten und Grenzen von Allfinanzkonzepten, S. 31 ff.; *ders.*, Überlegungen zur Vereinheitlichung, S. 23; *Weigel*, ZfV 1995, 34; *Deutsche Bundesbank*, Monatsbericht April 1994, S. 56; *Gröschel/Möller*, Sparkasse 1995, 394, 395; *Kümpel*, Bank- und Kapitalmarktrecht, Rn. 2.211.

6 Zur besonderen Gefahr eines Runs auf ein Kreditinstitut für die gesamte Volkswirtschaft, s. z.B. *Koguchi*, Financial Conglomeration, S. 31; *Büschgen*, Bankbetriebslehre, S. 180 f.

7 *Müller*, Überlegungen zur Vereinheitlichung, S. 26; *Hohlfeld*, Auswirkungen der Deregulierung aus aufsichtsbehördlicher Sicht, S. 28; *Deutsche Bundesbank*, Monatsbericht April 1994, S. 56; *Koguchi*, Financial Conglomeration, S. 31.

8 Vgl. *Knauth/Welzel*, ZfgK 1993, 30.

Eine mögliche Richtlinie zur Beaufsichtigung von Finanzkonglomeraten wird voraussichtlich im wesentlichen Regelungen beinhalten, die das finanzaufsichtsrechtliche Instrumentarium verstärken werden.

Ziel dieser Arbeit ist es, die Berechtigung der Argumente und des finanzaufsichtsrechtlichen Ansatzes zu überprüfen, bestehende aufsichtsrechtliche Schwierigkeiten aufzuzeigen und einen eigenen Vorschlag zu unterbreiten, wie das Aufsichtsrecht hinsichtlich einer effektiven Beaufsichtigung von Finanzkonglomeraten fortentwickelt werden könnte.

Die Möglichkeiten der Allfinanz und aufsichtsrechtliche Fragen der Allfinanzkonzerne bzw. Finanzkonglomerate sind seit einiger Zeit Gegenstand vorrangig betriebswirtschaftlicher Diskussionen.[9] Aber auch die Rechtswissenschaft ist betroffen, da Allfinanzkonzeptionen aufsichts-, arbeits-, gesellschafts-, wettbewerbs- und vertragsrechtliche Fragen aufwerfen.[10] Bislang liegt – soweit ersichtlich –[11] keine die aktuelle Richtlinienlage berücksichtigende umfassende juristische Untersuchung über Haftungstatbestände und Ansteckungsgefahren in Finanzkonglomeraten vor.[12] Da jedoch die haftungsrechtliche Situation im Finanzkonglomerat Anlaß und Anknüpfungspunkt einer Fortentwicklung des Aufsichtsinstrumenta-

9 Vgl. hierzu z.B. *Wienberg*, Allfinanzkonglomerate, Adressenausfallrisiken und Bankenaufsicht, 1993; *Amely*, Allfinanz-Konzerne als Problem der Bank- und Versicherungsaufsicht. Vorschläge zu einer integrativen Behandlung der Erfolgsrisiken, 1994; *Weinel*, Finanzkonglomerate im Europäischen Binnenmarkt. Eine aufsichtsrechtliche Analyse, 1996.

10 Vgl. nur *Uwe H. Schneider*, Rechtliche Rahmenbedingungen der Allfinanz, S. 301 ff. Zu versicherungsaufsichtsrechtlichen Fragen der Allfinanzkonzeption s. ausf. jüngst *Imelmann*, 1996. Zu früheren Überlegungen zu einer Weiterentwicklung des Aufsichtsrechts s. *Kuntze*, ZfgK 1989, 717-720; *Gaddum*, ZfgK 1989, 710-712; *Remsperger*, Die Bank 1989, 308 f.; *Uwe H. Schneider*, WM 1990, 1655-1657.

11 Die soeben erschienene Dissertation von Jörg Schieber, Die Aufsicht über Finanzkonglomerate: das Aufsichtsrecht der Finanzdienstleistungsunternehmen im Spannungsverhältnis zwischen Gruppen- und Einzelinstitutsaufsicht, Berlin 1998, konnte zur Drucklegung dieser Arbeit nicht mehr berücksichtigt werden.

12 Vgl. zur früheren Rechtslage die Studie von *Uwe H. Schneider*, Die rechtlichen Möglichkeiten und Schranken für eine übergreifende Tätigkeit zwischen den verschiedenen Sektoren des Finanzbereichs, insbesondere der Banken und Versicherungen und für die Konzernbildung in diesem Bereich. Eine Studie zum kooperativen Vertrieb von Finanzdienstleistungen, zu den Allfinanz-Konzernen und zu den Mischkonzernen mit Finanzdienstleistungs-Teilkonzernen, 1987. Zur Rechtslage in Frankreich s. *Houis*, Recht und Praxis der Finanzkonglomerate in Frankreich, 1991.

riums sein soll, bedarf es einer umfassenden rechtlichen Analyse. Dagegen soll im Rahmen dieser Untersuchung nicht die Frage im Vordergrund stehen, ob und wie die aufsichtsrechtlichen Vorschriften zur Vermeidung von Wettbewerbsverzerrungen angeglichen werden können. Aspekte der Wettbewerbsverzerrung durch unterschiedliche Aufsichtsregelungen sind dann zu erörtern, wenn die Vor- und Nachteile einer institutionenbezogenen im Unterschied zur funktionellen Aufsichtskonzeption diskutiert werden.

B. Gang der Untersuchung

Die Untersuchung gliedert sich in drei Teile. Im ersten Teil werden Gründe für die Entstehung von Finanzkonglomeraten sowie Erscheinungsformen dargestellt und eine allgemeine Definition des Begriffs Finanzkonglomerat, die der weiteren Erörterung zugrunde liegen soll, entwickelt (1. Kapitel); sodann werden ein Überblick über die aufsichtsrechtlichen Ausgangssituationen gegeben und die Aufsichtskonzeptionen insbesondere im Hinblick auf das finanzaufsichtsrechtliche Instrumentarium für die Kredit- und Versicherungswirtschaft verglichen (2. Kapitel).

Der zweite Teil ist unterteilt in drei Unterabschnitte. Der erste Unterabschnitt ist der Analyse der Ansteckungsgefahren im Finanzkonglomerat, wozu nach hier gewonnener Auffassung auch das Phänomen der Mehrfachbelegung der Eigenmittel zuzuordnen ist, gewidmet. Marktentwicklungen, allgemeine Vertrauensverluste sowie rechtliche und moralische Haftungsverpflichtungen können Ansteckungsgefahren verursachen. Häufig wird vom Problem der Durchgriffshaftung, das im Finanzkonglomerat bestehe,[13] oder von einer Risikoeinheit bzw. einem Haftungsverbund des Finanzkonglomerats gesprochen.[14] Die parallele Begriffsverwendung ist jedoch insofern mißverständlich, als Abhängigkeits- und Konzernverhältnisse sowie Haftung kraft besonderen Verpflichtungsgrundes keine Beispiele des Haftungsdurchgriffs darstellen.[15] Mögliche Risikosituationen

---

13 *Hohlfeld*, VW 1995, 566.

14 *Kohler*, in: FS f. Volhard, S. 99; *Uwe H. Schneider*, WM 1990, 1656 f.

15 Vgl. nur BGHZ 31, 258, 271; *Hüffer*, AktG, § 1 Rn. 19-22; *K. Schmidt*, Gesellschaftsrecht, § 9 V 3 b. A.A. jedoch *Brändel*, in: Großkommentar zum AktG, § 1 Rn. 99, 101, 116 ff., der die Haftung des herrschenden Konzern-

lassen sich danach einteilen, ob sie aus der Ausübung von Leitungsmacht, aus kapitalmäßiger Verflechtung oder sonstigen Transaktionen resultieren. Sie werden im einzelnen daraufhin untersucht, ob sie von den geltenden gesellschafts- und aufsichtsrechtlichen Regelungen bereits erfaßt sind oder nicht. So werden im 3. Kapitel die aufsichtsrechtlichen Begrenzungen der Gruppenbildung von Versicherungsunternehmen und Kreditinstituten und die leitungsspezifischen Haftungstatbestände geprüft. Im 4. Kapitel werden zunächst beteiligungsspezifische Tatbestände, wie sie sich aufgrund der durch die Kapitalbeteiligung vermittelten Gesellschafter- oder Anteilseignerstellung eines Unternehmens an einem anderen ergeben können, sodann Finanzierungsbeziehungen im weiteren Sinn erörtert. Sonstige Transaktionen sind Gegenstand des 5. Kapitels. Trotz der Einzelanalyse wird verdeutlicht werden können, daß das Risiko der Ansteckung mit dem Grad der Verbundenheit bzw. der Verflechtung steigt. Ferner wird gezeigt werden können, daß zur Reduzierung der Ansteckungsgefahren unterschiedliche aufsichtsrechtliche Instrumentarien herangezogen werden.

Im zweiten Unterabschnitt werden Probleme der Transparenz (6. Kapitel) sowie die Aufsichtszuständigkeiten und die aufsichtsbehördliche Informationsverarbeitung (7. Kapitel) erörtert. Hier sind die Änderungen, die sich durch die BCCI-Richtlinie ergeben, kritisch zu würdigen.

Der zweite Teil endet in einem dritten Unterabschnitt mit der Entwicklung eines allgemeinen Substrats der Risikoanalyse und einer Abschichtung der zur Beaufsichtigung in Frage kommenden Aufsichtsmittel (8. Kapitel). Während Ansteckungsgefahren, die aus der Einflußnahmemöglichkeit resultieren, steuerbar bzw. vorhersehbar und vornehmlich Gegenstand einer aufsichtsrechtlichen Konzernbildungskontrolle (Geschäftsleiter- und Aktionärskontrolle) sind, stellt sich die Situation hinsichtlich der Kapitalverflechtungen komplexer dar. Vielfältige Aufsichtsmittel, nämlich Transparenzpflichten, die aufsichtsrechtliche Entgeltkontrolle, die Aktionärs- und Geschäftsleiterkontrolle zur Steuerung von Interessenkollisionen, Anlagevorschriften sowie die Solvabilitätsaufsicht bieten Ansatzpunkte, Risiken aus Kapitalverflechtungen zu minimieren, gänzlich ausschließbar sind sie jedoch nicht.

Im dritten Teil werden die Perspektiven einer Fortentwicklung des Aufsichtsrechts im Hinblick auf die Beaufsichtigung von Finanzkonglomeraten erörtert. Der Spannungsbogen der derzeit geführten Diskussion reicht von der Ablehnung weiterer Aufsichtsmaßnahmen über die Ergänzung der Einzelaufsichtsnormen, die die Gruppenzugehörigkeit des beauf-

---

unternehmens gemäß §§ 302, 311, 317 AktG als Fälle echter Durchgriffshaftung behandelt.

sichtigten Unternehmens berücksichtigen (Solo-Plus-Ansatz), bis zur Forderung nach einer integrierten einheitlichen Beaufsichtigung von Finanzkonglomeraten. Im Ergebnis werden Konstruktionsmerkmale eines qualitativen Solo-Plus-Aufsichtsverfahrens entwickelt (9. Kapitel). Um den Anwendungsbereich für ein solches Aufsichtsverfahren zu umgrenzen, wird eine aufsichtsrechtliche Definition für Finanzkonglomerate hergeleitet (10. Kapitel). Abschließend wird auf die institutionelle Frage eingegangen und das Konzept einer führenden Aufsichtsbehörde (leading supervisor) befürwortet (11. Kapitel).

Teil 1

Grundlagen

1. Kapitel: Das Phänomen Finanzkonglomerate

A. Zusammenarbeit von Versicherungsunternehmen und Kreditinstituten

I. Ausgangssituation

1. Deutschland

Hinsichtlich der Tätigkeiten von Kreditinstituten und Versicherungsunternehmen kann eine lange Tradition des Zusammenwirkens festgestellt werden.[1] Der organisatorisch und juristisch verbundene Betrieb von Bank- und Versicherungsgeschäften war im 19. Jahrhundert nicht selten.[2] Mit den Reichsgesetzen der Jahre 1899 und 1901 wurde jedoch das gemeinsame Betreiben verboten und eine weitgehend zentrale Reichsaufsicht über Versicherungsunternehmen eingeführt.[3] Eine zentrale Aufsicht über Kreditinstitute kam erst in den dreißiger Jahren hinzu.[4] In der Folgezeit entwickelten sich die Tätigkeitsbereiche von Kreditinstituten und Versicherungsunternehmen aufgrund rechtlicher Vorschriften mehr oder

---

1 S. hierzu *Brackert*, in: FS f. Havermann, S. 65, 68; *Peiner*, Banken und Versicherungen, in: Geburtstags-Schrift f. Büchner, S. 753; *Amely*, S. 31; *Schierenbeck/Hölscher*, in: Bank- und Versicherungslexikon, Stichwort: Banken und Versicherungen, S. 68; *Hübner*, VR 1989, 98 f.; *Müller-Lutz*, Allfinanz, S. 8 f.; *Coenen*, Allfinanz und europäische Integration, S. 11.

2 Als Beispiel für einen solchen Verbund kann die Bayerische Hypotheken- und Wechselbank genannt werden, die seit 1835 eine eigene Abteilung für Feuer- und Lebensversicherungen unterhielt, vgl. *Schierenbeck/Hölscher*, in: Bank- und Versicherungslexikon, Stichwort: Banken und Versicherungen, S. 68.

3 S. hierzu *Angerer*, in: Schierenbeck, Bank- und Versicherungslexikon, Stichwort: Versicherungsaufsicht, S. 685; *R. Schmidt*, in: Prölss, VAG, Vorbem. Rn. 1 ff.

4 Auslöser war die Bankenkrise des Jahres 1931, s. hierzu *Kuntze*, in: Schierenbeck, Bank- und Versicherungslexikon, Stichwort: Bankenaufsicht, S. 46; *Reischauer/Kleinhans*, KWG, Nr. 112, Einleitung, S. 1 ff.; *Kümpel*, Bank- und Kapitalmarktrecht, Rn. 15.1. f.; *Weigel*, Auswirkungen unterschiedlicher Aufsichtssysteme, S. 46; *Knauth*, ZVersWiss 1996, 234.

weniger unabhängig voneinander.[5] Zwar gab es trotz der juristisch strengen Trennung von Versicherungs- und Bankgeschäften auch weiterhin Formen der Kooperation auf Provisionsbasis zwischen Banken und Versicherungsunternehmen. Merkmal dieser Kooperationsformen blieb aber, daß Banken und Versicherungsunternehmen weitgehend ihre eigene Identität bewahrten und fast nicht in einen Wettbewerb miteinander traten.[6] Engere Verknüpfungen von allen Arten des Bank- und des Versicherungsgeschäfts waren in Deutschland jedoch im Bereich der Sparkassen- und Genossenschaftsorganisation bekannt.[7] Weniger stark ausgeprägt war die Zusammenarbeit der privaten Geschäftsbanken mit den Versicherungsunternehmen. Eine Ausnahme bildeten jedoch die intensiven Verflechtungen zwischen Versicherungsunternehmen und Bausparkassen, die bis zum Jahr 1972 unter einheitlicher Aufsicht standen.[8]

2. *Europäische Union*

Die Ausgangssituation in den anderen europäischen Staaten ist mit derjenigen in Deutschland vergleichbar.[9] In Großbritannien tritt aufgrund des

---

5 *Schierenbeck/Hölscher*, in: Bank- und Versicherungslexikon, Stichwort: Banken und Versicherungen, S. 63; *Müller*, Überlegungen zur Vereinheitlichung, S. 1; *Uwe H. Schneider*, Rechtliche Rahmenbedingungen, S. 301.

6 *Schierenbeck/Hölscher*, in: Bank- und Versicherungslexikon, Stichwort: Banken und Versicherungen, S. 69 f.; *Brackert*, in: FS f. Havermann, S. 65, 68; *Peiner*, in: Geburtstags-Schrift f. Büchner, S. 753; *Hübner*, VR 1989, 98, der als Beispiel des sich ergänzenden statt sich ersetzenden Angebots von Kreditinstituten und Versicherungsunternehmen die Versicherung als übliches Mittel der Besicherung von Bankkrediten hervorhebt.

7 Sparkassen und Kreditgenossenschaften vermittelten schon lange Versicherungsverträge der zur Gruppe gehörenden Versicherungsunternehmen. Versicherungsunternehmen gewährten nicht nur Kredite, sondern sie erwarben Bausparkassen oder Kapitalanlagegesellschaften als Tochtergesellschaften, vgl. *Uwe H. Schneider*, WM 1990, 1649, 1650; *ders.*, Die rechtlichen Rahmenbedingungen der Allfinanz, S. 302; *Schwebler*, in: Dieter Farny und die Versicherungswissenschaft, S. 457, 459. Zum Allfinanzgedanken in der Sparkassenorganisation *Geise*, Sparkasse 1993, 56, 57.

8 Vgl. dazu *Hübner*, VR 1989, 98 f. S. auch § 20 I Ziff. 2 des BSpkG v. 16.11.1972, BGBl. I, S. 2097.

9 *Uwe H. Schneider*, WM 1990, 1649; *ders.*, Allfinanz – tatsächliche Entwicklungen und rechtliche Rahmenbedingungen, S. 97; *ders.*, Die rechtlichen Rahmenbedingungen der Allfinanz, S. 301 f.; *Koguchi*, Financial Conglome-

dort geltenden Trennbankensystems die Aufteilung der einzelnen Branchen besonders deutlich hervor. In den meisten Ländern dürfen Versicherungsgeschäfte nur von Spezialunternehmen betrieben werden.[10]

II. Veränderungen

1. Ursachen

Seit etwa zwei Jahrzehnten haben sich das Wettbewerbsumfeld und die Zusammenarbeit von Kreditinstituten und Versicherungsunternehmen jedoch einschneidend verändert.[11] Für die verstärkte Zusammenarbeit von Kreditinstituten und Versicherungsunternehmen lassen sich folgende Ursachen benennen: Zum einen hat die Geldanlage in Wertpapieren und Lebensversicherungen gegenüber dem Bankguthaben an Bedeutung gewonnen. Steigender Wohlstand und ein gestiegenes Vorsorgebedürfnis aufgrund ungesicherter staatlicher Rentenversicherungen rufen einen erhöhten Anlagebedarf hervor.[12] Demzufolge beabsichtigen die Finanzdienstleister mehr und mehr, ihren Kunden eine möglichst umfassende Angebotspalette bereithalten zu können.[13] Dem geänderten Anlageverhalten versuchen beispielsweise Kreditinstitute dadurch entgegenzukommen,

---

ration, S. 7. Zur internationalen Situation s. *Borio/Filosa*, The Changing Borders of Banking: Trends and Implications, S. 10 f.

10 S. *Borio/Filosa*, The Changing Borders of Banking: Trends and Implications, S. 10 f.

11 *Brackert*, in: FS f. Havermann, S. 65, 69; *Müller*, Überlegungen zur Vereinheitlichung, S. 2; *Haller*, Wandel der Finanzdienstleistungen, S. 327 f.; *Hübner*, VR 1989, 99 ff.; *Klein*, VW 1996, 218 ff.; *Coenen*, Allfinanz und europäische Integration, S. 11 ff.; *Remsperger*, Die Bank 1989, 301 ff.; *Gies*, Möglichkeiten und Grenzen von Allfinanzkonzepten, S. 1 ff.; *Süchting*, in: Dieter Farny und die Versicherungswissenschaft, S. 537; *Geise*, Sparkasse 1993, 56; *Hohlfeld*, VW 1995, 564; *Wesseling*, S. 42 f.; *Deutsche Bundesbank*, Monatsbericht April 1994, S. 51 f.; *Koguchi*, Financial Conglomeration, S. 7-62; *Hinsch*, in: Deutsches und Internationales Bank- und Wirtschaftsrecht im Wandel, S. 65 ff.; *ICBS*, S. 86 ff.

12 *Schwebler*, in: Dieter Farny und die Versicherungswissenschaft, S. 457 f.; *Kuntze*, Möglichkeiten und Grenzen von Allfinanzkonzepten, S. 37, 38; *Kohler*, in: liber amicorum f. Volhard, S. 97; *Imelmann*, S. 19 ff.; *GDV*, Jahrbuch 1995, S. 44; *Koguchi*, Financial Conglomeration, S. 7 ff.

13 *R. Schmidt*, in: Prölss, VAG, Zus. § 1 Rn. 31.; *ders.*, in: Prölss, VAG, Vorbem. Rn. 137 f.

daß sie Produkte mit versicherungstypischen Eigenschaften wie z.B. Sparpläne mit Versicherungsschutz[14] anbieten; Versicherungsunternehmen hingegen vertreiben Produkte, die im Konkurrenzbereich zu Bankleistungen liegen, wie z.B. Policendarlehen oder kapitalbildende Lebensversicherungen, immer erfolgreicher.[15] Der seit einigen Jahren in der Bundesrepublik Deutschland feststellbare Trend, Bank- und Versicherungsdienstleistungen „aus einer Hand“ anzubieten, setzt sich auch im EU-Binnenmarkt länderübergreifend fort.[16] Der Trend zur Entwicklung von Allfinanzangeboten wurde zum anderen entscheidend durch die Veränderung der Finanzmärkte beeinflußt, die durch die zunehmende Internationalisierung, Globalisierung, Informationstechnologie-Entwicklung, Volatilität der Finanzmärkte und Verbriefung umschrieben werden kann.[17] Aufgrund dieser Veränderungen haben sich nicht nur neue Geschäftsmöglichkeiten für die Sektoren der Kredit- und Versicherungswirtschaft ergeben, sondern auch ein zunehmender Wettbewerbs- und Kostendruck.

2. *Aspekte der Allfinanz*

Eine allgemeine Definition von „Allfinanz“ hat sich bislang aufgrund der unterschiedlichen Interessen der beteiligten Branchen noch nicht finden lassen. Merkmale der Allfinanzkonzeption sind allgemein sowohl die Zusammenarbeit zwischen den unterschiedlichen Finanzdienstleistern als auch das einheitliche Angebot von Finanzdienstleistungsprodukten, die unterschiedlichen Aufsichtsrechten unterliegen oder nicht durch ein

---

14 Die Deutsche Bank trat hiermit 1984 erstmalig auf den Markt, s. *Süchting*, in: HdV, Stichwort: Banken und Versicherungsunternehmen, S. 38; *Kremer*, in: FS f. Schwebler, S. 696.

15 *Brackert*, in: FS f. Havermann, S. 65, 69; *Deutsche Bundesbank*, Monatsbericht April 1994, S. 49, 51. Zu neuen Formen der Zusammenarbeit und auch Konkurrenz zwischen Kreditinstituten und Versicherungsunternehmen im Bereich der privaten individuellen Altersvorsorge s. *Neuhaus*, VW 1997, 1056 ff., Stichwort: Euro-Pensionsfonds.

16 *Haller*, Wandel der Finanzdienstleistungen, S. 327, 328. S. hierzu auch *Cassells*, Competition, in: Geburtstags-Schrift f. Büchner, S. 719, 721 f.; *v. Harder*, Kooperationen von Versicherungen und Banken, in: Geburtstags-Schrift f. Büchner, S. 735, 737; *Koguchi*, Financial Conglomeration, S. 10 ff.

17 S. hierzu *Kohler*, in: liber amicorum f. Volhard, S. 97.

einzelnes Unternehmen betrieben werden dürfen.[18] Aufgrund der Entstehungsursachen wird der Begriff Allfinanz häufig in Zusammenhang mit dem Vertrieb von Versicherungsprodukten über den Bankschalter und umgekehrt verwendet. Dagegen liegt dem auch verwendeten Begriff Bankassurance bzw. Bank-Assekuranz[19] häufig ein breiteres Begriffsverständnis zugrunde. Er umfaßt sämtliche Formen der Bündelungen von Versicherungen und Banken; zu nennen sind hierbei der Vertrieb, das Angebot gemeinsamer bzw. substituierbarer Produkte, eine strategische Komponente und eine operative Komponente, zu der das Kapitalanlagemanagement zählt.[20] Somit können im wesentlichen zwei Aspekte der Allfinanz unterschieden werden: zum einen der funktionelle, zum anderen der institutionelle bzw. organisatorische Aspekt. Der funktionelle Aspekt betrifft die Produktebene. Ein Allfinanzangebot eines Finanzdienstleisters setzt sich zusammen aus dem eigenen Leistungsprogramm, das um Produkte von Unternehmen anderer Finanzdienstleistungsbranchen ergänzt wird. Dieses so zusammengestellte Leistungsangebot bedarf des Vertriebs. Dieser kann durch die gemeinsame Nutzung der bereits vorhandenen Vertriebsmöglichkeiten erfolgen.[21] Dabei wird die Integration der verschiedenen Vertriebswege der Finanzdienstleister als besondere Herausforderung angesehen.[22] Der institutionelle bzw. organisatorische Aspekt betrifft die Frage, in welcher Organisationsform die Finanzdienstleister zusammenarbeiten, um die funktionellen Erfordernisse einer wettbewerbsfähigen Angebotspalette und eines effizienten Vertriebs zu perfektionieren. Die Erscheinungsformen, in denen Allfinanzkonzepte realisiert werden, unterscheiden sich in den einzelnen Ländern, da jeweils unterschiedlich gewachsene Strukturen und hierauf abgestimmte Aufsichtssysteme vorzufinden sind.[23] Die Zusammenarbeit zwischen Versicherungsunternehmen

---

18 *Uwe H. Schneider*, WM 1990, 1649 ff.; *Hübner*, VR 1989, 97 ff.; *Rudolph*, Europäische Integration und Allfinanz, S. 353 ff.

19 S. z.B. *Zielke*, VW 1997, 750 ff.; *Schierenbeck/Hölscher*, Bankassurance, 1992. Zur Verwendung dieses Begriffs in Frankreich *Borio/Filosa*, The Changing Borders of Banking: Trends and Implications, S. 13.

20 S. zu diesen begrifflichen Unterscheidungen *Neuhaus*, VW 1997, 1056, 1059 Anm. 1.

21 Z.B. Verkauf von Versicherungspolicen über den Bankschalter. S. jüngstens den Vertrieb von Lebensversicherungen der Allianz in Polen, *o.V.*, ZfV 1997, 220 „Allianz in Polen".

22 S. hierzu *Amely*, S. 40 f.

23 Vgl. *Kuntze*, Möglichkeiten und Grenzen von Allfinanzkonzepten, S. 37, 40 f.: Zu unterscheiden sind das Trennbanksystem, das insbesondere in den USA, Großbritannien und Japan vertreten ist, und das Universalbanksystem der

und Unternehmen anderer Wirtschaftsbereiche reicht von Kooperationen insbesondere auf dem Vertriebssektor über gegenseitige Kapitalbeteiligungen und die Gründung von gemeinsamen Serviceunternehmen bis hin zu konzernmäßigen Verflechtungen. Gegenstand der vorliegenden Untersuchung ist allein der organisatorische Aspekt der Allfinanzkonzeption. Auf aufsichtsrechtliche Fragen der Zulässigkeit von Allfinanzprodukten oder aufsichtsrechtliche sowie wettbewerbsrechtliche Rahmenbedingungen eines gemeinsamen Vertriebs wird nicht eingegangen.

B. Erscheinungsformen der Zusammenarbeit

I. Kooperationen

Kooperationen zwischen Versicherungsunternehmen und Kreditinstituten sind dadurch gekennzeichnet, daß die beteiligten Gesellschaften rechtlich und finanziell selbständig bleiben, aber insbesondere auf dem Vertriebs- oder Verwaltungssektor zusammenarbeiten.[24] Die Kooperationslösung ohne Kapitalbeteiligung weist nur einen geringen Grad an Verbindlichkeit auf und eignet sich für eine langfristig angelegte Allfinanzstrategie nicht. Daher wird häufig die Kooperation durch kapitalmäßige Verflechtungen manifestiert.[25]

Bundesrepublik Deutschland, Schweiz und der Niederlande. S. zur ungewissen künftigen Struktur der US-Finanzindustrie *Baas*, Die Bank 1997, 606 ff.

24 *Deutsche Bundesbank*, Monatsbericht April 1994, S. 49, 53; *Hohlfeld*, VW 1995, 564; *Müller*, Möglichkeiten und Grenzen von Allfinanzkonzepten, S. 27 ff.; *Haller*, Wandel der Finanzdienstleistungen, S. 327, 335 f.; *Müller-Lutz*, Allfinanz, S. 10; *Peiner*, Banken und Versicherungen, in: Geburtstags-Schrift f. Büchner, S. 753, 754; *Farny*, Allfinanz – Das betriebswirtschaftliche Konzept, S. 169.

25 *Müller*, Möglichkeiten und Grenzen von Allfinanzkonzepten, S. 29; *Peiner*, Banken und Versicherungen, in: Geburtstags-Schrift f. Büchner, S. 753, 755. Zu der Frage, welche Erscheinungsform sich durchsetzen wird, vgl. einerseits *Süchting*, in: HdV, Stichwort: Banken und Versicherungsunternehmen, S. 42, der folgende Schwierigkeiten einer Kooperation sieht: beschränktes Knowhow der Verkäufer, System der Vergütung, das bei den Versicherern in der Regel den einzelnen Abschluß, bei Banken die Pflege der Kundenverbindung begünstigt, Schwierigkeiten der Banken in der Auswahl eines Kooperationspartners, und der daher der Bildung von Finanzkonzernen größere Zukunfts-

Traditionell arbeiten die Unternehmen des Sparkassen- und Genossenschaftssektors mit Versicherungsunternehmen in Form von Verbünden zusammen.[26] Insofern können Sparkassen- oder Genossenschaftsverbünde auch als historisch gewachsene oder geborene Kooperationen bezeichnet werden. Aufgrund des steigenden Wettbewerbsdrucks haben beispielsweise die öffentlich-rechtlichen Unternehmen ihre Zusammenarbeit seit den achtziger Jahren intensiviert.[27] Sie treten auf dem Markt gemeinsam als Sparkassen-Finanzgruppe auf; dabei wird der gemeinsame Marktauftritt zunehmend durch kapitalmäßige Verflechtungen untermauert.[28] Im Zuge der Umstrukturierung der öffentlich-rechtlichen Versicherungsunternehmen nach Wegfall der Monopolversicherung durch die Dritten Versicherungsrichtlinien der EU sehen einige Satzungen öffentlich-rechtlicher Versicherer die Anteilseignerstellung bzw. die Trägerschaft von Sparkassen oder eines regionalen Sparkassen- und Giroverbandes an öffentlichen Versicherungsunternehmen vor.[29] In mehreren Bundesländern sind die Sparkassen über ihren jeweiligen Sparkassen- und Giroverband mehrheitlich oder vollständig an den Landesbanken beteiligt.[30]

---

chancen einräumt; andererseits *Schwebler*, in: Dieter Farny und die Versicherungswissenschaft, S. 457, 465, der die Kooperation dem Allfinanzkonzern vorzieht, da auf diese Weise die wirtschaftlich vernünftigen Ziele kostengünstiger und risikoärmer als durch Finanzkonzerne und ebenso kundenfreundlich erreicht werden könnten.

26 *Deutsche Bundesbank*, Monatsbericht April 1994, S. 52; *Deutscher Sparkassen- und Giroverband*, Jahresbericht 1995, S. 29; *Geise*, Sparkasse 1993, 56 f.

27 Im Bereich des Kredit-, Wertpapier-, Auslands- und Zahlungsverkehrsgeschäftsarbeiten die örtlichen Sparkassen mit den örtlichen Landesbanken und Girozentralen zusammen. Bauspargeschäfte werden überwiegend von den Landesbausparkassen angeboten, die als unselbständige Einrichtungen der Landesbanken geführt werden. Ferner arbeiten die Sparkassen im Bereich des Versicherungsgeschäfts mit den regionalen öffentlich-rechtlichen Lebens- und Sachversicherungsunternehmen zusammen.

28 S. hierzu *Deutscher Sparkassen- und Giroverband*, Jahresbericht 1995, S. 29. S. zur Unternehmensentwicklung auch VW 1997, 863 ff.: „Gruppe öffentlicher Versicherer“.

29 Z.B. § 4 der Satzung der Westfälischen Provinzial-Feuersozietät, Versicherung der Sparkassen; § 4 der Satzung der Oldenburgischen Landesbrandkasse. Zum Ausbau der organisatorischen und kapitalmäßigen Verflechtungen der öffentlichen Versicherer mit den jeweiligen regionalen Sparkassenorganisationen s. *Deutscher Sparkassen- und Giroverband*, Jahresbericht 1995, S. 29.

30 Vgl. die Übersicht bei *Wesseling*, S. 36.

II. Strategische Beteiligungen

Kapitalmäßig unterlegte Kooperationen in der Form sogenannter strategischer Beteiligungen bzw. Allianzen sind ein mit der Entwicklung der Allfinanz neu auftretendes Phänomen bei den privaten Geschäftsbanken und privatrechtlichen Versicherungsunternehmen. Daher können diese Kooperationsformen als gekorene bezeichnet werden. Gegenseitige Kapitalbeteiligungen oder die Gründung von gemeinsamen Serviceunternehmen[31] ermöglichen den beteiligten Kreditinstituten und Versicherungsunternehmen Synergieeffekte durch das Cross-selling ihrer Produkte, d.h. die Ausnutzung der gegenseitigen Vertriebswege zum Verkauf eigener, gemeinsamer und/oder sich ergänzender Produkte.[32] Die beteiligten Finanzdienstleister bleiben zwar grundsätzlich wirtschaftlich unabhängig. Unterschiedlich starke Einflußmöglichkeiten auf die Geschäftspolitik des beteiligten Unternehmens können sich jedoch ergeben und sind von der Höhe der Kapitalbeteiligung und den getroffenen Absprachen abhängig. Als Beispiele für diese Art der Kooperation mit Kapitalbeteiligung können die Verbindung der Gothaer Versicherungsgruppe mit der Bankgesellschaft Berlin, die Victoria-Gruppe mit der Bayerischen Vereinsbank, die Kooperation der Commerzbank AG mit der DBV und der Verbund zwischen den Genossenschaftsbanken und den R+V Versicherungen genannt werden.[33] Prominent für die Kooperationslösung mit Kapitalbeteiligung ist auch das Beispiel der Dresdner Bank AG und der Allianz-Versicherungsgruppe. Es besteht eine wechselseitige Kapitalbeteiligung der Dresdner Bank AG in Höhe von 10% am Grundkapital der Allianz Holding AG und der Allianz Holding AG in Höhe von 22, 3% am Grundkapital der Dresdner Bank AG.[34] Im Rahmen der Allfinanz ist der Weg der Kooperation,

---

31 *Klein*, VW 1991, 25, 27; *Deutsche Bundesbank*, Monatsbericht April 1994, S. 51.

32 *Hohlfeld*, VW 1995, 564; *Schulz*, Die Bank 1993, 630 f.; *Peiner*, Banken und Versicherungen, in: Geburtstags-Schrift f. Büchner, S. 753, 754 f.; *Wesseling*, S. 43 ff.

33 *Hohlfeld*, VW 1995, 564; *Schulz*, Die Bank 1993, 630 f.; *Hübner*, VR 1989, 100 f.; *Wienberg*, S. 27 ff. mit Beispielen; FAZ v. 12.8.1997, S. 17 „In Deutschland wird sich nichts ändern". S. *DG Bank*, Geschäftsbericht 1991, S. 50 f.

34 *Hübner*, VR 1989, 107; *o.V.*, Dresdner Bank/Allianz, ZfgK 1989, 177; *Wienberg*, S. 5; *Hansen*, AG 1997, R 220. Zu den Beteiligungen der Allianz s. AG 1997, R 290 ff. Dresdner Bank und die Allianz-Versicherungsgruppe arbeiten

die mit einer Minderheitsbeteiligung unterlegt ist, für Versicherungsunternehmen besonders geeignet, da Konzernbildungen versicherungsaufsichtsrechtlich beschränkt sind.[35]

III. Konzernbildung

Um eine Allfinanzkonzeption zu verwirklichen, bietet sich ferner die Möglichkeit der Gruppen- sowie Konzernbildung.[36] Sie geht über den bloßen Beteiligungserwerb durch Begründung eines Abhängigkeitsverhältnisses oder einer einheitlichen Leitung hinaus. Sie vollzieht sich entweder durch Unternehmensgründung, Beteiligungserwerb oder durch Gründung einer Joint-Venture-Gesellschaft. Als Beispiel für den Erwerb einer Mehrheitsbeteiligung läßt sich der Erwerb der Bank für Gemeinwirtschaft (BfG) durch die Aachener- und Münchener Gruppe anführen.[37] Als Beispiele für eine Eigengründung können die Gründung eines Lebensversicherungsunternehmens durch die Deutsche Bank AG oder auch die Gründung des Kompositversicherers R + V durch die Volksbanken genannt werden.[38] Nicht selten sind Konstruktionen, bei denen beaufsichtigte Unternehmen mit anderen unbeaufsichtigten Unternehmen unter der Leitung einer Holdinggesellschaft zusammengefaßt sind. Dabei können die einzelnen Unternehmen ihren Sitz in verschiedenen Ländern haben. Die Konzernbildung hebt die traditionelle Trennung zwischen Banken und Versicherungen auf,[39] sie stellt die engste Form der Zusammenarbeit dar. Die

---

auch im Bereich der Vermögensverwaltung zusammen, *Inge Kloepfer*, FAZ v. 7. Juni 1997, S. 13 „Von Sachsen hinaus in die Welt".

35 S. hierzu noch unten Teil 2, 3. Kap.

36 S. hierzu *Leuering*, S. 37 ff. und aus Schweizer Sicht *Kuhn*, SVZ 1997, 253, 258 ff.

37 S. *Weiss*, ZfV 1989, 226.

38 S. *Hinsch*, in: Deutsches und Internationales Bank- und Wirtschaftsrecht im Wandel, S. 65, 75.

39 *Peiner*, Banken und Versicherungen, in: Geburtstags-Schrift f. Büchner, S. 753, 755. Zu den Synergieeffekten *Forestieri*, Economies of Scale and Scope in the Financial Services Industry, S. 63 ff.; s. auch *Koguchi*, Financial Conglomeration, S. 22 ff. Zu Vor- und Nachteilen der Konzernbildung *Hinsch*, in: Deutsches und Internationales Bank- und Wirtschaftsrecht im Wandel, S. 65, 75 f.

Konzernbildung bietet sich aus aufsichtsrechtlichen Gründen insbesondere für Kreditinstitute an.[40]

IV. Folgerungen

Durch die Allfinanzstrategien, insbesondere durch den Aufbau oder die Gründung von Gruppen und Konzernen, werden die funktionalen und institutionellen Trennungslinien zwischen den einzelnen Sektoren der Finanzdienstleistungen mehr und mehr aufgehoben.[41] Die Aufsichtsrechte stehen vor einer neuen Herausforderung. Um zu klären, ob und inwiefern aufsichtsrechtlicher Handlungsbedarf besteht, ist zunächst zu überprüfen, ob bereits eine taugliche Begriffsumschreibung für Finanzkonglomerate vorliegt.

C. Erste Annäherung an einen aufsichtsrechtlichen Begriff des Finanzkonglomerats

I. Begriffsbestimmungen

Der Begriff Finanzkonglomerat ist kein terminus technicus der Gesetzessprache.[42] Er entstammt der wirtschaftlichen Umgangssprache. Es bereitet Schwierigkeiten, diesen Begriff exakt zu bestimmen. So lassen sich folgende Definitionen finden: Finanzkonglomerate, die auch als Allfinanzkonzerne bezeichnet werden,[43] seien Gruppen von verbundenen Unternehmen, deren Aktivitäten im wesentlichen darin bestehen, unterschiedliche finanzielle Dienstleistungen, z.B. Bank-, Wertpapier- und Versicherungs-

---

40 Insbesondere in Großbritannien und Frankreich ist bereits jede größere Bank mit Versicherungstöchtern ausgestattet, *Coenen*, Allfinanz und europäische Integration, S. 11 ff.; *CEA*, Finanzkonglomerate, S. 56 f.; *Koguchi*, Financial Conglomeration, Annex 2, S. 47, 54 ff.

41 *Van den Berghe*, ZVersWiss 1997, 251, 267; *Borio/Filosa*, The Changing Borders of Banking: Trends and Implication, S. 5, 29, 34 f., 42; *Süchting*, in: Dieter Farny und die Versicherungswissenschaft, S. 537, 538.

42 *Müller*, Möglichkeiten und Grenzen von Allfinanzkonzepten, S. 20.

43 Vgl. *Deutsche Bundesbank*, Monatsbericht April 1994, S. 49; *Müller*, Möglichkeiten und Grenzen von Allfinanzkonzepten, S. 20-36.

geschäfte, zu erbringen. Der Schwerpunkt der Geschäftstätigkeit eines Finanzkonglomerats liege somit im finanziellen Bereich. Werden außerdem umfangreiche nichtfinanzielle Geschäfte innerhalb einer solchen Gruppe getätigt, so sei ein Mischkonzern gegeben.[44] Der Begriff Allfinanz oder Finanzkonglomerat bedeute ferner das Konzept einer umfassenden und integrierten Abdeckung der monetären und der Sicherungsbedürfnisse des Kunden – möglichst aus einer Hand – über sämtliche Lebensphasen hinweg.[45] Die Tripartite Group of Bank, Securities and Insurance Regulators definiert Finanzkonglomerat als „any group of companies under common control whose exclusive or predominant activities consist of providing significant services in at least two different financial sectors (banking, securities, insurance)".[46] Unter Finanzkonglomeraten werden auch Gruppen von Finanzinstituten verschiedener Sektoren (Banken, Versicherungsunternehmen, Wertpapierdienstleistungsunternehmen) verstanden, die durch Beteiligungen (in bislang undefinierter Höhe) verbunden sind.[47] Von der Internationalen Organisation der Wertpapieraufseher wird bei Finanzkonglomeraten auf die gemeinsame Eigentümerschaft einer Gruppe von Unternehmen abgestellt.[48] In einer europaweiten Studie[49] findet sich folgende allgemeine Umschreibung: Ein Finanzkonglomerat „relates to a group of enterprises, and it's combination of different kinds of financial institution; this can be translated to the concept of being subject to different types of supervisory rules".

Begriffsbildend ist für sämtliche Definitionen, daß Finanzkonglomerate von mindestens zwei verschiedenen Unternehmen gebildet werden, die nach EU-Recht beaufsichtigt werden, nämlich von Kreditinstituten, Versicherungsunternehmen oder Wertpapierdienstleistungsunternehmen. Weiterhin ist für den Begriff Finanzkonglomerat konstituierend, daß die Tätigkeit der Unternehmensgruppe überwiegend in der Erbringung von Finanzdienstleistungen besteht. Bestandteile eines Finanzkonglomerates können ferner nach EU-Recht nicht beaufsichtigte Finanzdienstleistungsunternehmen, wie Rückversicherungsunternehmen oder auch Holdinggesellschaften, sein. Ungeklärt bleibt aber bei den vorliegenden Begriffs-

---

44 *Deutsche Bundesbank*, Monatsbericht April 1994, S. 49 f. Zu Kooperationen der Versicherungswirtschaft mit Waren- und Bekleidungskaufhäusern, *S.S.*, Neue Vertriebswege in Europa, ZfV 1997, 250.
45 *Schwebler*, in: Dieter Farny und die Versicherungswissenschaft, S. 457, 460.
46 *De Swaan*-Report, S. 13 und jüngst *Joint Forum*, S. 6.
47 *Knauth/Welzel*, ZfgK 1993, 30.
48 Vgl. *IOSCO*, Principles for the Supervision of Financial Conglomerates, S. 3.
49 *Van den Berghe*, Financial Conglomerates, S. 1-61, 157 f.

umschreibungen, ab welchem Anteil am Kapital bzw. an den Stimmrechten oder bei welcher Form der Unternehmensverbindung eine Gruppe als Finanzkonglomerat einzustufen ist. Erfaßt könnten sowohl lose Kooperationsformen ohne Kapitalbeteiligungen als auch streng zentralisiert geführte Konzerne sein. Eine juristische Definition des Begriffs Finanzkonglomerate bieten die dargestellten Umschreibungen somit noch nicht.

II. Arbeitsbegriff

Für die Analyse der Ansteckungsgefahren innerhalb eines Finanzkonglomerats sollen als Finanzkonglomerate solche Unternehmensgruppierungen verstanden werden, in denen Finanzdienstleistungsunternehmen (insbesondere Kreditinstitute und Versicherungsunternehmen) durch Kapitalbeteiligungen miteinander verbunden sind, da die EU-Kommission insbesondere an die kapitalmäßigen Verflechtungen aufsichtsrechtlichen Handlungsbedarf knüpft. Nicht untersucht werden Unternehmensgruppen, die aus Kreditinstituten oder Kreditinstituten und Wertpapierdienstleistungsunternehmen gebildet werden, da für diese Unternehmensgruppen bereits gruppenbezogene aufsichtsrechtliche Vorschriften bestehen.[50] Lose Kooperationsformen ohne Kapitalbeteiligungen sind ebenfalls nicht Gegenstand der Analyse der Haftungsverhältnisse. Für die Analyse wird an dieser Stelle noch nicht festgelegt, wie der Tatbestand der Gruppe zu definieren ist, an den zusätzlicher aufsichtsrechtlicher Handlungsbedarf zu knüpfen ist. Eine juristische Definition des Begriffs Finanzkonglomerat soll erst in Teil 3 der Untersuchung entwickelt werden.

Die Struktur der zu untersuchenden Finanzkonglomerate weist Unterschiede auf, je nachdem, ob ein Kreditinstitut, ein Versicherungsunternehmen oder ein anderes Finanzdienstleistungsunternehmen an der Spitze des Konglomerats zu finden ist. Zu untersuchen wird daher sein, ob Finanzkonglomeraten je nach ihrer Struktur spezifische Risiken innewohnen, die zusätzlichen aufsichtsrechtlichen Handlungsbedarf auslösen. Bevor mögliche Risikoursachen analysiert werden können, soll der status quo der vorhandenen Aufsichtskonzeptionen für Versicherungsunternehmen und Kreditinstitute in Überblick und Vergleich behandelt werden, da die Entstehung der Gefahren im Finanzkonglomerat von den aufsichtsrechtlichen Ausgangsbedingungen beeinflußt wird.

---

50 S. Konsolidierungs- und Kapitaladäquanzrichtlinie, 2. Kap. D. II.

2. Kapitel: Überblick und Vergleich der aufsichtsrechtlichen Ausgangssituation im Kredit- und Versicherungswesen

A. Entwicklungslinien

I. Institutioneller Ansatz der Wirtschaftsaufsichten

Die an einem Finanzkonglomerat beteiligten Kreditinstitute und Versicherungsunternehmen unterliegen einer institutionell getrennten staatlichen Wirtschaftsaufsicht. Dabei versteht man unter Aufsicht sowohl die Kontrolle des Zugangs zum Banken- bzw. Versicherungsmarkt als auch die laufende Überwachung dieser Institute durch eine staatliche Behörde. In Deutschland erfüllt die Aufgabe der Bankenaufsicht unter Mitwirkung der Deutschen Bundesbank das Bundesaufsichtsamt für das Kreditwesen (BAK).[1] Die Versicherungsaufsicht wird in Deutschland vom Bundesaufsichtsamt für das Versicherungswesen (BAV) und den Aufsichtsbehörden der Länder wahrgenommen. Öffentlich-rechtliche Kreditinstitute oder Versicherungsunternehmen unterliegen daneben noch der Anstaltsaufsicht.

II. Europarechtliche Mindestharmonisierung

1. Versicherungsaufsicht

Die Europäische Gemeinschaft verfolgte das Ziel, einen europäischen Binnenmarkt für Versicherungsunternehmen und Banken zu realisieren, getrennt nach den betroffenen Branchen. Zeitlich voran ging die Harmonisierung auf dem Versicherungssektor. Ausgangspunkt aller Veränderungen des europäischen Versicherungsmarktes ist die im EGV umschriebene Aufgabe, die Beschränkungen für die Niederlassungs- und Dienstleistungsfreiheit zu beseitigen.[2] Daher strebte die EG-Kommission eine Mindest-

---

1 S. hierzu *Schork*, KWG, Anm. zu § 7.

2 Vgl. hierzu EuGH, Urt. v. 4.12.1986, VersR 1986, 1225 ff.; *Angerer*, ZVersWiss 1987, 211 ff.; *R. Schmidt*, VersR 1987, 1 ff. Zu den unterschiedlichen

harmonisierung der Aufsichtsrechte insbesondere zur Vermeidung von Wettbewerbsverzerrungen an. So regeln die Ersten Koordinierungsrichtlinien zur Schadens-[3] bzw. Lebensversicherung[4] die Mindestkapitalausstattung (Solvabilitätsspanne) eines Versicherungsunternehmens und schufen so eine wichtige Voraussetzung zur Verwirklichung des Sitzlandprinzips. Die Zweite Koordinierungsrichtlinie Schadensversicherung[5] führte das Sitzlandprinzip für das Großrisikengeschäft ein. Mit der Zweiten Koordinierungsrichtlinie Lebensversicherung[6] wird das Sitzlandprinzip für die Lebensversicherung teilweise verwirklicht. Mit den Dritten Koordinierungsrichtlinien[7] sind die Rechtsgrundlagen für einen gemeinsamen euro-

---

Aufsichtssystemen der Mitgliedstaaten vor allem im Bereich der Bedingungskontrolle und Finanzaufsicht vgl. *Müller*, Versicherungsbinnenmarkt, Rn. 6-12; *Hübner*, in: Handbuch des EG-Wirtschaftsrechts, E.IV. Banken- und Versicherungsrecht, Rn. 2 ff.

3 Erste Richtlinie 73/267/EWG des Rates zur Koordinierung der Rechts- und Verwaltungsvorschriften über die Aufnahme und Ausübung der Tätigkeit der Direktversicherung (mit Ausnahme der Lebensversicherung) v. 24.7.1973, ABl.EG 1973, Nr. L 228 v. 16.8.1973, S. 3 (Erste Richtlinie Schaden).

4 Erste Richtlinie 79/267/EWG des Rates zur Koordinierung der Rechts- und Verwaltungsvorschriften über die Aufnahme und Ausübung der Direktversicherung (Lebensversicherung) v. 5.3.1979, ABl.EG 1979, Nr. L 63 v. 13.3.1979, S. 1 (Erste Richtlinie Leben).

5 Zweite Richtlinie 88/357/EWG des Rates zur Koordinierung der Rechts- und Verwaltungsvorschriften für die Direktversicherung (mit Ausnahme der Lebensversicherung) und zur Erleichterung der tatsächlichen Ausübung des freien Dienstleistungsverkehrs sowie zur Änderung der Richtlinie 73/239/EWG v. 22.6.1988, ABl.EG 1988, Nr. L 172 v. 4.7.1988, S. 1 (Zweite Richtlinie Schaden).

6 Zweite Richtlinie 90/619/EWG des Rates zur Koordinierung der Rechts- und Verwaltungsvorschriften für die Direktversicherung (Lebensversicherung) und zur Erleichterung der tatsächlichen Ausübung des freien Dienstleistungsverkehrs sowie zur Änderung der Richtlinie 79/267/EWG v. 8.11.1990, ABl.EG 1990, Nr. L 330 v. 19.11.1990, S. 50 (Zweite Richtlinie Leben).

7 Richtlinie 92/49/EWG des Rates vom 18. Juni 1992 zur Koordinierung der Rechts- und Verwaltungsvorschriften für die Direktversicherung (mit Ausnahme der Lebensversicherung) sowie zur Änderung der Richtlinien 73/239/ EWG und 88/257/EWG (Dritte Richtlinie Schaden), ABl.EG Nr. L 228 v. 11.8.1992, S. 1; Richtlinie 92/96/EWG des Rates vom 10. November 1992 zur Koordinierung der Rechts- und Verwaltungsvorschriften für die Direktversicherung (Lebensversicherung) sowie zur Änderung der Richtlinien 79/267/EWG und 90/619/EWG, ABl.EG Nr. L 360 v. 9.12.1992, S. 1 (Dritte Richtlinie Leben).

päischen Binnenmarkt geschaffen worden. In ihnen werden folgende Grundgedanken geregelt: Verwirklichung der Dienstleistungsfreiheit in Verbindung mit der Herkunftslandaufsicht; gemeinschaftsweite Zulassung durch die Sitzlandbehörde; Verbot einer vorherigen Kontrolle von Bedingungen und Tarifen durch die Aufsichtsbehörden; Unterscheidung der Finanzaufsicht von der Rechtsaufsicht; Aufhebung der Monopolrechte in der Gebäudefeuerversicherung; Erweiterung der bisherigen Aufsichtsregelung bezüglich der Qualifikation der leitenden Personen und des Aktionärskreises sowie bezüglich des Erwerbs und der Veräußerung qualifizierter Beteiligungen; erweiterte Informationspflichten zugunsten der Versicherungsnehmer; Berücksichtigung von mathematisch-versicherungstechnischen Besonderheiten der Lebensversicherung und der Krankenversicherung; System von Meldepflichten der Versicherungsunternehmen.

2. *Bankenaufsicht*

Auch im Bankenaufsichtsrecht galt es, die Beschränkungen der Niederlassungs- und Dienstleistungsfreiheit zur Vermeidung von Wettbewerbsverzerrungen im Binnenmarkt abzubauen.[8] Daher bestimmt die Erste Bankrechtskoordinierungsrichtlinie das Ziel, Aufnahme und Ausübung der Tätigkeit der Kreditinstitute durch Beseitigung der gravierendsten Unterschiede der Aufsichtssysteme zu erleichtern.[9] Sie enthält eine Begriffsbestimmung für Kreditinstitute und regelt die Zulassungspflicht und deren Voraussetzungen. Unter den Begriff Kreditinstitut fallen nur Unternehmen, deren Tätigkeit darin besteht, Einlagen oder andere rückzahlbare Gelder des Publikums entgegenzunehmen und Kredite für eigene Rechnung zu gewähren. Damit sind im Gegensatz zum deutschen Recht nach Gemeinschaftsrecht Wertpapierhäuser, die keine Einlagen entgegennehmen, keine Kreditinstitute. Die enge Begriffswahl war ursächlich für die Entwicklung der Drei-Säulen-Konzeption im europäischen Recht, nach der Banken-, Versicherungs- und Wertpapieraufsicht eigenständig neben-

---

8 S. hierzu schon vor Begründung des Binnenmarktziels EuGH, Urt. v. 21.6.1974, Slg. 1974, 631, 651 f.

9 Erste Richtlinie 77/780/EWG des Rates zur Koordinierung der Rechts- und Verwaltungsvorschriften über die Aufnahme und Ausübung der Tätigkeit der Kreditinstitute v. 12.12.1977, ABl.EG 1977, Nr. L 322 v. 17.12.1977, S. 30, 2. Erwägungsgrund.

einander stehen.[10] Mit der Zweiten Bankrechtskoordinierungsrichtlinie für Kreditinstitute[11] wird das Sitzlandprinzip und der Grundsatz der gegenseitigen Anerkennung der einmal erteilten Zulassung zum Geschäftsbetrieb verankert. Sie harmonisiert des weiteren die Zulassungsvoraussetzungen.[12] Ferner sieht sie Mitteilungspflichten bei Erwerb, Erhöhung und Abgabe von Beteiligungen an Kreditinstituten vor. Hintergrund dieser Regelung ist die Erfahrung, daß Krisensituationen von Kreditinstituten mit wirtschaftlichen Schwierigkeiten anderer konzernangehöriger Unternehmen zusammenhängen. Die beiden Koordinierungsrichtlinien enthalten sämtliche Voraussetzungen, die europaweit an die Zulassung eines Kreditinstituts gestellt werden müssen.[13] Zur Sicherung der Solvabilität der Kreditinstitute auf einheitlichem Niveau sind im Jahre 1989 zwei Richtlinien erlassen worden, von denen sich die eine mit den Eigenmitteln,[14] die andere mit der Feststellung der Solvabilität[15] befaßt. Beide

---

10 *Uwe H. Schneider*, Europäische und internationale Rechtsangleichung, S. 9, 14. S. zuletzt die Errichtung eines Bundesaufsichtsamts für den Wertpapierhandel aufgrund der sog. Insider-Richtlinie, Richtlinie 89/592/EWG v. 13.11.1989 zur Koordinierung der Vorschriften betr. Insider-Geschäfte, ABl.EG, Nr. L 334 v. 18.11.1989, S. 30, und der Transparenzrichtlinie, Richtlinie 88/627/EWG v. 12.12.1988, Richtlinie über den Erwerb und Veräußerung einer bedeutenden Beteiligung an einer börsennotierten Gesellschaft zu veröffentlichenden Informationen, ABl.EG, Nr. L 348 v. 17.12.1988, S. 62.

11 Zweite Richtlinie 89/696/EWG des Rates zur Koordinierung der Rechts- und Verwaltungsvorschriften über die Aufnahme und Ausübung der Tätigkeit der Kreditinstitute und zur Änderung der Richtlinie 77/780/EWG v. 15.12.1989, ABl.EG 1989, Nr. L 386, S. 1.

12 So muß nach Art. 4 Abs. 1 das Anfangskapital, das auch nach Zulassung des Kreditinstituts nicht unterschritten werden darf, grundsätzlich mindestens 5 Mio. ECU betragen.

13 *Bader*, EG-Bankrechtsharmonisierung, S. 173, 180 f.

14 Richtlinie 89/299/EWG des Rates über die Eigenmittel von Kreditinstituten, v. 17.4.1989, ABl.EG 1989, Nr. L 124 v. 5.5.1989, S. 16.

15 Richtlinie 89/647/EWG des Rates über einen Solvabilitätskoeffizienten für Kreditinstitute v. 18.12.1989, ABl.EG, Nr. L 386 v. 30.12.1989, S. 14, zuletzt geändert durch Art. 1 der Richtlinie 96/10/EG des Europäischen Parlaments und des Rates v. 21.3.1996, ABl.EG, Nr. L 85 v. 3.4.1996, S. 17. Derzeit liegen Änderungsvorschläge vor: Vorschlag für eine Richtlinie des Europäischen Parlaments und des Rates über einen Solvabilitätskoeffizienten für Kreditinstitute vom 24.1.1996, KOM (95) 709 endg., der im wesentlichen eine 50%ige (anstatt bisher 100%ige) Gewichtung der gewerblichen Hypothekenrisiken ermöglichen soll; zustimmende Stellungnahme des Wirtschafts- und

Richtlinien ergänzen die Zweite Koordinierungsrichtlinie, die eine Bestimmung der Eigenmittel des Solvabilitätskoeffizienten voraussetzt. Besondere Regelungen gelten für konzernangehörige Kreditinstitute[16] und die Überwachung und Kontrolle der Großkredite von Kreditinstituten[17]. Mit der Kapitaladäquanzrichtlinie werden einheitliche Regelungen für Kreditinstitute und Wertpapierdienstleistungsunternehmen insbesondere zur Erfassung von Marktrisiken eingeführt.[18] Die Bankbilanz-Richtlinien aus den Jahren 1986 und 1989 dienen der Vergleichbarkeit der Jahresabschlüsse der in den Mitgliedstaaten tätigen Kreditinstitute.[19]

Sozialausschusses der Europäischen Gemeinschaften v. 25.9.1996, ABl.EG v. 30.1.1997, Nr. C 30, S. 13.

16 Richtlinie 83/350/EWG über die Beaufsichtigung der Kreditinstitute auf konsolidierter Basis v. 13.6.1983, ABl.EG 1983, Nr. L 193, S. 18; Richtlinie 86/635/EWG des Rates über den Jahresabschluß und den konsolidierten Abschluß von Banken und anderen Finanzinstituten v. 8.12.1986, ABl.EG 1986, Nr. L 372 S. 1.

17 ABl.EG Nr. L 29 v. 05.02.1993, S. 1.

18 Richtlinie 93/6/EWG des Rates vom 15.3.1993 über die angemessene Eigenkapitalausstattung von Wertpapierfirmen und Kreditinstituten, ABl.EG Nr. L 141 v. 11.6.1993, S. 1 ff. Zum Vorschlag für eine Richtlinie des Europäischen Parlaments und des Rates zur Änderung der Richtlinie 93/6/EWG des Rates über die angemessene Eigenkapitalausstattung von Wertpapierfirmen und Kreditinstituten, KOM (97) 71 endg.; Ratsdok. 9406/97, BR-Drs. 512/97. S. auch geänderten Vorschlag für eine Richtlinie des Europäischen Parlaments und des Rates zur Änderung der Richtlinie 93/6/EWG (Kapitaladäquanzrichtlinie) sowie der Richtlinie 93/22/EWG (Wertpapierdienstleistungsrichtlinie) vom 20.6.1996, ABl.EG v. 30.07.1996, Nr. C 221, S. 31, der die Einsetzung eines Wertpapierausschusses vorsieht. Mit Blick auf die internationale Wettbewerbsfähigkeit will die Europäische Kommission die Eigenkapitalanforderungen im Handelsgeschäft europäischer Banken und Wertpapierfirmen verringern und präzisere Risikomanagementmodelle anstelle der Standardverfahren für die Eigenmittelausstattung erlauben: Vorschlag für eine Richtlinie des Europäischen Parlaments und des Rates zur Änderung der Richtlinie 93/6/EWG des Rates über die angemessene Eigenkapitalausstattung von Wertpapierfirmen und Kreditinstituten, KOM (97) 71 endg.; Ratsdok. 9406/97, BR-Drs. 512/97. S. hierzu auch Stellungnahme des Wirtschafts- und Sozialausschusses, ABl.EG 1998, Nr. C 19, S. 9. Ferner Geänderter Vorschlag für eine Richtlinie des Europäischen Parlaments und des Rates zur Änderung der Richtlinie 93/6/EWG des Rates über die angemessene Eigenkapitalausstattung von Wertpapierfirmen und Kreditinstituten, ABl.EG Nr. C 118 v. 17.4.1998, S. 16.

19 Richtlinie 86/635/EWG des Rates über den Jahresabschluß und den konsolidierten Abschluß von Banken und anderen Finanzinstituten v. 8.12.1986,

3. *Ansätze einer institutionenübergreifenden Regelung*

Die BCCI-Richtlinie[20], die durch den Zusammenbruch der Bank of Credit and Commerce International veranlaßt wurde, faßt erstmals alle drei Finanzdienstleistungssektoren in einer Richtlinie zusammen. Ziel dieser Richtlinie ist es, die Befugnisse der Aufsichtsbehörden sowie die Zusammenarbeit untereinander zu stärken, um Betrugsmöglichkeiten und andere Unregelmäßigkeiten zu begrenzen. Mittel hierfür ist die Schaffung größerer Transparenz innerhalb einer solchen Finanzgruppe. Den zuständigen Aufsichtsbehörden sind alle zur Beurteilung der Gruppenstruktur erforderlichen Informationen zu übermitteln. Die Neuregelung beinhaltet aber keine Ausweitung aufsichtsbehördlicher Kompetenzen auf Unternehmen, zu denen ein Versicherungsunternehmen bzw. ein Kreditinstitut eine enge Unternehmensverbindung[21] unterhält. Ziel der Neuregelung ist die Gewährleistung, daß ein beaufsichtigtes Unternehmen trotz der Unternehmensverflechtung wirksam überwacht werden kann.[22] Daher ist vorgesehen, daß Hauptverwaltung und satzungsmäßiger Sitz des beaufsichtigten Unternehmens sich in demselben Mitgliedstaat befinden müssen.

4. *Selbstschutzeinrichtungen*

Im Unterschied zu Versicherungsunternehmen sind Kreditinstitute und Wertpapierdienstleistungsunternehmen nach europäischem Recht ver-

---

ABl.EG 1986, Nr. L 372, S. 1; Richtlinie 89/117/EWG des Rates über die Pflichten der in einem Mitgliedstaat eingerichteten Zweigniederlassungen von Kreditinstituten und Finanzinstituten mit Sitz außerhalb dieses Mitgliedstaates zur Offenlegung von Jahresabschlußunterlagen v. 13.2.1989, ABl.EG 1989, Nr. L 44, S. 40.

20 Richtlinie 95/26/EG des Europäischen Parlaments und des Rates vom 29. Juni 1995 zur Änderung der Richtlinien 77/780/EWG und 89/646/EWG betreffend Kreditinstitute, der Richtlinien 73/239/EWG und 92/49/EWG betreffend Schadenversicherungen, der Richtlinien 79/267/EWG und 92/96/EWG betreffend Lebensversicherungen, der Richtlinie 93/22/EWG betreffend Wertpapierfirmen sowie der Richtlinie 85/611/EWG betreffend bestimmte Organismen für gemeinsame Anlagen in Wertpapieren (OGAW) zwecks verstärkter Beaufsichtigung dieser Finanzunternehmen, ABl.EG Nr. L 168 v. 18.7.1995, S. 7 ff.

21 Art. 2 Abs. 1 der BCCI-Richtlinie.

22 *Präve*, ZfV 1996, 58 f.

pflichtet, einem Einlagensicherungsfonds[23] bzw. Anlegerentschädigungssystem[24] beizutreten.

B. Aufsichtsziele

Die wesentlichen Zielsetzungen der beiden Aufsichtssysteme resultieren aus der besonderen Vertrauensempfindlichkeit und der Bedeutung der beiden Branchen für die Gesamtwirtschaft.[25] Trotz fehlender gesetzlicher Definition der Ziele sind sie im wesentlichen in Gestalt der Funktionssicherung des Marktes einerseits und des Gläubiger- bzw. Verbraucherschutzes[26] andererseits im Rahmen des EU-Rechts grundsätzlich iden-

---

23 Richtlinie des Europäischen Parlaments und des Rates über Einlagensicherungssysteme vom 30. Mai 1994 (94/19/EG), ABl.EG v. 31. Mai 1994, Nr. L 135, S. 5 ff.; s. hierzu EuGH, Urt. 13.5.1997 – Rs C-233/94, ZIP 1997, 1016, der die Klage der Bundesrepublik Deutschland auf Nichtigerklärung der Einlagensicherungsrichtlinie abwies. In Deutschland besteht bislang ein auf freiwilliger Grundlage geschaffener Konkurssicherungsfonds der Kraftfahrzeug-Haftpflichtversicherer, s. hierzu *Dreher*, in: FS f. Rittner, S. 93, 98 ff. Im Vereinigten Königreich dagegen ist ein Konkurssicherungsfonds geschaffen worden, s. *Rabe*, S. 56. In der deutschen Versicherungswirtschaft wird ebenfalls über eine umfassende Einführung eines Konkurssicherungsfonds nachgedacht, ablehnend jedoch *Farny*, Versicherungsbetriebslehre, S. 97; *Weigel*, in: Prölss, VAG, Vor § 50 Rn. 1; *GDV*, Jahrbuch 1994, S. 24; krit. *Dreher*, in: FS f. Rittner, S. 93 ff.; *Rabe*, S. 271 f.

24 Richtlinie 97/9/EG des Europäischen Parlaments und des Rates vom 3. März 1997 über Systeme für die Entschädigung der Anleger, ABl.EG v. 26.3.1997, Nr. L 84, S. 22 ff.

25 S. für die Versicherungsaufsicht Motive zum VAG von 1901, S. 25 ff.; *Farny*, in: HdV, Stichwort: Versicherungsaufsicht, Wirtschaftliche Theorie der, S. 1004 f.; *Müller*, Versicherungsbinnenmarkt, Rn. 345; EuGH, Urt. v. 4.12.1986, Rs. 205/84, Slg. 1986, 3755. S. für die Bankenaufsicht Begründung des Regierungsentwurfs zum KWG, BT-Drs. 1114, 3. Wahlperiode, allgemeiner Teil II.

26 Zum Streit, ob das Versicherungsaufsichtsrecht Verbraucherschutzrecht ist, s. für die Einordnung *Büchner*, ZVersWiss 1994, 349, 351 f.; *Hohlfeld*, VW 1991, 1494 ff.; *Reichert-Facilides*, in: FS f. R. Schmidt, S. 1023 ff.; dagegen *Dreher*, Die Versicherung als Rechtsprodukt, S. 213 ff.; *Scholz*, ZVersWiss 1984, 1, 17 f.; *Farny*, in: HdV, Stichwort: Versicherungsaufsicht, Wirtschaftliche Theorie der, S. 1005. Das Bankenaufsichtsrecht schützt aus ordnungs-

tisch.[27] Die Schutzgüter der Aufsicht werden in § 8 Abs. 1 Nr. 3 VAG bzw. § 6 Abs. 2 KWG, aber auch in den Richtlinien[28] genannt. Sowohl die Versicherungsaufsicht, § 81 Abs. 1 S. 3 VAG, als auch die Kreditwesenaufsicht, § 6 Abs. 3 KWG, werden ausschließlich im öffentlichen Interesse wahrgenommen.[29] Umstritten ist jedoch, ob ein hierarchisches Verhältnis der Aufsichtsziele anzunehmen ist.[30] Das BAV versteht sich primär als

---

politischen Gründen den Einleger, dieser kann, muß aber nicht Verbraucher sein, *Bähre/Schneider*, KWG, Einleitung, S. 60; *Reischauer/Kleinhans*, KWG, Nr. 112, Einleitung, S. 1. Zur Einschränkbarkeit der Wettbewerbsfreiheit aus Gründen des Verbraucherschutzes EuGH, Urt. v. 4.12.1986, Rs. 205/84, Slg. 1986, 3755, 3803 f.

27 Den Aufsichtsbehörden sind auch Aufgaben im Rahmen der Bekämpfung der Geldwäsche übertragen worden: Geschäftsleiter- und Aktionärskontrolle nach Art. 7 der Dritten Richtlinie Leben; Art. 8 der Dritten Richtlinie Schaden; Art. 5, 11 der Zweiten Bankrechtskoordinierungsrichtlinie.

28 Zum Bankenaufsichtsrecht vgl. z.B. Erwägungsgrund 4 der Ersten Bankrechtskoordinierungsrichtlinie; Erwägungsgrund 11 der Konsolidierungsrichtlinie; Erwägungsgrund 8 der Kapitaladäquanzrichtlinie. Zum Versicherungsaufsichtsrecht vgl. z.B. Erwägungsgrund 2 der Ersten Richtlinie Schaden; Erwägungsgrund 1 der Ersten Richtlinie Leben.

29 Zur verfassungskonformen Auslegung des § 81 Abs. 1 S. 3 VAG und § 6 Abs. 3 KWG und damit der Möglichkeit einer Staatshaftung s. *Schenke*, in: FS f. Lorenz, S. 489; BVerfGE 6, 32, 37 ff.; 7, 198, 207; *Kollhosser*, in: Prölss, VAG, § 81 Rn. 127. Krit. zur Möglichkeit der Staatshaftung *Schork*, KWG, § 6 Anm. 3.

30 Für die Versicherungsaufsicht entfachte sich diesbezüglich ein Theorienstreit: S. zur Gefahrentheorie, die heute nicht mehr vertreten wird, *Angerer*, Grundlinien der Versicherungsaufsicht, S. 8 f.; s. zur Schutztheorie *R. Schmidt*, in: Prölss, VAG, Vorbem. Rn. 110; *Angerer*, Grundlinien der Versicherungsaufsicht, S. 10 f.; *Sieg*, in: HdV, Stichwort: Versicherungsaufsicht, rechtliche Grundlagen, S. 995; *Farny*, in: HdV, Stichwort: Versicherungsaufsicht, Wirtschaftliche Theorie der, S. 1005; s. zur Strukturtheorie *Farny*, Versicherungsbetriebslehre, S. 91 ff.; *Amely*, S. 11; *Michaels*, Staatsaufsicht über Versicherungsunternehmen, S. 43 ff.; *Angerer*, in: Schierenbeck, Bank- und Versicherungslexikon, Stichwort: Versicherungsaufsicht, S. 686; *Müller*, in: HdV, Stichwort: Versicherungsaufsicht, Erlaubnis zum Geschäftsbetrieb, S. 971. Zur Unergiebigkeit des Theorienstreits s. *Rittner*, VersR 1982, 205, 207 Fn. 27; *Dreher*, Die Versicherung als Rechtsprodukt, S. 201; *Kagelmacher*, S. 12; *Imelmann*, S. 46 f.; *Fahr/Kaulbach*, VAG, Vor § 1 Rn. 6. Die Rechtsprechung begnügt sich nur mit wenigen, die Sache nicht erschöpfenden und uneinheitlichen Hinweisen über das Wesen der Versicherungsaufsicht, BVerwG VerBAV 1956, 185; VerBAV 1960, 88; VerBAV 1961, 126; VerBAV 1968, 278; VerBAV 1981, 80; BGHZ 58, 96. S. zum Bankenaufsichtsrecht

Einrichtung zum Schutz der Versicherten.[31] Dagegen wird für das Bankenaufsichtsrecht wegen der gesamtwirtschaftlichen und geldpolitischen Bedeutung eines funktionsfähigen Bankenapparats und wegen des daraus resultierenden Interesses an der Vermeidung eines Gläubiger-Runs[32] ein enger Zusammenhang und eine Wechselwirkung zwischen dem Funktionssicherungs- und dem Gläubigerschutzziel angenommen.[33] Die Richtlinien legen den Schwerpunkt auf den Gläubigerschutz.[34] Jedoch geht es nicht um direkte Sicherung der Gläubiger im Konkursfall des beaufsichtigten Unternehmens, sondern um die Sicherung der finanziellen Solidität der beaufsichtigten Unternehmen im laufenden Geschäftsbetrieb. Dadurch soll indirekt der Gläubigerschutz bewirkt werden. Wegen der Besonderheiten der betriebenen Geschäfte und der mit ihnen verbundenen Risiken – Bankgeschäfte einerseits, Versicherungsgeschäfte[35] andererseits – sind jedoch die Aufsichtsintensitäten unterschiedlich ausgestaltet. Darüber hinaus unterliegen Kreditinstitute wegen ihrer Geldschöpfungsmöglichkeiten im Unterschied zu Versicherungsunternehmen der besonderen geldpolitischen Regulierung durch die Deutsche Bundesbank.[36] Wegen der Geldschöpfungsfunktion der Kreditinstitute kommt im Ergebnis dem Ziel der Funktionssicherung der Märkte im Bankenaufsichtsrecht neben dem

---

Degenhart, Eigenkapitalnormen, 1987; *Niethammer*, Bankenaufsicht, 1990; *Horn*, ZBB 1989, 107, 112.

31 Vgl. *Angerer*, Grundlinien der Versicherungsaufsicht, S. 12; *Hohlfeld*, Was bleibt von der materiellen Versicherungsaufsicht nach Vollendung des Binnenmarktes?, S. 3; *Müller*, Versicherungsbinnenmarkt, Rn. 345; *ders.*, Überlegungen zur Vereinheitlichung, S. 4; *ders.*, VW 1993, 548; *ders.*, in: HdV, Stichwort: Versicherungsaufsicht, Erlaubnis zum Geschäftsbetrieb, S. 970. Vgl. auch *Weigel*, Auswirkungen unterschiedlicher Aufsichtssysteme, S. 42 ff.

32 Hierzu *Dietz*, Bankkonzernrecht nach der Novelle zum Kreditwesengesetz, S. 5 f.; *Burghof/Rudolph*, Bankenaufsicht, S. 20 ff.

33 *Szagunn/Wohlschieß*, KWG, 5. Aufl., Einleitung, S. 53; *Bähre/Schneider*, KWG, Einleitung, S. 60; *Reischauer/Kleinhans*, KWG, Nr. 112, Einleitung, S. 1; *Amely*, S. 8; *Niethammer*, S. 32 f., 87, 159 ff.

34 S. z.B. Erwägungsgrund 2, 7 der Dritten Richtlinie Schaden; Erwägungsgrund 13 der Dritten Richtlinie Leben; Erwägungsgrund 15 der BCCI-Richtlinie; Erwägungsgrund 4 der Ersten Bankrechtskoordinierungsrichtlinie; Erwägungsgrund 1 der Eigenmittelrichtlinie; Erwägungsgrund 8 der Kapitaladäquanzrichtlinie; Erwägungsgrund 11 der Wertpapierdienstleistungsrichtlinie.

35 S. hierzu ausf. *Dreher*, Die Versicherung als Rechtsprodukt, S. 31 ff.; *R. Schmidt*, in: Prölss, VAG, § 1 Rn. 10 ff.; *Fahr/Kaulbach*, VAG, § 1 Rn. 3 ff.

36 Vgl. hierzu *Reischauer/Kleinhans*, KWG, § 7 Anm. 3.

Gläubigerschutzziel eine ebenbürtige Rolle zu. Die Zielsetzung der Funktionssicherung tritt dagegen in der Versicherungsaufsicht hinter die Gläubigerschutzzielbestimmung zurück. Im folgenden soll ein Überblick über die Aufsichtsinstrumentarien, die im wesentlichen durch die bereits genannten Richtlinien für die beiden Bereiche weitgehend harmonisiert sind, unter Ausklammerung der geldpolitischen Konzeption gegeben werden.

C. Rahmenbedingungen für die Geschäftstätigkeit

I. Wesentliche Instrumente zur Beaufsichtigung von Kreditinstituten

Die Bankenaufsicht setzt am Begriff des Kreditinstituts, der auch das Geschäft der Bausparkassen, Kapitalanlagegesellschaften und Hypothekenbanken erfaßt, an.[37] Für das Betreiben von Bankgeschäften, die durch das Kreditwesengesetz abschließend definiert werden, ist eine Erlaubnis des BAK erforderlich. Ein Kreditinstitut ist zum Geschäftsbetrieb zuzulassen, wenn der Nachweis eines angemessenen Eigenkapitals erbracht sowie die fachliche und persönliche Eignung von mindestens zwei Geschäftsleitern und ein Geschäftsplan nachgewiesen sind.[38]

Darüber hinaus sind Kreditinstitute nur in Ausnahmefällen in ihrer Geschäftstätigkeit hinsichtlich des Betreibens bankfremder Geschäfte beschränkt, § 3 KWG. Ferner dürfen sie wegen des nach dem Versicherungsaufsichtsrecht geltenden Spezialitätsgrundsatz selbst keine Versicherungsgeschäfte betreiben. Dagegen sind bankähnliche Geschäfte zulässig, jedoch gegenüber den Aufsichtsstellen anzeigepflichtig, § 24 Abs. 1 Nr. 9 KWG. Eine wesentliche, durch EU-Richtlinien nicht vorgegebene Neuerung wird die 6. KWG-Novelle bringen.[39] § 6 Abs. 3 KWG n.F. wird eine allgemeine Mißstandsaufsicht regeln. Vorbild für diese Ermächtigungsnorm ist § 81 VAG.

---

37 § 1 Abs. 1 KWG bzw. Art. 1 der Ersten Koordinierungsrichtlinie und Art. 1 Nr. 1 der Zweiten Koordinierungsrichtlinie.

38 § 32 KWG; Art. 3 Abs. 2 S. 1, 2, Abs. 4 der Ersten Koordinierungsrichtlinie; Art. 5 der Zweiten Koordinierungsrichtlinie; Art. 4, 10 der Solvabilitätsrichtlinie.

39 Vgl. Gesetzentwurf der Bundesregierung, BT-Drs. 13/7142, S. 11, 74 und Gesetzesbeschluß, BR-Drs. 417/97, S. 9 sowie BGBl. Teil I Nr. 71 vom 28.10.1997, S. 2518 ff.

II. Wesentliche Instrumente zur Beaufsichtigung von Versicherungsunternehmen

1. *Erlaubnis zum Geschäftsbetrieb und laufende Aufsicht*

Zur Aufnahme des Geschäftsbetriebs als Versicherungsunternehmen – eine Definition des Versicherungsbegriffs enthalten weder die EU-Richtlinien noch das VAG – ist eine Erlaubnis erforderlich.[40] Diese ist zu erteilen, wenn das Versicherungsunternehmen in einer der von § 7 Abs. 1 VAG bzw. Art. 8 der Dritten Richtlinie Leben oder Art. 6 der Dritten Richtlinie Schaden genannten Rechtsformen betrieben wird, sich aus dem eingereichten Geschäftsplan und den anderen Unterlagen ergibt, daß die Belange der Versicherten und die dauernde Erfüllbarkeit der Versicherungsverträge ausreichend gewahrt und die Geschäftsleiter fachlich qualifiziert sind.[41] Der Geschäftsplan ist eine Besonderheit des Versicherungsaufsichtsrechts und ermöglicht eine präventive Kontrolle, ob der Geschäftsbetrieb eines Versicherungsunternehmens mit der Rechtsordnung harmoniert.[42] Nach dem Wortlaut des § 5 Abs. 3 i.V.m. § 8 VAG ist der Geschäftsplan formal nicht Gegenstand der Erlaubnis. Die Einhaltung des Geschäftsplans wird laufend überwacht. Änderungen sind grundsätzlich genehmigungspflichtig, § 13 Abs. 1 VAG. Als Bestandteil des Geschäftsplans sind nach § 5 Abs. 3 Nr. 3 VAG auch Unternehmensverträge nach §§ 291, 292 AktG einzureichen. Somit ergibt sich für Unternehmensverträge die eigentümliche Konsequenz, daß sie im Rahmen des Erlaubnisverfahrens lediglich vorlage-, aber nicht genehmigungspflichtig sind.[43]

Versicherungsunternehmen unterliegen einer laufenden Aufsicht nach §§ 81 ff. VAG, deren Ziel es ist, den gesamten Betrieb der Versicherungsunternehmen mit dem Gesetz und dem Geschäftsplan in Einklang zu halten und dafür zu sorgen, daß die Belange der Versicherten gewahrt, Mißstände vermieden und die Versicherungsverträge jederzeit erfüllt werden können.

---

40 § 5 Abs. 1 VAG; Art. 4 der Dritten Richtlinie Schaden; Art. 6 der Dritten Richtlinie Leben.

41 §§ 5 und 8 VAG; Art. 6 der Dritten Richtlinie Schaden; Art. 5 der Dritten Richtlinie Leben.

42 *v. Puskás*, in: HdV, Stichwort: Versicherungsaufsicht, Geschäftsplan, S. 979.

43 A.A. wohl *R. Schmidt*, in: Prölss, VAG, § 5 Rn. 22.

2. *Spartentrennung*

Nach dem ältesten Grundsatz der Versicherungsaufsicht, der Spartentrennung,[44] durften die Lebens-, Kranken-, Kredit- und Rechtsschutzversicherung nicht von einem, sondern nur von jeweils rechtlich selbständigen Unternehmen betrieben werden. Die Spartentrennung beruht auf der Überlegung, daß der Geschäftsverlauf der verschiedenen Versicherungszweige wegen ihrer unterschiedlichen wirtschaftlichen und technischen Grundlagen nicht gleichmäßig ist. Insbesondere sollen die Versicherten der streng mathematisch betriebenen Lebens- und Krankenversicherung vor den Belastungen der Schadenversicherung geschützt werden. Für die Lebensversicherung ist europarechtlich grundsätzlich die Spartentrennung normiert.[45] Ausnahmen sind lediglich für die Kombinationen von Lebensversicherung, Kranken- und Unfallversicherung, nicht jedoch für andere Zweige der Nichtlebensversicherung,[46] und die zum Zeitpunkt der Ersten Richtlinie Leben bereits bestehenden Mehrbranchenversicherer vorgesehen.[47] Die Spartentrennung wurde durch das 14. Gesetz zur Änderung des VAG[48] für die Lebensversicherung ausdrücklich geregelt. Für die Krankenversicherung und die Schadenversicherungen wurde diesbezüglich auf die Generalklausel des § 8 Abs. 1 Nr. 2 a.F. VAG zurückgegriffen. Auch nach der jüngsten Rechtsänderung ist in Deutschland für die Lebensversicherung und die substitutive Krankenversicherung der Grundsatz der strengen rechtlichen Spartentrennung aufrechterhalten worden, obwohl die Richtlinien dies für die Krankenversicherung nicht mehr vorsehen.[49]

---

44 Vgl. *R. Schmidt*, ZVersWiss 1964, 265 ff.; *Dreher*, ZVersWiss 1988, 633 ff.; *R. Schmidt*, in: Prölss, VAG, § 8 Rn. 27; *Farny*, Versicherungsbetriebslehre, S. 101 f. S. zur Lebensversicherung VerAfP 1904, 91 f.

45 Art. 13 Abs. 1 Erste Richtlinie Leben i.d.F. von Art. 16 Dritte Richtlinie Leben.

46 Art. 13 Abs. 2 Erste Richtlinie Leben i.d.F. von Art. 16 Dritte Richtlinie Leben.

47 Art. 13 Abs. 3 Erste Richtlinie Leben i.d.F. von Art. 16 Dritte Richtlinie Leben.

48 Vom 29.3.1983, BGBl I, S. 377.

49 Art. 5 der Dritten Richtlinie Schaden. Art. 16 der Dritten Richtlinie Leben; Erwägungsgrund 12 der Dritten Richtlinie Leben. S. auch BT-Drs. 12/6959, S. 54; ABl.EG Nr. C 242 v. 21.9.1992, S. 14; *Müller*, Versicherungsbinnenmarkt, Rn. 74, 65. Die Mitgliedstaaten bleiben aber befugt, die Spartentrennung für inländische Versicherungsunternehmen zu fordern; insofern können sich unterschiedliche Situationen in den Mitgliedstaaten ergeben.

3. *Verbot versicherungsfremder Geschäfte, § 7 Abs. 2 S. 1 VAG*

Nach § 7 Abs. 2 S. 1 VAG dürfen Versicherungsunternehmen neben Versicherungsgeschäften nur solche Geschäfte betreiben, die hiermit in unmittelbarem Zusammenhang stehen. Mit der Normierung des Spezialitätsgrundsatzes soll vermieden werden, daß Versicherungsunternehmen unüberschaubare Risiken eingehen. Die Auslegung dieser Norm, mit der Art. 8 Abs. 1 b der Ersten Richtlinie Schaden i.d.F. von Art. 6 der Dritten Richtlinie Schaden und Art. 8 Abs. 1 b der Ersten Richtlinie Leben i.d.F. von Art. 5 der Dritten Richtlinie Leben umgesetzt wurden, ist umstritten und in den Mitgliedstaaten uneinheitlich.[50] Die Regelung eines Spezialitätsgrundsatzes ist dem Bankenaufsichtsrecht fremd.

D. Finanzaufsicht

I. Bestandteile der Finanzaufsicht

Im Mittelpunkt der laufenden Aufsicht über Kreditinstitute und – seit Verabschiedung der Dritten Versicherungsrichtlinien – auch über Versicherungsunternehmen steht die Finanzaufsicht. Eine einheitliche Definition der Finanzaufsicht existiert nicht. Für die Versicherungsaufsicht zählt hierzu die Aufsicht über die Solvabilität, die Bildung ausreichender versicherungstechnischer Rückstellungen sowie die Kapitalanlagetätigkeit.[51] Im Rahmen der Bankenaufsicht liegt der Schwerpunkt der Finanzaufsicht auf den Eigenmittelvorschriften, die eine angemessene Haftkapitalausstattung der Kreditinstitute gewährleisten sollen. Die dauernde Zahlungsfähigkeit soll ferner durch besondere Liquiditätsvorschriften und Vorschriften über die Streuung von Krediten gesichert werden.

---

50 Vgl. hierzu *Rittner*, VersR 1994, 5; *Imelmann*, S. 111-187; *Müller*, Versicherungsbinnenmarkt, Rn. 391. S. hierzu noch unten 5. Kap. E. II. 1.

51 Vgl. Erwägungsgrund 7 der Dritten Versicherungsrichtlinien.

II. Eigenkapitalausstattung

1. Zweck und Merkmale des Eigenkapitals

a) Zweck der Eigenkapitalausstattung

Sowohl Kreditinstitute als auch Versicherungsunternehmen sind aufsichtsrechtlich zur Bereitstellung einer angemessenen Eigenkapitalausstattung verpflichtet.[52] Die angemessene Höhe des zu bildenden Eigenkapitals wird nach dem Gesamtumfang der Geschäftstätigkeit bzw. nach dem Umfang der übernommenen Risiken bestimmt und begrenzt damit zugleich die aus der Geschäftstätigkeit entstehenden Risiken.[53] Dabei sind jedoch unterschiedliche Risikopositionen als Anknüpfungspunkte für die Ermittlung der erforderlichen Eigenmittelausstattung maßgebend.[54] Im Versicherungswesen wird im wesentlichen an das versicherungstechnische Risiko[55] angeknüpft, das sich auf der Passivseite der Bilanz niederschlägt. Im Kreditwesen sind dagegen die auf der Aktivseite der Bilanz wiedergegebenen Anlage- bzw. Kreditrisiken entscheidend.[56] Nach beiden Aufsichtsrechten haben die beaufsichtigten Unternehmen Eigenkapital sowohl als Anfangskapital[57] bei Aufnahme des Geschäftsbetriebs als auch im laufenden Geschäftsbetrieb zu stellen.

---

52 § 53c VAG; Art. 16 der Ersten Richtlinie Schaden; Art. 18 der Ersten Richtlinie Leben; § 10 KWG; Bestimmungen der Eigenmittel- und Solvabilitätsrichtlinie.

53 S. hierzu Erwägungsgrund 9 der Ersten Richtlinie Schaden; Erwägungsgrund 7 der Ersten Richtlinie Leben; Art. 16 der Ersten Richtlinie Schaden; Art. 18 der Ersten Richtlinie Leben; Erwägungsgrund 12 und Art. 6 der Ersten Bankrechtskoordinierungsrichtlinie; Erwägungsgrund 1-3 der Richtlinie des Rates über einen Solvabilitätskoeffizienten für Kreditinstitute.

54 Zum Risikobegriff *Farny*, Versicherungsbetriebslehre, S. 17 ff.; *Büschgen*, Bankbetriebslehre, S. 735.

55 *Farny*, Versicherungsbetriebslehre, S. 66 ff.; *Häusele*, ZVersWiss 1994, 563, 576 f.; *Knauth/Welzel*, ZfgK 1993, 30.

56 *Amely*, S. 66 ff.; *Häusele*, ZVersWiss 1994, 563, 572 ff.; *Knauth/Welzel*, ZfgK 1993, 30; *Süchting*, in: Dieter Farny und die Versicherungswissenschaft, S. 537, 539 ff.

57 Art. 4 der Zweiten Bankrechtskoordinierungsrichtlinie; Art. 8 Abs. 1 lit. d der Ersten Versicherungsrichtlinien.

b) Merkmale des Eigenkapitals

Ein allgemeiner Gesetzesbegriff des Eigenkapitals existiert im deutschen Recht nicht. Allgemein werden als Eigenkapital die Sach- oder Geldmittel bezeichnet, die einem Unternehmen zeitlich unbegrenzt à fond perdu zur Verfügung stehen und für die als Gegenleistung Gewinnausschüttungen vereinbart werden.[58] Als allgemeine Funktionen des Eigenkapitals werden die Finanzierungs-, die Haftungs- und die Lenkungsfunktion genannt.[59] Die Funktion des Eigenkapitals und damit auch die Merkmale sind sowohl im Versicherungs- als auch im Bankenaufsichtsrecht eng mit den Aufsichtszielen verknüpft. Während im Bankenaufsichtsrecht ausschließlich das Eigenkapital Puffer- und Haftungsfunktion übernimmt,[60] wird die Erfüllbarkeit der übernommenen Versicherungsverträge in der Praxis im wesentlichen durch das versicherungstechnische Fremdkapital sichergestellt. Das Eigenkapital von Versicherungsunternehmen übernimmt daher vorrangig die Funktion, versicherungstechnische Verluste und Verluste aus Kapitalanlagen auszugleichen.[61]

c) Begrifflichkeiten

Das Gesetz verwendet den Begriff Eigenmittel statt des sonst üblichen Ausdrucks Eigenkapital,[62] weil der Ausdruck Eigenkapital im Hinblick auf die in § 10 KWG und § 53c Abs. 3 VAG geregelte Zusammensetzung nicht geeignet erscheint.[63] Eine verbindliche Definition der Eigenmittel

---

58 *Wiedemann*, in: Großkommentar zum AktG, vor § 182 Rn. 2; *Busch*, S. 22; *Möschel*, ZHR 149 (1985), 206, 214; *Prölss*, VersArch 1957, 399, 409 f.; *Braeß*, ZVersWiss 1964, 1.

59 *Farny*, ZVersWiss 1984, 35, 42; *Zloch*, in: FS f. Dieter Farny, S. 183; *Möschel*, ZHR 149 (1985), 206, 212; *Busch*, S. 27.

60 Vgl. Erwägungsgründe 1 und 3 der Eigenmittelrichtlinie, wonach „die Eigenmittel die Sicherung der kontinuierlichen Tätigkeit der Kreditinstitute und den Sparerschutz ermöglichen. Die Eigenmittel eines Kreditinstituts können dazu dienen, Verluste aufzufangen, die nicht durch ausreichend hohe Gewinne ausgeglichen werden." S. auch Erwägungsgrund 8 der Kapitaladäquanzrichtlinie. *Kümpel*, Bank- und Kapitalmarktrecht, Rn. 15.71; *Müller*, ZfV 1997, 384.

61 *Müller*, Überlegungen zur Vereinheitlichung, S. 4; *Knauth*, ZVersWiss 1996, 236. Das Eigenkapital dient den Versicherungsunternehmen vorrangig dazu, die Innen- und Außenorganisation sowie die Vertragsabschlüsse zu finanzieren.

62 § 53c Abs. 1 VAG und Überschrift vor § 10 KWG nach der 6. KWG-Novelle.

63 BT-Drs. 7/3687, S. 19. S. zur Terminologie auch *Busch*, S. 25.

liegt nicht vor. Unbestritten ist lediglich, daß der Begriff Eigenmittel von dem des Eigenkapitals verschieden und weiter ist.[64] Auslegungsmaßstab für die Frage, ob ein Finanzmittel als Eigenmittel in Betracht kommt, ist, ob diese Mittel die Verlustausgleichsfunktion des Eigenkapitals erfüllen können.[65] Diese Frage ist deshalb von Relevanz, weil der Eigenmittelkatalog im Versicherungsaufsichtsrecht nicht abschließend ist.

2. *Angemessene Eigenkapitalausstattung und Liquidität von Kreditinstituten*

a) Angemessene Höhe der Eigenmittel

Für den laufenden Geschäftsbetrieb richtet sich die angemessene Höhe der Eigenmittel vorrangig nach den Erfolgsrisiken des Kreditinstituts. Dabei lassen sich Ausfallrisiken von Preis- bzw. Marktrisiken unterscheiden. Zu den Preisrisiken zählen das Zinsänderungs- und das Währungsrisiko sowie sonstige Preisrisiken.[66] Der Grundsatz I des BAK, der durch die Umsetzung der Solvabilitätsrichtlinie modifiziert wurde,[67] begrenzt die Geschäfts- und Risikoübernahmemöglichkeiten eines Kreditinstituts, die darin bestehen, daß der Geschäftspartner aus Bonitätsgründen seine Verpflichtungen nicht erfüllen kann (Ausfall- oder Adressenausfallrisiko). Für den Grundsatz I sind drei Komponenten maßgebend: die Definition des haftenden Eigenkapitals, die Höhe der Eigenmittelunterlegung und die gewichteten Risikoaktiva. Das haftende Eigenkapital wird durch § 10 KWG definiert. Die beiden anderen Bestandteile werden durch Grundsatz I festgelegt. Die Höhe der Eigenmittelunterlegung wird durch einen Solvabilitätskoeffizienten angegeben. Dieser setzt die Eigenmittel eines Kreditinstituts zu den mit einem Adressenausfallrisiko behafteten Risikoaktiva, die das bilanzielle und das bilanzunwirksame Geschäft umfassen, ins Verhältnis. Er muß mindestens 8% betragen. Die Summe der risikogewichteten Aktiva und bilanzunwirksamen Geschäfte darf somit das 12,5fache des haftenden Eigenkapitals nicht überschreiten. Zur Berücksichtigung der

64 *Farny*, ZVersWiss 1984, 35, 48 ff.; *Karten*, in: FS f. Grossmann, S. 337, 341; *Hesberg*, ZVersWiss 1976, 379, 404; *Busch*, S. 25 f.; *Mudrack*, BB 1986, Beilage 5, S. 16 Fn. 6; *Möschel*, ZHR 149 (1985), 206, 214 ff. S. auch VerBAV 1977, 144 im Zusammenhang mit dem Organisationsfonds.

65 So auch *Braeß*, ZVersWiss 1964, 1, 3; *Kalwar/Weigel*, ZVersWiss 1980, 583, 588.

66 S. hierzu z.B. *Weinel*, S. 48 ff.

67 Grundsatz I, abgedruckt in: WM 1993, 313.

unterschiedlichen Risikograde der einzelnen Aktivpositionen und bilanzunwirksamen Geschäfte werden die Positionen bestimmten Risikoklassen zugeordnet und dementsprechend bei der Anrechnung auf das zulässige Limit unterschiedlich stark gewichtet. Je nach Bonität der Geschäftspartner werden die jeweiligen Positionen mit 0, 20, 50 oder 100% angerechnet.[68] Sowohl verbriefte als auch unverbriefte Forderungen werden nach Grundsatz I nach ihrem Risiko gewichtet. Auch Wertpapiere sind mithin eigenkapitalunterlegungspflichtig. Mit der Umsetzung der Kapitaladäquanzrichtlinie durch die 6. KWG-Novelle sind aber für Wertpapiergeschäfte Änderungen des Grundsatzes I erforderlich, da für den Wertpapiereigenhandelsbestand (sog. Trading-Book) eigenständige aufsichtsrechtliche Regelungen und Eigenkapitalunterlegungspflichten vorgesehen sind.[69]

Forderungen von Kreditinstituten sind jedoch nicht nur Adressenausfallrisiken ausgesetzt, sondern auch mit Preis- bzw. Marktrisiken behaftet. Trotz erstklassiger Bonität des Geschäftspartners können sich nämlich aufgrund von Marktschwankungen Verluste für das Kreditinstitut ergeben. Betroffen sind vor allem Zinstermin- und Zinsoptionsgeschäfte sowie Termin- und Optionsgeschäfte mit sonstigem Preisrisiko. Diesem Marktrisiko will der Grundsatz Ia des BAK begegnen. Danach dürfen mit Preisrisiken behaftete Positionen beim täglichen Geschäftsabschluß 42% des Eigenkapitals nicht übersteigen.[70] Eine Eigenkapitalunterlegungspflicht für diese Positionen ist dagegen bislang in Grundsatz Ia nicht vorgesehen. Das grundsätzlich gleiche Verfahren liegt auch der Kapitaladäquanzrichtlinie für Wertpapierdienstleistungsunternehmen zugrunde, die Eigenmittel-

---

68 Vgl. Art 5 Abs. 1 i.V.m. Art. 6 Abs. 1. Zur Ermittlung des Anrechnungsbetrags für außerbilanzielle Geschäfte mit Zins- oder Wechselkursrisiken s. Art. 5 Abs. 3 i.V.m. Art. 6 Abs. 3 und Anhang I und II der Solvabilitätsrichtlinie. S. auch zur Neufassung des Grundsatzes I *Schulte-Mattler*, WM 1993, 977 ff. Zu den Risikoklassen *Dürselen*, ZBB 1994, 100, 107 ff.

69 Zu den Änderungen des Grundsatzes I, der noch im Jahr 1997 verabschiedet werden soll und ab Oktober 1998 einzuhalten ist, *Boos/Schulte-Mattler*, Die Bank 1997, 474 ff.; 556 ff.; 610 ff.; 684 ff. S. ferner *Schulte-Mattler*, WM 1993, 981; *Gröschel*, Sparkasse 1993, 227 f.; *Karg/Lindemann*, Sparkasse 1997, 129; *Mielk*, WM 1997, 2200, 2203 f. Zum Gesetzgebungsverfahren BR-Drs. 963/96 und Gesetzesbeschluß BR-Drs. 417/97.

70 Die offenen Positionen werden aus der Saldierung der anrechnungspflichtigen aktivischen und passivischen Geschäfte ermittelt, weil sich die Preisrisiken gegenläufiger Positionen ausgleichen. Für die einzelnen Preisrisiken gelten dabei verschiedene Grenzen: Währungsrisiken dürfen 21%, Zinsänderungsrisiken 14% und sonstige Preisrisiken 7% des Eigenkapitals nicht übersteigen.

anforderungen für die Preisrisiken dieser Unternehmen festlegt. Im Gegensatz zum Grundsatz Ia werden die Risiken aber nicht nur der Höhe nach begrenzt, sondern müssen zusätzlich mit Eigenmitteln unterlegt werden. Somit werden künftig auch Marktrisiken (Zins-, Aktienkurs- und Fremdwährungsrisiken) neben den bislang schon in Grundsatz I berücksichtigten Ausfall- oder Kreditrisiken aufsichtsrechtlich mit Eigenkapital zu unterlegen sein. Im Trading-Book des Wertpapierhandels werden hierzu diejenigen Wertpapiere und derivativen Instrumente erfaßt, mit denen das jeweilige Institut im Rahmen seines Eigengeschäfts kurzfristige Kurs- bzw. Renditedifferenzen nutzen will oder die andere Wertpapierbestände absichern sollen. Darüber hinaus werden auch Wertpapierpensions- und Wertpapierverleihgeschäfte einbezogen. Neben der Definition des Wertpapierhandels und den Eigenmittelanforderungen für Markt- und Großrisiken beinhaltet die Kapitaladäquanzrichtlinie darüber hinaus eine Definition der Eigenmittel, die Festlegung des Startkapitals und Regelungen zur Konsolidierung der Marktrisiken. Da die Kapitaladäquanzrichtlinie grundsätzlich an den im Trading-Book erfaßten Wertpapieren und nicht wie die Solvabilitätsrichtlinie an der beaufsichtigten Institution ansetzt, weist das EU-Recht für diesen Bereich erstmals funktionale Züge auf, welche verhindern sollen, daß gleiche Geschäfte eine ungleiche aufsichtsrechtliche Behandlung erfahren und dadurch Wettbewerbsverzerrungen auslösen. Ursache für den funktionalen Ansatz ist die enge Definition des Kreditinstitutsbegriffs in der Ersten Bankrechtskoordinierungsrichtlinie.[71] Kreditinstitute und Wertpapierhäuser müssen nun alle im Trading-Book aufgeführten Geschäfte nach der Kapitaladäquanzrichtlinie mit Eigenmitteln unterlegen, während für alle sonstigen Wertpapierbestände die Solvabilitätsrichtlinie zur Anwendung kommt.[72]

Die Höhe des erforderlichen Eigenkapitals wird durch Addition der beiden anhand von Grundsatz I und Ia[73] errechneten Größen ermittelt.

---

71 *Gruner-Schenk*, S. 43 ff.; *Mielk*, WM 1997, 2200, 2201. Zu Problemen des funktionalen Ansatzes *Boos/Höfer*, Die Bank 1995, 285; *Rudolph*, ZBB 1994, 117, 127. S. auch unten Teil 3, 9. Kap. B. II.

72 Die Berechnungen zur Eigenkapitalunterlegung nach der Kapitaladäquanzrichtlinie sind mit einem erheblichen technischen Aufwand verbunden. Daher ist kleinen Instituten mit geringfügigem Wertpapierhandelsbestand eine generelle Anwendung der Solvabilitätsrichtlinie gestattet, Art. 4 Abs. 6 der Kapitaladäquanzrichtlinie, ferner die Bagatellregelung für Institute mit kleinem Handelsbuch in § 2 Abs. 11 KWG n.F.; zu den Kritikpunkten an der Regelung des § 2 Abs. 11 KWG n.F. *Mielk*, WM 1997, 2200, 2206 f.

73 Grundsatz Ia wird aber nach Änderung des Grundsatzes I völlig wegfallen, *Boos/Schulte-Mattler*, Die Bank 1997, 610.

b) Kreditinstituts- und Finanzinstitutsgruppen

Nach unbestrittener bankaufsichtsrechtlicher Auffassung[74] führt die Verknüpfung von Kreditinstituten durch Beteiligungen zu einer buchmäßigen Erweiterung und mehrfachen Ausnutzung des haftenden Eigenkapitals und damit zu einer Gefährdung der Bankaufsichtsziele, die durch rechtliche und faktische Haftungsbeziehungen der Gruppenunternehmen noch verstärkt wird. Daher gelten die Anforderungen an eine angemessene Eigenkapitalausstattung eines Kreditinstituts auch für Kredit- und Finanzinstitutsgruppen gemäß § 10a KWG.

c) Zulässige Eigenmittel

Der Begriff angemessenes haftendes Eigenkapital i.S.d. § 10 Abs. 1 S. 1 KWG ist durch die Umsetzung der Eigenmittelrichtlinie neu und abschließend definiert worden. Als Eigenmittelbestandteile, die den Anforderungen an die zu erfüllenden Funktionen des Eigenkapitals entsprechen, werden das sog. Kernkapital und das sog. Ergänzungskapital unterschieden. Als Kernkapital gelten im wesentlichen das eingezahlte Kapital und die offenen Rücklagen. Zum Ergänzungskapital zählen die Neubewertungsrücklagen, die versteuerten stillen Reserven, Genußrechte, der Haftsummenzuschlag bei den Kreditgenossenschaften, kumulative Vorzugsaktien und nachrangige Verbindlichkeiten.[75] Nicht als Eigenmittel wird dagegen die Gewährträgerhaftung, die die Gebietskörperschaften für die öffentlich-rechtlichen Kreditinstitute übernehmen, anerkannt, da es sich hierbei um eine gesetzlich angeordnete Gewährleistungshaftung des öffentlichen Trägers handelt.[76] Von dem ermittelten Kernkapital sind folgende Posten

---

74 Richtlinie 83/359/EWG des Rates v. 13.6.1983 über die Beaufsichtigung der Kreditinstitute auf konsolidierter Basis, ABl.EG v. 18.7.1983, Nr. L 193 S. 18; Richtlinie des Rates über die Beaufsichtigung der Kreditinstitute auf konsolidierter Basis vom 6.4.1992 (92/30/EWG), ABl.EG v. 28.4.1992 Nr. L 110, S. 52 ff.; Kapitaladäquanzrichtlinie; *Schmid-Burgk*, S. 110 ff.; *Uwe H. Schneider*, WM 1978, 1250, 1257; *Kuntze*, Möglichkeiten und Grenzen von Allfinanzkonzepten, S. 44 ff.; *Dietz*, Bankkonzernrecht nach der Novelle zum Kreditwesengesetz, S. 12 ff.; *ders.*, AG 1990, 269 f.; BT-Drs. 10/1441, S. 22 f.; *Koppensteiner*, Bankenaufsicht und Bankengruppen, S. 4 ff.

75 Zur Anerkennung nachrangiger Verbindlichkeiten bei öffentlich-rechtlichen Kreditinstituten *Hadding*, in: FS f. Krümmel, S. 121, insbes. 127 ff.

76 S. hierzu *Reischauer/Kleinhans*, KWG, § 10 Anm. 29; Gegenäußerung der Bundesregierung zum Vorschlag des Bundesrats im Rahmen der Novellierung des KWG durch das 3. Änderungsgesetz 1984, abgedruckt in: *Reischauer/Kleinhans*, KWG, Kza 593, S. 118 ff.; BVerfG, Beschluß v. 23.9.1994, ZIP

abzuziehen: Bestand am eigenen Geschäftsanteil, Bilanzverlust, immaterielle Vermögensgegenstände, Korrekturposten, bestimmte Kredite an Gesellschafter. Die Summe von Kern- und Ergänzungskapital bildet das haftende Eigenkapital, von dem u.U. Kapital gegenüber Beteiligungsunternehmen abzusetzen ist. Mit der Umsetzung der Kapitaladäquanzrichtlinie in der 6. KWG-Novelle wird die Eigenmittelgrundlage der Institute um sog. Drittrangmittel erweitert. Dabei handelt es sich um die Nettogewinne des Handelsbuches gemäß § 10 Abs. 2c KWG n.F. und kurzfristige nachrangige Verbindlichkeiten gemäß § 10 Abs. 2c S. 1 Nr. 2 i.V.m. § 10 Abs. 7 KWG n.F. Diese Drittrangmittel können aber nur zur Unterlegung der Handelsbuchrisiken einschließlich Optionsrisiken sowie der Fremdwährungs- und Rohwarenrisiken dienen.

d) *Maßgebliches Kapital*

Bislang ist für die Bemessung des haftenden Eigenkapitals die letzte für den Schluß eines Geschäftsjahres festgestellte Bilanz maßgebend, § 10 Abs. 7 KWG. Dem liegt das sog. statische Eigenmittelkonzept zugrunde.[77] Mit der 6. KWG-Novelle wird dagegen eine weitgehende Dynamisierung der Eigenmittelbestandteile eingeführt.[78] Dies bedeutet, daß Kapitalbestandteile bereits zum Zeitpunkt ihres Mittelzuflusses als Eigenmittel berücksichtigt werden können. Fließen sie wieder ab, scheidet im Umkehrschluß eine Anrechnung als Eigenmittel aus. Statischen Charakter als Eigenmittelbestandteile behalten aber Positionen, die sich unmittelbar aus dem Jahresabschluß ergeben.[79]

e) *Liquidität*

Kreditinstitute haben im wesentlichen das Problem der Fristenkongruenz zu bewältigen, d.h. sie haben auf jederzeitige Zahlungsbereitschaft zu achten, obwohl ihnen die Einlagen regelmäßig nur kurzfristig zur Verfügung gestellt werden, während ihre Ausleihungen grundsätzlich langfristig erfolgen. Damit nicht die gefürchtete Situation des Bankenruns eintritt,

---

1994, 1678 f., das keinen Eigenkapitalzuschlag für Gewährträgerhaftung und Anstaltslast anerkennt.

77 BT-Drs. 13/7142, S. 58 f. S. auch *Karg/Lindemann*, Sparkasse 1997, 128.

78 § 10 Abs. 1 S. 6-8 KWG n.F. Hierzu *Mielk*, WM 1997, 2200, 2208 f.

79 Hierzu zählen insbesondere offene Rücklagen, der Sonderposten für allgemeine Bankrisiken, die Vorsorgereserven nach § 340f HGB und die nicht realisierten Reserven.

sieht das KWG bestimmte Finanzierungsgrundsätze vor, § 11 KWG i.V.m. Grundsatz II und III.

3. *Angemessene Eigenkapitalausstattung von Versicherungsunternehmen*

a) Angemessene Höhe der Eigenmittel: Solvabilitätsspanne

Die Regelungen über die erforderliche Ausstattung der Unternehmen mit freien unbelasteten Eigenmitteln finden sich in § 53c VAG und der Verordnung über die Kapitalausstattung von Versicherungsunternehmen.[80] Die Solvabilitätsspanne[81] ist die Sollgröße des Sicherheitskapitals, über das das Unternehmen während des laufenden Betriebs normalerweise verfügen muß.[82] Sie soll die jeweilige Risikolage des Versicherungsunternehmens berücksichtigen. Daher sind je nach Versicherungsart (Lebens- oder Nichtlebensversicherung) unterschiedliche Faktoren (Prämien, Schäden, Deckungsrückstellung, riskiertes Kapital) zur Bestimmung der Solvabilitätsspanne maßgebend.

---

80 In diesen Vorschriften sind die Art. 15-17 Erste Richtlinie Schaden, Art. 24 Dritte Richtlinie Schaden sowie Art. 18-20 Erste Richtlinie Leben, Art. 25 Dritte Richtlinie Leben umgesetzt.

81 Art. 16 Abs. 1 S. 1, Abs. 2 Erste Richtlinie Schaden i.d.F. von Art. 24 Dritte Richtlinie Schaden; Art. 18 Abs. 1, Art. 19 Erste Richtlinie Leben. Der deutsche Sprachgebrauch "Spanne" leitet fehl. Spanne bedeutet an sich Abstand oder Zwischenraum (etwa Zeitspanne). Hier ist aber mit Spanne eine Festgröße gemeint, die jeweils aus variablen Daten ermittelt wird, vgl. *Braeß*, VW 1969, 152, 156 Fn. 19; *Hölscher*, WiSt 1990, 602. Die Richtlinien gebrauchen den Begriff Solvabilitätsspanne in einem zweifachen Sinn: Zum einen wird damit die Höhe angegeben, in der das Versicherungsunternehmen entsprechend seinem Geschäftsumfang über Solvabilitätsmittel verfügen muß, zum anderen sind damit auch die Solvabilitätsmittel, d.h. Mittel, mit denen das Sicherheitskapital zulässigerweise aufgebracht werden kann, selbst gemeint. Der deutsche Gesetzgeber bezeichnet dagegen mit Solvabilitätsspanne nur die Höhe der erforderlichen Solvabilitätsmittel. Die Solvabilitätsmittel selbst werden Eigenmittel genannt.

82 Sinkt die Eigenkapitalausstattung während des laufenden Geschäftsbetriebs unter diesen Wert ab, kann die Aufsichtsbehörde vom Versicherungsunternehmen die Vorlage eines sog. Finanzierungsplans verlangen, § 81b Abs. 2 S. 1 VAG. Damit muß die kurzfristige Beschaffung der erforderlichen Eigenmittel dargelegt werden. Erreicht die Eigenkapitalausstattung nicht mehr die Höhe der Solvabilitätsspanne, kann von dem Versicherungsunternehmen verlangt werden, einen Solvabilitätsplan vorzulegen, § 81b Abs. 1 S. 1 VAG.

aa) Nichtlebensversicherung

Die Solvabilitätsspanne für die Nichtlebensversicherung wird entweder aufgrund der jährlichen Beitragseinnahmen (Beitragsindex) oder der mittleren Schadensbelastung der letzten drei Geschäftsjahre bzw. bei Unternehmen, die im wesentlichen Kredit-, Sturm-, Hagel- und Frostrisiken versichern, der letzten sieben Geschäftsjahre (Schadensindex) berechnet. Die Solvabilitätsspanne ist der sich nach den Berechnungsmethoden ergebende höhere Betrag.[83] Bei der Berechnung nach dem Beitragsindex werden die Bruttobeiträge einschließlich Nebeneinnahmen des Erstversicherungsgeschäfts und des übernommenen Rückversicherungsgeschäfts addiert. Von dieser Summe werden die auf die Beiträge entfallenden Steuern und Gebühren abgezogen. Auf diese Differenz werden bis zu einem Schwellenwert von 10 Mio. ECU 18%, auf den diesen Wert übersteigenden Betrag 16% angesetzt. Die Summe beider Ergebnisse wird um den Prozentsatz vermindert, zu dem die Rückversicherer an dem Schadensaufwand des Unternehmens im letzten Geschäftsjahr beteiligt waren, jedoch höchstens um 50%. Bei der Berechnung nach dem Schadensindex wird zunächst der durchschnittliche Bruttoschadensaufwand der letzten drei bzw. sieben Geschäftsjahre ermittelt. Von den ersten sieben Mio. ECU der Bruttoschadenssumme werden 26% und vom übersteigenden Betrag 23% angesetzt. Die Summe beider Ergebnisse wird wiederum um den Prozentsatz verringert, zu dem die Rückversicherungsunternehmen an dem Schadensaufwand im letzten Geschäftsjahr beteiligt waren, höchstens jedoch um 50%.

Das Geschäftsvolumen eines Versicherungsunternehmens wird bei der Berechnung nach dem Beitragsindex berücksichtigt. Die Berechnung nach dem Schadensindex bezieht dagegen den Risikoverlauf ein. Mit der Erhöhung der Versicherungsbeiträge steigt das Geschäftsvolumen. Damit erhöhen sich die Anforderungen an die Solvabilität. Ereignen sich vermehrt Schadensfälle, dann verschlechtert sich qualitativ das Versicherungsgeschäft, so daß mehr Eigenmittel zur Verfügung gestellt werden müssen.[84] Bis zu einer Schadensquote von rund 70% ist der Beitragsindex und darüber der Schadensindex maßgebend.[85] Das Kapitalanlagerisiko

---

83 Art. 16 Abs. 2 und 3 Erste Richtlinie Schaden.

84 *Angerer*, ZfV 1974, 326, 329.

85 *Farny*, Versicherungsbetriebslehre, S. 684; *Konrath*, VW 1979, 1509, 1510. Im Jahr 1993 richtete sich die Höhe der zu bildenden Solvabilitätsspanne bei 113 Schaden- und Unfallversicherungsunternehmen nach dem Beitragsindex (insgesamt 5275 Mrd. DM), bei 75 Versicherungsunternehmen nach dem Schadensindex in Höhe von insgesamt 5072 Mrd. DM, GB BAV 1994, 24.

findet bei der Berechnung der Solvabilitätsspanne bei Nichtlebensversicherungen keine Berücksichtigung.

bb) Lebensversicherung

In der Lebensversicherung wird die Solvabilitätsspanne nicht auf der Grundlage der Versicherungsprämien und der Schadensaufwendungen berechnet. Maßgebend sind dagegen grundsätzlich[86] die Höhe der mathematischen Reserven und das riskierte Kapital. Mathematische Reserven sind die versicherungstechnischen Rückstellungen, die versicherungsmathematisch berechnet werden, nämlich die Deckungsrückstellung und die um Kostenanteile verminderten Beitragsüberträge. In der Lebensversicherung ist das riskierte Kapital derjenige Teil der Versicherungssumme, der durch die Deckungsrückstellung jeweils noch nicht gedeckt ist und daher vom Versicherer für den vorzeitigen Eintritt des Versicherungsfalls „riskiert" wird.

Die Solvabilitätsspanne ergibt sich aus der Summe zweier Teilsolvabilitätsspannen, des sog. ersten und zweiten Ergebnisses.[87] Grundlage für das erste Ergebnis sind 4% der mathematischen Bruttoreserve. Das in Rückdeckung gegebene Geschäft wird nur bis zu 15% berücksichtigt.[88] Hierzu wird der Betrag von 4% der mathematischen Reserve mit dem Quotienten multipliziert, der sich im letzten Geschäftsjahr aus dem Verhältnis von Netto- zu Bruttobetrag, d.h. ohne Beachtung der Rückversicherung, der mathematischen Reserve ergibt. Dieser Quotient darf nicht niedriger als 85% sein. Das erste Ergebnis berücksichtigt das Kapitalanlage- und Betriebskostenrisiko.[89] Grundlage für das zweite Ergebnis sind 3 Promille des riskierten Kapitals. Das in Rückdeckung gegebene Geschäft wird wie in der Nichtlebensversicherung bis zur Höhe von 50% berücksichtigt. Hierzu wird der Betrag von 3 Promille bzw. 1 Promille bzw. 1,5 Promille mit dem Quotienten multipliziert, der aus dem Verhältnis von Netto- und Brutto-Risikokapital des letzten Geschäftsjahres ermittelt wird; der

---

86 Sonderregelungen bestehen für Zusatzversicherungen, die fondsgebundene Lebensversicherung, die Permanent Health Insurance, Kapitalisationsgeschäfte, Tontinen und die Verwaltung von Pensionsfonds.

87 Art. 19 lit. a Erste Richtlinie Leben.

88 Diese Anrechnungshöhe resultiert daraus, daß das Kapitalanlagerisiko trotz Rückversicherungsnahme beim Erstversicherer verbleibt, vgl. hierzu *Angerer*, Solvabilität der Lebensversicherungsunternehmen, S. 22 f.

89 *Hölscher*, WiSt 1990, 602.

Quotient darf nicht niedriger als 50% sein. Das zweite Ergebnis erfaßt das versicherungstechnische Risiko.[90]

cc) Berechnung der Solvabilitätsspanne für Mehrbranchenversicherer

Versicherungsunternehmen dürfen nach den Versicherungsrichtlinien neben der Lebensversicherung ausnahmsweise auch andere Zweige betreiben.[91] Diese Versicherungsunternehmen haben dann sowohl für die Lebensversicherung als auch für die Nichtlebensversicherung die für die jeweiligen Bereiche vorgeschriebenen Mindestanforderungen auch hinsichtlich der Solvabilität zu erfüllen. Mittel, die in einem Bereich erwirtschaftet werden, dürfen nicht zur Bedeckung der Mindestsolvabilität des anderen Bereichs verwendet werden.[92] Sind die Mindestanforderungen jedoch in beiden Bereichen erfüllt, so kann die „Überdeckung" an expliziten Bestandteilen[93] frei für den einen oder anderen Bereich verwendet werden.[94] Im Sanierungsfall kann von der grundsätzlich strengen Trennung der Eigenmittel abgewichen werden.

b) Konsolidierung?

Adressat der Eigenkapitalvorschriften nach dem Versicherungsaufsichtsrecht ist das Einzelunternehmen. Eine konsolidierte Betrachtung nach dem Vorbild der Bankenaufsicht ist dem geltenden Aufsichtsrecht fremd. Nach dem Richtlinienvorschlag über die zusätzliche Beaufsichtigung von Versicherungsunternehmen in einer Versicherungsgruppe[95] soll die Gruppenzugehörigkeit eines Versicherungsunternehmens bei der Eigenmittelbetrachtung im Wege einer Solo-Plus-Aufsicht berücksichtigt werden.

---

90 *Hölscher*, WiSt 1990, 602.

91 Art. 13 Erste Richtlinie Leben i.d.F. von Art. 16 Dritte Richtlinie Leben.

92 Art. 14 Abs. 1 S. 1 zweiter Gedankenstrich Erste Richtlinie Leben.

93 Art. 18 Abs. 2 Nr. 1 und 2 Erste Richtlinie Leben i.d.F. von Art. 25 Dritte Richtlinie Leben.

94 Art. 14 Abs. 1 S. 2 Erste Richtlinie Leben.

95 BR-Drs. 804/95: Vorschlag für eine Richtlinie des Europäischen Parlaments und des Rates über die zusätzliche Beaufsichtigung der Versicherungsunternehmen einer Versicherungsgruppe, KOM (95) 406 endg.; Ratsdok. 11122/95. Ferner EP-Dok. A4-295/97. Sowie jüngst Geänderter Vorschlag für eine Richtlinie des Europäischen Parlaments und des Rates über die zusätzliche Beaufsichtigung der einer Versicherungsgruppe angehörenden Versicherungsunternehmen, KOM (1998) 38 endg. – 95/0245 (COD), ABl.EG v. 7.4.1998, Nr. C 108 S. 48.

c) Zulässige Eigenmittel

Die ermittelte Solvabilitätsspanne ist mit freien unbelasteten Eigenmitteln[96] zu bedecken. Der in § 53c Abs. 3 VAG aufgeführte Katalog an zulässigen Eigenmitteln ist nicht abschließend. Als zulässige Eigenmittel gelten das eingezahlte Grundkapital bzw. der Gründungsstock sowie die Hälfte des nicht eingezahlten Teils des Grundkapitals oder Gründungsstocks, die Kapital- und die Gewinnrücklagen, der Gewinnvortrag, Genußrechte, nachrangige Verbindlichkeiten, Nachschüsse bei der Nichtlebensversicherung, auf Antrag die sich aus unterbewerteten Aktiva oder überbewerteten Passiva ergebenden stillen Reserven. Darüber hinaus können bei der Lebensversicherung sog. implizite, d.h. nicht aus der Bilanz erkennbare Eigenmittelbestandteile, im Unterschied zu sog. expliziten angerechnet werden, nämlich die Rückstellung für Beitragsrückerstattung und auf Antrag künftige Überschüsse sowie der nach dem Zillmerverfahren berechnete Teil der Abschlußkosten. Von den Eigenmitteln abzusetzen sind der Verlustvortrag und immaterielle Werte.

d) Maßgebliches Kapital

Für die Berechnung der Solvabilitätsgrößen und der Eigenmittel ist der Jahresabschluß des letzten Geschäftsjahres entscheidend. Dies ergibt sich mittelbar aus § 53c Abs. 4 und § 1 KapitalausstattungsVO. Somit handelt es sich bei der Versicherungsaufsicht um ein stichtagbezogenes statisches Konzept.

III. Kapitalanlagetätigkeit

1. Bankaufsichtsrechtliche Vorschriften über Großkredite und Anlagen

Zusätzlich zu den Liquiditätsvorschriften des § 11 KWG i.V.m. Grundsatz II und III sollen nach § 12 KWG besonders illiquide, weil schwer verwertbare Anlagen der Kreditinstitute begrenzt werden. Mit den Vorschriften

96 Der Begriff „frei und unbelastet" ist fast wörtlich der deutschen Übersetzung des Richtlinientexts entnommen. Daß es sich dabei um einen irreführenden Übersetzungsfehler handelt, ist mittlerweile allgemein anerkannt, vgl. *Karten*, in: FS f. Grossmann, S. 337, 341; *Mudrack*, BB 1986, Beilage 5, S. 16, 17 ff.; *ders.*, BB 1989, Beilage 14, S. 26, 27 Fn. 12; *Farny*, ZVersWiss 1984, 35, 48 Fn. 43; *ders.*, Versicherungsbetriebslehre, S. 693; *Busch*, S. 24.

über Großkredite soll das Ausfallrisiko aus einer Anlageadresse begrenzt werden, § 13 f. KWG. Zu beachten ist, daß Beteiligungsverhältnisse zwischen Kreditinstituten und Versicherungsunternehmen von den im Bereich der Bankenaufsicht üblichen Beschränkungen ausgenommen sind. Insbesondere gilt die Begrenzung des § 12 Abs. 5 KWG nicht. Ferner sind Versicherungsunternehmen nicht in die Beschränkung der Großkreditvergabe für Banken- und Finanzholdinggruppen aufgenommen, § 13a KWG.

2. *Anlagevorschriften für Versicherungsunternehmen*

Das Kernstück für die Finanzaufsicht von Versicherungsunternehmen stellen wegen der Besonderheiten des Produkts Versicherungsschutz, die in der generellen Vorleistungspflicht des Versicherungsnehmers bestehen, die Vorschriften über die Kapitalanlage dar.

a) Versicherungstechnische Rückstellungen

Die versicherungstechnischen Rückstellungen spielen im Versicherungswesen eine dominierende Rolle. Es handelt sich dabei um Passivposten der Bilanz, die von Versicherungsunternehmen nach den Grundsätzen ordnungsmäßiger Buchführung gebildet werden müssen, um ihre Verpflichtungen aus den Versicherungsverträgen erfüllen zu können. Zutreffende Bewertung und Ansatz dieser Rückstellungen, die sich im wesentlichen aus §§ 341 ff. HGB ergeben, sowie ihre Bedeckung durch qualifizierte Vermögensgegenstände sichern die dauernde Erfüllbarkeit der Versicherungsverträge. §§ 66 ff. VAG regeln besondere Anforderungen an die Aufbewahrung und Verwaltung der Deckungsstockwerte, derjenigen Kapitalanlagen also, bezüglich derer den Versicherungsnehmern im Konkurs besondere Vorrechte zustehen.

b) Kapitalanlagevorschriften

Von Anfang an galten – im Unterschied zu den Vorschriften über die angemessene Eigenkapitalausstattung von Versicherungsunternehmen, die erst aufgrund der Ersten Versicherungsrichtlinien kodifiziert wurden – für die Kapitalanlage der Erstversicherungsunternehmen gesetzgeberische Reglementierungen, um die dauernde Erfüllbarkeit der Versicherungsverträge zu gewährleisten.[97] Nach den Dritten Versicherungsrichtlinien beziehen sich die Anlagegrundsätze und die Kapitalanlagevorschriften über die zulässigen Kapitalanlagen nunmehr auf die Kapitalanlagen, die der Bedeckung des gebundenen Vermögens dienen, während die Anlage des freien Vermögens versicherungsaufsichtsrechtlich nicht mehr beschränkt ist.[98] Nach dem Kapitalanlagegrundsatz des § 54 Abs. 1 VAG, der auch in den übrigen Mitgliedstaaten gilt, ist der Bestand des Dekkungsstocks und des übrigen gebundenen Vermögens möglichst sicher und rentabel bei jederzeitiger Liquidität unter Wahrung einer angemessenen Mischung und Streuung anzulegen. Die Kapitalanlagevorschriften enthalten Bestimmungen über die zulässigen Anlagearten (§ 54a Abs. 2 VAG), die aufgrund der Dritten Versicherungsrichtlinien weiter liberalisiert wurden, zu den Anforderungen an Währung (§ 54a Abs. 3 VAG) und Belegenheit (§ 54a Abs. 6 VAG) sowie zur Verteilung der Aktivwerte auf die verschiedenen Anlagearten (Mischungsvorschriften: § 54a Abs. 4, 4a VAG) und auf die einzelnen Schuldner (Streuungsvorschriften: § 54a Abs. 4b, 4c VAG). Die Konzentration pro Schuldner ist limitiert auf einen Betrag, der sich aus der Summe von 2% des gebundenen Vermögens und 25% der sog. expliziten Eigenmittel ergibt. Nach oben ist dieser Betrag gekappt durch die 5%-Grenze des gebundenen Vermögens. Sinn der Streuungsobergrenze ist es zu verhindern, daß der Ausfall einer einzigen Adresse die Solvenz eines Unternehmens gefährdet.[99] Im Versicherungs-

---

97 *Goldberg/Müller*, VAG, § 54 Anm. 1-5; *Kalbaum*, in: FS f. Schwebler, S. 653-685; *Schwebler*, Vermögensanlage und Anlagevorschriften, S. 29.

98 Art. 26 Dritte Richtlinie Schaden bzw. Art. 27 Dritte Richtlinie Leben. Allerdings bleibt die Anlage des freien Vermögens nicht ohne jegliche Beaufsichtigung, wie die Erklärungen im Ratsprotokoll anläßlich der Verabschiedung der Dritten Richtlinien belegen, vgl. die amtl. Begr. zum neuen § 81b Abs. 3 VAG, BT-Drs. 12/6959, S. 84. Jedoch sind derartige Protokollerklärungen rechtlich ohne Bedeutung, vgl. ausf. *Dreher*, EuZW 1994, 743 ff.; *ders.*, EuZW 1996, 487 ff.
S. auch das Rundschreiben des BAV R 5/97 vom 2.6.1997 betreffend die Anzeige-, Berichts- und Mitteilungspflichten über die gesamten Vermögensanlagen, VerBAV 1997, 270 ff.

99 Zur Diskussion um die richtige Bezugsgröße vgl. für die Eigenmittel als Bezugsgröße *Hohlfeld*, in: Dieter Farny und die Versicherungswissenschaft, S. 230; *Müller*, Versicherungsbinnenmarkt, Rn. 756; *Mudrack*, RIW 1992, 1012, 1015; *ders.*, BB 1988, Beilage 12, S. 29; *ders.*, ZfV 1991, 3 f.; *ders.*, ZfV 1995, 626, 628 f. Gegen die Eigenmittel und für die versicherungstechnischen Bruttorückstellungen als Bezugsgröße: z.B. *Köhler*, VW 1990, 1444, 1446; *Schwebler*, Vermögensanlage und Anlagevorschriften, S. 23, 26.

aufsichtsrecht wird – im Unterschied zum Bankenaufsichtsrecht – zur Begrenzung dieses Ausfallrisikos nicht allein an die Eigenmittel, sondern auch an das gebundene Vermögen angeknüpft.

IV. Einsatz derivativer Finanzinstrumente

1. Aufkommen, Bedeutung, Risiken

Bevor ein Fazit aus dem Aufsichtsvergleich gezogen wird, soll auf eine neuere Entwicklung auf den Finanzmärkten eingegangen werden, die gleichermaßen Kreditinstitute wie Versicherungsunternehmen betrifft und deren Bedeutung nach Einführung einer einheitlichen europäischen Währung noch zunehmen wird,[100] die innovativen Handelsgeschäfte oder derivativen Finanzinstrumente.[101] Einen Blick hierauf zu werfen ist deshalb von Interesse, da daran erläutert werden kann, welche Bedeutung neueren Geschäftsentwicklungen für die Sektoren und die entsprechenden Aufsichtskonzeptionen zukommt. Derivatgeschäfte erlauben die Umverteilung von Risiken auf andere Marktteilnehmer. Allerdings sind sie dann in besonderer Weise mit Risiken behaftet, wenn sie spekulativ eingesetzt werden.[102] Die derivativen Finanzinstrumente haben somit spezifische Risiken und Chancen. Diese liegen in der Normierung des Produkts, dem relativ geringen Kapitaleinsatz, der ausgeprägten Hebelwirkung mit starken Wertschwankungen innerhalb kürzester Zeit, der zeitlich begrenzten Laufzeit mit z.T. kurzfristigem Verfall, der produkt-immanenten totalen Verlustgefahr nicht nur aufgrund von Bonitätsrisiken, sondern allein schon aus (üblichen) Marktzinsschwankungen und in der hohen Markteffizienz, z.B. durch besondere Flexibilität der Instrumente (z.B. OTC)

---

100 S. hierzu *Pohl*, in: FS f. Hugo J. Hahn, S. 66 ff. S. auch *R. Schmidt*, in: Prölss, VAG, § 7 Rn. 18. Zur wachsenden Bedeutung in der Versicherungswirtschaft s. *Graff*, VW 1997, 986 ff.

101 Zu den rechtlichen Grundtypen und der Artenvielfalt s. *Rudolph*, in: Derivative Finanzinstrumente, S. 10 ff.; *Braun*, in: FS f. Hugo J. Hahn, S. 321 ff.; *Pohl*, WM 1995, 957 ff. Bei den derivativen Handelsgeschäften handelt es sich um Finanzierungsinstrumente, die von konventionellen, am Kassamarkt gehandelten Anlageinstrumenten abgeleitet werden, wie beispielsweise Aktien, Anleihen und Devisen. Zu den Derivaten gehören insbesondere Swaps, Optionen und Futures.

102 BT-Drs. 13/1530, S. 2. S. auch *Pohl*, in: FS f. Hugo J. Hahn, S. 65; *Artopoeus*, Sparkasse 1996, 149.

und Liquidität des Marktes.[103] Für Versicherungsunternehmen und Kreditinstitute ergeben sich aber auch folgende Risiken.[104] Marktrisiken in Form von Preis- und Wertänderungsrisiken, Kredit- und Bonitätsrisiken, die sich durch die immer steigende Marktteilnehmerzahl vergrößern, Rechtsrisiken, die aufgrund vertraglicher Unklarheiten der Derivatgeschäfte entstehen. Dennoch sind Derivatgeschäfte insbesondere für die Wettbewerbsfähigkeit von Kreditinstituten und für das Kapitalanlagemanagement von Versicherungsunternehmen ein bedeutender Faktor geworden.[105]

2. *Aufsichtsrechtliche Risikoerfassung*

a) Bankenaufsichtsrecht

Das Bankenaufsichtsrecht reagiert auf die Risiken, die mit dem Einsatz derivativer Finanzinstrumente verbunden sind, und damit gegen den rein spekulativen Gebrauch von Derivaten auf zweierlei Weise: zum einen durch die Verpflichtung zur Eigenkapitalunterlegung,[106] zum anderen

---

103 *Steffen*, in: FS f. Dieter Farny, S. 135; *Braun*, in: FS f. Hugo J. Hahn, S. 319 f. Zur Frage, ob Derivate über einen geld- und währungspolitischen Informationsgehalt verfügen, vgl. *Deutsche Bundesbank*, Monatsbericht November 1995, S. 18 ff.

104 *Burghard*, S. 10 f.; *ders.*, in: Schwebler/Knauth/Simmert, Kapitalanlagepolitik im Versicherungsbinnenmarkt, S. 97, 105-109. Vgl. auch *Schulte-Mattler*, ZBB 1994, 333, 334; *Pohl*, WM 1995, 957, 964; *Braun*, in: FS f. Hugo J. Hahn, S. 320; BT-Drs. 13/1530, S. 1, 2. S. allgemein *v. Randow*, ZGR 1996, 598 ff., 626 ff. In der Vergangenheit wurden nicht nur erhebliche Gewinne erzielt, sondern auch bedeutsame Verluste registriert. Genannt seien hier der Milliardenschaden der Metallgesellschaft, der Konkurs der Balsam AG, die Verluste bei Procter & Gamble, die Verluste der Colonia-Versicherungsgruppe, der Hannover-Rückversicherung sowie der Gothaer Versicherungsgruppe und nicht zuletzt der Zusammenbruch des Bankhauses Baring Brothers.

105 S. *Braun*, in: FS f. Hugo J. Hahn, S. 324 f. Zu Zahlen s. *Hansen*, AG 1997, R 219; *Graff*, VW 1997, 986, 988. Zur Zulässigkeit von derivativen Finanzinstrumenten auch für öffentlich-rechtliche Unternehmen s. *Schneider/Busch*, WM 1995, 326 ff. gegen *Koenig*, WM 1995, 317 ff.

106 Vgl. die Kapitaladäquanzrichtlinie sowie die Definition der Finanzinstrumente nach § 1 Abs. 11 KWG n.F., wonach Derivatgeschäfte als Finanzinstrumente eingeordnet werden, und zwar sowohl börsliche als auch außerbörsliche OTC-Derivate fallen in den Anwendungsbereich der neuen Regelungen, und

durch qualitative Mindestanforderungen für eine effektive betriebsinterne Kontrolle.[107] Damit wird zum einen von einem zentralen Postulat der Bankenaufsicht, nämlich daß Verlustrisiken in angemessener Höhe mit Eigenkapital zu unterlegen sind, im Grundsatz nicht abgewichen. Zum anderen wird durch die bankaufsichtlichen Anforderungen an das Betreiben von Handelsgeschäften und die Nutzung bankinterner Risikomeßmodelle für bankaufsichtliche Zwecke dem Umstand Rechnung getragen, daß das Risikopotential durch den Einsatz derivativer Finanzinstrumente nicht mehr hinreichend durch einheitliche und abstrakte Eigenkapitalstandards erfaßt werden kann.

b) Versicherungsaufsichtsrecht

aa) § 7 Abs. 2 S. 2 VAG

Die Versicherungsaufsicht bezüglich derivativer Finanzinstrumente ist im Zusammenhang mit den Kapitalanlagevorschriften des VAG zu sehen. Wechselkursvolatilitäten spielen bei Versicherungsunternehmen im Bereich ihres gebundenen Vermögens dann eine Rolle, wenn vom Grundsatz der kongruenten Bedeckung sowie vom Grundsatz der Belegenheit abgewichen wird und damit auch nicht kongruente sowie nicht im Geltungsbereich des VAG belegene Vermögenswerte erworben werden. Vor diesem Hintergrund setzen Versicherungsunternehmen derivative Finanzinstrumente zur Absicherung traditioneller Kapitalanlagen gegen die aus

---

oben Teil 1, 2. Kap., D. II.2 a). Probleme bereitete die noch nicht hinreichende Abstimmung zwischen der Kapitaladäquanzrichtlinie und den Baseler Eigenkapitalstandards sowie das Fehlen einer vergleichbaren Eigenkapitalnorm für weltweit tätige Finanzinstitute, Wertpapierhäuser, Kreditinstitute, s. hierzu *Pohl*, in: FS f. Hugo J. Hahn, S. 79; *Artopoeus*, Sparkasse 1993, 154; *Braun*, in: FS f. Hugo J. Hahn, S. 338 und 326 ff. zur Eigenkapitalunterlegung. Die Änderungen des Grundsatzes I richten sich aber weitgehend an den Baseler Vorgaben aus, *Boos/Schulte-Mattler*, Die Bank 1997, 610 ff.

107 Verlautbarung v. 23.10.1995. S. hierzu *Deutsche Bundesbank*, Monatsbericht März 1996, S. 55 ff. Mit den Mindestanforderungen an das Betreiben von Handelsgeschäften der Kreditinstitute werden zugleich die „Richtlinien für das Risikomanagement im Derivativgeschäft" des Baseler Ausschusses für Bankenaufsicht vom Juli 1994 umgesetzt. *Artopoeus*, Sparkasse 1993, 150 ff.; *Fabritius*, Ordnungspolitischer Handlungsbedarf bei Derivaten, in: Rudolph (Hrsg.), Derivative Finanzinstrumente, S. 277, 280 ff. S. zu den diesbezüglichen Änderungen des Grundsatzes I, *Boos/Schulte-Mattler*, Die Bank 1997, 684 ff.

Zins- und Kursschwankungen resultierenden Verlustrisiken ein.[108] Im Zuge der Liberalisierung der Kapitalanlagevorschriften stellte der Gesetzgeber in § 7 Abs. 2 S. 2 VAG klar, daß der Einsatz bestimmter derivativer Finanzinstrumente nicht unter das Verbot der versicherungsfremden Geschäfte fällt. Für Termingeschäfte (bedingt und unbedingt, im Gegensatz zu Kassageschäften, also auch Futures), Geschäfte mit Optionen (bedingte Termingeschäfte, besonders in Gestalt von Optionsanleihen, bei denen dem Übernehmer der Anleihe das Recht eingeräumt ist, weitere Anleiheteile oder vorher bestimmte Stücke zu einem vorher vereinbarten Preis zu beziehen) und ähnliche Finanzierungsinstrumente (z.B. Finanzfutures) stellt der eingefügte S. 2 eine Zusammenhangsvermutung i.S.d. S. 1 unter drei alternativen Voraussetzungen auf, wobei eine zusätzliche negative Bedingung hinzukommt: Derivative Finanzinstrumente stehen dann mit dem Versicherungsgeschäft im unmittelbaren Zusammenhang und sind erlaubt, wenn sie der Absicherung gegen Kurs- und Zinsänderungsrisiken bei vorhandenen Vermögenswerten oder dem späteren Erwerb von Wertpapieren dienen sollen oder wenn aus vorhandenen Wertpapieren ein zusätzlicher Ertrag erzielt werden soll, ohne daß bei Erfüllung von Lieferverpflichtungen eine Unterdeckung des gebundenen Vermögens eintreten kann.[109] Damit soll der Einsatz derivativer Finanzinstrumente zu reinen Spekulationszwecken ausgeschlossen werden. Ein Rundschreiben des BAV[110] enthält Regelungen zur sachlichen und mengenmäßigen Begrenzung der Geschäfte.[111] Ergänzt werden diese Regelungen durch Vorschrif-

108 *Angermayer/Dietz/Scharpf*, VW 1996, 107; *Farny*, Versicherungsbetriebslehre, S. 742; *Steffen*, in: FS f. Farny, S. 135, 143.

109 Bereits in der Begründung zum Entwurf des Zweiten Durchführungsgesetzes/EWG zum VAG zur Neufassung des § 54a VAG wurde ausgeführt, daß das bestehende Versicherungsaufsichtsrecht es den Versicherungsunternehmen freistelle, Börsentermingeschäfte zu tätigen, mit denen Kurs- und Zinsrisiken im Anlagebestand und beim Aufbau eines Bestandes ausgeschaltet werden, BT-Drs. 11/6341. S. auch *Fahr/Kaulbach*, VAG, § 7 Rn. 11; *Angermayer/Dietz/Scharpf*, VW 1996, 107, 108. S. ferner Art. 21 Abs. 1 Unt.Abs. 3 lit. iv) der Dritten Richtlinie Schaden und Art. 21 Abs. 1 Unt.Abs. 3 lit. iv) der Dritten Richtlinie Leben.

110 VerBAV 1996, 5-19; VW 1995, 1701. Vgl. hierzu *Angermayer/Dietz/Scharpf*, VW 1996, 107, 108 ff.

111 Verfolgen Geschäfte mit derivativen Finanzinstrumenten nicht die Zielsetzungen des § 7 Abs. 2 S. 2 VAG, sind sie grundsätzlich unzulässig. Unzulässig sind Leergeschäfte, d.h. der Leerverkauf von Aktien bzw. festverzinslichen Wertpapieren ohne einen entsprechenden vorhandenen Wertpapierbestand oder Erwerbsvorbereitungsgeschäfte, bei denen entsprechende Wertpapierbestände

ten zur Gestaltung der innerbetrieblichen Informationsflüsse und Arbeitsabläufe.

bb) Derivative Finanzinstrumente als Gegenstand der Kapitalanlage?

Umstritten ist, ob Derivate auch Gegenstand der Kapitalanlage sein können. Nach überwiegender Ansicht stellen sie Hilfsinstrumente bzw. Sicherungsinstrumente dar, mit denen der Kapitalanlagebestand aufgebaut, gesichert und die Rendite gesteigert werden kann.[112] Die Kapitalanlagemöglichkeiten der Versicherungsunternehmen werden in § 54 a Abs. 2 VAG aufgezählt. Eine Kapitalanlagemöglichkeit Finanzinstrumente ist nicht ausdrücklich vorgesehen. Ein großer Teil der Finanzderivate ist nicht bilanzwirksam und wird deshalb auch nicht von den als Kapitalanlagen bezeichneten Vermögenswerten erfaßt.[113] Derivate sind Instrumente im Zusammenhang mit Erwerbsvorbereitung, Risikosteuerung, Ertragserhöhung, jedoch keine zulässigen originären Kapitalanlagen. Sie sind insoweit der Kapitalanlage akzessorisch, als sie als Sicherungsinstrumente der Kapitalanlage eingesetzt werden.

cc) Kritik

Die Praxis hat aus den Grundgeschäften (Optionsgeschäfte, Futures, Swaps) eine Vielzahl von Derivatentypen entwickelt, die von Versicherungsunternehmen im Zusammenhang mit ihren Kapitalanlagen nur zu einem geringen Teil genutzt werden dürfen. Die rechtliche Zulässigkeit von derivativen Finanzgeschäften ist in § 7 Abs. 2 VAG nur unklar geregelt.[114] § 7 Abs. 2 VAG regelt nur die Frage, welche derivativen

---

nicht gebildet werden. Ausgeschlossen sind ferner Arbitragegeschäfte, da diese nach Ansicht des BAV den Aufbau reiner Handelspositionen bezwecken. S. auch zu sachlichen Einschränkungen des Einsatzes derivativer Finanzinstrumente im Zusammenhang mit Kapitalanlagen bezüglich der versicherungstechnischen Rückstellungen *Dickinson/Dinenis*, Investment Regulations, S. 166.

112 *Fahr/Kaulbach*, VAG, § 7 Rn. 11; *R. Schmidt*, in: Prölss, VAG, § 7 Rn. 20; *Angermayer/Dietz/Scharpf*, VW 1996, 107, 108; *Farny*, Versicherungsbetriebslehre, S. 743; BT-Drs. 11/8321, Begr. S. 11; *Knauth/Simmert*, Bedeutung derivativer Finanzinstrumente für Versicherungsunternehmen, in: Schwebler/Knauth/Simmert, Einsatz von Finanzinnovationen in der Versicherungswirtschaft, S. 5 f.; *Bering*, Betriebl. Altersversorgung 1992, 112, 113; *Burghard*, S. 10.

113 *Farny*, Versicherungsbetriebslehre, S. 743.

114 *Farny*, Versicherungsbetriebslehre, S. 744.

Finanzgeschäfte nicht als versicherungsfremde Geschäfte anzusehen und deshalb zulässig sind. Diese Geschäfte werden aber nicht unter die Kapitalanlagevorschriften eingeordnet. Eine Spezialregelung für die Verwendung von Derivaten erscheint erforderlich, da die vom BAV aufgestellten Einsatzgrundsätze für derivative Finanzinstrumente sich nur an deutsche Versicherungsunternehmen richten und es daher zu Wettbewerbsverzerrungen im Verhältnis zu ausländischen Versicherungsunternehmen, aber auch zu anderen Unternehmen des Finanzdienstleistungssektors (z.B. Kreditinstitute) kommen kann. Dennoch wird eine abwartende Haltung diesbezüglich eingenommen, da man erst weitere Erfahrungen sammeln und die Entwicklung auf dem Bankensektor beobachten möchte, bevor eine versicherungsspezifische Regelung erlassen wird.[115] Für die Versicherungsaufsicht wird sich daher angesichts der Bedeutung der derivativen Finanzinstrumente für die Geschäftstätigkeit der Versicherungsunternehmen die Aufgabe stellen, ob die Risikobewältigung allein durch qualitative Methoden zu leisten ist oder ob eine Verpflichtung zur Eigenkapitalunterlegung nach dem Vorbild für Banken, Wertpapierhäuser und Finanzinstitute eingeführt werden soll.[116]

V. Vergleich der Finanzaufsichten

Gemeinsam ist beiden Aufsichtskonzeptionen, daß das Eigenkapital geschäftsbegrenzende Funktion übernimmt. Da hierzu eine Gegenüberstellung von Mindesteigenkapital und übernommenem Risikovolumen zu erfolgen hat, lassen sich als Bestandteile beider Finanzaufsichten die Definition der haftenden Eigenmittel, die Auswahl und die Quantifizierung der relevanten Risiken sowie die Bestimmung des Eigenmittelkapitalbedarfs durch ein vorgeschriebenes Verhältnis der beiden erstgenannten Bestandteile anführen. Augenfällig sind jedoch folgende Unterschiede in der Finanzaufsicht, die teils aus der unterschiedlichen Geschäftstätigkeit, teils aus den traditionell unterschiedlich gestalteten Rahmenbedingungen

115 *Müller*, VW 1996, 424, 426; *ders.*, ZfV 1997, 382, 387.

116 Für eine Einbeziehung in die Regulierung nach der Kapitaladäquanzrichtlinie *Schulte-Mattler*, ZBB 1994, 333, 338; *Deutsche Bundesbank*, Monatsbericht März 1996, S. 55, 64; *Fabritius*, Ordnungspolitischer Handlungsbedarf bei Derivaten, in: Rudolph (Hrsg.), Derivative Finanzinstrumente, S. 277, 282; a.A. *R. Schmidt*, in: Prölss, VAG, § 7 Rn. 20, der die Gestaltung weiterer Regelungen am Rechtsgedanken des § 54a VAG für wahrscheinlich hält.

und teils aus den unterschiedlichen Schwerpunkten der Aufsichtsziele resultieren:

1. Die Definition der Eigenmittel, die insbesondere Lebensversicherungsunternehmen im Vergleich zu Kreditinstituten einen größeren Gestaltungsspielraum eröffnet, da nicht eingezahltes Grundkapital und zukünftige Gewinne anerkannt werden können. Unterschiede ergeben sich auch in der Anerkennung stiller Reserven und nachrangiger Verbindlichkeiten. Ferner wird im Versicherungswesen nicht wie bei Kreditinstituten zwischen verschiedenen Qualitätsklassen der Eigenmittel differenziert.
2. Konzern- bzw. gruppenspezifische Eigenkapitalvorschriften im Bankenaufsichtsrecht im Unterschied zu den Eigenkapitalvorschriften im Versicherungsaufsichtsrecht, die ausschließlich einzelunternehmensbezogen sind.
3. Der funktionale Ansatz im Bankenaufsichtsrecht, der durch die Kapitaladäquanzrichtlinie eingeführt wird, wonach die Eigenkapitalanforderungen gleich ausgestaltet werden, wenn vergleichbare Geschäftstätigkeiten und damit vergleichbare Risiken vorliegen. Hier scheint sich eine Auflösung der bislang institutionengetrennten Vorgehensweise bei der Ausgestaltung der Aufsichtsrechte abzuzeichnen. Inwieweit der funktionale Ansatz für Finanzkonglomerate nutzbar gemacht werden kann, ist noch Gegenstand der Erörterung.
4. Die Eigenkapitalunterlegungspflicht für Anlagen nach dem Bankenaufsichtsrecht, während im Versicherungsaufsichtsrecht die Anlagetätigkeit primär an das versicherungstechnische Fremdkapital rückgebunden ist.
5. Der stärker qualitative Charakter der versicherungsaufsichtsrechtlichen Normen (Kapitalanlagegrundsätze, Behandlung derivativer Finanzinstrumente), während das Bankenaufsichtsrecht bislang vorrangig durch quantitative Normen geprägt ist. Während derivative Finanzinstrumente in der Versicherungswirtschaft ein Sicherungsinstrumentarium für die Vermögensanlagen i.w.S. darstellen, werden derivative Finanzinstrumente von Kreditinstituten zur Absicherung von Preis- und Kursrisiken sowie zum Aufbau spekulativer Positionen an den Finanzmärkten verwendet.
6. Die Bestimmung der aufsichtsrechtlich relevanten Risiken. Im Versicherungsaufsichtsrecht werden als relevante Risiken das versicherungstechnische Risiko und bei Lebensversicherungsunternehmen noch das Kapitalanlagerisiko erkannt, während im Bankenbereich im wesentlichen das Adressenausfall-, das Zinsänderungs-, das Fremdwährungs- und das Großkreditrisiko und die sonstigen Preisrisiken relevant sind. Die Versicherungsrisiken lassen sich im Unterschied zu den Bankrisiken mit Hilfe

stochastischer Methoden hinreichend genau vorausbestimmen und im Kollektiv ausgleichen.[117]

7. Ein weiterer Unterschied resultiert im Bereich der Liquiditätssicherung daraus, daß (Lebens-)Versicherungsverträge im Gegensatz zu Bankverträgen durch ihre Langfristigkeit gekennzeichnet sind und der Versicherer mit einem regelmäßigen Prämienzufluß rechnen kann.

8. Die Gestaltung der Eigenmittelvorschriften. Bei Versicherungsunternehmen erfüllt die Solvabilitätsspanne die Kennzeichen einer pauschalen Gesamtrisikonorm, die die gesamte Risikolage der Versicherungsunternehmen erfassen soll. Im Bankenbereich sind zur Erfassung der Gesamtrisikolage zahlreiche Strukturnormen der Solvabilitäts-, Kapitaladäquanz- und Großkreditrichtlinie gebildet worden. Hierbei wird mehrfach auf das haftende Eigenkapital Bezug genommen. Die Normen des Bankenaufsichtsrechts sind gekennzeichnet durch sehr hohe Komplexität, da Einzelrisiken selbst bei bilanzunwirksamen Geschäften berücksichtigt werden. Hingegen ist das Versicherungsaufsichtsrecht durch weitgehende Pauschalierung geprägt. Ferner sind die Solvabilitätsvorschriften des Versicherungsaufsichtsrechts statisch und stichtagbezogen.

E. Folgerungen

I. Grundlegende Unterschiede

Versicherungs- und Bankenaufsicht sind materielle Staatsaufsichten, die vergleichbare Aufsichtsziele verfolgen. Das Versicherungsaufsichtsrecht greift jedoch gegenüber dem Bankenaufsichtsrecht stärker in die Geschäftspolitik der beaufsichtigten Unternehmen ein,[118] während die Bankenaufsicht im wesentlichen in einer Finanzaufsicht besteht. Sollen Versicherungsunternehmen vor Risiken geschützt werden, die sich aus dem Führen von Geschäften ergeben, die nicht in unmittelbaren Zusammen-

---

117 *Knauth*, ZVersWiss 1996, 232, 236.

118 S. nur Geschäftsplan; Genehmigungspflicht von Unternehmensverträgen; Kapitalanlagevorschriften; Spartentrennung; Vorgaben für die Prämienberechnung in der Lebensversicherung und der substitutiven Krankenversicherung, Art. 54 Abs. 2 Unterabs. 1 Dritte Richtlinie Schaden, Art. 19 Dritte Richtlinie Leben; repressive Bedingungs- und Tarifkontrolle im Rahmen der Rechts- und Finanzaufsicht. Ferner *Schork*, KWG, § 6 Anm. 1.

hang mit den Versicherungsgeschäften stehen, § 7 Abs. 2 VAG, faßt die Bankenaufsicht insbesondere die Risiken als Gefahr auf, die das durch das Eigenkapital begrenzte Geschäftsvolumen überschreiten oder sich aus der Mehrfachnutzung des Eigenkapitals ergeben. Demzufolge faßt die Bankenaufsicht die Gruppenzugehörigkeit eines Kreditinstituts ins Auge, während die Versicherungsaufsicht auf das technische Versicherungsgeschäft des Einzelunternehmens, das sich je nach Versicherungszweig unterscheidet, konzentriert ist. Somit bestehen trotz vieler Parallelen entscheidende Unterschiede in der Beaufsichtigung, die es bei der Frage, wie Finanzkonglomerate effizient beaufsichtigt werden können, zu bewältigen gilt.

II. Angleichung oder Vereinheitlichung von Versicherungs- und Bankenaufsicht?

Die Beaufsichtigung von Finanzkonglomeraten stellt die Beteiligten (Unternehmen und Aufsichtsbehörden) vor erhebliche Probleme. Die Ausgangslage wird durch Unterschiede in den Aufsichtsrechten, unterschiedliche Aufsichtszuständigkeiten für die einzelnen Konglomeratsmitglieder und durch die grenzüberschreitende, weltweite Betätigung dieser Finanzgruppen gekennzeichnet. Integrierend wirkt hingegen, daß Aufsichtsbehörden des Bundes für die Versicherungs- und Bankenaufsicht in den Kompetenzbereich des Bundesfinanzministeriums einerseits und der Generaldirektion (XV) Finanzdienstleistungen der EG-Kommission andererseits fallen. Materiell ist das Banken- und Versicherungsaufsichtsrecht lediglich in Teilbereichen angeglichen, nämlich im Bereich der Geschäftsleiter- und Aktionärskontrolle. Das Problem einer harmonisierten Beaufsichtigung von Finanzkonglomeraten ist neu. Einen ersten Schritt hierzu stellt die Verabschiedung der BCCI-Richtlinie 1995 dar. Ob eine weitere Annäherung der Aufsichtskonzeptionen erforderlich bzw. eine Angleichung oder gar Vereinheitlichung geboten ist, kann erst eine Analyse der mit einem Finanzkonglomerat verbundenen Risiken erweisen. Im folgenden sollen nun die Gefahrensituationen innerhalb eines Finanzkonglomerats juristisch analysiert und insbesondere geprüft werden, ob das vorhandene Aufsichtsinstrumentarium im Bereich der Finanzaufsicht lückenhaft ist.

Teil 2

Gefahrenlagen, Transparenz und Beaufsichtigung

1. Unterabschnitt: Ansteckungsgefahren

3. Kapitel: Ansteckungsgefahren aufgrund Leitungsmacht

A. Unternehmensverbindungen

Wie im 1. Kapitel ausgeführt, kommen verschiedene Organisationsformen zur Verwirklichung eines Allfinanzkonzepts in Betracht. Aktienrechtliche Unternehmensverbindungen, an die leitungsspezifische Haftungstatbestände geknüpft sein können, können durch einfache Beteiligung, Mehrheitsbeteiligung, Abhängigkeit, Konzernierung und wechselseitige Beteiligung begründet werden. Mit einer einfachen Beteiligung allein entsteht jedoch noch keine Unternehmensverbindung i.S.d. § 15 AktG, an die konzernrechtliche Haftungstatbestände geknüpft sind. Daher stellt sich angesichts der rechtstatsächlichen Häufigkeit von Minderheitsbeteiligungen von Versicherungsunternehmen an Kreditinstituten und vice versa die Frage, ob und wie bereits eine solche eine Abhängigkeit begründen kann. Weitere Voraussetzung dafür, daß eine Unternehmensverbindung i.S.d. Konzernrechts vorliegt, ist die Beteiligung eines Unternehmens. Ein einheitlicher Unternehmensbegriff besteht nicht. Herrschende Unternehmen i.S.d. Konzernrechts sind in der Rechtsform der Aktiengesellschaft,[1] Genossenschaft,[2] VVaG,[3] aber auch der Anstalten und Körperschaften des öffentlichen Rechts[4] denkbar. Auch eine Holdinggesellschaft kann Unternehmen sein.[5] Die konzernrechtlichen Haftungsvorschriften beziehen sich im Hinblick auf die abhängige Gesellschaft regelmäßig nach dem Wortlaut der aktienrechtlichen Haftungsnorm auf die Aktiengesellschaft. Insofern

---

1 BGHZ 69, 334, 337; BGH ZIP 1994, 207, 208; BGH ZIP 1997, 887, 889; *Hüffer*, AktG, § 15 Rn. 8; *Koppensteiner*, in: Kölner Kommentar zum AktG, § 15 Rn. 7; *K. Schmidt*, Gesellschaftsrecht, § 31 II 1 a.

2 *Metz*, in: Metz/Schaffland, Genossenschaftsgesetz, § 1, S. 12 f.

3 *Müller-Wiedenhorn*, S. 136; *Weigel*, in: Prölss, VAG, Vor § 15 Rn. 76.

4 BGH ZIP 1997, 887, 889; *Raiser*, ZGR 1996, 458, 464 f.; *Koppensteiner*, in: Kölner Kommentar zum AktG, § 15 Rn. 41 a.E.; *Hüffer*, AktG, § 15 Rn. 11, 13. Krit. *Rittner*, in: FS f. Flume, II, S. 241, 244 ff., 253 ff.

5 Eine Ausnahme wird für eine reine Zwischenholding gemacht, bei der Beteiligungen nur geparkt und nicht verwaltet werden, vgl. für die h.M. nur *Hüffer*, AktG, § 15 Rn. 9.

bedarf es keiner zusätzlichen Definition. Jedoch stellt sich die Frage einer analogen Anwendung auf andere Rechtsformen. Diese ist von der Zielsetzung der jeweils konkreten Norm her zu bestimmen.

B. Beteiligungen

I. Beteiligungsbegriff

Eine Beteiligung bildet die wesentliche Grundlage dafür, ein anderes Unternehmen (Beteiligungsunternehmen) beeinflussen oder beherrschen zu können. Was eine Beteiligung ist, ist gesetzlich nicht einheitlich definiert.[6] Da es darum geht herauszuarbeiten, welche konzernrechtlichen Unternehmensverbindungen in einem Finanzkonglomerat in Betracht kommen, sollen unter Beteiligungen Anteile an einem anderen Unternehmen verstanden werden, die die gesellschaftsrechtlich vermittelte Möglichkeit der Einflußnahme eröffnen. Daher soll hier der Beteiligungsbegriff des § 271 Abs. 1 HGB maßgebend sein. Danach sind Beteiligungen Anteile an einem anderen Unternehmen, die bestimmt sind, dem eigenen Geschäftsbetrieb durch Herstellen einer dauerhaften Verbindung zu jenem Unternehmen zu dienen. Die Rechtsform des Beteiligungsunternehmens, an dem Anteile bestehen, ist unerheblich. Bei Anteilen handelt es sich um Mitgliedschaftsrechte, die sowohl Vermögensrechte als auch Verwaltungsrechte umfassen; bloße schuldrechtliche Forderungen stellen dagegen keine Anteile dar. Als Zweckbestimmung der Anteile genügt, daß sie langfristige Lieferungs- und Leistungsbeziehungen sichern oder Kooperationen in bestimm-

---

6 Vgl. z.B. die unterschiedlichen Beteiligungsbegriffe in den aufsichtsrechtlichen Vorschriften der §§ 54 Abs. 2 lit. b, 82 VAG, §§ 12 Abs. 2 Nr. 1, 13-18, 19 Abs. 1 Nr. 6, § 24 Abs. 1 Nr. 3 KWG. Das Aktiengesetz verwendet den Begriff der Beteiligung sowohl in der Form der Mehrheitsbeteiligung, § 16 AktG, als auch in der Form der Sperrminorität von 25%, § 21 AktG. Wiederum eine eigenständige Definition enthält § 271 Abs. 1 S. 1 HGB. Zur Aufdeckung von Risiken ist aufsichtsrechtlich bereits die bloße Inhaberschaft von Anteilen relevant, auf subjektive Kriterien, wie z.B. die Beteiligungsabsicht, darf es daher aus Rechtssicherheitsgründen nicht ankommen; infolgedessen besteht nach beiden Aufsichtsrechten eine Anzeigepflicht von Beteiligungen in Höhe von 10% des Nennkapitals, so § 54 Abs. 2 lit. b VAG, bzw. des Nennkapitals oder der Stimmrechte nach § 24 Abs. 1 Nr. 3 KWG. S. hierzu auch *Angerer*, ZfV 1983, 136; *Hemeling*, S. 17 ff.; *Leuering*, S. 4-25.

ten Unternehmensbereichen (z.B. Vertrieb) oder gemeinsame Finanzierungsstrategien ermöglichen.[7] Damit sind diese Beteiligungen als unternehmerische Beteiligungen zu qualifizieren. Hiervon zu unterscheiden sind Geldanlagen, sog. kapitalistische Beteiligungen. Die Abgrenzung vermag mitunter nicht eindeutig zu sein.

II. Rechtsformbedingte Grenzen von Beteiligungen

1. Genossenschaftsbanken

Für Genossenschaftsbanken ergibt sich eine inhaltliche Beschränkung des Beteiligungserwerbs aus § 1 Abs. 2 GenG. Danach ist eine Beteiligung einer Genossenschaft an Gesellschaften und sonstigen Personenvereinigungen einschließlich der Körperschaften des öffentlichen Rechts nur zulässig, wenn sie dem Förderungszweck oder den gemeinnützigen Bestrebungen der Genossenschaft zu dienen bestimmt ist. Die Beteiligung beispielsweise einer Aktiengesellschaft an einer Genossenschaft ist dagegen nicht grundsätzlich unzulässig,[8] spielt jedoch – soweit ersichtlich – bei der Verwirklichung der Allfinanzkonzeption im Genossenschaftssektor keine Rolle.

2. Öffentlich-rechtliche Unternehmen

Öffentlich-rechtliche Versicherungsunternehmen und Kreditinstitute haben überwiegend den Rechtsstatus einer öffentlich-rechtlichen Anstalt. Ein bundeseinheitliches Anstaltsrecht existiert nicht.[9] Anstaltslast[10] und

---

7 S. zum ganzen *Morck*, in: Koller/Roth/Morck, HGB, § 271 Rn. 2 ff.; *Schnikke/Gutike*, in: Beck'scher Bilanzkommentar, § 271 Rn. 9 ff.

8 *Metz*, in: Lang/Weidmüller/Metz/Schaffland, GenG, § 1 Rn. 279, 284, 289, sowie *ders.*, in: Metz/Schaffland, GenG, § 1, S. 13.

9 Vgl. nur *Uwe H. Schneider*, in: FS f. Riesenfeld, S. 237, 240.

10 Als Anstaltslast wird die Verpflichtung der Errichtungskörperschaft verstanden, die Anstalt für die gesamte Dauer ihres Bestehens funktionsfähig zu erhalten und etwaige finanzielle Lücken durch Zuschüsse oder auf andere geeignete Weise auszugleichen. Hierzu Wettbewerbsenquête von 1968, BT-Drs. IV/3500, S. 47; BGHZ 90, 161, 169; *Thode*, Sparkasse 1994, 134; *Rümker*, in: FS f. Stiefel, S. 609 f.; *Koenig*, WM 1995, 821; *Uwe H. Schneider*, in: FS f. Riesenfeld, S. 244; *Püttner*, Die öffentlichen Unternehmen, S. 232 f.

Gewährträgerhaftung[11] sind die Haftungsformen, durch die öffentlich-rechtliche Gebietskörperschaften mit ihren öffentlich-rechtlichen Unternehmen finanziell verbunden sind. Beide Rechtsinstitute ergänzen einander: Sie sichern die Funktionsfähigkeit der öffentlich-rechtlichen Unternehmen und garantieren die Sicherheit der Gläubiger.[12] Demzufolge sehen die Satzungen nicht zwingend die Ausstattung der Anstalt mit einem Stammkapital vor, dessen Anteile eine mitgliedschaftsrechtliche Stellung vermitteln. Anstaltsträger von öffentlich-rechtlichen Versicherungsunternehmen können nicht nur die Errichtungskörperschaft, sondern auch eine öffentlich-rechtliche Kreditanstalt,[13] der regionale Sparkassen- und Giroverband oder auch eine gebietliche Selbstverwaltungskörperschaft sein. Dagegen können juristische Personen des Privatrechts oder natürliche Personen nicht Anstaltsträger sein.[14] Zu unterscheiden hiervon ist aber die zulässige Kapitalaufbringung durch juristische Personen des öffentlichen Rechts oder des Privatrechts sowie durch natürliche Personen.[15] Da die öffentlich-rechtlichen Versicherungsunternehmen Wettbewerbsversicherer und damit unternehmerisch tätig sind, lehnen sich ihre Errichtungsgesetze bzw. ihre Satzungen bezüglich der Finanzierung des Eigenkapitals vielfach an das Gesellschaftsrecht an; demzufolge ist die Ausstattung mit einem Stammkapital bzw. Dotationskapital vorgesehen.[16] Die Aufbringung von

---

11 Unter Gewährträgerhaftung versteht man die subsidiäre, unmittelbare und unbeschränkte Haftung des Gewährträgers für die Verbindlichkeiten der öffentlich-rechtlichen Unternehmen. Hierzu *Rümker*, in: FS f. Stiefel, S. 618 f.; *Uwe H. Schneider*, in: FS f. Riesenfeld, S. 242 ff.; *Thode*, Sparkasse 1994, 134. Vgl. § 5 Abs. 2 a.E. Satzung WestLB; § 3 Satzung Provinzial Leben Versicherungsanstalt Schleswig-Holstein; § 3 Satzung der Oldenburgischen Landesbrandkasse; § 7 Gesetz über die öffentlich-rechtlichen Versicherungsunternehmen in Niedersachsen; § 4 Satzung Westfälische Provinzial-Feuersozietät Versicherung der Sparkassen; § 4 Satzung Westfälische Provinzial-Lebensversicherungsanstalt Versicherung der Sparkassen; § 3 Satzung der Ostfriesischen Landschaftlichen Brandkasse; § 1 Nr. 3 Satzung der Provinzial-Lebensversicherungsanstalt der Rheinprovinz und der Provinzial-Feuerversicherungsanstalt der Rheinprovinz.

12 *Rümker*, in: FS f. Stiefel, S. 607.

13 Vgl. § 3 der Satzung der Provinzial Brandkasse Versicherungsanstalt Schleswig-Holstein.

14 *Wolff/Bachof/Stober*, Verwaltungsrecht II, § 98 Rn. 6.

15 *Gärtner*, S. 40-44; *Thode*, S. 222.

16 *Siekmann*, NWVBl. 1993, 361, 362; *Thode*, S. 92, 98; *Niermann*, S. 111; *Uwe H. Schneider*, in: FS f. Riesenfeld, S. 237, 243 f.; *Die Öffentlichen Versicherer*, Jahrbuch 1995, S. 72 f. Vgl. auch § 13 der Satzung der Öffentlichen

Anteilen am Dotationskapital vermittelt keine Mitgliedschaftsrechte. Für den Beteiligungsbegriff i.S.d. § 271 HGB ist aber maßgebend, daß dem Unternehmen Kapital zur Verlusttragung und ohne Rückzahlungsverpflichtung überlassen wird. Wird das Dotationskapital weitgehend vom Anstalts- bzw. Gewährträger aufgebracht, stellt sich die Frage der analogen Anwendung der §§ 15 ff. AktG.[17] Öffentlich-rechtliche Unternehmen können sich dagegen grundsätzlich an anderen Unternehmen in Privatrechtsform beteiligen, es sei denn, die Errichtungsgesetze oder Satzungen sehen etwas anderes vor.

3. VVaG

Besonderheiten für den Beteiligungserwerb von VVaG könnten sich aus dem Gegenseitigkeitsprinzip ergeben.[18] Es ist aber nur dann tangiert, wenn der VVaG in Abhängigkeit von Drittinteressen gerät. Dies ist bei einem Beteiligungserwerb an anderen Unternehmen regelmäßig nicht der Fall. Satzungsmäßige Schranken[19] für einen Beteiligungserwerb sind ebenfalls nicht ersichtlich. Dagegen können keine mitgliedschaftsrechtlichen Anteile an einem VVaG erworben werden. Anteilsrechte am Gründungs-

---

Feuerversicherung Sachsen-Anhalt, GVBl. LSA Nr. 25/1991, ausgegeben am 3.9.1991; § 4 der Satzung der Öffentlichen Lebensversicherung Sachsen-Anhalt, GVBl. LSA Nr. 25/1991, ausgegeben am 3.9.1991; § 4 der Satzung der Ostfriesischen Landschaftlichen Brandkasse; § 10 des Gesetzes über die öffentlich-rechtlichen Versicherungsunternehmen in Niedersachsen vom 10. Januar 1994, Nieders. GVBl. Nr. 1/1994, ausgegeben am 20.1.1994; § 4 der Satzung der Öffentlichen Lebensversicherung Braunschweig, GVBl. Nr. 1/ 1994, ausgegeben am 20.1.1994; § 4 der Satzung der Braunschweigischen Landesbrandversicherungsanstalt, GVBl. Nr. 1/1994, ausgegeben am 20.1. 1994; § 26 der Satzung der Öffentlichen Sachversicherung Braunschweig, GVBl. Nr. 1/1994, ausgegeben am 20.1.1994. Vgl. auch § 4 der Satzung der Westfälischen Provinzial-Feuersozietät, Versicherung der Sparkassen.

16 Vgl. § 3 der Satzung der Ostfriesischen Landschaftlichen Brandkasse; § 10 des Gesetzes über die öffentlich-rechtlichen Versicherungsunternehmen in Niedersachsen vom 10. Januar 1994, Nieders. GVBl. Nr. 1/1994, ausgegeben am 20.1.1994.

17 S. hierzu ausführlich unter E.

18 *Müller-Wiedenhorn*, S. 80 f.

19 S. §§ 9, 17 VAG.

stock, § 22 Abs. 3 S. 3 VAG, begründen keine mitgliedschaftliche Beteiligung am VVaG, sondern eine Schuld des Vereins.[20]

4. *Sonstige*

Rechtsformbedingte Beteiligungsbeschränkungen ergeben sich für Hypothekenbanken, § 5 HypBankG, Bausparkassen, § 4 Abs. 1 Nr. 6 BausparkG, und Investmentgesellschaften, § 1 KAGG.

III. Aufsichtsrechtliche Grenzen von Beteiligungen

1. *Bankenaufsicht*

Beim Beteiligungserwerb zum Zweck der Gruppenbildung haben Kreditinstitute verschiedene aufsichtsrechtliche Vorschriften zu beachten. So besteht nach § 24 Abs. 1 Nr. 3 KWG eine Anzeigepflicht gegenüber dem BAK und der Deutschen Bundesbank über Beteiligungen, die 10% des Kapitals des Beteiligungsunternehmens übersteigen. Die Regelung für Großkredite begrenzt indirekt den Beteiligungserwerb von Kreditinstituten an Versicherungsunternehmen.[21] Ferner können sich Beschränkungen für den Beteiligungserwerb eines Kreditinstituts aus den aufsichtsrechtlichen Anlagebeschränkungen des § 12 KWG ergeben. Danach dürfen die dauernden Anlagen eines Kreditinstituts, zu denen u.a. auch Beteiligungen von mehr als 10% am Kapital des Beteiligungsunternehmens zählen, das Eigenkapital nicht übersteigen. § 12 Abs. 5 KWG begrenzt unmittelbar den Beteiligungserwerb.[22] Jedoch betrifft diese Regelung nicht den

---

20 *Müller-Wiedenhorn*, S. 137; *Weigel*, in: Prölss, VAG, Vor § 15 Rn. 77.

21 Beteiligungen werden gemäß § 13 Abs. 1 i.V.m. § 19 Abs. 1 Nr. 6 KWG dann als Großkredite behandelt, wenn das Kreditinstitut mindestens 25% der Kapitalanteile des Beteiligungsunternehmens besitzt und der Buchwert der Beteiligung 10% des haftenden Eigenkapitals des Kreditinstituts übersteigt. Nach § 13 Abs. 3 und 4 KWG darf eine derartige Beteiligung nicht mehr als 25% des haftenden Eigenkapitals und zusammen mit den anderen Großkrediten nicht mehr als das Achtfache desselben betragen. S. auch *Haller*, Wandel der Finanzdienstleistungen, S. 333.

22 Danach sind sog. bedeutende Beteiligungen, d.h. mittel- und unmittelbare Beteiligungen von insgesamt mehr als 10% an dem Beteiligungsunternehmen, beschränkt. Die einzelne bedeutende Beteiligung darf nicht mehr als 15% und

Beteiligungserwerb an Versicherungsunternehmen, § 12 Abs. 5 S. 1 KWG. Der Beteiligungserwerb ist weiterhin indirekt dadurch begrenzt, daß Beteiligungen als Risikoaktiva in den Grundsatz I einbezogen werden. Von der Abzugsmöglichkeit nach § 10 Abs. 6a KWG sind Beteiligungen an Versicherungsunternehmen nicht erfaßt; jedoch wird vom BAK erwogen, Versicherungsholdinggesellschaften in die Abzugsregelung des § 10 Abs. 6a S. 1 Nr. 4 oder 5 KWG einzubeziehen.[23] Für Kreditinstitute bestehen mithin grundsätzlich keine unmittelbaren aufsichtsrechtlichen Beschränkungen für den Beteiligungserwerb an Versicherungsunternehmen.

2. *Versicherungsaufsicht*

Von der grundsätzlichen Zulässigkeit des Beteiligungserwerbs geht das Versicherungsaufsichtsrecht aus.[24] Der Anteilserwerb an einem anderen Unternehmen ist eine Form der Vermögensanlage, §§ 54 f. VAG. Aufsichtsrechtlich besteht eine Anzeigepflicht über den Beteiligungserwerb gemäß § 54 Abs. 2 lit. b und § 54d VAG. Anteilserwerb, der aus dem gebundenen Vermögen finanziert wird, ist nur in bestimmten Grenzen zulässig, § 54a Abs. 2 Nr. 5 und 5a, Abs. 4, 5 VAG. Beteiligungen, die diese Begrenzungen übersteigen, sind aus dem freien Vermögen zu finanzieren.[25] Wird die Beteiligung aus dem gebundenen Vermögen finanziert, so ist auf die Einhaltung der Anlagegrundsätze des § 54 Abs. 1 VAG zu achten. Aus der Solvabilitätsbestimmung des § 53c VAG ergibt sich keine Beschränkung eines Beteiligungserwerbs aus dem freien Vermögen.[26]

---

alle bedeutenden Beteiligungen dürfen zusammen nicht mehr als 60% des haftenden Eigenkapitals ausmachen.

23 Vgl. Schreiben des BAK v. 17. Mai 1995, abgedruckt in: *Reischauer/Kleinhans*, KWG, § 1 Anm. 92 Fn. 1.

24 Vgl. nur § 82 VAG.

25 Zur Bemessungsgrundlage der 10%-Grenze bei Forderungen gegenüber Sparkassen und Genossenschaftsbanken, GB BAV 1995, Teil A, S. 55.

26 S. zur Forderung des BAV, Beteiligungen vom Eigenkapital abzuziehen, Rundschreiben R 2/88 Nr. 2.6, VerBAV 1988, 142; R 3/88 Nr. 2.7, VerBAV 1988, 201; VerBAV 1984, 203, 210; VerBAV 1985, 113, 118; *Angerer*, ZfV 1983, 134, 143 f.; *Müller*, Überlegungen zur Vereinheitlichung, S. 21; *ders.*, Möglichkeiten und Grenzen von Allfinanzkonzepten, S. 33; a.A. *Lipowsky*, in: Prölss, VAG, § 53c Rn. 32; *Fahr/Kaulbach*, VAG, § 53c Rn. 7; *v. Puskás*, VW 1984, 358, 360 ff.; *Sasse*, VW 1980, 657; *Hertel*, VW 1981, 436 ff.; *Farny*, ZVersWiss 1984, 52 ff.; *Karten*, in: Risk, Information and Insurance, S. 257

Auch § 7 Abs. 2 S. 1 VAG steht einem Beteiligungserwerb von Versicherungsunternehmen an Unternehmen mit branchenfremdem Geschäftsbetrieb nicht entgegen. Möglich sind nicht nur einfache, sondern auch mehrheitliche und 100%ige Beteiligungen.[27]

IV. Haftungsrechtliche Folge

Die sog. aktienrechtliche Haftungsklausel[28] gemäß § 117 AktG setzt voraus, daß die Anspruchsbeteiligten Aktiengesellschaften sind, und stellt einen Sonderfall der deliktischen Haftung[29] dar. Jedoch ist ihre Bedeutung sowohl allgemein gesellschaftsrechtlich als auch aufsichtsrechtlich wenig bedeutsam, da schädlicher Einfluß aufgrund der präventiven Aktionärskontrolle aufsichtsbehördlich reduziert werden kann.

V. Wechselseitige Beteiligung

Charakteristikum einer wechselseitigen Beteiligung ist das Zusammentreffen von Beteiligung und Rückbeteiligung. Wechselseitige Beteiligungen werden insbesondere eingesetzt, um sog. strategische Allianzen[30] abzusichern. Aufsichtsrechtlich bestehen gegen den Aufbau wechselseitiger

---

ff.; *R. Schmidt*, VW 1978, 1150, 1152; *Konrath*, VW 1979, 1509, 1512; *Hemeling*, S. 77 ff.; *Leuering*; S. 79-81. Mangels Rechtsgrundlage beharrt auch das BAV derzeit nicht auf einem Abzug der Beteiligungen, vgl. auch die neuen Rundschreiben, die R 2/88 und R 3/88 aufheben und ersetzen, Rundschreiben R 3/97 vom 16. Mai 1997 für die Solvabilität der Lebensversicherung, VerBAV 1997, 219 ff., und Rundschreiben R 4/97 vom 16. Mai 1997 für die Solvabilität der Schadendirekt- und Krankenversicherung, VerBAV 1997, 246 ff.

27 *Kollhosser*, in: Prölss, VAG, § 82 Rn. 7; *Müller*, Möglichkeiten und Grenzen von Allfinanzkonzepten, S. 30; *Angerer*, ZfV 1983, 134, 138, 140; *Hemeling*, S. 94; *Leuering*, S. 85 ff. Zur früheren gegenteiligen Auffassung der Aufsichtsbehörde s. VerAfP 1906, 94 f.; 1938, 82.

28 *Kübler*, Gesellschaftsrecht, § 15 III 5e (S. 257); *Henn*, Handbuch des Aktienrechts, Rn. 295.

29 *Hüffer*, AktG, § 117 Rn. 2.

30 S. zu diesem durch den wirtschaftswissenschaftlichen Bereich geprägten Begriff *Wastl/Wagner*, AG 1997, 242 m.w.N.

Beteiligungen unter dem hier behandelten Aspekt[31] insoweit keine Bedenken, als der Beteiligungserwerb aufsichtsrechtlich zulässig ist.[32] Das Risiko wechselseitiger Beteiligungen besteht zum einen darin, daß das Machtgefüge innerhalb eines Unternehmens zugunsten der Unternehmensverwaltungen verschoben wird.[33] Zum anderen besteht eine weitere Gefahr in der Kapitalverwässerung. Beiden Gefahren sollen §§ 19 Abs. 1, 328 AktG wehren.[34] Bei einseitig qualifizierter wechselseitiger Beteiligung und der Möglichkeit der Einflußnahme wird gemäß § 19 Abs. 2 AktG unwiderlegbar ein Abhängigkeitsverhältnis vermutet.

C. Abhängigkeit

I. Abhängigkeitstatbestand und Rechtsfolgen

Liegen die Voraussetzungen der Abhängigkeit vor, so sind die Vorschriften der §§ 311 ff. AktG anwendbar.[35] Dies bedeutet, daß Nachteile, die

31 Zu der Problematik der wechselseitigen Beteiligung im Zusammenhang der angemessenen Kapitalausstattung s. 5. Kap. A. IV. 2 b) bb) cc).

32 S. zu den Beteiligungsverhältnissen der sieben bedeutenden Unternehmen des privaten Finanzsektors: Deutsche Bank AG, Dresdner Bank AG, Commerzbank AG, Bayerische Hypotheken- und Wechselbank AG, Münchner Rückversicherung AG und die Allianz Holding AG, *Adams*, AG 1994, 148. Die Allianz Holding AG und die Münchner Rückversicherung AG halten aneinander 25% bzw. 26% der Anteile, die Allianz Holding AG und die Bayerische Hypotheken- und Wechselbank AG 23% bzw. 5% und die Allianz Holding AG sowie die Dresdner Bank AG aneinander 22,8% bzw. 10%. Eine Ringverflechtung bestehend aus vier Unternehmen existiert insofern, als die Allianz Holding AG an der Bayerischen Hypotheken- und Wechselbank beteiligt ist, diese wiederum ist zu 12% an der mit 11% bei der Dresdner Bank AG beteiligten Vermo Vermögensverwaltungsgesellschaft beteiligt. Die Dresdner Bank wiederum ist mit 12% an der Vermo beteiligt und mit 10% an der Allianz Holding AG.

33 *Hüffer*, AktG, § 19 Rn. 1; *Geßler*, in: Geßler/Hefermehl, AktG, § 19 Rn. 2; RGZ 149, 305 (Iduna).

34 Zur Kritik s. *Wastl/Wagner*, AG 1997, 241, 245 ff.

35 Von einem abhängigen Unternehmen wird gemäß § 18 Abs. 1 S. 3 AktG widerlegbar vermutet, daß es mit dem herrschenden Unternehmen einen Konzern bildet. Die Widerlegung der Vermutung kann sich nicht auf die Abhängigkeit, sondern nur auf Umstände der einheitlichen Leitung beziehen,

das abhängige Unternehmen infolge des Einflusses des herrschenden Unternehmens erleidet, auszugleichen bzw. zu kompensieren sind. Der Abhängigkeitstatbestand ist erfüllt, wenn sich ein rechtlich selbständiges Unternehmen aus seiner Perspektive in der Lage befindet, daß ein anderes Unternehmen beherrschenden Einfluß ausüben kann.[36] Die Anforderungen an einen beherrschenden Einfluß ergeben sich vorrangig aus § 17 Abs. 2 AktG. Bei Mehrheitsbeteiligung wird Abhängigkeit vermutet.

II. Kreditinstitute und Versicherungsunternehmen als herrschende Unternehmen i.S.d. § 17 AktG

Sowohl Versicherungsunternehmen als auch Kreditinstitute können Mehrheitsbeteiligungen aneinander erwerben. Häufiger lassen sich jedoch Minderheitsbeteiligungen feststellen.[37] Minderheitsbeteiligungen begründen hingegen für sich allein noch keine Abhängigkeit. Hinzutreten müssen andere Einflußmittel, die in ihrer Qualität einer Mehrheitsbeteiligung entsprechen. Solche Einflußmöglichkeiten können aufgrund von Stimmrechtseinfluß oder auch personellen Verflechtungen bestehen. So kann bei absoluter Stimmrechtsmehrheit gemäß § 17 Abs. 2 AktG sowie bei einer Minderheitsbeteiligung, die aufgrund der Zusammensetzung des Aktionärskreises und der regelmäßigen Präsenz in der Hauptversammlung wie eine Mehrheitsbeteiligung wirkt, ein Abhängigkeitsverhältnis begründet werden.[38] Dagegen ermöglicht das den Kreditinstituten u.U. zustehende

---

Koppensteiner, in: Kölner Kommentar zum AktG, § 18 Rn. 34; *Henze*, HRR zum Aktienrecht, S. 398.

36 BGHZ 62, 193, 201; BGHZ 69, 334-347; BGHZ 90, 162, 165 ff.; BGHZ 95, 330, 337; BGHZ 107, 7, 15; *Hüffer*, AktG, § 17 Rn. 4; *Koppensteiner*, in: Kölner Kommentar zum AktG, § 17 Rn. 15; *Geßler*, in: Geßler/Hefermehl, AktG, § 17 Rn. 12 ff.

37 Zur allgemeinen Rückläufigkeit des Anteilsbesitzes von Kreditinstituten, s. VW 1995, 728; Stellungnahme des Bundesverbandes deutscher Banken, ZBB 1994, 70, 71.

38 *Koppensteiner*, in: Kölner Kommentar zum AktG, § 17 Rn. 31; *Geßler*, in: Geßler/Hefermehl, AktG, § 17 Rn. 46; *Henze*, HRR zum Aktienrecht, S. 393; BGHZ 69, 334, 337. Im Frühjahr 1992 hatte die Allianz Holding AG aufgrund des eigenen Beteiligungsbesitzes an der Dresdner Bank und des befreundeten Beteiligungsbesitzes die Möglichkeit, die Hauptversammlung der Dresdner Bank zu bestimmen, vgl. hierzu *Wienberg*, S. 29. Hinsichtlich der Einflußnahmemöglichkeiten in der Hauptversammlung der Hypo-Bank bei

Depotstimmrecht gemäß § 135 AktG keinen beherrschenden Einfluß, da die Vollmacht widerrufen werden kann und die Kreditinstitute Weisungen ihrer Vollmachtgeber unterliegen, § 135 Abs. 2 S. 2, Abs. 5 AktG.[39] Allerdings sind den Kreditinstituten die Stimmrechte ihrer und auch der in Mehrheitsbesitz von Versicherungsunternehmen befindlichen Kapitalanlagegesellschaften und Investmentfonds zuzurechnen,[40] so daß sich hieraus die Möglichkeit eines beherrschenden Einflusses ergeben kann. Eine Sperrminorität als solche hingegen wirkt nicht abhängigkeitsbegründend.[41] Personelle Verflechtungen – dies kann ein weiteres wichtiges Einflußmittel darstellen – können auf Aufsichtsratsebene oder Vorstandsebene bestehen und sind bereits Gegenstand verschiedener Inkompatibilitätsnormen.[42] Gegenüber einer personellen Verbindung über eine Vertretung im Aufsichtsrat vermittelt eine teilweise oder weitgehende Personenidentität zwischen den Vorständen der beteiligten Gesellschaften den stärkeren Einfluß.[43] Das sog. Vorstandsdoppelmandat ist in der Versicherungsgruppe ein probates Mittel zur Sicherung der Einflußnahme.[44] Vorstandsdoppelmandate bei branchenfremden Unternehmen werden hingegen eher selten sein.[45] Eine personelle Verbindung zwischen beteiligten Versicherungsunternehmen und Kreditinstituten ist eher auf der Ebene der Aufsichtsräte vorstellbar. Der Aufsichtsrat kann jedoch nur mittelbar auf die Geschäftsführung des Beteiligungsunternehmens einwirken, und zwar über die Bestellung des Vorstands, die Überwachung der Geschäftsführung und die Zustimmungsrechte. Die Einflußmöglichkeiten sind ferner rechtlich dadurch eingeschränkt, daß der Aufsichtsrat ein höchstpersönliches Mandat innehält, für das besondere Sorgfaltspflichten gelten,

---

einem Beteiligungsbesitz von ca. 22% s. FAZ v. 1. August 1997, S. 18 „Vereinsbank bietet eine Allianz- gegen sechs Hypo-Aktien“.

39 H.M. *Geßler*, in: Geßler/Hefermehl, AktG, § 17 Rn. 49 f.; *Krieger*, in: MünchHdb AG, § 68 Rn. 43; *Rittner*, DB 1976, 1514 f.; *Hüffer*, AktG, § 17 Rn. 10; a.A. *Adams*, ZBB 1994, 77, 79; diff. *Koppensteiner*, in: Kölner Kommentar zum AktG, § 17 Rn. 42.

40 *Koppensteiner*, in: Kölner Kommentar zum AktG, § 17 Rn. 31; *Baums/Fraune*, AG 1995, 106, 108.

41 S. für die h.M. *Koppensteiner*, in: Kölner Kommentar zum AktG, § 17 Rn. 38; *Hüffer*, AktG, § 17 Rn. 10.

42 S. z.B. § 100 Abs. 2 AktG; § 82 Abs. 2 VAG.

43 S. hierzu *Hüffer*, AktG, § 311 Rn. 21-23; ferner *Koppensteiner*, in: Kölner Kommentar zum AktG, § 311 Rn. 18; *Krieger*, in: MünchHdB AG, § 69 Rn. 62.

44 S. hierzu ausf. *Dreher*, in: FS f. Lorenz, S. 175 ff.

45 S. *Hemeling*, S. 120.

§§ 116, 117 AktG. Dennoch kann nicht ausgeschlossen werden, daß Interessen des beteiligten Unternehmens im Beteiligungsunternehmen durch den Aufsichtsrat zur Geltung gebracht werden.[46] Fraglich ist, ob Minderheitsbeteiligungen in Verbindung mit einem Kooperationsvertrag (z.B. über den Vertrieb) abhängigkeitsbegründend wirken. Ein beherrschender Einfluß i.S.d. § 17 AktG muß gesellschaftsrechtlich bedingt oder zumindest vermittelt sein. Eine durch Austauschbeziehungen begründete rein wirtschaftliche Abhängigkeit reicht dafür nicht aus.[47] Externe Austauschbeziehungen können allerdings einen bereits bestehenden gesellschaftsinternen Einfluß zu einem beherrschenden Einfluß verstärken.[48] Der BGH hat jedoch solche Fälle nicht näher spezifiziert. Lediglich negativ wurde festgestellt, daß eine Abhängigkeit nicht vorliegt, wenn der Anteilsbesitz des Großgläubigers unter 25% liegt und ein anderer Gesellschafter eine Beteiligung von 44% innehält. Für die häufig von Versicherungsunternehmen ausgehenden Kooperationsvereinbarungen, die durch eine Minderheitsbeteiligung gestützt werden, bedeutet dies, daß im Regelfall keine Abhängigkeit i.S.d. § 17 AktG anzunehmen sein wird, da es an einer spezifisch gesellschaftsrechtlichen Einflußnahmemöglichkeit fehlt. Wird die Minderheitsbeteiligung jedoch durch andere Einflußfaktoren ergänzt, kann ein Versicherungsunternehmen bzw. ein Kreditinstitut ein Abhängigkeitsverhältnis begründen. Eine Nachteilsausgleichspflicht gemäß § 311

---

46 An empirischen Untersuchungen hierzu im Verhältnis von Versicherungsunternehmen und Kreditinstituten fehlt es – soweit ersichtlich – allerdings.

47 BGHZ 90, 381, 394 ff.; RGZ 167, 49; *Koppensteiner*, in: Kölner Kommentar zum AktG, § 17 Rn. 57; *Hüffer*, AktG, § 17 Rn. 8; *Geßler*, in: Geßler/Hefermehl, AktG, § 17 Rn. 18 ff.; *Henn*, Handbuch des Aktienrechts, Rn. 234; *Krieger*, in: MünchHdB AG, § 68 Rn. 37. Für Austauschverträge mit organisationsrechtlichem Bezug wie Franchise- oder Just-in-Time-Verträge wird neuerdings jedoch die Anwendung des Konzernrechts diskutiert, s. *Oechsler*, ZGR 1997, 464-492. Kooperationsvereinbarungen zwischen Versicherungsunternehmen und Kreditinstituten über Vertrieb oder Vermögensverwaltung fehlt jedoch trotz der Absicht einer dauerhaften organisatorischen Verfestigung und Stabilisierung der Kooperation der von den Konzernhaftungstatbeständen vorausgesetzte organisationsrechtliche Bezug. §§ 17 und 311 AktG sind nicht auf externe Abhängigkeiten zugeschnitten. Dies wird noch dadurch untermauert, daß sich von wirtschaftlichen Abhängigkeiten und externen Austauschverträgen – zumindest in der Finanzdienstleistungsbranche – frei gelöst werden kann.

48 BGHZ 90, 381, 397; *Geßler*, in: Geßler/Hefermehl, AktG, § 17 Rn. 60; *Krieger*, in: MünchHdB AG, § 68 Rn. 40; a.A. *Koppensteiner*, in: Kölner Kommentar zum AktG, § 17 Rn. 56.

AktG bzw. eine Schadensersatzpflicht gemäß § 317 AktG kann somit nicht ausgeschlossen werden.

III. Kreditinstitute und Versicherungsunternehmen als abhängige Unternehmen

1. Genossenschaftsbanken

Genossenschaften können wegen ihrer gesetzlichen Auftragsbindung nicht abhängige Unternehmen i.S.d. § 17 AktG sein, es sei denn, dies ist mit dem Förderungsauftrag vereinbar.[49]

2. VVaG

Eine Mehrheitsbeteiligung an einem VVaG kann strukturbedingt nicht begründet werden, da dieser über kein festes Grundkapital verfügt.[50] Eine Abhängigkeit eines VVaG könnte über die Stimmrechtsausübung in der Vereinsverwaltung begründet werden, § 22 Abs. 1 S. 2 VAG. Eine Beherrschung der Mitgliedervertreterversammlung eines VVaG über Mehrheitsstimmrechte stünde jedoch im Widerspruch zur besonderen Struktur eines VVaG, die entscheidend durch das Gegenseitigkeitsprinzip geprägt ist.[51] Somit scheidet ein Abhängigkeitsverhältnis über ein VVaG aus.

3. Öffentlich-rechtliche Unternehmen

Öffentlich-rechtliche Unternehmen können rechtsformbedingt nicht im Mitgliedschaftsrechte vermittelnden Mehrheitsbesitz eines anderen Unter-

---

49 *Metz*, in: Metz/Schaffland, GenG, § 1, S. 13; *K. Schmidt*, Gesellschaftsrecht, § 17 II 4; ausf. *Beuthien*, in: Mestmäcker/Behrens, Das Gesellschaftsrecht der Konzerne, S. 133-168.

50 *Peiner*, VW 1992, 920, 922; *Goldberg/Müller*, VAG, § 8 Rn. 39; *Müller-Wiedenhorn*, S. 137.

51 *Müller-Wiedenhorn*, S. 176; *Weigel*, in: Prölss, VAG, vor § 15 Rn. 78; *Goldberg/Müller*, VAG, § 21 Rn. 1. Nach *Hüffer*, AktG, § 16 Rn. 4, sollen aber atypische Gestaltungen denkbar sein, die eine andere Beurteilung rechtfertigen.

nehmens stehen. Ob sie aus anderen Gründen in Abhängigkeit geraten können und ob dann § 311 AktG anwendbar ist, wird im Zusammenhang mit den Konzerntatbeständen erörtert.[52]

D. Konzern

Konzernformen sind der Eingliederungskonzern, der Vertragskonzern, der faktische Konzern und der qualifiziert faktische Konzern sowie der Gleichordnungskonzern, § 18 AktG. Fraglich ist, ob sog. strategische Allianzen, d.h. kapitalmäßig abgesicherte Kooperationsvereinbarungen zwischen Versicherungsunternehmen und Kreditinstituten, einen Konzern begründen können. Der sog. weite Konzernbegriff läßt eine solche einheitliche Leitung in wenigstens einem wesentlichen Bereich unternehmerischer Tätigkeit genügen.[53] Der sog. enge Konzernbegriff betrachtet – ebenso wie die Vorschriften der Konzernrechnungslegung – dagegen den Konzern als wirtschaftliche Einheit,[54] so daß eine strategische Allianz nicht unter diesen Begriff subsumiert werden kann. Anzustreben ist, daß der aktienrechtliche Konzernbegriff mit dem Konzernbegriff der Konzernrechnungslegung korrespondiert; daher liegt ein Verständnis des Konzerns als wirtschaftliche Einheit näher.[55] Eine solche wirtschaftliche Einheit wird durch eine strategische Allianz noch nicht begründet.

I. Eingliederungskonzern

1. Gesellschaftsrechtliche Voraussetzungen

Ein Eingliederungskonzern liegt vor, wenn sich alle oder zumindest 95% der Aktien des Grundkapitals in der Hand des herrschenden Unternehmens befinden, §§ 319 Abs. 1, 320 Abs. 1 AktG. Haftungsrechtliche

52 S. unten E. dieses Kap.
53 *Geßler*, in: Geßler/Hefermehl, AktG, § 18 Rn. 7 ff.; *Krieger*, in: MünchHdb AG, § 68 Rn. 68.
54 *Koppensteiner*, in: Kölner Kommentar zum AktG, § 18 Rn. 14 f.; *Lutter*, ZGR 1987, 324, 330; *Scheffler*, in: FS f. Goerdeler, S. 469, 473; *Hüffer*, AktG, § 18 Rn. 10.
55 S. hierzu *Hüffer*, AktG, § 18 Rn. 10.

Folge der Eingliederung ist die Haftung der Hauptgesellschaft für die Verbindlichkeiten der eingegliederten Gesellschaft als Gesamtschuldner, § 322 Abs. 1 AktG. Voraussetzung der Eingliederung ist, daß sowohl das eingegliederte als auch das eingliedernde Unternehmen Aktiengesellschaften sind. Ein VVaG, eine Genossenschaft oder ein öffentlich-rechtliches Unternehmen können somit weder eine andere Gesellschaft eingliedern noch selbst eingegliedert werden.

2. *Aufsichtsrechtliche Grenzen*

Eingliederungen sind ebenso wie Unternehmensverträge bei der Aufsichtsbehörde anzuzeigen.[56] Obwohl der Tatbestand der Eingliederung nicht ausdrücklich in § 5 Abs. 3 Nr. 3 VAG genannt ist, wird dennoch eine Genehmigungsnotwendigkeit anerkannt, da eine Eingliederung gegenüber einem Unternehmensvertrag ein Mehr darstellt und die unternehmensrechtlichen Verhältnisse grundlegend verändert.[57] Bislang liegen nur Genehmigungen von Eingliederungen von Versicherungsunternehmen vor.[58] Ob Eingliederungen von Versicherungsunternehmen durch Kreditinstitute und vice versa genehmigt werden, wird nach der aufsichtsbehördlichen Praxis[59] entscheidend davon abhängen, ob das Spartentrennungsprinzip durch die Eingliederung nicht verletzt wird. Bankenaufsichtsrechtliche Normen, die eine Eingliederung verbieten, sind dagegen nicht ersichtlich.

II. Vertragskonzern

1. *Haftungstatbestände*

Das herrschende Unternehmen verfügt im Vertragskonzern einerseits über ein Weisungsrecht gemäß § 308 AktG, hat aber andererseits für Verluste der abhängigen Gesellschaft zwingend gemäß § 302 AktG einzustehen.

---

56 VerBAV 1966, 94.

57 *R. Schmidt*, in: Prölss, VAG, § 13 Rn. 26; *Weigel*, in: Prölss, VAG, vor § 15 Rn. 100.

58 GB BAV 1966, 23; VerBAV 1973, 10.

59 S. hierzu unten bei der Frage der Genehmigungsfähigkeit von Unternehmensverträgen.

Auszugleichen ist der Jahresfehlbetrag, der ohne die Verlustübernahmeverpflichtung im Jahresabschluß[60] auszuweisen wäre.[61] Im Vertragskonzern findet kein Einzelausgleich für schädliche Eingriffe statt, sondern eine globale Kompensation. Da das wirtschaftliche Risiko der unternehmerischen Tätigkeit des abhängigen Unternehmens auf die herrschende Gesellschaft übergeht, läßt sich insofern von einer Risikoeinheit bzw. einem Haftungsverbund sprechen. Darüber hinaus ist eine Haftung der gesetzlichen Vertreter des herrschenden Unternehmens nach § 309 AktG in Erwägung zu ziehen. Treten zu den Voraussetzungen eines Vertragskonzerns die Voraussetzungen der steuerlichen Organschaft hinzu, kommt auch eine Haftung der abhängigen Gesellschaft für Steueransprüche gemäß § 73 AO in Betracht.

2. *Rechtsformbedingte Besonderheiten hinsichtlich der vertraglichen Konzernierung*

a) Genossenschaftsbanken

Genossenschaftsbanken können aufgrund ihrer Rechtsform im Rahmen von Unternehmensverträgen nur herrschende Unternehmen sein.[62]

b) VVaG

Gegen die Zulässigkeit von Beherrschungsverträgen über VVaG bestehen Bedenken, da der Vorstand des VVaG nach §§ 34 VAG, 76 Abs. 1 AktG an keine Weisungen gebunden werden kann. Darüber hinaus ist umstritten, ob sich ein VVaG durch einen beherrschungsähnlichen Vertrag der Leitung eines anderen Unternehmens unterstellen kann.[63] Ein solcher

60 §§ 266 Abs. 3 A, 275 Abs. 2 Nr. 20 und Abs. 3 Nr. 19 HGB.

61 § 277 Abs. 3 S. 2 HGB. *Geßler*, in: Geßler/Hefermehl, AktG, § 302 Rn. 8. Um der abhängigen Gesellschaft ihr bilanzmäßiges Anfangsvermögen zu erhalten, sorgt das Gesetz weiterhin in § 300 AktG für die Einstellung bestimmter Beträge in die gesetzlichen Rücklagen sowie in § 301 AktG für die Begrenzung der Gewinnabführungen. Ferner bestehen in §§ 303, 304, 305 AktG weitgehende Gläubigerschutzregelungen, da die rechtlichen Regelungen des Vertragskonzerns der „Fiktion der rechtlichen Einheit" folgen.

62 *Metz*, in: Metz/Schaffland, GenG, § 1, S. 12.

63 Dagegen *Mohr*, VW 1987, 560 ff.; *L. Raiser*, VW 1977, 1272, 1276. Differenzierend *Zöllner*, ZVersWiss 1964, 295, 309. Vgl. auch *Frels*, VersR 1966, 993, 998; *Geßler*, in: Geßler/Hefermehl, AktG, § 291 Rn. 10; *Koppensteiner*, in: Kölner Kommentar zum AktG, § 291 Rn. 5; *Müller-Wiedenhorn*, S. 179.

Vertrag würde wegen des den VVaG prägenden Gegenseitigkeitsprinzips hinsichtlich des Weisungsrechts weitgehend inhaltlich beschränkt sein. Wegen des beinahe wirkungslosen Weisungsrechts und des dennoch bestehenden Risikos der Verlustübernahme ist ein solcher beherrschungsähnlicher Unternehmensvertrag über einen VVaG nicht empfehlenswert und in der Praxis dementsprechend selten.[64]

c) Öffentlich-rechtliche Unternehmen

Öffentlich-rechtliche Unternehmen können mit Aktiengesellschaften im Rahmen ihrer Satzungen Beherrschungsverträge schließen. Dagegen kommt für sie als beherrschte Unternehmen eine unmittelbare Anwendung der §§ 291 ff. AktG nicht in Betracht. Sie könnten aber abhängige Unternehmen im Rahmen eines beherrschungsähnlichen Vertrags sein.[65]

3. Aufsichtsrechtliche Rahmenbedingungen für Vertragskonzerne

a) Bankenaufsichtsrecht

Im Bankenaufsichtsrecht gibt es keine Vorschriften, die die unternehmerische Freiheit der Kreditinstitute zum Abschluß von Unternehmensverträgen mit anderen Unternehmen beschränken. Es besteht auch keine spezielle Anzeige- oder Vorlagepflicht von Unternehmensverträgen. Denn das KWG sieht Gefahren für Kreditinstitute aus einer Konzernbildung nur bei Beteiligungen, die zu einer Ausweitung des Kreditengagements führen können.[66]

b) Versicherungsaufsichtsrecht

Eine gesetzliche Regelung der Zulässigkeit von Unternehmensverträgen unter Beteiligung von Versicherungsunternehmen findet sich im VAG nicht. Nach § 5 Abs. 3 Nr. 3 VAG gehören Unternehmensverträge gem. § 291 f. AktG zum Geschäftsplan eines Versicherungsunternehmens und sind damit vorlagepflichtig und, wenn sie im Laufe des Geschäftsbetriebs

---

64 S. auch *Peiner*, in: Grundlagen des Versicherungsvereins auf Gegenseitigkeit, S. 185, 189 f.; *Weigel*, in: Prölss, VAG, vor § 15 Rn. 79.

65 Zur Anwendbarkeit aktienrechtlicher Vorschriften unten E.

66 Dies stützt der neu eingefügte § 12 Abs. 5 KWG, der Unternehmensverbindungen zwischen Kreditinstituten und bankfremden Unternehmen beschränkt, wenn sie auf einer Beteiligung beruhen.

geschlossen werden, genehmigungspflichtig.[67] Das VAG selbst enthält für die Beurteilung von Unternehmensverträgen ausdrücklich keine Wertungsgesichtspunkte. Damit kommt der Praxis der Versicherungsaufsicht für das Versicherungskonzernrecht entscheidende Bedeutung zu.[68] Für die Genehmigungsfähigkeit von Unternehmensverträgen hat das BAV Grundsätze entwickelt, die im wesentlichen auf dem Leitgedanken der Spartentrennung beruhen.[69] Ein Überblick über die Praxis des BAV bei der Beurteilung der Unternehmensverträge ergibt eine Zweiteilung in einen Bereich genehmigungsfähiger und einen Bereich genehmigungsunfähiger Unternehmensverträge.[70] Bislang lagen dem BAV weder sämtliche möglichen Konstellationen zur Genehmigung vor, noch zeichnet sich die Genehmigungspraxis durch Anwendung einheitlicher und transparenter Kriterien aus.[71]

Hinsichtlich der Genehmigungsfähigkeit von Unternehmensverträgen ist des weiteren zu berücksichtigen, daß sich die rechtliche Ausgangssituation durch weitgehende Aufhebung des Spartentrennungsgebots im Rahmen der Dritten Versicherungsrichtlinien verändert hat.[72] Nur in der

---

67 Eine Genehmigungspflicht besteht nach dem Wortlaut des § 5 VAG nicht im Rahmen des Antrags auf Erlaubnis zum Geschäftsbetrieb. Vgl. auch § 13 VAG.

68 R 3/66 vom 20.5.1966, VerBAV 1966, 94. S. *Dreher*, ZVersWiss 1988, 619, 621; *R. Schmidt*, in: Prölss, VAG, § 5 Rn. 1.

69 Ferner dürfen weder das Verbot zum Betrieb versicherungsfremder Geschäfte gemäß § 7 Abs. 2 VAG noch die Ziele, die Belange der Versicherten und die dauernde Erfüllbarkeit der Versicherungsverträge nicht zu gefährden, unterlaufen werden.

70 GB BAV 1966, 23 f.; GB BAV 1967, 34; *Nowak*, VW 1966, 1365; GB BAV 1964, 37; GB BAV 1972, 31; krit. zur Genehmigungspraxis *Dreher*, ZVersWiss 1988, 619, 626-628; *ders.*, DB 1992, 2605 ff.; *ders.*, in: FS f. Lorenz, S. 175, 191 f.; *Müller-Wiedenhorn*, S. 233 f.

71 S. einerseits GB BAV 1972, 31, wonach Beherrschungsverträge über Versicherungsunternehmen infolge des „Einflusses Außenstehender" auf das Unternehmen als „unerwünscht" qualifiziert wurden, andererseits *v. Puskás*, in: HdV, Stichwort: Versicherungsaufsicht, Geschäftsplan, S. 983, der von genehmigten Unternehmensverträgen von Versicherungsholdingunternehmen über Versicherungsunternehmen berichtet.

72 Art. 5, 37 Dritte Richtlinie Schaden i.V.m. Art. 7 Abs. 2 lit. c Erste Richtlinie Schaden und Art. 12 Abs. 3 Zweite Richtlinie Schaden; Art. 16 Dritte Richtlinie Leben i.V.m. Art. 13 Abs. 1 Erste Richtlinie Leben. Für die Kredit-, die Kautions- und die Rechtsschutzversicherung war durch die EG-Richtlinien vom 22. Juni 1987 das Spartentrennungsprinzip bereits spätestens zum 1. Juli 1990 aufzuheben. Bei der Kautionsversicherung entfiel die Spartentrennung

Lebensversicherung und im Bereich der substitutiven Krankenversicherung bleibt der Grundsatz der Spartentrennung nach dem deutschen VAG weiterhin bestehen. Diese rechtlichen Änderungen wirken sich auch auf die Beurteilung der Zulässigkeit von Unternehmensverträgen aus. Immer dann, wenn bislang auch nach Überprüfung zusätzlicher Kriterien tragendes Argument gegen die Genehmigungsfähigkeit eines Unternehmensvertrages allein der Grundsatz der Spartentrennung war, scheint das bislang geltende Ergebnis überprüfungsfähig und -bedürftig.[73] Sonach kann sich für die Genehmigungsfähigkeit von Unternehmensverträgen, an denen Versicherungsunternehmen beteiligt sind, folgendes ergeben:

aa) Versicherungsunternehmen ist herrschendes Unternehmen

aaa) Unproblematische Fälle

Unternehmensverträge sind für das herrschende Versicherungsunternehmen trotz der Verlustübernahmepflicht gemäß § 302 AktG nicht generell genehmigungsunfähig.[74] Genehmigungsunfähig sind aufgrund der rechtlichen Spartentrennung Verträge, an denen ein Lebensversicherungsunternehmen oder ein Versicherungsunternehmen, das die substitutive Krankenversicherung betreibt, als herrschendes Unternehmen, als Unternehmen, an das der Gewinn abzuführen ist, oder als Hauptgesellschaft eines Eingliederungskonzerns beteiligt ist.[75] Beherrschungsverträge und Gewinnabführungsverträge von Versicherungsunternehmen anderer Sparten über Nichtversicherungsunternehmen sind dagegen genehmigungsfähig, wenn das herrschende Versicherungsunternehmen damit keine unternehmerischen Risiken außerhalb des eigentlichen Versicherungsbetriebs und hiermit zusammenhängender Geschäfte übernimmt. Dies trifft regelmäßig für Funktionsausgliederungsverträge zu.[76]

---

ersatzlos, bei der Kreditversicherung und der Rechtsschutzversicherung treten andere Vorkehrungen zum Schutz der Versicherten, z.B. Schwankungsrückstellung, Erhöhung des Mindestgarantiefonds, an die Stelle des Spartentrennungsprinzips.

73 *Dreher*, ZVersWiss 1988, 619, 633 ff., 638 f.; *ders.*, DB 1992, 2605, 2607 ff. S. auch *Müller-Wiedenhorn*, S. 233 f.

74 S. hierzu *R. Schmidt*, in: Prölss, VAG, § 5 Rn. 15 ff.; a.A. *Kollhosser*, in: Prölss, VAG, § 82 Rn. 7.

75 GB BAV 1966, 23. Krit. *Dreher*, ZVersWiss 1988, 619, 633; *v. Puskás*, in: HdV, Stichwort: Versicherungsaufsicht, Geschäftsplan, S. 982 f.

76 *Dreher*, DB 1992, 2605, 2612; *Imelmann*, S. 230 f.; *R. Schmidt*, in: Prölss, VAG, § 5 Rn. 19.

bbb) Gesichtspunkt des § 7 Abs. 2 S. 1 VAG

Nicht genehmigungsfähig sollen dagegen Beherrschungsverträge über Sparkassen und sonstige Kreditinstitute, Bauträger- und Finanzierungsgesellschaften sein. Denn mit dem Beherrschungsvertrag gehe das Weisungsrecht des herrschenden Unternehmens einher und damit eine umfassende Leitungsmacht. Ein solcher Beherrschungsvertrag sei daher mit dem Betreiben versicherungsfremder Geschäfte i.S.d. § 7 Abs. 2 VAG verbunden.[77] Ob die Ansicht gerechtfertigt ist, richtet sich – vorausgesetzt, daß § 7 Abs. 2 VAG über das Zulassungsverfahren hinaus Bedeutung für den Geschäftsverlauf eines Versicherungsunternehmens hat[78] – danach, wie das Merkmal „Betreiben" i.S.d. § 7 Abs. 2 S. 1 VAG[79] zu verstehen ist. Unter Betreiben versteht man im Unterschied zur vereinzelten Vornahme versicherungsfremder Geschäfte das planmäßige Ausüben oder Führen von fremden Geschäften.[80] Im Rahmen von Beherrschungsverträgen stellt sich die Frage, ob das Weisungsrecht gemäß § 308 AktG mit einem Betreiben fremder Geschäfte der Tochterunternehmen verbunden ist. Dies ist dann der Fall, wenn eine Konzernleitungspflicht des Vorstands des herrschenden Unternehmens angenommen werden kann.[81] Mit der h.M.[82] ist aber eine solche zentralistische Leitung abzulehnen, da zum einen der Vorstand der herrschenden Aktiengesellschaft anerkanntermaßen nur gegenüber seiner eigenen Gesellschaft verpflichtet ist, das abhängige Unternehmen zu leiten,[83] da zum anderen der Tatbestand des Konzerns bereits bei einer dezentralen Leitung erfüllt wird und da schließlich das abhängige Unternehmen seine eigenen Organe beibehält und insbesondere der eigene Aufsichtsrat den Vorstand der abhängigen Gesellschaft bestellt. Darüber hinaus ist umstritten, wie der Vertragsinhalt, der die Leitung der Untergesellschaft zum Gegenstand haben muß, im einzelnen beschaffen

---

77 *Dreher*, in: FS f. Lorenz, S. 175, 191 f.; *Hemeling*, S. 103; *Imelmann*, S. 230; *Müller*, Möglichkeiten und Grenzen von Allfinanzkonzepten, S. 30; a.A. *Müller-Wiedenhorn*, S. 234.

78 S. zu diesem Streit noch 5. Kap. E. II. 1.

79 § 7 Abs. 2 S. 1 VAG lautet: „Versicherungsunternehmen dürfen neben Versicherungsgeschäften nur solche Geschäfte betreiben, die hiermit in unmittelbarem Zusammenhang stehen."

80 *R. Schmidt*, in: Prölss, VAG, § 7 Rn. 9; *Leuering*, S. 99 ff.

81 S. *Hommelhoff*, S. 76, 417 f., 424.

82 *Hüffer*, AktG, § 76 Rn. 17; *Emmerich/Sonnenschein*, Konzernrecht, § 18 II. 4. d); *Krieger*, in: MünchHdB AG, § 69 Rn. 32; *Kropff*, ZGR 1984, 112, 115.

83 S. nur *Uwe H. Schneider*, ZGR 1996, 225, 240.

sein muß.[84] Eine zulässige Konzernleitung, die auch im Rahmen eines Beherrschungsvertrags möglich ist, kann die Eingriffsbefugnisse punktuell beschränken, so daß damit noch nicht das planmäßige Betreiben der Geschäftspolitik des Tochterunternehmens verbunden ist. Somit kommt es zur Beurteilung von Beherrschungsverträgen unter dem Gesichtspunkt des § 7 Abs. 2 S. 1 VAG im Einzelfall darauf an, inwieweit das herrschende Unternehmen seine Leitungsmacht gebraucht oder m.a.W., ob der Beherrschungsvertrag nicht nur abgeschlossen, sondern auch umfassend „praktiziert"[85] wird.

Gewinnabführungsverträge von Versicherungsunternehmen, die nicht die Lebensversicherung oder die substitutive Krankenversicherung betreiben, mit Nichtversicherungsunternehmen sind dagegen im Hinblick auf § 7 Abs. 2 VAG genehmigungsfähig, da sie nicht die mit den Beherrschungsverträgen verbundene Leitungsmacht vermitteln.[86]

bb) Nichtversicherungsunternehmen als herrschendes Unternehmen

Gegen die Genehmigungsfähigkeit von Unternehmensverträgen, an denen ein Nichtversicherungsunternehmen als herrschendes und ein Versicherungsunternehmen als abhängiges Unternehmen beteiligt sind, bestehen entgegen der aufsichtsbehördlichen Praxis[87] dann keine Bedenken, wenn die Leitung der Versicherungsgeschäfte von versicherungsfremden Einflüssen frei bleibt. Dies kann durch die Vereinbarung weisungseinschränkender Klauseln erreicht werden. Eine solche Handhabung entspricht dem Grundsatz der Verhältnismäßigkeit und vermeidet ferner die aufsichts-

---

84 Vgl. einerseits *Hüffer*, AktG, § 291 Rn. 10, *Geßler*, in: Geßler/Hefermehl, AktG, § 291 Rn. 51, andererseits *Koppensteiner*, in: Kölner Kommentar zum AktG, § 291 Rn. 32 ff., wonach sich der Vertrag nicht nur auf einzelne Leitungsbereiche beschränken darf.

85 S. *Fahr/Kaulbach*, VAG, 1. Aufl., § 7 Rn. 8 a.E.; *Goldberg/Müller*, VAG, § 7 Rn. 5; *Uwe H. Schneider*, WM 1990, 1649, 1654. Erforderlich und genügend ist, daß das herrschende Unternehmen in die Lage versetzt wird, eine auf das Gesamtinteresse der verbundenen Unternehmen ausgerichtete Zielkonzeption zu entwickeln und gegenüber dem Vorstand des abhängigen Unternehmens durchzusetzen, *Hüffer*, AktG, § 291 Rn. 10.

86 *Dreher*, DB 1992, 2605, 2612; *ders.*, ZVersWiss 1988, 619, 651; *Geßler*, in: Geßler/Hefermehl, AktG, § 291 Rn. 72; *Hüffer*, AktG, § 291 Rn. 27; *Nowak*, VW 1966, 1358, 1360; a.A. *Müller*, Möglichkeiten und Grenzen von Allfinanzkonzepten, S. 30, der Beherrschungs- und Gewinnabführungsverträge gleichbehandelt.

87 GB BAV 1972, 31.

behördliche Widersprüchlichkeit, die darin besteht, daß das BAV Beherrschungsverträge von Versicherungsholdinggesellschaften genehmigt hat.[88] Gewinnabführungsverträge mit Lebensversicherungsunternehmen und solchen, die die substitutive Krankenversicherung betreiben, sind hingegen wegen des rechtlichen Spartentrennungsgrundsatzes nicht genehmigungsfähig.

c) Ergebnis

Unternehmensverträge von Versicherungsunternehmen über Sparkassen bzw. Kreditinstitute können im Einzelfall aus Gründen des § 7 Abs. 2 S. 1 VAG genehmigungsunfähig sein, so daß es insofern zu keiner Risikoeinheit kommt. Hingegen stehen der Genehmigungsfähigkeit von Unternehmensverträgen von Kreditinstituten bzw. Holdinggesellschaften gegenüber Versicherungsunternehmen keine plausiblen Gründe entgegen. Daher kann im Finanzkonglomerat ein Kreditinstitut bzw. eine Holdinggesellschaft zur Verlustübernahme gemäß § 302 AktG verpflichtet sein. Jedoch ist wegen des eingeschränkten Weisungsrechts der Abschluß eines Unternehmensvertrages über ein Versicherungsunternehmen für Kreditinstitute nicht besonders attraktiv.[89] Daher ist der Eintritt des Haftungsverbunds gemäß § 302 AktG eher auf Ausnahmefälle beschränkt.[90]

---

88 Zu diesem Genehmigungsfall *v. Puskás*, in: HdV, Stichwort: Versicherungsaufsicht, Geschäftsplan, S. 979, 983; zur grundsätzlichen Genehmigungsfähigkeit *R. Schmidt*, in: Prölss, VAG, § 5 Rn. 19; *Dreher*, ZVersWiss 1988, 619, 642 f.; *ders.*, DB 1992, 2605, 2610 f. A.A. *Imelmann*, S. 233; *Kuntze*, Möglichkeiten und Grenzen von Allfinanzkonzepten, S. 49. Zur Problematik des § 7 Abs. 2 S. 1 VAG im Rahmen der Konzernbildungskontrolle s. unten 8. Kap. B. III. 2. Zu neuen Beherrschungsverträgen in der Versicherungswirtschaft, s. Beherrschungsverträge bei der Aachener und Münchener, *Kellenbenz*, VW 1997, 1319.

89 Das Risiko, nach § 302 AktG zum Verlustausgleich verpflichtet zu sein, ist darüber hinaus bei Beherrschungsverträgen über Lebensversicherungsunternehmen als besonders gering einzustufen, da Lebensversicherungsunternehmen auf sicheren mathematischen und statistischen Grundlagen arbeiten, die dem Eintritt von Verlusten entgegenwirken, GB BAV 1966, 23. Aber auch bei Beherrschungsverträgen und Gewinnabführungsverträgen über andere Versicherungsunternehmen ist der Eintritt einer Ausgleichsverpflichtung gemäß § 302 AktG als gering einzustufen, da der gesamte Geschäftsbetrieb dieser Versicherungsunternehmen der laufenden Aufsicht gemäß § 81 Abs. 1 VAG unterliegen, vgl. auch *Dreher*, ZVersWiss 1988, 619, 640.

90 Im Ergebnis ebenso *Häusele*, ZVersWiss 1994, 563, 601, 602.

III. Faktischer Konzern

1. Aktienrechtliche Regelung

Regelungen über faktische Konzerne und Abhängigkeitsverhältnisse enthält das Gesetz in den §§ 311-318 AktG. Grundsätzlich ist jede nachteilige Einflußnahme auf ein abhängiges Unternehmen verboten, es sei denn, die Nachteile werden in der durch § 311 Abs. 2 AktG vorgesehenen Form ausgeglichen. Ein Verstoß gegen die Ausgleichspflicht begründet einen Schadensersatzanspruch des abhängigen Unternehmens nach § 317 Abs. 1 S. 1 AktG. Dieses System kann allerdings lediglich in solchen Fällen funktionieren, in denen der abhängigen Gesellschaft eine Durchsetzung ihrer Ansprüche mit Erfolg möglich ist. Dies zu gewährleisten, ist der Zweck des § 312 AktG (Abhängigkeitsbericht). Voraussetzung für eine unmittelbare Anwendung der §§ 311 ff. AktG ist, daß das beherrschte Unternehmen eine Aktiengesellschaft ist. Weder VVaG[91] noch Genossenschaftsbanken[92] können faktisch konzerniert werden. Eine Konzernierung von öffentlich-rechtlichen Unternehmen ist dagegen möglich; welche Rechtsfolgen daran zu knüpfen sind, wird im Zusammenhang erörtert.[93]

2. Aufsichtsrechtliche Regelungen

Im Bankenaufsichtsrecht gibt es keine Norm, die die Bildung faktischer Konzerne materiell ausschließt oder beschränkt. Faktische Konzerne entstehen häufig über den Beteiligungserwerb. Nach beiden Aufsichtsrechten sind Beteiligungen anzuzeigen, § 54 Abs. 2b VAG und § 24 Abs. 1 Nr. 3 KWG, und die Inhaber bedeutender Beteiligungen einer aufsichtsrechtlichen Zuverlässigkeitskontrolle, § 2b KWG und §§ 7a, 104 VAG, unterworfen. Gegen die Bildung faktischer Konzerne mit Versicherungsunternehmen hat das BAV grundsätzlich keine aufsichtsrechtlichen Bedenken erhoben.[94] Lediglich Konzernleitungsmaßnahmen, die keine Rücksicht auf

---

91 *Goldberg/Müller*, VAG, § 8 Rn. 39; *Lorenz*, in: HdV, Stichwort: Versicherungsverein auf Gegenseitigkeit, S. 1147, 1154; *Mohr*, VW 1987, 560; *Peiner*, in: Grundlagen des VVaG, S. 185, 190; *Weigel*, in: Prölss, VAG, Vor § 15 Rn. 85.

92 *Metz*, in: Metz/Schaffland, GenG, § 1, S. 12.

93 S. unten E.

94 *Nowak*, VW 1966, 1358, 1361; *Farny*, Versicherungsbetriebslehre, S. 229.

die Interessen der Tochtergesellschaften nehmen, sind aufsichtsrechtlich unzulässig. Im Hinblick auf die umstrittene Effizienz der aktienrechtlichen Vorschriften über den Abhängigkeitsbericht und den Nachteilsausgleich forderte das BAV auch für den faktischen Konzern die Einschränkung des Weisungsrechts von Nichtversicherungsunternehmen über Versicherungsunternehmen.[95]

Wird die einheitliche Leitung im faktischen Konzern durch ein Versicherungsunternehmen ausgeübt, stellt sich die Frage, ob diese mit dem Verbot, versicherungsfremde Geschäfte zu betreiben, gemäß § 7 Abs. 2 S. 1 VAG kollidiert.[96] Zur Erfüllung des Konzernbegriffs ist einheitliche Leitung zumindest in einem wesentlichen Bereich unternehmerischer Tätigkeit erforderlich. Hierzu genügt die verbundweite Koordination des Finanzbereichs.[97] Da aber der faktische Konzern weder Leitungsmacht noch ein Weisungsrecht vermittelt,[98] stellt die Verfolgung einer einheitlichen Leitung im faktischen Konzern regelmäßig noch kein Betreiben versicherungsfremder Geschäfte dar. Eine Kollision mit § 7 Abs. 2 VAG kann erst dann angenommen werden, wenn sich die einheitliche Leitung dergestalt verdichtet, daß die Tochtergesellschaft wie eine eigene Betriebsabteilung geführt wird. Trotz der Abgrenzungsschwierigkeiten zwischen einem faktischen und einem qualifiziert faktischen Konzern bestehen gegen einen faktischen Konzern regelmäßig aus Gründen des

95 GB BAV 1981, 30. S. auch *Sasse*, FS f. Sieg, S. 435, 448 f.; GB BAV 1967, 31 f.; *Nowak*, VW 1966, 1365. Diese Klausel ist nicht unproblematisch, wiederholt sie doch nur, was aufsichtsrechtlich ohnehin unzulässig ist und demzufolge einen Mißstand begründet, der zum Einschreiten nach § 81 VAG berechtigt, vgl. *Dreher*, ZVersWiss 1988, 619, 645 ff., 649; *ders.*, in: FS f. Lorenz, S. 175, 188. Letztlich ist es auch ein aufsichtsbehördliches Problem, ob die Einhaltung der weisungseinschränkenden Klausel effizient überwacht werden kann.

96 S. hierzu für eine Anwendung des § 7 Abs. 2 S. 1 VAG *Angerer*, ZfV 1983, 139; *Hübner*, VR 1989, 106; *Hemeling*, S. 86; *Müller*, Möglichkeiten und Grenzen von Allfinanzkonzepten, S. 30; gegen eine Anwendung des § 7 Abs. 2 S. 1 VAG *Siebelt*, WM 1989, 1271; *Haller*, Wandel der Finanzdienstleistungen, S. 334; *Kollhosser*, in: Prölss, VAG, § 82 Rn. 7 (§ 7 Abs. 2 S. 1 VAG nur im Extremfall). S. ausf. auch *Imelmann*, S. 237 ff.

97 BGHZ 107, 7, 20 (Tiefbau); *Koppensteiner*, in: Kölner Kommentar zum AktG, § 18 Rn. 20; *Hüffer*, AktG, § 18 Rn. 11. Zum Streit über den engen und weiten Konzernbegriff s. *Hüffer*, AktG, § 18 Rn. 8 ff. m.w.N.; *Krieger*, in: MünchHdB AG, § 68 Rn. 68; *Henn*, Handbuch des Aktienrechts, Rn. 299; *Raiser*, Recht der Kapitalgesellschaften, § 51 Rn. 29.

98 *Hüffer*, AktG, § 18 Rn. 3; § 311 Rn. 8.

Übermaßverbots keine aufsichtsrechtlichen Bedenken.[99] Dennoch wird wegen der aufsichtsrechtlichen Beschränkungen bzw. Unsicherheiten in der Anwendung des § 7 Abs. 2 S. 1 VAG nur selten ein Versicherungsunternehmen an der Spitze eines Finanzkonglomerats stehen, sondern ein Kreditinstitut oder ein Holdingunternehmen. Aus versicherungsaufsichtsrechtlicher Perspektive sind für ein Holdingunternehmen und Kreditinstitute die Grenzen aus dem Spezialitätsgrundsatz des § 7 Abs. 2 S. 1 VAG zu beachten; sie dürfen selbst, sofern sie nicht der Versicherungsaufsicht unterfallen sollen, keine Versicherungsgeschäfte betreiben, d.h. sie dürfen das operative Geschäft der nachgeordneten Versicherungsunternehmen nicht selbst führen.[100]

Holdingkonstruktionen sind VVaG nur in beschränktem Umfang möglich. VVaG können den Konzernaufbau nur so betreiben, daß sie selbst an der Spitze stehen. Wegen der eingeschränkten Möglichkeiten der Kapitalaufbringung – VVaG bringen ihr Kapital nur über die Gewinnthesaurierung oder die Ausgabe von Genußscheinen und nachrangigen Verbindlichkeiten auf, der Weg der Beteiligungsfinanzierung ist ihnen aus Gründen der Rechtsform verschlossen[101] – können VVaG Beteiligungsunternehmen üblicherweise nur über eine Zwischenholding finanzieren.

3. *Ergebnis*

Sowohl Versicherungsunternehmen als auch Kreditinstitute können an der Spitze eines faktischen Konzerns stehen. Aufsichtsrechtliche Verbote liegen nicht vor. Daher können sowohl Versicherungsunternehmen als auch Kreditinstitute von der Nachteilsausgleichungspflicht gemäß § 311 AktG bzw. der Schadensersatzpflicht gemäß § 317 AktG getroffen werden. Häufiger sind jedoch wegen der versicherungsaufsichtsrechtlichen Restriktionen Holdingkonstruktionen.

---

99 Die Vereinbarung einer Entherrschungsklausel – so *Kollhosser*, in: Prölss, VAG, § 82 Rn. 7 – zur Verhinderung, daß ein faktischer Konzern entsteht, ist demzufolge entbehrlich. Zur Kritik an diesem Vorschlag s. *Dreher*, in: FS f. Lorenz, S. 175, 202 f.

100 *Weigel*, ZfgK 1993, 219; *Imelmann*, S. 276; *Kaulbach*, ZfV 1989, 178. I.ü. ergeben sich rechtsformabhängige Besonderheiten für eine Holdingkonstruktion, s. BGHZ 83, 122 ff. (Holzmüller).

101 S. zu dieser Problematik *Weigel*, in: Prölss, VAG, Vor § 15 Rn. 105, 107 ff. m.w.N.

IV. Qualifiziert faktischer Konzern

1. *Haftungsrechtliche Folgen*

In Fällen qualifiziert faktischer Konzernierung[102] besteht nach inzwischen gefestigter Rechtsprechung für den GmbH-Konzern eine Verlustübernahmeverpflichtung des herrschenden Unternehmens analog § 302 AktG.[103] Nach h.M. ist auch eine Regelungslücke für den Fall des qualifiziert faktischen Aktienkonzerns anzunehmen.[104] Haftungstatbestände des qualifiziert faktischen Aktienkonzerns dürften aber eher auf Ausnahmefälle beschränkt sein: Zum einen besteht im Aktienkonzern – im Unterschied zum GmbH-Konzern – die Pflicht, einen Abhängigkeitsbericht gemäß § 312 AktG zu erstellen. Ein ordnungsgemäß erstellter Abhängigkeitsbericht kann daher in der Regel sicherstellen, daß ein Einzelausgleich durchgeführt werden kann.[105] Zum anderen ist der Vorstand einer Aktiengesellschaft nach Maßgabe des § 76 AktG unabhängig. Im übrigen wird durch personelle Verflechtungen noch nicht die Schwelle zum qualifiziert

102 Die Frage der Zulässigkeit „qualifiziert" faktischer Konzerne kann heute mit der ständigen Rechtsprechung des BGH, die allerdings vorwiegend zum GmbH-Konzern ergangen ist, nicht mehr verneint werden; s. BGHZ 122, 123 ff.; a.A. OLG Hamm, NJW 1987, 1030; *Liebscher*, S. 268 f.; krit. *Timm*, NJW 1987, 977; *Decher*, DB 1990, 2005.

103 BGHZ 122, 123 (TBB), auch zu den Voraussetzungen des Tatbestands einer qualifiziert faktischen Konzernierung. S. auch BGHZ 95, 330, 344 (Autokran); 107, 7, 17, 19 f. (Tiefbau); 115, 187, 193 (Video); *Decher*, DB 1990, 2005, 2006 ff.; *Hüffer*, AktG, § 18 Rn 5; § 302 Rn. 30; *Koppensteiner*, in: Kölner Kommentar zum AktG, § 311 Rn. 104.

104 Vgl. hierzu ausführlich *Weigl*, S. 179-182. Zu den Haftungsvoraussetzungen s. *Kropff*, AG 1993, 487 ff.; *Hüffer*, AktG, § 302 Rn. 30; *Liebscher*, S. 194; *Scheffler*, AG 1990, 173, 176; *Koppensteiner*, in: Kölner Kommentar zum AktG, § 311 Rn. 21 ff.; *Hommelhoff*, ZHR 156 (1992), 313; *Schulze-Osterloh*, ZIP 1993, 1841.

105 *Hüffer*, AktG, § 302 Rn. 30. S. *Weigl*, S. 195 ff. Der Einzelausgleich versagt jedoch, wenn der Abhängigkeitsbericht überhaupt nicht oder nur mangelhaft erstellt ist. Das alleinige Fehlen eines Abhängigkeitsberichts stellt jedoch noch keinen objektiven Mißbrauch i.S. der Begriffsbestimmung des BGH für einen qualifizierten faktischen Konzern dar. Hinzukommen muß, daß tatsächlich Nachteilszufügungen erfolgt sind, die mangels ausreichender Dokumentation nicht ausgeglichen werden können.

faktischen Konzern überschritten.[106] Wiederum scheiden aus Rechtsformgründen Genossenschaften und VVaG als abhängige Unternehmen aus.

2. *Aufsichtsrechtliche Kontrolle qualifiziert faktischer Konzernierung*

Die Vereitelung eines Einzelausgleichs wegen Fehlens eines Abhängigkeitsberichts kann aufsichtsrechtlich nahezu vermieden werden, da ein Abschlußprüfer gegenüber der Aufsichtsbehörde benannt werden muß, zu dessen Aufgaben auch die Prüfung des Abhängigkeitsberichts gehört, § 58 VAG, § 29 KWG. Weitere Vorschriften zur Kontrolle qualifiziert faktischer Konzernierung bestehen in der Überprüfung der Inhaber bedeutender Beteiligungen, § 7a Abs. 2 VAG, § 2b KWG. Qualifiziert faktische Konzerne sind schließlich im Einzelfall versicherungsaufsichtsrechtlich nach den Bestimmungen der §§ 7 Abs. 2, 81, 82 VAG zu beurteilen. Generell unzulässig sind sie nicht. Jedoch stellen Einflußnahmen, die eine Rücksichtnahme auf die Interessen der Versicherungstochter vermissen lassen, aufsichtsrechtlich einen Mißstand dar. Daher kann ein auf derartiger Konzernierung gründender Haftungsverbund nahezu ausgeschlossen werden.

Verdichtet ein herrschendes Versicherungsunternehmen die einheitliche Leitung dergestalt, daß ein objektiver Mißbrauch vorliegt, so kann das Versicherungsunternehmen die Schwelle des Verbots, versicherungsfremde Geschäfte zu betreiben, überschreiten. Daher ist eine qualifiziert faktische Konzernierung von Nichtversicherungsunternehmen, sofern sie nicht Funktionsausgliederungsunternehmen sind, unzulässig.

V. Gleichordnungskonzern

Ein Gleichordnungskonzern unterscheidet sich vom Unterordnungskonzern dadurch, daß die unter einheitlicher Leitung zusammengefaßten Unternehmen nicht voneinander abhängig sind, § 18 Abs. 2 AktG. Gleichordnungskonzerne kommen häufig unter Beteiligung von VVaG zustande.[107] Nach bislang h.M. findet im Gleichordnungskonzern weder ein Haftungsdurchgriff statt, noch bilden die Gleichordnungsunternehmen

---

106 BGHZ 122, 123 ff. S. auch *Dreher*, in: FS f. Lorenz, S. 175, 183 ff.
107 *Weigel*, in: Prölss, VAG, Vor § 15 Rn. 86 ff.

eine Verlustgemeinschaft.[108] Nach neuerer Ansicht kann im Gleichordnungsunternehmen eine Verlustübernahmepflicht bzw. eine Ausfallhaftung entstehen, wenn der Sachverhalt einer „qualifizierten Gleichordnung" gegeben ist. Eine solche soll dann gegeben sein, wenn die gleichgeordneten Unternehmen nur noch als Betriebsabteilungen eines Unternehmens geführt werden und ihre Eigenverantwortlichkeit eingebüßt haben.[109] Durch die Kontrolle der Geschäftsleiter nach den jeweiligen Aufsichtsrechten kann der Verlust der Eigenverantwortlichkeit nahezu ausgeschlossen werden. Daher scheidet ein solcher Haftungsverbund im Gleichordnungskonzern aus.

E. Besonderheiten bei verbundenen öffentlich-rechtlichen Unternehmen

Fraglich ist, ob Sparkassen-Versicherungsgruppen verbundene Unternehmen i.S.d. §§ 15 ff. AktG und ob demzufolge konzernrechtliche Haftungstatbestände anwendbar sind. Weder aus der Anstaltslast noch aus der Gewährträgerhaftung folgt eine Verpflichtung zum jährlichen Verlustausgleich, wie sie gemäß § 302 AktG für den Vertragskonzern vorgesehen ist.[110] Ob aktienrechtliche Bestimmungen bei landesrechtlichen Regelungslücken übertragbar sind, erscheint daher nicht unproblematisch. Folgende Fallgruppen können unterschieden werden: (1) Ein öffentlicher Rechtsträger gründet bzw. beteiligt sich an öffentlichen Unternehmen in Privatrechtsform, (2) eine Anstalt des öffentlichen Rechts wird als abhängiges Unternehmen in einen Konzern eingebunden, und (3) für mehrere öffentlich-rechtliche Unternehmen existiert derselbe Gewährträger, oder ein öffentlich-rechtliches Unternehmen hat mehrere Anstaltsträger.

---

108 *Geßler*, in: Geßler/Hefermehl, AktG, § 18 Rn. 67, 75; *Koppensteiner*, in: Kölner Kommentar zum AktG, § 18 Rn. 5, § 291 Rn. 77; *Lutter/Drygala*, Grenzen der Personalverflechtung und Haftung im Gleichordnungskonzern, in: Peiner (Hrsg.), Grundlagen des VVaG, S. 202 f.

109 S. *K. Schmidt*, ZHR 155 (1991), 417, 432 ff.; *Lutter/Drygala*, Grenzen der Personalverflechtung und Haftung im Gleichordnungskonzern, in: Peiner (Hrsg.), Grundlagen des VVaG, S. 207 f.; *Raiser*, Recht der Kapitalgesellschaften, § 56 Rn. 8; *Wellkamp*, DB 1993, 2517, 2520 ff.

110 *Uwe H. Schneider*, in: FS f. Riesenfeld, S. 246, 248; *Rümker*, in: FS f. Stiefel, S. 613.

I. Gründung oder Beteiligung an einem öffentlichen Unternehmen in Privatrechtsform

1. *Grundlagen*

Öffentliche Träger sind als Unternehmen im konzernrechtlichen Sinn anzusehen.[111] Auch die Zwischenschaltung einer Holdinggesellschaft ändert daran nichts. Fraglich ist, ob damit auch die konzernrechtlichen Haftungstatbestände gemäß §§ 302, 311, 317 AktG angewendet werden können. Im Grundsatz wird die Anwendung dieser konzernrechtlichen Vorschriften überwiegend nicht mehr bestritten.[112] Die Gewährträgerhaftung erstreckt sich lediglich auf die Verbindlichkeiten des öffentlich-rechtlichen Kreditinstituts selbst einschließlich der in- und ausländischen Filialen. Nicht erfaßt sind dagegen die Verbindlichkeiten von Tochtergesellschaften des jeweiligen Instituts, gleich ob es sich dabei um gemeinschaftlich getragene Unternehmen z.B. der Sparkassenorganisation oder um institutseigene Gesellschaften handelt.[113]

2. *Veräußerung öffentlich-rechtlicher Versicherungsunternehmen*

Im Zuge des Wegfalls der Monopolversicherer,[114] des zunehmenden Wettbewerbsdrucks im Binnenmarkt und aus Gründen der knappen Haushaltskassen sind öffentlich-rechtliche Versicherungsunternehmen veräußert und als Aktiengesellschaften insbesondere in Kooperation mit anderen öffentlich-rechtlichen Versicherungsunternehmen oder Kreditinstituten weitergeführt worden.[115] Aktionäre der öffentlichen Versicherungsunternehmen in der Rechtsform einer Aktiengesellschaft sind entwe-

---

111 S. oben Abschnitt A. und *Raiser*, ZGR 1996, 458, 464; *Paschke*, ZHR 152 (1988), 263, 266 f.

112 Vgl. *Raiser*, ZGR 1996, 458, 472; *Koppensteiner*, NJW 1990, 3110 f. Umstritten ist dagegen noch, unter welchen Voraussetzungen eine Nachteilszufügung angenommen werden kann.

113 *Rümker*, in: FS f. Stiefel, S. 619 f.

114 Art. 3 der Dritten Richtlinie Schaden.

115 Als Beispiele können genannt werden die Veräußerung der Feuerversicherungsanstalt Saarland und der Lebensversicherungsanstalt Saarland sowie der Verkauf der Badischen Gebäudeversicherungsanstalt und der Württembergischen Gebäudebrandversicherungsanstalt, s. Jahrbuch der öffentlichen Versicherer 1997, S. 117 ff. Zu Rechtsfragen der Veräußerung *Thode*, 1994.

der Anstalten oder Körperschaften des öffentlichen Rechts, Sparkassen-Versicherung Holding AGs oder Beteiligungsgesellschaften der Sparkassen mbH.[116] Liegen die Voraussetzungen der §§ 15 ff. AktG vor, so können auch konzernrechtliche Haftungstatbestände angewendet werden. Trotz Mehrheitsbeteiligung kann die Abhängigkeitsvermutung des § 17 Abs. 2 AktG widerlegt werden.[117] Da bei der Zusammenarbeit der Sparkassen und öffentlichen Versicherer die Kooperation bei dezentraler Verbundstruktur im Vordergrund steht,[118] scheint dies für eine Widerlegung der Abhängigkeitsvermutung im Einzelfall sprechen zu können.

II. Anstalt des öffentlichen Rechts als abhängiges Unternehmen

Fraglich ist, ob ein Beherrschungsvertrag mit einer Anstalt des öffentlichen Rechts als abhängigem Unternehmen abgeschlossen werden kann, ob also juristische Personen des öffentlichen Rechts abhängige Unternehmen in einem Konzern sein können.[119] Zunächst stellt sich die Frage, ob das Konzernrecht der Leitung einer öffentlich-rechtlichen Person angemessen ist. Sodann ist zu prüfen, ob die Vermutungen nach § 17 Abs. 2 und § 18 Abs. 1 S. 3 AktG durch zwingende öffentlich-rechtliche

116 Probleme der Sicherung des öffentlichen Einflusses (Ingerenzpflicht) scheinen sich in diesen Konstellationen nicht zu stellen, da insofern die Satzungen hinsichtlich Unternehmensgegenstand und Aufteilung des Grundkapitals hinreichende Vorgaben enthalten, vgl. z.B. §§ 2, 3 der Satzung der Feuerversicherung AG des Saarlandes. S. zu Problemen von Gemeinschaftsunternehmen zwischen Privaten und der öffentlichen Hand im Bereich der Daseinsvorsorge *Habersack*, ZGR 1996, 544-563. Zur Frage, ob überhaupt noch sachliche Gründe für eine öffentliche Leistungserbringung von Banken- und Versicherungsleistungen bestehen, s. verneinend IX. Hauptgutachten der Monopolkommission 1990/91, S. 26 (Nr. 52); hiergegen *Thode*, Veräußerung öffentlich-rechtlicher Versicherungsunternehmen, S. 62 ff. Ferner diff. *Wesseling*, S. 126 ff.

117 S. nur *Koppensteiner*, in: Kölner Kommentar zum Aktiengesetz, § 17 Rn. 76 ff.

118 S. *Wesseling*, S. 40 f., 114 ff., wo das Problem der nicht homogenisierten Verbundstruktur thematisiert wird.

119 S. hierzu LAG Berlin, AG 1996, 140; *Imelmann*, S. 201; kritisch hierzu *Raiser*, ZGR 1996, 458 ff.; a.A. *Bezzenberger/Schuster*, ZGR 1996, 481 ff.; *Neumann/Rux*, DB 1996, 1659, 1662; *Hüffer*, AktG, § 291 Rn. 7; § 15 Rn. 14.

Vorschriften widerlegt werden.[120] Für die Beurteilung der ersten Frage ist der Zweck des Konzernrechts maßgebend. Hinsichtlich der zweiten Frage ist das Problem der Systemkonformität angesprochen. Fraglich ist also zunächst, ob die Anwendung des Konzernrechts von seiner Zielsetzung her angemessen ist. Das Konzernrecht wird teilweise als Schutz-, teilweise als Schutz- und Organisationsrecht verstanden.[121] Begreift man das Konzernrecht auch als Organisationsrecht, so bereitet die Anwendbarkeit der Vorschriften auf eine abhängige öffentlich-rechtliche Anstalt keine Probleme. Aber auch dem Schutzaspekt wird Rechnung getragen, da die am Kapital der Anstalt mit Minderheit beteiligten Personen des öffentlichen oder privaten Rechts und schließlich die Anstalt selbst schutzwürdig und -bedürftig sind. Die Anwendung des Konzernrechts könnte auch systemkonform sein, da es bisher kein Recht der erwerbswirtschaftlich tätigen Anstalten des öffentlichen Rechts gibt. Nach Verfassungs- und Kommunalrecht ist es der öffentlichen Hand – mit gewissen Einschränkungen – erlaubt, unternehmerische Aufgaben der öffentlichen Hand statt auf Eigenbetriebe oder Anstalten auf privatrechtlich verfaßte Gesellschaften zu übertragen, an denen sich die öffentliche Hand in unterschiedlicher Höhe beteiligt. Somit scheint eine Gleichwertigkeit der öffentlich-rechtlichen und der privatrechtlichen Organisationsformen für öffentliche Unternehmen unter dem Gesichtspunkt der demokratischen und rechtsstaatlichen Legitimation gegeben zu sein.[122] Bedenken bestehen aber hinsichtlich des Demokratieprinzips.[123] Öffentlich-rechtliche Unternehmen bedürfen der gesetzlichen und demokratischen Legitimation. Insofern könnte es unmöglich sein, sich fremder privatrechtlicher Leitungsmacht zu unterwerfen, die der demokratischen Kontrolle entzogen ist. Jedoch könnte dem Demokratieprinzip durch die jeweilige Ausgestaltung des Beherrschungs-

---

120 In diesem Sinn LAG Berlin, AG 1996, 140 ff. S. auch *Bezzenberger/Schuster*, ZGR 1996, 482.

121 S. zu dieser Auseinandersetzung ausf. krit. *Mülbert*, Aktiengesellschaft, Unternehmensgruppe und Kapitalmarkt, S. 17 ff.; *Ehricke*, ZGR 1996, 300, 305-318; *Rittner*, Wirtschaftsrecht, § 8 Rn. 26; ferner *Lutter*, in: liber amicorum f. Volhard, S. 105 ff.; *K. Schmidt*, Gesellschaftsrecht, § 17 I 2 a) b).

122 S. zur Gleichwertigkeit OLG Hamburg, AG 1988, 22, 23; BGH NJW 1988, 3143 (Hamburger Stahlwerke).

123 S. hierzu insbesondere LAG Berlin, AG 1996, 140 ff. Krit. *Neumann/Rux*, DB 1996, 1659, 1660 ff., die unter bestimmten Voraussetzungen (öffentliche Aufgabenerfüllung; Sicherung des öffentlichen Einflusses auf die Aufgabenerfüllung) eine Einbindung einer Anstalt des öffentlichen Rechts in einen privatrechtlichen Konzern für möglich halten wollen.

vertrags Rechnung getragen werden.[124] Gegen die Zulässigkeit solcher Konstruktionen ist aber im Ergebnis anzuführen, daß aufgrund des Aufeinandertreffens privatrechtlicher Leitungsmacht und demokratischer Kontrollmöglichkeiten die Gefahr besteht, daß die Leitungsstrukturen an Transparenz verlieren. Wegen der Vermengung privatrechtlicher und öffentlich-rechtlicher Organisationsprinzipien, die zu einer Schwächung der demokratischen Kontrollmöglichkeiten führt, kann daher im Ergebnis ein öffentlich-rechtliches Unternehmen nicht durch ein Unternehmen in Privatrechtsform beherrscht werden. Das Konzernrecht ist insofern nicht anwendbar.

III. Der öffentlich-rechtliche Sparkassen-Versicherungs-Verbund

Kann der Sparkassen-Versicherungs-Verbund, der aus öffentlich-rechtlichen Anstalten besteht, als Unternehmensverbund i.S.d. §§ 15 ff. AktG aufgefaßt werden, scheint eine analoge Anwendung konzernrechtlicher Vorschriften wie z.B. §§ 311, 317 AktG nahezuliegen.[125] Gegen eine Anwendung dieser Vorschriften könnte jedoch zunächst sprechen, daß die Konzernhaftung rechtsformabhängig ist, d.h. eine abhängige Aktiengesellschaft voraussetzt. Jedoch wird bei vergleichbarer Interessenlage eine Analogie im GmbH- oder Personengesellschaftskonzern zugelassen. Zu prüfen ist des weiteren, ob die Interessenlage vergleichbar ist. Das Stammkapital der öffentlich-rechtlichen Versicherungsunternehmen wird teilweise oder vollständig von den Sparkassen- und Giroverbänden oder Landesbanken, jedoch nicht unmittelbar von einzelnen Sparkassen gehalten.[126] Bei den Sparkassen- und Giroverbänden handelt es sich um

---

124 Vgl. hierzu *Bezzenberger/Schuster*, ZGR 1996, 496. Ablehnend *Raiser*, ZGR 1996, 458, 467.

125 Vgl. den Aufbau des Versicherungskonzerns der Sparkassenorganisationen Bayern und Rheinland-Pfalz: Hier ist der Bayerische Sparkassen- und Giroverband als Gewährträger mit 90% an der Versicherungskammer Bayern, einer Versicherungsanstalt des öffentlichen Rechts, beteiligt.

126 Vgl. die Aufstellung bei *Wesseling*, S. 36 f. S. auch z.B. §§ 3, 4 der Satzung der Provinzial Lebensversicherung; § 5 der Satzung der Westfälischen Provinzial-Lebensversicherungsanstalt, Versicherung der Sparkassen; § 4 der Satzung der Braunschweigischen Landesbrandversicherungsanstalt; § 4 der Satzung der Öffentlichen Lebensversicherung Braunschweig; § 3 der Satzung der Provinzial Brandkasse Versicherungsanstalt Schleswig-Holstein; §§ 3, 4 der Satzung der Ostfriesischen Landschaftlichen Brandkasse; s. auch Struktur der Versi-

Körperschaften des öffentlichen Rechts, deren Mitglieder die einzelnen Sparkassen und ihre Gewährträger sind und deren Zweck in der Bündelung ihrer Interessen besteht.[127] Die Sparkassen- und Giroverbände wiederum halten Pflichtbeteiligungen an den Landesbanken.[128] Das KG[129] nahm an, daß trotz weitreichender Identität der Gewährträger zwischen der WestLB und den öffentlich-rechtlichen Versicherern Münster und Düsseldorf kein Konzern vorliegt. Demgegenüber der BGH[130] entschied, daß eine Landesbank und eine Gebietskörperschaft, die das Dotationskapital der Landesbank vollständig hält, verbundene Unternehmen i.S.d. §§ 15 ff. AktG sind. Diese Fälle betreffen jedoch die Frage, ob die Gebietskörperschaft, die Gewähr- und Kapitalträger eines oder mehrerer öffentlich-rechtlicher Unternehmen ist, mit diesen ein öffentlich-rechtliches Verhältnis begründet, das einem Konzern vergleichbar ist. Hier kommt es aber auf die funktionale Vergleichbarkeit der gesellschaftsrechtlichen Tatbestände mit den öffentlich-rechtlichen Rechtsbeziehungen zwischen einzelnen öffentlich-rechtlichen Anstalten oder Körperschaften an. Wie oben bereits festgestellt wurde, kann es in diesen Verhältnissen ebenfalls zu einem Konzernkonflikt kommen, so daß eine entsprechende Anwendung der §§ 117, 311, 317 AktG in Betracht gezogen werden

---

cherungskammer Bayern, Bayerischer Versicherungsverband, Versicherungsaktiengesellschaft, Geschäftsbericht 1995, S. 11.

127 §§ 45, 47 SpkG NW. Vgl. die Aufstellung bei *Wesseling*, S. 161. Zu den Zwecken und der historischen Entwicklung s. *Gerick*, S. 18 ff.

128 Aufgrund des Liquiditätsverbundes mit den Landesbanken bilden sie einen Risikoverbund, s. *Geiger*, Die deutsche Sparkassenorganisation, S. 91 f.; *Gerick*, S. 109 ff. *Gröschel*, ZögU 1996, 1, 11, negiert jedoch aufgrund der Dezentralität und der unterschiedlichen geographischen Betätigungsschwerpunkte der Sparkassen eine Risikoübertragungsmöglichkeit zwischen der Sparkassenorganisation und der Landesbank.

129 KG, Kartellsenat, Beschl. v. 11.1.1993, AG 1994, 325, 327: Mehrere öffentliche Unternehmen desselben Gewährträgers könnten nur dann zu einem Konzern zusammengefaßt werden, wenn zwischen ihnen zumindest eine formlose Koordinierung bestehe, mit der die Geschäftspolitik der Unternehmen abgestimmt werde. Eine personelle Verflechtung zwischen den Organen der öffentlichen Unternehmen reiche hierfür nicht aus, wenn sie eine weitgehende Personenidentität der Vertreter des Muttergemeinwesens in den Organen der öffentlichen Unternehmen zur Folge habe.

130 BGH NJW 1988, 3143. *Koenig*, WM 1995, 821, 827 f., *Siekmann*, NWVBl. 1993, 361, 369, halten ebenso eine Anwendung konzernrechtlicher Vorschriften für möglich.

kann.[131] Problematisch erscheint jedoch, ob Landesrecht mit bundesrechtlichen Regelungen des AktG ergänzt werden kann. Voraussetzung hierfür ist, daß das Organisationsrecht des Landes Lücken aufweist. Solange die Grundsätze der Anstalts- und Gewährträgerhaftung gelten, gehen sie dem allgemeinen Konzernrecht vor.[132] Denn die Gläubiger sind zum einen durch die Gewährträgerhaftung, die die Anstalt weitgehend vor dem Insolvenzfall schützt, ausreichend geschützt; ein Hinzutreten konzernrechtlicher Schutzvorschriften bedarf es nicht. Zum anderen existiert kein Bestandsschutz der Anstalt; die die Anstalt einsetzende Gebietskörperschaft ist frei darin, durch Gesetzesbeschluß die Anstalt aufzulösen. Eine andere Beurteilung könnte jedoch dann gerechtfertigt sein, wenn Private durch stille Beteiligungen Kapital aufbringen oder die Gewährträgerhaftung ausgeschlossen oder eingeschränkt werden könnte.[133] Dies hängt davon ab, ob die Gewährträgerhaftung als zwingend anzusehen ist, m.a.W., ob Anstaltslast oder Gewährträgerhaftung ohne eine gesetzliche Regelung ungeschriebene Merkmale öffentlich-rechtlicher Finanzinstitute und Versicherungsunternehmen begründen.[134] Wegen der bestehenden Zweifel, ob überhaupt allgemeine Grundsätze des Verwaltungsrechts zu einem Institut der Anstalt ausgemacht und ob eine gewohnheitsrechtliche Akzeptanz von Anstaltslast und Gewährträgerhaftung begründet werden können, scheint eine gesetzgeberische Entscheidung, die Gewährträgerhaftung nicht zu regeln bzw. auszuschließen, zulässig.[135] Jedoch wird den öffentlichen Anteilseigner dann faktisch und politisch eine Einstandspflicht treffen.[136] Ferner können dann die §§ 117, 317 AktG heran-

---

131 Bei einem beherrschungsähnlichen Vertrag ist an eine analoge Anwendung des § 302 AktG zu denken.

132 A.A. *Hüffer*, AktG, § 15 Rn. 14.

133 Gemäß § 13 des Gesetzes über die öffentlich-rechtlichen Versicherungsunternehmen in Niedersachsen haften die Träger für Verbindlichkeiten öffentlich-rechtlicher Versicherungsanstalten nur, soweit sie ihren Anteil am Trägerkapital noch nicht eingebracht haben. Das Land Niedersachsen haftet, unbeschadet der Regelung des Absatzes 2, nicht für Verbindlichkeiten öffentlich-rechtlicher Versicherungsunternehmen.

134 *Thode*, Sparkasse 1994, 135; *Busch*, AG 1997, 357, 358; *Schneider/Busch*, EuZW 1995, 602, 603. A.A. *Koenig*, WM 1995, 825 ff.

135 Die Satzungen der öffentlich-rechtlichen Versicherungsanstalten enthalten – soweit ersichtlich – bislang eine Regelung über den/die Gewährträger.

136 *Schmidt*, ZfgK 1988, 682, 686; *Ehlers*, Verwaltung in Privatrechtsform, S. 322 f. Die Gewährträgerhaftung ist im Unterschied zur Anstaltslast nicht als ungeschriebener verwaltungsrechtlicher Grundsatz anerkannt, sondern setzt eine ausdrückliche gesetzliche Regelung voraus.

gezogen werden, da die Rechtsprechung juristische Personen des öffentlichen Rechts als Unternehmen im konzernrechtlichen Sinn anerkannt hat.[137] Die gesetzliche Beschränkung der Gewährträgerhaftung führt im Ergebnis nicht zu einer Risikoentlastung des Anteilsträgers, sondern führt zur Anwendbarkeit konzernrechtlicher Vorschriften auf öffentlich-rechtliche Unternehmen, da insofern die Gewährung konzernrechtlichen Gläubigerschutzes geboten sein kann.

Vorliegend geht es nun – vor dem Hintergrund der Entwicklung möglicher Konsolidierungsmethoden zur Beaufsichtigung von Finanzkonglomeraten – darum, zu entscheiden, ob das einzelne Sparkasseninstitut oder eine Landesbank, die einen Anteil am Stammkapital des öffentlich-rechtlichen Versicherungsunternehmens hält, mit dem Versicherungsunternehmen einen Unternehmensverbund entsprechend den aktienrechtlichen Vorschriften bildet. Hält ein Sparkassen- und Giroverband, der jedoch nicht Objekt der Bankenaufsicht ist, eine Mehrheit am Stammkapital eines öffentlich-rechtlichen Versicherers, so will der Verband das Versicherungsunternehmen als Verbundunternehmen unternehmerisch leiten und unternehmerische Verantwortung übernehmen. Im Verhältnis Verband und Verbundunternehmen kann der Tatbestand der verbundenen Unternehmen angenommen werden.[138] Aufgrund des Vorrangs von Gewährträgerhaftung und Anstaltslast scheidet zwar die Anwendung konzernrechtlicher Haftungstatbestände aus, jedoch nicht die Durchführung der versicherungsaufsichtsrechtlichen Transaktionskontrolle nach § 53d VAG. Die den Sparkassen- und Giroverband bildenden einzelnen Sparkasseninstitute als Verbundunternehmen sind jedoch mit den Versicherungsunternehmen dezentral organisiert. Sie üben keine einheitliche Leitung über die Versicherungsunternehmen aus bzw. begründen kein Abhängig-

---

137 BGHZ 69, 334, 335; BGH NJW 1988, 3145; *Hüffer*, ZHR 153 (1989), 331 f.; *Koenig*, WM 1995, 828; *Siekmann*, NWVBl. 1993, 369; *Wiedemann*, DB 1993, 152 f.

138 So ist zu lesen: „Am 12. November 1993 hat der Sparkassen- und Giroverband Hessen-Thüringen eine Mitgewährträgerschaft von jeweils 55% an den beiden südhessischen Feuerversicherern (beides Anstalten des öffentlichen Rechts) übernommen. Durch diesen Vorgang, ... , ist dem Verband als Mehrheitsgesellschafter gleichzeitig die Verantwortung für die unternehmerische Steuerung der Anstalten zugefallen.“, s. *Schmitt-Weigand*, ZfgK 1994, 179. Inzwischen hält der Sparkassen- und Giroverband Hessen-Thüringen Anteile i.H.v. 85% an der Sparkassen-Versicherung Hessen-Nassau-Thüringen, vgl. Aufstellung bei *Wesseling*, S. 37.

keitsverhältnis im konzernrechtlichen Sinn.[139] Die einzelnen Sparkassen sind aber als Pflichtbeteiligte in die Risikotragung ihres Sparkassen- und Giroverbandes einbezogen. Als Teilhaber ihrer Verbundpartner tragen sie somit auch die Risiken der Versicherungsunternehmen. Im Ergebnis scheidet dennoch die Annahme eines dem Gesellschaftsrecht entsprechenden Unternehmensverbundes aufgrund der Dezentralität zwischen dem einzelnen Sparkasseninstitut und Versicherungsunternehmen aus.

Weiter in Betracht kommt ein Unternehmensverbund zwischen beteiligter Landesbank und Versicherungsunternehmen. Landesbanken halten regelmäßig am Stammkapital des öffentlich-rechtlichen Versicherungsunternehmens einen Anteil von 25%.[140] Aufgrund dieses Kapitalanteils allein kann jedoch noch kein Unternehmensverbund angenommen werden.[141] Vorstand und Mitglieder der Landesbank sind zwar Mitglieder des Verwaltungsrates des öffentlich-rechtlichen Versicherungsunternehmens und können so die Richtlinien der Geschäftstätigkeit bestimmen und den Vorstand zu bestimmten Geschäften anweisen.[142] Jedoch verfügen die Mitglieder der Landesbank über kein uneingeschränktes Weisungsrecht gegenüber dem Versicherungsunternehmen, sondern ihre Lenkungsbefugnis ist aufgrund der Besetzung des Verwaltungsrats, dem auch Vertreter der anderen Gewährträger angehören, beschränkt. Daher kann insofern ein verbundenes Unternehmen i.S.d. aktienrechtlichen Vorschriften nicht angenommen werden.

F. Besonderheiten bei Genossenschaftsverbünden

Die Versicherungsunternehmen werden von den genossenschaftlichen Kreditunternehmen in die unternehmerische Aufgabenerfüllung eingebunden. Fraglich ist, ob aufgrund der Kapitalbeteiligungen der konzern-

---

139 *Geise*, Sparkasse 1993, 56; *Wesseling*, S. 44, 46, 100, 120, zum hierarchischen Gefüge im Verbund.

140 Vgl. nur § 5 der Satzung der Westfälischen Provinzial-Lebensversicherungsanstalt, Versicherung der Sparkassen.

141 Da die Anstaltslast eine mehrheitliche Beteiligung am Kapital voraussetzt, trifft die Landesbanken regelmäßig keine Anstaltslast, s. *Rümker*, in: FS f. Stiefel, S. 607, 608; *Uwe H. Schneider*, in: FS f. Riesenfeld, S. 237, 242.

142 Vgl. §§ 9 und 10 der Satzung der Westfälischen Provinzial-Lebensversicherungsanstalt, Versicherung der Sparkassen.

rechtliche Abhängigkeitstatbestand angenommen werden kann. Der genossenschaftliche Verbund zwischen den Verbundunternehmen der primären (Raiffeisen- und Volksbanken), sekundären (Zentralbanken) und tertiären (DG Bank, einer Körperschaft des öffentlichen Rechts) Stufe erfüllt nicht den Tatbestand eines Unterordnungskonzerns, da es an gesellschaftsrechtlich vermittelten Einflußmöglichkeiten und Konzentration auf ein Interesse fehlt; sie sind vielmehr dezentral strukturiert.[143] Weder die DG Bank noch eine einzelne genossenschaftliche Zentralbank der Sekundärstufe halten eine Mehrheitsbeteiligung an der R+V Versicherung Holding AG.[144] Daß ein Unternehmensvertrag geschlossen ist, ist nicht ersichtlich. Aber auch eine unter 50% liegende Beteiligung kann ergänzt um weitere feststellbare Umstände rechtlicher oder tatsächlicher Art eine Abhängigkeit i.S.d. § 17 Abs. 1 AktG begründen.[145] Sollten solche Umstände vorliegen, kann ein Abhängigkeitsverhältnis oder u.U. auch ein Unterordnungskonzern angenommen werden.

G. Ergebnisse und Folgerungen

Aufsichtsrechtlich wird dem Bedürfnis nach Risikovermeidung im Rahmen der Unternehmensverbindungen zunächst dadurch Rechnung getragen, daß Transparenz hergestellt wird. Denn sowohl die Inhaberschaft von Beteiligungen ist nach beiden Aufsichtsrechten anzeigepflichtig, als auch unterliegen konzernrechtliche Verflechtungen in Form von Unternehmensverträgen einer versicherungsaufsichtsrechtlichen Genehmigungspflicht. Quellen der Einflußnahmemöglichkeiten sind somit den zuständigen Aufsichtsbehörden transparent.[146] Des weiteren ist die Verwirklichung leitungsspezifischer Tatbestände durch aufsichtsrechtliche, insbesondere versicherungsaufsichtsrechtliche Restriktionen beschränkt. Schließlich ergeben sich noch Unterschiede hinsichtlich des Vorliegens leitungsspezifischer Haftungstatbestände durch die verschiedenen Unternehmensrechtsformen, die in ein Finanzkonglomerat eingebunden sind.

---

143 S. hierzu ausf. *Reul*, S. 243 ff.

144 S. Bilanzen, ZfgK 1996, 910.

145 BGHZ 69, 334, 347; BGHZ 90, 381; BGH ZIP 1997, 887, 889 f.; *Hüffer*, AktG, § 17 Rn. 9; *Koppensteiner*, in: Kölner Kommentar zum AktG, § 17 Rn. 36.

146 S. hierzu noch 6. Kap. D.

Eine Risikoeinheit wegen der Verpflichtung zur Verlustübernahme ist bei Unternehmensverträgen und qualifiziert faktischer Konzernierung anzunehmen. Die Haftung kann die Eigenmittel jenseits der Solvabilitätsspanne bzw. der Eigenkapitalanforderungen betreffen. Finanzkonglomerate, die sich auf Unternehmensverträge oder qualifiziert faktische Konzernierung gründen, sind versicherungsaufsichtsrechtlich nur in Ausnahmefällen zulässig und in der Praxis eher selten. Im aufsichtsrechtlich zulässigen faktischen Konzern entsteht kein Haftungsverbund. Risikoerhöhende Einflußmöglichkeiten einer Holdinggesellschaft auf die unternehmerischen Entscheidungen eines abhängigen Versicherungsunternehmens sind aufsichtsrechtlich begrenzt. Bloße Minderheitsbeteiligungen lösen regelmäßig keine leitungsspezifischen Haftungstatbestände aus.

VVaG können leitungsspezifischen Haftungstatbeständen ausgesetzt sein; jedoch ist die Wahrscheinlichkeit ihres Eingreifens als gering einzustufen, da VVaG im Interesse ihrer Mitglieder handeln müssen und demzufolge ausgleichspflichtige Rechtsgeschäfte vermeiden werden.[147] Eine Risikoeinheit ist aufgrund der Anstaltslast und der Gewährträgerhaftung im öffentlich-rechtlichen Sparkassen-Versicherungs-Verbund anzunehmen. Im Sparkassen-Versicherungs-Verbund, bestehend aus öffentlich-rechtlichen Unternehmen, können jedoch die aktienrechtlichen Haftungstatbestände zwischen einzelnen Sparkasseninstituten und Versicherungsunternehmen nicht angewendet werden. Im Genossenschaftsverbund können die konzernrechtlichen Vorschriften Anwendung finden, wenngleich derzeit Umstände, die eine einheitliche Leitung oder ein Abhängigkeitsverhältnis erkennen lassen, nicht festgestellt werden können.

Risiken, die aus Leitungsmöglichkeiten eines Unternehmens über ein anderes entstehen, werden durch die aufsichtsrechtliche Konzernbildungskontrolle (Genehmigungspflicht von Unternehmensverträgen; Geschäftsleiter- und Anteilseignerkontrolle) begrenzt, wenngleich eine verstärkte Ausrichtung auf ein Konzerninteresse zu besorgen ist. Leitungsmaßnahmen und potentielle Einwirkungen des übergeordneten Unternehmens können sich auf Liquidität, Bonität, Vermögens- und Haftungssituation des Einzelunternehmens auswirken, insbesondere wenn die verbundenen Unternehmen aufgrund gruppeninterner Transaktionen verflochten sind. Im folgenden sollen nun Ansteckungsgefahren, die aus der Kapitalverflechtung zwischen den Unternehmen resultieren, untersucht werden.

---

147 *Weigel*, in: Prölss, VAG, Vor § 15 Rn. 101.

4. Kapitel: Ansteckungsgefahren aufgrund gruppeninterner Kapitalverflechtungen

A. Gruppeninterne Eigenkapitalschöpfungsmöglichkeiten

I. Beteiligungsspezifische Risiken und Haftungstatbestände

Die zuvor betrachteten konzernrechtlichen Tatbestände beruhen im wesentlichen auf dem Merkmal der Einflußnahme bzw. der einheitlichen Leitung und sind in ihrer Verwirklichung von der Rechtsform der beteiligten Unternehmen abhängig. Zwar ist sowohl die Möglichkeit der Einflußnahme als auch der einheitlichen Leitung mit einer kapitalmäßigen Verflechtung verbunden; auf die Höhe der kapitalmäßigen Verflechtung kommt es jedoch nicht entscheidend an. Da die Bankenkonsolidierung vorrangig verhindert, daß durch Kapitalbeteiligungen das Geschäftsvolumen unverhältnismäßig ausgedehnt wird, weil hierin die Gefahr einer nicht mehr eigenkapitalunterlegten Kreditschöpfung besteht, soll nun überprüft werden, wie sich kapitalmäßige Verflechtungen im Finanzkonglomerat auf die finanzielle Situation der einzelnen Unternehmen sowie der Gruppe auswirken können. Dabei sollen die Kapitalverflechtungen unter zwei Gesichtspunkten beleuchtet werden, nämlich zunächst im Hinblick auf ihre Eigenkapitalschöpfungsmöglichkeiten (A); sodann werden Finanzierungsbeziehungen allgemein mit ihren Auswirkungen auf Liquidität und Solvabilität analysiert (B).

II. Sicherheitsrisiko

Als Kapitalanlage haftet der Beteiligung an einem anderen Unternehmen das gewöhnliche Anlagerisiko an.[1] Das Anlagerisiko umfaßt die Gefahr, daß der Wert einer Beteiligung, der im Zeitpunkt des Erwerbs ungefähr dem investierten Kapital entspricht, infolge der wirtschaftlichen Entwicklung des Beteiligungsunternehmens fällt.[2] Dieses Risiko ist durch die

---

1 Das der Kapitalanlage ferner immanente Rentabilitätsrisiko bezieht sich allein auf den Ertrag der Kapitalanlage und soll hier nicht weiter verfolgt werden.

2 S. nur *Hemeling*, S. 110.

Höhe des bereitgestellten Kapitals begrenzt.[3] Es ist ferner jeder Kapitalanlage immanent; insofern nehmen Beteiligungen an Versicherungsunternehmen oder Kreditinstituten keine Sonderstellung ein.[4]

III. Liquiditätsrisiko

Als zweites ist das Liquiditätsrisiko zu betrachten. Ob Unternehmensbeteiligungen schwer oder weniger schwer veräußert werden können, hängt von der gesamtwirtschaftlichen Situation ab. Schwierigkeiten bei der Veräußerung von Beteiligungsbesitz können sich bei jeder Form der Unternehmensbeteiligung ergeben, gleich ob es sich um eine Beteiligung an einem Versicherungsunternehmen, Kreditinstitut oder Industrieunternehmen handelt.[5] Dabei ist allgemein festzuhalten, daß Unternehmensanteile in Aktien leichter liquidierbar sind als Anteile an Personenhandelsgesellschaften oder GmbHs.

---

3 Eine unbeschränkte Haftung ergibt sich, wenn es sich bei den Beteiligungsunternehmen um Personalgesellschaften handelt. Da Versicherungsunternehmen nur in den nach § 7 Abs. 1 VAG festgelegten Rechtsformen betrieben werden können, scheidet eine unbeschränkte Haftung der Kreditinstitute insofern aus. Zwar können Kreditinstitute lediglich in der Rechtsform des Einzelkaufmanns nicht betrieben werden, § 2a KWG, jedoch soll hier davon ausgegangen werden, daß die in Finanzkonglomerate eingebundenen Kreditinstitute überwiegend Kapitalgesellschaften sind. Umgekehrt würde das BAV grundsätzlich einschreiten, wenn sich Versicherungsunternehmen als persönlich haftende Gesellschafter an Personalgesellschaften oder als Korrespondenzreeder an Partenreedereien beteiligen würden, *Müller*, Möglichkeiten und Grenzen von Allfinanzkonzepten, S. 30; *Angerer*, ZfV 1983, 138; diff. hierzu *Leuering*, S. 103 ff.

4 *Hesberg/Karten*, The Geneva Papers on Risk and Insurance, 19 (No. 70, January 1994) 1, 16; *Konrath*, VR 1995, 7, 12. Zu den aufsichtsrechtlichen Rahmenbedingungen des Beteiligungserwerbs s. 4. Kap. B. III.

5 S. zu diesem Nachteil allgemein *Mülbert*, in: Verhandlungen des 61. Juristentages in Karlsruhe 1996, E 25.

IV. Risikokumul

Unter einem Risikokumul soll in dieser Analyse verstanden werden, daß sich mehrere Einzelrisiken aufgrund eines Ereignisses realisieren.[6]

1. Metamorphoseneffekt: Eigenkapitalschöpfung auf Kredit

Eine über das normale Sicherheitsrisiko gesteigerte Risikolage und damit ein Risikokumul könnte sich für das beteiligte Unternehmen aufgrund des Metamorphoseneffekts ergeben. Der mit dem Metamorphoseneffekt verbundene Vorgang kann auch als Eigenkapitalschöpfung auf Kredit oder „capital leveraging" bezeichnet werden. Darunter versteht man, daß ein Unternehmen Fremdkapital aufnimmt und dieses in Form von Eigenkapital als Beteiligung weiterleitet, also die Beteiligung mit Fremdmitteln finanziert.[7] Das Unternehmen hat im Hinblick auf die Fremdkapitalaufnahme kontinuierliche Zinszahlungen an den Darlehensgläubiger zu leisten, und zugleich ist es mit dem allgemeinen Sicherheitsrisiko belastet. Bleiben die erwarteten Gewinne aus der Beteiligung aus, sind trotzdem die Zinszahlungen zu erbringen, so daß finanzielle Engpässe entstehen können. Fraglich ist, ob das geltende Aufsichtsrecht diesem risikoerhöhenden Metamorphoseneffekt entgegenwirkt.

a) Versicherungsaufsicht

Für ein Versicherungsunternehmen, das sich an einem anderen Unternehmen beteiligen will, entsteht der nachteilige Metamorphoseneffekt dann nicht, wenn das aufsichtsbehördliche Verbot der Fremdkapitalaufnahme umfassend gilt.[8] Danach soll eine Gläubigerfinanzierung über den Kapitalmarkt ein unzulässiges versicherungsfremdes Geschäft nach § 7

---

6 S. z.B. *Gabler*, Versicherungslexikon, Stichwort: Kumul, S. 504.

7 S. zu dem sich aus dem Durchleitungseffekt ergebenden Effekt der strukturellen Nachrangigkeit der Gläubiger *Uwe H. Schneider*, ZGR 1984, 497, 502 f. Aufgrund der Haftungstrennung im Konzern resultiert aus dem Effekt der strukturellen Nachrangigkeit jedoch kein unmittelbarer Anspruch der Gläubiger des herrschenden Unternehmens gegen das abhängige Unternehmen, an das das Darlehen weitergeleitet wurde. S. auch noch die Bedeutung des Metamorphoseneffekts im Rahmen des Leverage-Effekts bei der Konzernfinanzierung unten Abschnitt B. I. 1.

8 VerBAV 1988, 248; VerBAV 1995, 215.

Abs. 2 VAG sein, da die Erzielung zusätzlicher Erträge aus fremdfinanzierten Kapitalanlagen mit dem Betrieb von Versicherungsgeschäften nicht vereinbar sei. Die Verankerung des Fremdmittelaufnahmeverbots in § 7 Abs. 2 S. 1 VAG ist nicht unproblematisch.[9] Es kann jedenfalls nicht für Vermögensanlagen gelten, die nicht zu den Kapitalanlagen des gebundenen Vermögens nach § 54a VAG gezählt werden.[10] Diese dürfen durch Drittgläubiger finanziert werden. Zu diesen Anlagen des freien Vermögens gehören insbesondere Unternehmensbeteiligungen. Insofern schließt das Versicherungsaufsichtsrecht den risikoerhöhenden Metamorphoseneffekt nicht aus.[11]

b) Bankenaufsicht

Die Gefährdung eines Kreditinstituts aus der Umsetzung des risikoerhöhenden Metamorphoseneffekts wird vorrangig durch die Konsolidierungsvorschriften des § 10a KWG eingeschränkt. Bankenaufsichtsrechtlich nicht konsolidierte Beteiligungen an anderen Kreditinstituten und Finanzinstituten von mehr als 10% des Kapitals dieser Unternehmen sind nach § 10 Abs. 6a Nr. 4 und 5 KWG vom haftenden Eigenkapital abzuziehen. Beteiligungen an Versicherungsunternehmen sind hingegen von der Abzugsregelung nicht erfaßt. Zu den Finanzinstituten zählen jedoch grundsätzlich Holdinggesellschaften, § 1 Abs. 3 S. 1 Nr. 1 KWG. Nach dem Wortlaut könnten somit auch die reinen Industrie- und Versicherungsholdings erfaßt sein. Jedoch hat das BAK bislang aufgrund der Diskussionen, die auf EU-Ebene geführt werden, von einer Einbeziehung in die Abzugsregelung abgesehen.[12] Somit wirkt derzeit keine aufsichtsrechtliche Norm dem risikoerhöhenden Metamorphoseneffekt im Finanzkonglomerat unmittelbar entgegen.

---

9 S. nur *Fahr/Kaulbach*, VAG, § 7 Rn. 10.

10 *Farny*, Versicherungsbetriebslehre, S. 727.

11 Zu den Möglichkeiten der Risikosteuerung durch Transparenz s. 6. Kap.

12 Schreiben des BAK v. 28.12.1993 -I3-5-1/92 unter F, abgedruckt in: *Reischauer/Kleinhans*, KWG, Kza 281 Nr. 18, S. 73, und Schreiben des BAK v. 17.05.1995 -I3-21-78/95, abgedruckt in: *Reischauer/Kleinhans*, KWG, § 1 Anm. 92 Fn. 1. Ein Alleingang des BAK im Hinblick auf eine Einbeziehung in die Abzugsregelung wird angesichts der EG-rechtlichen Vorgaben derzeit auch nicht zu halten sein, s. *Szagunn/Haug/Ergenzinger*, KWG, § 1 Rn. 82.

c) Folgerung: Aufsichtsrechtliche Lücke

Häufig werden Finanzkonglomerate von einer unbeaufsichtigten Holdinggesellschaft geführt.[13] Sie kann leicht Fremdkapital in Eigenkapital umwandeln und damit Beteiligungen an beaufsichtigten Unternehmen finanzieren. Bei finanziellen Engpässen wird die Holdinggesellschaft versuchen, das extern aufgebrachte Fremdkapital mit innerhalb der Gruppe geschöpften Mitteln zu ersetzen.[14]

2. Mehrfachbelegung der Eigenmittel

a) Einführung

aa) Begriff und Phänomen

In der Möglichkeit einer Mehrfachbelegung der Eigenmittel, auch double gearing oder excessive gearing[15] genannt, wird das Hauptrisiko von Finanzkonglomeraten gesehen.[16] Unter der Mehrfachbelegung der Eigenmittel versteht man allgemein die doppelte oder mehrfache Nutzung des Eigenkapitals bzw. die Unterlegung gleicher oder verschiedener Risiken durch dasselbe Eigenkapital. Es handelt sich um die Möglichkeit eines Unternehmens, seine Geschäftstätigkeit ohne zusätzliches Eigenkapital durch Erwerb einer Beteiligung an einer nachgeordneten Gesellschaft oder durch Gründung einer Tochtergesellschaft auszuweiten. Die Mehrfachbelegung ist ein Finanzierungsvorteil, den alle Gruppen aller Wirtschaftszweige genießen.[17] Im Hinblick auf die Anlagetätigkeit von Versiche-

---

13 Vgl. z.B. die Aufstellung bei *Van den Berghe*, ZVersWiss 1997, 251, 256 f.

14 S. hierzu noch unter B. dieses Kap.

15 So die Begriffsverwendung der *IOSCO*, S. 6.

16 Vgl. z.B. *Van den Berghe*, Financial conglomerates; Risks?, in: Van den Berghe (ed.), Financial Conglomerates, S. 69; *IOSCO*, S. 6; *Knauth/Welzel*, ZfgK 1993, 30-32. *Uwe H. Schneider*, ZGR 1984, 496, 504, bezeichnet die durch die Mehrfachbelegung der Eigenmittel hervorgerufenen Finanzierungseffekte Teleskop- und Pyramideneffekt.

17 Vgl. allgemein *Uwe H. Schneider*, ZGR 1984, 497, 504 ff.; *Theisen*, Der Konzern, S. 315, 320 ff.; *ders.*, Finanzwirtschaft, H 26 ff. Folgendes Beispiel soll das Phänomen der Mehrfachbelegung in einem Finanzkonglomerat verdeutlichen (nach *Häusele*, ZVersWiss 1994, 597): Die Bank B hält eine 100%ige Beteiligung am Kompositversicherer A, der über Brutto-Prämieneinnahmen von 120 Mio. DM im Jahr und Eigenmittel in Höhe von 10 Mio. DM verfügt. Bei einer Abgabe von 50% seines Geschäfts an Rückversicherer

rungsunternehmen ist aber für das aufsichtsrechtlich relevante Phänomen des double gearing folgendes zu beachten: Versicherungsunternehmen sind aufsichtsrechtlich zur effizienten Anlage und ordnungsgemäßen Bewertung des versicherungstechnischen Fremdkapitals verpflichtet, §§ 54 ff., 65 f. VAG. Als institutionelle Anleger nutzen sie nicht nur ihr Eigenkapital, sondern auch das versicherungstechnische Fremdkapital in den verschiedenen Anlageformen mehrfach. Auch die Anlage des versicherungstechnischen Fremdkapitals ist somit eine Form des double gearing, die jedoch von der Mehrfachbelegung des Solvenzkapitals zu unterscheiden ist. Denn die Kapitalnutzung des versicherungstechnischen Fremdkapitals dient der Produktion des Versicherungsschutzes und unterliegt detaillierten Aufsichtsvorschriften. Hinsichtlich der Frage, ob double gearing im Finanzkonglomerat risikoerhöhend ist, ist somit nur die Anlage des Solvenzkapitals, also der für die Erfüllung der Solvabilitätsvorschriften vorhandenen Eigenmittel, zu berücksichtigen, nicht dagegen die mehrfache Kapitalnutzung des versicherungstechnischen Fremdkapitals als Anlage.[18]

Nicht nur durch Beteiligungsverhältnisse, sondern auch durch kapitalmäßige Verflechtungen aufgrund der Gewährung von Genußrechten und nachrangigen Verbindlichkeiten im Finanzkonglomerat kann es zu einer Mehrfachbelegung der Eigenmittel kommen.[19] Die Möglichkeiten des

---

ergibt sich eine Soll-Solvabilität von ca. 10 Mio. DM. Das Versicherungsunternehmen kann kein zusätzliches Geschäft mehr zeichnen. Erhöht die Bank B ihre Beteiligung am Versicherer A um 1 Mio. DM, ergibt sich für den Versicherer A eine zusätzliche Zeichnungskapazität von 12,5 Mio. DM Prämien. Obwohl sich die Ist-Solvabilität des Versicherers erhöht hat, haben sich die im Finanzkonglomerat konsolidiert vorhandenen Eigenmittel nicht verändert: Dem Finanzkonglomerat sind von außen keine neuen Eigenmittel zugeflossen. Dennoch können die beteiligten Unternehmen auf diese Weise die aufsichtsrechtlichen Mindestanforderungen, die an die Einzelunternehmen gestellt sind, erfüllen.

18 In diesem Sinn auch Erläuterung zu Art. 9 des Vorschlags für eine Richtlinie über die zusätzliche Beaufsichtigung der Versicherungsunternehmen einer Versicherungsgruppe, BR-Drs. 804/95, S. 7; *Van den Berghe*, ZVersWiss 1997, 251, 262.

19 *Häusele*, ZVersWiss 1994, 597; *Hesberg/Karten*, The Geneva Papers on Risk and Insurance, 19 (No. 70, January 1994), 1, 14; *Mudrack*, ZfgK 1993, 560; *Müller*, Überlegungen zur Vereinheitlichung, S. 22; *Trost/Zwiesler*, ZVersWiss 1996, 341, 355.
Für die Rechtsform der Aktiengesellschaft ist aufgrund der §§ 71 ff. AktG, die im wesentlichen die Zweite Gesellschaftsrichtlinie vom 13. Dezember 1976 (Kapitalrichtlinie), 77/91/EWG, ABl.EG Nr. L 26 v. 31.1.1977, S. 1, zuletzt

Genußrechtskapitals und des Kapitals aus nachrangigen Verbindlichkeiten sind besonders für VVaG, Genossenschaftsbanken und öffentlich-rechtliche Unternehmen von Bedeutung, da ihnen zur Kapitalaufbringung die aktienrechtliche Beteiligungsfinanzierung verschlossen ist. Daher sollen die aufsichtsrechtlichen Rahmenbedingungen für die Gewährung von Genußscheinkapital und nachrangigen Verbindlichkeiten an dieser Stelle untersucht werden.

bb) Gruppeninterne Beteiligungen in Form von Eigenkapitalbestandteilen

Nachrangige Darlehen als Kapitalanlage hat die Versicherungswirtschaft bislang nur Kreditinstituten, die diese in großem Umfang zur Eigenkapitalbeschaffung verwenden, gewährt.[20] Diese Form der Mehrfachnutzung ist aber nach dem oben gefaßten Begriff des double gearing im vorliegenden Zusammenhang nicht entscheidend. Relevant ist die durch Nutzung des Solvenzkapitals bewirkte Mehrfachbelegung. Insofern ist zu untersuchen, inwieweit Versicherungsunternehmen und Kreditinstitute die Eigenmittelsurrogate als Eigenmittel anrechnen können. Anrechnungsgrenzen für Genußrechtskapital und nachrangige Verbindlichkeiten normieren § 53c Abs. 3c VAG und § 10 Abs. 6b KWG. Grundsätzlich dürfen bei Versicherungsunternehmen Genußrechtskapital und Kapital aus nachrangigen Verbindlichkeiten maximal 25% der Eigenmittel gem. § 53 Abs. 3 Nr. 1-3 VAG, dies sind Grundkapital, Kapital- und Gewinnrücklagen, Gewinnvortrag, erreichen. Für Kreditinstitute darf das Ergänzungskapital grundsätzlich nicht das Kernkapital übersteigen. Diese Grenzen sind aus Gründen der Solidität gesetzt.[21] Für Versicherungsunternehmen können sich weitere Beschränkungen aus § 7 Abs. 2 S. 1 VAG und aus § 82 VAG

---

geändert durch Richtlinie 92/101/EWG des Rates vom 23. November 1992, ABl.EG Nr. L 347 v. 28.11.1992, S. 64, umsetzen, der Erwerb eigener Aktien beschränkt. Für andere Rechtsformen und andere Eigenkapitalbestandteile gelten diese Vorschriften jedoch nicht.

20 *Loidl*, in: Schwebler/Knauth/Simmert, Kapitalanlagepolitik, S. 59, 78. Hierfür gelten die Anlagegrenzen der §§ 54a Abs. 2 Nr. 5a, Abs. 2 Nr. 13, Abs. 4. Zur Berechnung der Grundkapitalgrenze i.H.v. 10% i.S.d. § 54a Abs. 2 Nr. 5a i.V.m. Nr. 5 VAG bei Genossenschaftsbanken und öffentlich-rechtlichen Kreditinstituten, die kein Grundkapital im technischen Sinn ausweisen, *Loidl*, a.a.O., S. 79 einerseits, GB BAV 1988, 53; GB BAV 1995, Teil A, S. 55 andererseits. Nach dem BAV ist nicht das sich aus Kern- und Ergänzungskapital zusammensetzende Eigenkapital, sondern nur das als Kernkapital ausgewiesene Eigenkapital maßgebend.

21 Vgl. *Fahr/Kaulbach*, VAG, § 53c Rn. 22.

ergeben.[22] Zwar ist es nun nach dem BAV mit § 7 Abs. 2 VAG vereinbar, wenn ein Versicherungsunternehmen über die in § 53c Abs. 3c VAG genannte Grenze Kapital gegen Gewährung von Genußrechten aufnimmt; dennoch wird eine Anrechnung auf die Eigenmittel nicht zugelassen.[23] Mag aufgrund der Zwitterstellung des Genußrechtskapitals zwischen Eigen- und Fremdkapital die begrenzte Anrechenbarkeit problematisch sein, da die zusätzliche Aufnahme trotz Refinanzierungsbedarfs das Haftkapital erhöht, so ist für nachrangige Verbindlichkeiten aus Gründen der Solidität an der gesetzlichen Grenze der Anrechenbarkeit festzuhalten.

Da Beteiligungen unter 10% nicht konsolidiert werden,[24] besteht durch die Eingehung gegenseitiger Genußrechtsbeteiligungen und nachrangiger Verbindlichkeiten für Versicherungsunternehmen die Möglichkeit, ihre Haftungsbasis ohne Einsatz von Kapital und die Gefahr von Einflußnahme von außen zu erweitern. Für Kreditinstitute schränkt § 10 Abs. 6a S. 1 Nr. 4 KWG diese Möglichkeiten ab einer Beteiligungshöhe von 10% ein, um eine Doppelbelegung des haftenden Eigenkapitals auszuschließen. Vom Gesetzeswortlaut sind aber nur Beteiligungen, Forderungen aus nachrangigen Verbindlichkeiten und Genußrechten an Kreditinstituten und Finanzinstituten erfaßt. Fraglich ist, ob die Vorschrift auch auf Beteiligungen an Versicherungsunternehmen bzw. Forderungen aus nachrangigen Verbindlichkeiten und Genußrechten an Versicherungsunternehmen anwendbar ist. Unter den Begriff Finanzinstitute i.S.v. § 1 Abs. 3 S. 1 Nr. 1 KWG werden auch weiterhin Versicherungsunternehmen nicht subsumiert,[25] so daß Beteiligungen, Forderungen aus Genußrechten und nachrangigen Verbindlichkeiten an Versicherungsunternehmen nicht erfaßt werden. Das VAG enthält bislang keine entsprechende Abzugsvorschrift.

---

22 VerBAV 1992, 266; *Giessmann*, VW 1987, 1162, 1163; *Busch*, S. 208.

23 VerBAV 1992, 266. Vgl. zur früheren gegenteiligen Auffassung VerBAV 1988, 248; *Angerer*, ZVersWiss 1989, 107, 120. Kritisch zur begrenzten Anrechenbarkeit *Busch*, S. 61 ff.; *Trost/Zwiesler*, ZVersWiss 1996, 342, 351 ff.

24 Vgl. *Angerer*, Zur Solvabilität der Lebensversicherungsunternehmen, S. 12, 32 ff., 34; § 1 Abs. 9 KWG:

25 Schreiben des BAK vom 17. Mai 1995 - I 3 - 21 - 78/95 -, abgedruckt in: *Reischauer/Kleinhans*, KWG, § 1 Rn. 92 Fn. 1. S. oben unter 4. Kap., A. IV. 1. b).

b) Risikosituation

aa) Übertragbarkeit der kreditwirtschaftlichen Erkenntnisse auf die Versicherungswirtschaft?

Für die Kreditwirtschaft ist allgemein anerkannt, daß es durch double gearing aufgrund der Gleichläufigkeit der Geschäftsrisiken zu erheblichen Solvabilitätsrisiken kommen kann.[26] Fraglich ist, ob die Erkenntnisse der Kreditwirtschaft auf die Behandlung von Finanzkonglomeraten übertragbar sind. Dafür spricht zunächst, daß auch im Versicherungsbereich das aufsichtlich geforderte Eigenkapital Risikobegrenzungsfunktion hat und es insofern bei Beteiligungserwerb oder Gründung von Tochtergesellschaften zu einer Mehrfachbelegung der Eigenmittel im oben beschriebenen Sinne kommen kann. Fraglich ist aber, ob mit einer Beteiligung eines Versicherungsunternehmens an einem Kreditinstitut und vice versa das Risiko einer verringerten Solvabilität, d.h. einer Erhöhung der Konkurswahrscheinlichkeit, einhergeht. Um diese Frage zu beurteilen, ist nun auf die Risikosituationen bei Beteiligungen von Versicherungsunternehmen untereinander und anschließend von Versicherungsunternehmen und Kreditinstituten einzugehen.

bb) Beteiligungen von Versicherungsunternehmen an anderen Versicherungsunternehmen

Bei wechselseitiger Beteiligung liegt wegen der damit verbundenen Kapitalverwässerung eine risikoerhöhende Mehrfachbelegung der Eigenmittel vor.[27] Denn hier entsteht, ohne daß es zu einem Kapitaltransfer kommt, fiktives Kapital. Dieser Fall gibt Veranlassung zu einer bereinigten Solvenzermittlung. In den Fällen der Sortimentsgleichheit tragen das Mutterunternehmen und das Tochterunternehmen dieselben versicherungstechnischen Risiken. Einen Beispielsfall stellt die Lebensversicherungsmutter

---

26 § 10a KWG; Gesetzesbegründung BT-Drs. 10/1441, S. 22 f.; BT-Drs. 12/6957; *Koppensteiner*, S. 4; *Schierenbeck*, Die Bank 1982, 150, 151 ff.; *Schmid-Burgk*, S.14 ff.; *Kohler*, in: liber amicorum f. Volhard, S. 99; *Hohlfeld*, VW 1995, 564, 566; *Gröschel*, Sparkasse 1993, 225, 229; *Uwe H. Schneider*, WM 1978, 1250, 1257.

27 *Karten*, in: Risk, Information and Insurance, S. 257, 266 f.; *Hesberg/Karten*, The Geneva Papers on Risk and Insurance, 19 (No. 70, January 1994), 1, 14 ff.; *Knauth/Welzel*, ZfgK 1993, 30, 31; *Häusele*, ZVersWiss 1994, 563, 597 ff.; *Van den Berghe*, FS f. Karten, S. 445, 449 f.; *dies.*, ZVersWiss 1997, 251, 260; *Farny*, ZVersWiss 1984, 35, 55 ff.

mit Außendienst und die Lebensversicherungstochter als Direktversicherer dar.[28]

Umstritten ist die Behandlung der wegen des Spartentrennungsgrundsatzes wesentlich häufiger vorkommenden Produktverschiedenheit in einer Versicherungsgruppe. Es wird argumentiert, daß wegen der unterschiedlichen versicherungstechnischen Risiken im Risikofall das Eigenkapital nur einmal benötigt werde. Geschäfts- und Beteiligungsrisiko fielen im Versicherungsbereich immer auseinander, die Risiken seien nicht positiv, sondern negativ korreliert.[29] Ein dem Aufbau einer Kreditpyramide in der Kreditwirtschaft entsprechender Aufbau einer Risiko- bzw. Prämienpyramide könne in der Versicherungswirtschaft nicht angenommen werden. Ferner sei das Risiko einer Beteiligung an einem anderen Versicherungsunternehmen nicht anders zu gewichten als dasjenige an einem Industrieunternehmen. Schließlich sei auch zu berücksichtigen, daß durch den Beteiligungserwerb die übernommenen Risiken diversifiziert würden, die Stabilität der Gruppe erhöhe sich dadurch noch. Nach anderer Ansicht[30] wirkt sich auch bei Produktverschiedenheit das Phänomen der Mehrfachbelegung der Eigenmittel risikoerhöhend aus und ist damit aufsichtsrechtlich zu eliminieren.

Die erstgenannte Ansicht verdeutlicht die Risikobeziehungen in einer Versicherungsgruppe und weist aufgrund der vorgenommenen Berechnungen nach, daß die Risikokorrelationen nicht einheitlich und gleichläufig wie in der Kreditwirtschaft sind und daß sich daher eine einfache Übertragung der kreditwirtschaftlichen Erkenntnisse und Grundsätze verbietet. Jedoch scheint die Schlußfolgerung, daß bei Sortimentsverschiedenheit die Mehrfachbelegung der Eigenmittel nicht risikoerhöhend ist, fragwürdig. Aus Art. 14 Abs. 1 Spiegelstrich 2 der Ersten Richtlinie

---

28 *Müller*, Überlegungen zur Vereinheitlichung, S. 22.

29 *Hesberg/Karten*, The Geneva Papers on Risk and Insurance, 19 (No. 70, January 1994), 1, 14 ff.; *Karten*, in: Risk, Information and Insurance, S. 257, 266 f.; *v. Puskás*, VW 1984, 358, 362 f.; *Knauth/Welzel*, ZfgK 1993, 30, 31; *Häusele*, ZVersWiss 1994, 563, 597 ff.; *Farny*, ZVersWiss 1984, 35, 55 ff.; *Van den Berghe*, in: FS f. Karten, S. 445, 449 f. S. auch die grundlegende Analyse von *Braeß/Karten*, ZVersWiss 1967, 261, 279 ff.

30 *Mudrack*, ZfgK 1993, 560 ff.; *Angerer*, ZfV 1983, 134, 136 ff.; *Kuntze*, Möglichkeiten und Grenzen von Allfinanzkonzepten, S. 48; *Müller*, Möglichkeiten und Grenzen von Allfinanzkonzepten, S. 32 f.; *ders.*, Überlegungen zur Vereinheitlichung, S. 22 ff.; *ders.*, ZfV 1997, 435; *Hohlfeld*, VW 1995, 566. Im Bericht der EU-Kommission über die Solvabilitätsvorschriften wird das double gearing als eine Ursache der seltenen Insolvenzfälle in der Versicherungswirtschaft benannt, *European Commission*, (1997) 10 Int.I.L.R., G-178 f.

Leben ergibt sich nämlich, daß ein Versicherungsunternehmen, das sowohl die Lebens- als auch die Schadensversicherung betreibt, die für beide Sparten geltenden Solvabilitätsanforderungen kumulativ erfüllen muß. Daraus läßt sich entnehmen, daß Versicherungsunternehmen eine bestimmte Kapitalausstattung, die auf ihr unternehmerisches Risiko bezogen ist, aufweisen müssen. Das unternehmerische Risiko eines Versicherungsunternehmens, das mehrere Versicherungssparten betreibt, unterscheidet sich nicht grundlegend von dem unternehmerischen Risiko eines Versicherungsunternehmens, das eine Versicherungssparte auf ein von ihm gegründetes Tochterunternehmen überträgt.[31] Insofern ist die Gründung eines Tochterunternehmens unter Ausnutzung der Mehrfachbelegung der Eigenmittel aufsichtsrechtlich auch bei Sortimentsverschiedenheit relevant.[32] Aber auch für den Fall, daß eine Beteiligung erworben und gehalten wird, kann eine Risikoerhöhung bei Mehrfachbelegung der Eigenmittel nicht ausgeschlossen werden. Werden Beteiligungen i.S.v. § 271 Abs. 1 HGB an anderen Versicherungsunternehmen erworben, so werden damit unternehmerische Ziele, nämlich die Erweiterung der eigenen Produktpalette, verfolgt und unternehmerische Mitverantwortung übernommen. Unternehmerische Ziele werden jedoch auch bei einer Beteiligung an einem Industrieunternehmen verfolgt, ohne daß hierbei der Gesichtspunkt der Risikoerhöhung im selben Ausmaß wie bei Versicherungs- oder Kreditinstitutsbeteiligungen betont wird. Demzufolge könnten unternehmerische Beteiligungen unabhängig vom Unternehmenstyp gleich zu behandeln sein. Sie unterscheiden sich zumindest nicht darin, daß sie im Krisenfall u.U. nur schwer veräußerbar sind. Beteiligungen an Versicherungsunternehmen oder Kreditinstituten zeichnen sich jedoch durch die besondere Vertrauensempfindlichkeit und ihre Bedeutung für die Volkswirtschaft aus und unterscheiden sich insofern qualitativ von anderen unternehmerischen Beteiligungen. Trotz Sortimentsverschiedenheit können sich gewisse positive Korrelationen der Geschäftsrisiken dann ergeben, wenn auf Geschäftsleitungsebene Personalunion besteht (sog. Managementrisiko), wenn gruppenzugehörige Versicherungsunternehmen über dieselbe Rückversicherung verknüpft sind oder wenn verbundene Versicherungsunternehmen in einer Region eine vergleichbare

---

31 S. *Mudrack*, ZfgK 1993, 560 mit Beispiel; *Hohlfeld*, VW 1995, 566; *Müller*, Überlegungen zur Vereinheitlichung, S. 23.

32 Der Richtlinienvorschlag zur zusätzlichen Beaufsichtigung eines Versicherungsunternehmens in einer Versicherungsgruppe sieht den Fall der Gründung einer Tochtergesellschaft explizit als kritischen Fall an, BR-Drs. 804/95, S. 1.

Geschäftstätigkeit betreiben, aber auch bei multinational tätigen Versicherungsgruppen, die u.U. verschiedene Versicherungszweige mehrfach betreiben. Schließlich können bei einer wirtschaftlichen Rezession mehrere Versicherungszweige gleichzeitig betroffen sein. Daher ist im Ergebnis auch bei Sortimentsverschiedenheit die Mehrfachbelegung der Eigenmittel risikoerhöhend, wenngleich eine exakte Bezifferung nahezu unmöglich scheint, da bei reinen Versicherungskonzernen immer auch andere Faktoren risikominimierend wirken, wie beispielsweise die professionelle Rückversicherung, die ihrerseits durch Retrozession ihr Portefeuille auszugleichen sucht, oder im Falle der multinational tätigen Versicherungsgruppe die unterschiedlichen nationalen Wirtschaftskreisläufe.

cc) Beteiligungen von Versicherungsunternehmen an Kreditinstituten und vice versa

Die Risikozusammenhänge zwischen Kreditinstituten und den verschiedenen Versicherungssparten sind außerordentlich komplex. Unbestritten ist nur, daß bei wechselseitigen Beteiligungen von Versicherungsunternehmen und Kreditinstituten aufgrund der Kapitalverwässerung die Geschäftsrisiken positiv korreliert sind.[33] Zur Analyse des double gearing in den sonstigen Fällen bedarf es einer genauen und differenzierten Betrachtung. Unterschieden werden muß zum einen nach den Risiken von Versicherungsunternehmen und Kreditinstituten[34] und zum anderen nach der jeweils betroffenen Versicherungssparte.

aaa) Versicherungstechnisches Risiko und Kreditausfallrisiko

Da die einzelnen Versicherungsunternehmen jeweils unterschiedliche Risiken versichern (Tod, Krankheit, Sachschaden, Transport usw.), sind deren versicherungstechnische Risiken grundsätzlich voneinander unabhängig.[35] Auch besteht zwischen dem Hauptgeschäftsrisiko der Kreditinstitute, dem Kreditrisiko, und dem Hauptgeschäftsrisiko der Versicherungsunternehmen, dem versicherungstechnischen Risiko, grundsätzlich keine

---

33 *Hesberg/Karten*, The Geneva Papers on Risk and Insurance, 19 (No. 70, January 1994), 1, 21; *Van den Berghe*, in: Financial Conglomerates, S. 70; *Häusele*, ZVersWiss 1994, 563, 600.

34 S. hierzu Teil 1, 2. Kap. D. II. 1. a).

35 *Farny*, ZVersWiss 1984, 35, 54; *Karten*, in: Risk, Information and Insurance, S. 257, 262 ff.; *Hesberg/Karten*, The Geneva Papers on Risk and Insurance, 19 (No. 70, January 1994) 1, 14 ff.

Abhängigkeit.[36] Dies gilt jedoch nicht für die Kredit- und die Kautionsversicherung, da diese in besonderem Maß von den Konjunkturschwankungen beeinflußt werden.[37] Daher wird ein Gleichlauf der Hauptgeschäftsrisiken zwischen Kreditinstituten und Kredit- und Kautionsversicherern angenommen.[38] Im Beteiligungsverhältnis Kreditinstitut-Kautions-/Kreditversicherung und umgekehrt kann es somit zur risikoerhöhenden Mehrfachbelegung der Eigenmittel kommen, da die Eigenmittel mehrfach durch die gleichläufigen Risiken – Kreditrisiko und versicherungstechnisches Risiko der Kredit-/Kautionsversicherung - belegt sind. Versicherungstechnisches Risiko eines Schadenversicherungsunternehmens und Kreditausfallrisiko eines Kreditinstituts sind nur dann positiv korreliert, wenn der Sachversicherer auch Kreditversicherungsgeschäfte betreibt. Daher ist die Wahrscheinlichkeit eines gleichzeitigen Verlusteintritts für diese Fallgruppe nicht besonders hoch, jedoch nicht ausgeschlossen. Grundsätzlich sind das versicherungstechnische Risiko von Lebensversicherungsunternehmen und das Kreditausfallrisiko von Kreditinstituten voneinander unabhängig. Ausnahmen, d.h. positive Korrelationen der beiden Hauptgeschäftsrisiken, können dennoch nicht ausgeschlossen werden, wenngleich sie eher eine seltene Ausnahme bleiben werden.[39] Eine risikobehaftete Mehrfachbelegung scheidet aber dann aus, wenn das Lebensversicherungsunternehmen die Solvabilitätsanforderungen durch Eigenmittel erfüllt, die für Kreditinstitute nicht anerkennungsfähig sind.[40]

Im Ergebnis kann festgestellt werden, daß die Hauptgeschäftsrisiken von Versicherungsunternehmen und Kreditinstituten weitgehend unabhängig voneinander sind.

bbb) Kapitalanlagerisiken von Versicherungsunternehmen und Kreditausfallrisiken von Kreditinstituten

Fraglich ist, ob die Kapitalanlagerisiken von Versicherungsunternehmen und die Kreditrisiken der Kreditinstitute voneinander unabhängig sind. Die Kreditrisiken setzen sich ebenso wie die Kapitalanlagerisiken zusammen aus dem Ausfall-, dem Anteilseigner-, dem Sachwertänderungsrisiko

---

36 *Wienberg*, S. 140; *Koppensteiner*, S. 31; *Häusele*, ZVersWiss 1994, 563, 588.

37 Vgl. R 1/96 „Grundsätze für den Geschäftsbetrieb in der Kredit- und Kautionsversicherung", VerBAV 1996, S. 135.

38 *Häusele*, ZVersWiss 1994, 563, 594, 599; *Mudrack*, ZfgK 1993, 560.

39 Vgl. das Beispiel bei *Weinel*, S. 89 f.

40 *Amely*, S. 147 f.

und den Preisrisiken.[41] So besteht bei Kreditinstituten und Versicherungsunternehmen dasselbe Gläubigerrisiko, wenn sie Forderungen gegenüber denselben Schuldnern, Schuldnern derselben Branchen oder Schuldnern derselben Regionen innehaben. Das Anteilseignerrisiko ist gleichläufig, wenn Kreditinstitut und Versicherungsunternehmen an denselben Gesellschaften beteiligt sind. Die Kapitalanlagerisiken sind ferner konjunkturabhängig. Damit besteht auf der Aktivseite der Bilanz von Kreditinstituten und Versicherungsunternehmen ein gleichartiges Risiko.[42]

Fraglich ist nun, ob die Kapitalanlagerisiken der Versicherungsunternehmen vernachlässigt werden können. Dafür wird angeführt, daß die Kapitalanlagetätigkeit von Versicherungsunternehmen nicht Hauptzweck der Unternehmung, sondern nur Hilfsmittel zur Produktion des Versicherungsschutzes sei, während die Risikoübernahme im Aktivgeschäft zum Kern des Bankgeschäfts zähle.[43] Jedoch ist die Kapitalanlage untrennbar mit der Erbringung der Versicherungsleistung verbunden, wie sich aus der aufsichtsrechtlichen Verpflichtung zur Kapitalanlage gemäß §§ 54 Abs. 1, 66 Abs. 1 VAG ergibt. Für eine Vernachlässigung der Kapitalanlagerisiken könnte jedoch sprechen, daß die Geschäftsstrukturen von Kreditinstituten und Versicherungsunternehmen so unterschiedlich sind, daß dadurch die Kapitalanlagerisiken ein geringeres Risikoausmaß als die Erfolgsrisiken der Banken haben, zumal Versicherungsunternehmen verpflichtet sind, ihre Kapitalanlagen möglichst risikofrei zu disponieren, und ihre Kapitalanlageentscheidungen aufgrund der aufsichtsrechtlichen Vorschriften der §§ 54, 54 a VAG erheblich eingeschränkt sind. Daher könnte davon ausgegangen werden, daß die Ansprüche der Versicherungsnehmer durch das gebundene Vermögen gesichert sind.[44] Dagegen kann zunächst eingewendet werden, daß das gebundene Vermögen in der Regel nicht ausreicht, um die Ansprüche der Versicherten zu befriedigen.[45] Ferner ist zwar zutreffend, daß der Kapitalanlagekatalog des § 54 a VAG grundsätzlich

---

41 Vgl. *Häusele*, ZVersWiss 1994, 563, 589 f.; *Amely*, S. 150 ff.; *Wienberg*, S. 140 ff.; *Müller*, Überlegungen zur Vereinheitlichung, S. 17.

42 Vgl. *Häusele*, ZVersWiss 1994, 563, 590; *Wienberg*, S. 141; *Amely*, S. 150 ff.; in diesem Sinne auch *Süchting*, in: Dieter Farny und die Versicherungswissenschaft, S. 537, 539 ff.

43 *Schwebler*, Vermögensanlage und Anlagevorschriften der Versicherungsunternehmen, in: Vermögensanlagepraxis in der Versicherungswirtschaft, S. 15, 25 f.

44 *Köhler*, VW 1990, 1444; *Schwebler*, Vermögensanlage und Anlagevorschriften der Versicherungsunternehmen, in: Vermögensanlagepraxis in der Versicherungswirtschaft, S. 15, 37.

45 *Mudrack*, ZfV 1991, 186 f.

die Anlagemöglichkeiten auf Schuldner mit einer hohen Bonität oder auf besonders gesicherte Forderungen begrenzt.[46] Dennoch sind auch Anlagearten mit höheren Ausfallrisiken möglich, z.B. Anteile an nicht börsennotierten Gesellschaften oder Aktien. Auch führte die Umsetzung der Dritten Versicherungsrichtlinien zu einer weiteren Liberalisierung der Kapitalanlagemöglichkeiten um Anlagen mit tendenziell höheren Ausfallrisiken, die aufgrund der Solvabilitätsvorschriften für Versicherungsunternehmen nicht mit Eigenmitteln unterlegt sein müssen. Die Bedeutung der Aktien und anderer Wertpapiere als Anlageformen mit hoher Fungibilität, aber auch mit höheren Risiken, wird zunehmen.[47] So können z.B. höhere Ausfallrisiken daraus resultieren, daß die Vorschriften zur Besicherung von Forderungen allgemein verfaßt sind und Möglichkeiten zu unterschiedlichen Interpretationen eröffnen. Daher bieten die Kapitalanlagevorschriften keine ausreichende Gewähr dafür, daß die Kapitalanlagerisiken vernachlässigt werden können. Schließlich unterliegt die Anlage des freien Vermögens nicht mehr den Kapitalanlagevorschriften der §§ 54 f. VAG. Mithin ist nicht nur von einer gleichartigen Risikosituation von Kreditinstituten und Lebensversicherern aufgrund der hohen Bedeutung des Kapitalanlagegeschäfts bei Lebensversicherern auszugehen.[48] Auch bei Kreditinstituten und Nichtlebensversicherungsunternehmen ist wegen der Gleichartigkeit der Kapitalanlagerisiken bei Versicherungsunternehmen und des Kreditrisikos bei Kreditinstituten von einer Abhängigkeit der Risikolagen auszugehen, zumal Nichtlebensversicherungsunternehmen wegen der unsichereren Entwicklung des versicherungstechnischen Ergebnisses insbesondere durch den Ausfall von Großengagements gefährdet werden können.[49]

Damit besteht auch im Finanzkonglomerat aus Kreditinstituten und Versicherungsunternehmen eine Gleichläufigkeit von Kredit- und Kapitalanlagerisiken, so daß es zu einer Mehrfachbelegung der Eigenmittel durch ein und dasselbe Risiko kommen kann.[50] Die Kapitalanlagevorschriften der Versicherungsunternehmen zielen zwar auf eine Verringerung der Risiken, bewirken aber nicht – auch wegen der fehlenden Rückkopplung an die Eigenmittel – daß die Risiken vernachlässigbar sind. Dies betrifft sowohl die Kapitalbeteiligung von Kreditinstituten an Versicherungs-

---

46 So *Häusele*, ZVersWiss 1994, 563, 590.

47 S. hierzu die Entwicklung der Kapitalanlagen VerBAV 1997, 208 ff.

48 *Häusele*, ZVersWiss 1994, 563, 594; *Müller*, Überlegungen zur Vereinheitlichung, S. 17.

49 *Wienberg*, S. 148. S. hierzu Teil 2, 2. Unterabschnitt, 5. Kap. D.

50 *Amely*, S. 157; *Wienberg*, S. 150 ff.

unternehmen unmittelbar als auch mittelbar über eine zwischengeschaltete Holdinggesellschaft und umgekehrt.[51]

dd) Besondere Formen der Risikovorsorge im Versicherungsunternehmen

Fraglich ist, ob durch andere Instrumente der Risikovorsorge im Versicherungsunternehmen diesem Risikogleichlauf entgegengewirkt werden kann. Hier kommen insbesondere die Rückversicherung, die Schwankungsrückstellung, die Rückstellung für Beitragsrückerstattung und die Spartentrennung in Betracht. Die Eigenmittelausstattung ist bei Versicherungsunternehmen nur ein, wenn auch ein bedeutendes Glied in einer Reihe von Sicherungsmaßnahmen.[52] Bislang konnten für die Versicherungswirtschaft wirksam Insolvenzgefahren verringert werden, wohingegen bei den Kreditinstituten ein im wesentlichen am Eigenkapital orientiertes Aufsichtssystem Insolvenzen nicht verhindert hat. Jedoch ist zu bedenken, daß jedes bilanzierungspflichtige Unternehmen verpflichtet ist, seine gewissen und ungewissen Verbindlichkeiten zu passivieren und passive Rechnungsabgrenzungsposten auszuweisen. Insofern stellen die versicherungstechnischen Rückstellungen kein besonderes Sicherheitselement dar.[53] Ebenfalls vermag die Spartentrennung nur in den Versicherungsbranchen, für die sie noch Geltung beanspruchen kann, zu einer erhöhten Sicherheit beizutragen. Die Bedeutung der Rückversicherung erscheint ambivalent. Zum einen wirkt sie eigenkapitalentlastend, zum anderen birgt sie bei Vorliegen von Kapitalverflechtungen Risiken. Insbesondere tragen Rückversicherungstöchter zum großen Teil dieselben versicherungstechnischen Risiken wie die Erstversicherer.[54] Das für Versicherungsunternehmen bestehende Sicherungssystem vermag zwar die versicherungstechnischen Risiken und die Kapitalanlagerisiken zu verringern, aber nicht vollkommen auszuschließen.

c) Folgerungen

Zu einer risikoerhöhenden Mehrfachbelegung und damit zu einer Unterkapitalisierung kann es kommen bei Kapitalbeteiligungen von Kreditinstituten an Versicherungsunternehmen, sei es unmittelbar oder mittelbar über zwischengeschaltete Holdinggesellschaften, da das Eigenkapital des

---

51 *Mudrack*, ZfgK 1993, 560, 562.

52 S. nur *Knauth/Welzel*, ZfgK 1993, 30, 31; *Van den Berghe*, ZVersWiss 1997, 251, 252.

53 *Mudrack*, ZfgK 1993, 560, 562.

54 *Müller*, ZfV 1997, 436 und 5. Kap. C. IV. 2.

Kreditinstituts durch das Kreditrisiko und die Kapitalanlagerisiken des Versicherungsunternehmens mehrfach belegt ist. Beteiligt sich ein Versicherungsunternehmen an einem Kreditinstitut, so sind dessen Eigenmittel sowohl durch eigene Kapitalanlagerisiken als auch durch das Kreditrisiko des Kreditinstituts belegt. Eine positive Korrelation der Hauptgeschäftsrisiken von Kreditinstituten und Versicherungsunternehmen kann zwar nicht ausgeschlossen werden, da Konjunkturschwankungen auch die Entwicklung des versicherungstechnischen Geschäfts beeinflussen können; sie ist aber nicht hinreichend bezifferbar, so daß der Eintritt eines Gefährdungstatbestands nicht hinreichend bestimmt ist.[55] Aufgrund aufsichtsrechtlicher Restriktionen werden jedoch unternehmerische Beteiligungen hohen Ausmaßes von Versicherungsunternehmen an Kreditinstituten eher selten sein.[56] Daher wird an der Spitze eines von Versicherungsseite ausgehenden Finanzkonglomerats eine Holdinggesellschaft stehen. Ob diese vergleichbaren Risiken ausgesetzt ist, hängt von ihrer unternehmerischen Betätigung ab. Nur im Falle, daß sie Kreditrisiken übernimmt, kann von einer risikoerhöhenden Mehrfachbelegung der Eigenmittel ausgegangen werden. Die für die Kreditinstituts- und Finanzholdinggruppen gefährliche Kreditpyramidenbildung durch Vergrößerung der Geschäftsvolumina kann im Finanzkonglomerat somit aufgrund der Heterogenität der Geschäftstätigkeiten und der unterschiedlichen Eigenkapitalanforderungen grundsätzlich nicht in demselben Ausmaß angenommen werden. Darüber hinaus ist auch zu berücksichtigen, daß durch unterschiedliche Hauptgeschäftsrisiken und Anlagerisiken, durch unterschiedliche Kapitalanlagepolitik von Kreditinstituten und Versicherungsunternehmen auch eine Risikodiversifikation eintreten kann, die sogar mit einer stabilisierenden Wirkung für das Finanzkonglomerat verbunden sein kann.[57] Aufgrund dieser Betrachtung ergibt sich, daß eine einfache Übertragung der kreditwirtschaftlichen Erkenntnisse auf die Behandlung von Versicherungsgruppen und Finanzkonglomeraten nicht sachgerecht ist. Zusätzlicher finanzaufsichtsrechtlicher Handlungsbedarf kann demnach nicht allein an den Tatbestand des double gearing geknüpft werden, sondern – abgesehen von den unstreitigen Fallgruppen – nur dann, wenn Verluste eines am Finanzkonglomerat beteiligten Unternehmens auf ein anderes beteiligtes Unternehmen aufgrund zusätzlicher Haftungstatbestände durchschlagen können. Daß aber die wirtschaftlichen Verflechtungen im Finanzkonglomerat aufgrund der Mehrfachbelegung zu einem gegenüber einem Einzelunter-

---

55 Vgl. auch *Fahr/Kaulbach*, VAG, § 8 Rn. 25.

56 Vgl. *Hohlfeld*, VW 1995, 564.

57 Vgl. *Häusele*, ZVersWiss 1994, 563, 600.

nehmen erhöhten wirtschaftlichen Risiko führen kann und dies berücksichtigungswürdig ist, zeigt nicht zuletzt auch die Bildung von Kreditnehmereinheiten und die grundsätzliche Vorlagepflicht von Konzernabschlüssen nach §§ 19 Abs. 2, § 18 KWG, wenn ein Kreditinstitut an Konzernunternehmen oder an Unternehmen, die mit anderen Unternehmen durch bestimmte Abhängigkeitsverhältnisse verbunden sind, Kredite bestimmten Umfangs gewährt.

V. Moralische Einstandspflicht

1. Voraussetzungen

Eine Beteiligung eines Versicherungsunternehmens an einem Kreditinstitut und umgekehrt könnte eine moralische Haftung des beteiligten Unternehmens auslösen, da es sich aufgrund der Marktkräfte, der Vertrauensempfindlichkeit des Versicherungs- und Kreditwesens sowie aus Gründen des standings bzw. des Images genötigt sehen könnte, dem in Schwierigkeiten geratenen Beteiligungsunternehmen finanzielle Hilfe zu leisten.[58] Im Kreditwesen ist wegen seiner besonderen Vertrauensanfälligkeit eine faktische Einstandspflicht der Obergesellschaft für Verluste der Untergesellschaft und der Schwestergesellschaften untereinander anerkannt.[59] Auch in einer Versicherungsgruppe bzw. einem Versicherungskonzern kann aus Gründen der Vertrauensempfindlichkeit und der Tatsache, daß die Kundenkreise sich im Versicherungskonzern häufig überschneiden, nicht geleugnet werden, daß eine Obergesellschaft aus Imagegründen im Einzelfall möglicherweise finanziellen Beistand leisten wird. Hier besteht

58 S. allgemein *Mülbert*, in: Verhandlungen des 61. Juristentages in Karlsruhe 1996, E 25 f. S. zu Finanzkonglomeraten im besonderen *Van den Berghe*, Financial Conglomerates, S. 70; *Koguchi*, Financial Conglomeration, S. 31; *Gröschel/Möller*, Sparkasse 1995, 394, 395; *Angerer*, ZfV 1983, 134, 136; *Müller*, Möglichkeiten und Grenzen von Allfinanzkonzepten, S. 31; *ders.*, Überlegungen zur Vereinheitlichung, S. 23; *Fahr/Kaulbach*, VAG, § 82 Rn. 1; *Kollhosser*, in: Prölss, VAG, § 82 Rn. 7; *Hemeling*, S. 116 f.; *Weinel*, S. 100; *Gaddum*, ZfgK 1989, 712; *Wienberg*, S. 158; *Amely*, S. 162; *Angerer*, Aufsichtsrechtliche Probleme bei Versicherungsgruppen und -konzernen, S. 16; *Haller*, Wandel der Finanzdienstleistungen, S. 337; *Gies*, Versicherungskonzerne – Versicherungen in Konzernen, S. 32; *Häusele*, ZVersWiss 1994, 563, 602.

59 Vgl. nur *Schmid-Burgk*, S. 15 f.; *Hirsch*, S. 209, 220.

zwar nicht die Gefahr, daß bestehende Versicherungsverträge aufgehoben bzw. gekündigt werden, aber das Neugeschäft könnte ins Stocken geraten. Fraglich ist aber, ob eine Einstandspflicht eines Versicherungsunternehmens für ein Kreditinstitut und vice versa im Finanzkonglomerat angenommen werden kann.[60] Dies hängt im wesentlichen davon ab, welche Komponenten eine solche Einstandspflicht ausmachen. Eine Einstandspflicht kann sich ergeben aufgrund der Beteiligung, des gemeinsamen Auftretens auf dem Markt, untermauert durch einen gemeinsamen Firmennamen oder gemeinsame Werbeaktivitäten, Verlustursachen bei dem Beteiligungsunternehmen und aufgrund des Willens, eine vorhandene Kooperation in Vertrieb oder Vermögensverwaltung aufrechtzuerhalten.[61] Eine solche Motivation zur Einstandspflicht kann somit im wechselseitigen Verhältnis von Versicherungsunternehmen und Kreditinstituten nicht ausgeschlossen, sollte aber nicht durch aufsichtsrechtliche Regelungen, die einen engen Unternehmensverbund suggerieren, der von den Unternehmen so nicht beabsichtigt war, gesteigert werden.

2. *Aufsichtsrechtliche Rahmenbedingungen*

„Freiwilligen" Stützungsaktionen von Versicherungsunternehmen zugunsten anderer Unternehmen könnte der Grundsatz der wirtschaftlichen Spartentrennung entgegenstehen, wonach sich jede Versicherungssparte auf Dauer selbst zu tragen hat.[62] Jedoch kann es nach Aufhebung der allgemeinen Preiskontrolle durch die Dritten Versicherungsrichtlinien ein generelles Verbot der Quersubventionierung und damit ein Gebot der wirtschaftlichen Spartentrennung im Versicherungsbereich nicht mehr geben.[63] Eine Bedeutung kann das Verbot daher für Versicherungsgruppen und Finanzkonglomerate nur in solchen Bereichen haben, in denen kraft spezialgesetzlicher Anordnung die Sparten rechtlich und

---

60 Krit. *Surminski*, ZfV 1983, 318, 319; *Uwe H. Schneider*, Die rechtlichen Möglichkeiten und Schranken, S. 243.

61 S. hierzu *Wienberg*, S. 158 f. mit Beispielen.

62 GB BAV 1960, 29; GB BAV 1963, 40; GB BAV 1964, 33; GB BAV 1966, 31; GB BAV 1967, 58; GB BAV 1967, 58; GB BAV 1980, 50; GB BAV 1981, 49; GB BAV 1982, 52; GB BAV 1989, 55; *Müller*, Versicherungsbinnenmarkt, Rn. 653 f.

63 *Dreher*, DB 1992, 2605, 2608 f.; *ders.*, ZVersWiss 1996, 499, 510; vgl. auch *Farny*, Versicherungsbetriebslehre, S. 105. S. auch *Fahr/Kaulbach*, VAG, § 81 Rn. 20, § 1 Rn. 18; *Kollhosser*, in: Prölss, VAG, § 82 Rn. 7.

wirtschaftlich getrennt zu führen sind oder spezielle Gleichbehandlungsgrundsätze gelten. Aber auch hier sind u.U. Quersubventionierungen zulässig.[64] Freiwillige Verfügungen des Versicherungsunternehmens über seine freien Eigenmittel jenseits der Solvabilitätsspanne, § 53c Abs. 1 VAG, unterliegen somit grundsätzlich nicht der Aufsicht, soweit sie nach Gesellschaftsrecht zulässig sind.[65] Denn insoweit bestehen keine Teilhabe- oder Anwartschaftsrechte der Versicherungsnehmer, um deren Schutz es im Aufsichtsrecht geht.[66] Freiwillige Verfügungen über Mittel der Solvabilitätsspanne oder des gebundenen Vermögens erfüllen dagegen den Tatbestand des Mißstands i.S.d. § 81 Abs. 2 VAG. Im Ergebnis erscheint das vorhandene aufsichtsrechtliche Instrumentarium ausreichend, um freiwillige Stützungsaktionen zu beaufsichtigen.

Das Bankenaufsichtsrecht kennt kein direktes oder indirektes Verbot „freiwilliger" Stützungsaktionen.

3. *Ergebnis*

Im Ergebnis können Einstandsrisiken im Finanzkonglomerat gegeben sein, die aber regelmäßig nur das ohnehin finanzstarke Unternehmen treffen. Daher liegen präventive aufsichtsrechtliche Maßnahmen fern. Zu bedenken ist schließlich auch, daß durch besondere präventive Aufsichtsmaßnahmen auch bestimmte Erwartungen bei den Verkehrskreisen im Hinblick auf ein Einstehenmüssen für ein Beteiligungsunternehmen erzeugt und damit Ansteckungsgefahren künstlich geschaffen werden.[67] Entscheidend ist jedoch, ob das Ausmaß finanzieller Hilfsaktionen den Aufsichtsbehörden transparent wird.[68]

---

64 Vgl. Art. 14 Abs. 1 und 3 der Ersten Richtlinie Leben.

65 *Kollhosser*, in: Prölss, VAG, § 82 Rn. 7. S. auch *Weigel*, ZfV 1995, 34.

66 BVerwG NJW 1990, 1804; BVerfG NJW 1991, 1167.

67 S. zu diesem wichtigen Aspekt Beschlußempfehlung und Bericht des Finanzausschusses zum Vorschlag einer Richtlinie über die zusätzliche Beaufsichtigung der Versicherungsunternehmen einer Versicherungsgruppe, BT-Drs. 13/4110, S. 5.

68 Zur Transparenz s. 6. Kapitel.

VI. Kapitalaufbringungshaftung

1. Grundlagen

Aufgrund der durch eine Kapitalbeteiligung vermittelten Anteilseignerstellung eines Unternehmens an einem anderen Unternehmen des Finanzkonglomerats können Haftungstatbestände erfüllt werden, die sich aus der sog. Finanzierungsverantwortung[69] des Gesellschafters ergeben. An dieser Stelle soll eine mögliche Kapitalaufbringungshaftung erörtert werden. Im Kapitalgesellschaftsrecht gilt das Prinzip der realen Kapitalaufbringung. Dies bedeutet, daß die Einlagepflicht bestehen bleibt, solange das Grundkapital nicht ziffernmäßig aufgebracht ist. Ist der Tatbestand der verdeckten Sacheinlage[70] gegeben, besteht die Geldleistungspflicht gemäß § 27 Abs. 3 AktG fort. Relevant wird der Tatbestand der verdeckten Sacheinlage insbesondere bei der Kapitalerhöhung, für die die Regelungen der §§ 183, 192, 205 AktG maßgebend sind.

2. Besonderheiten für Versicherungsunternehmen und Kreditinstitute

Bei einem Versicherungsunternehmen oder Kreditinstitut, das in der Rechtsform einer Aktiengesellschaft geführt wird, kann Grundkapital durch Sacheinlagen aufgebracht werden. Dieses gilt jedoch nicht für VVaG. Nach § 22 Abs. 2 VAG sind Sacheinlagen, wie sie z.B. bei der Gründung einer Aktiengesellschaft (auch einer solchen, die Versicherungsgeschäfte betreibt) in Betracht kommen (§ 27 AktG), für den Gründungsstock des VVaG nicht zulässig. Bei Genossenschaftsbanken ist der Anteil am Geschäftsanteil, der als Pflichteinzahlung zu leisten ist, nur als Bareinzahlung zu erbringen.[71] Die Problematik der Sacheinlagen kann sich bei öffentlich-rechtlichen Unternehmen stellen. Nach den Aufsichtsrechten werden als Eigenkapital die dem Grundkapital bei Aktiengesellschaften entsprechenden Posten, also das eingezahlte Dotationskapital und die Rücklagen, angesehen, § 10 Abs. 2 S. 1 Nr. 5 KWG, § 53c Abs. 3 S. 1

---

69 S. zu dieser Terminologie BGHZ 90, 381, 389; 118, 107.

70 Hierzu *Hüffer*, AktG, § 27 Rn. 10 ff.; BGHZ 118, 83, 93 ff. S. auch *Lutter*, in: Kölner Kommentar zum AktG, § 66 Rn. 31 ff.; § 183 Rn. 68 ff.; *Wiedemann*, in: Großkomm. AktG, § 183 Rn. 88. ff.; *Henze*, ZHR 154 (1990), 105, 106.

71 *Hettrich/Pöhlmann*, GenG, § 7 Rn. 7.

Nr. 1c VAG. Demzufolge wird davon ausgegangen, daß auch Sacheinlagen, beispielsweise in Form der Einbringung landeseigener Unternehmen, der Eigenkapitalstärkung dienen können.[72] Mangels Beteiligungsmöglichkeit privater Kapitalgeber kann eine Kapitalerhöhung bei VVaG ebenfalls nur über eine Thesaurierung der Gewinne erfolgen, so daß sich demzufolge ebenfalls bei Geschäftserweiterung nicht das Problem der verdeckten Sacheinlage stellt. Gemäß § 53c Abs. 3a S. 1 VAG ist nur solches Kapital anrechenbar, das gegen Gewährung von Genußrechten „eingezahlt" ist. Die Einzahlung kann weder durch Erbringung einer Sacheinlage noch durch Aufrechnung oder Finanzierung eines Darlehens des emittierenden Versicherungsunternehmens erfolgen.[73]

3. *Ergebnis*

Im Ergebnis kann lediglich bei Versicherungsunternehmen und Kreditinstituten, die in Form einer Aktiengesellschaft betrieben werden, das Problem der verdeckten Sacheinlage mit den aktienrechtlichen Folgen (§§ 27 Abs. 3, 183 Abs. 2 AktG) auftreten, da nur auf diese Rechtsform die §§ 183, 27 AktG anwendbar sind.[74] Im Bankenaufsichtsrecht gelten gegenüber dem allgemeinen Gesellschaftsrecht keine aufsichtsrechtlichen Besonderheiten.

---

72 S. zur Übertragung der Wohnungsbauförderungsanstalt auf die WestLB *Gerick*, S. 85 ff. Auf die Problematik der Wettbewerbsverzerrung (Stichwort: unzulässige staatliche Beihilfe) soll hier nicht weiter eingegangen werden.

73 S. hierzu ausf. *Busch*, S. 113 ff. und *K. Schmidt*, Gesellschaftsrecht, § 29 II 1; *Lutter*, in: Kölner Kommentar zum AktG, § 66 Rn. 5; *Scholz/Winter*, GmbHG, § 7 Rn. 29 zur allgemein gesellschaftsrechtlichen Unzulässigkeit der Kapitalaufbringung durch Finanzierung der Einlageforderung durch Darlehen.

74 Jedoch werden Kapitalerhöhungen bei Versicherungsunternehmen häufiger in der Form der klassischen Barkapitalerhöhung abgewickelt.

B. Finanzierungsbeziehungen im Finanzkonglomerat

I. Finanzierung im Finanzkonglomerat

1. Risikopotential im Finanzkonglomerat

Gruppenunternehmen sind zur Optimierung ihrer Finanzierung häufig finanziell eng verflochten.[75] Dabei unterscheidet man verschiedene Intensitäten der Finanzierungsbeziehungen, nämlich die dezentralisierte[76] und die zentralisierte Konzernfinanzierung[77], die häufig durch ein konzernübergreifendes Cash-Management[78] ergänzt wird. In der Gruppe verfügt das Einzelunternehmen nicht nur über die interne Finanzierungsmöglichkeit durch Gewinnthesaurierung und Rückstellungsbildung und die externe Finanzierungsmöglichkeit durch Fremdkapitalaufnahme oder Beteiligungsfinanzierung, sondern auch über die Möglichkeit der konzerninter-

75 *Theisen*, Der Konzern, S. 315; *Uwe H. Schneider*, ZGR 1984, 497 f.

76 Bei dezentraler Konzernfinanzierung entscheidet das einzelne Unternehmen weiterhin über die laufende Finanzierung. Liquiditätsplanung und Liquiditätssicherung obliegen dem einzelnen Unternehmen. Die Konzernleitung bestimmt dagegen die Grundsätze für eine einheitliche Gewinnpolitik, indem sie die Gewinnverwendung und die langfristige Investitionsfinanzierung vorgibt. S. *Scheffler*, in: FS f. Goerdeler, S. 469, 475; *Uwe H. Schneider*, ZGR 1984, 497, 498 f.; *Theisen*, Der Konzern, S. 331 ff.

77 Die zentralisierte Konzernfinanzierung ist dadurch gekennzeichnet, daß die gesamte interne und externe Finanzierung im Konzern zusammengefaßt, die Liquidität zentral sichergestellt und der Zahlungsverkehr zentral abgewickelt wird, *Uwe H. Schneider*, ZGR 1984, 497, 499; *Scheffler*, in: FS f. Goerdeler, S. 469, 475 f.

78 Darunter werden die zentrale Liquiditätsplanung, der konzerninterne Liquiditätsausgleich und eine zentrale Liquiditätsbeschaffung verstanden, *Uwe H. Schneider*, ZGR 1984, 497, 499 f., *Brandes*, in: FS f. Kellermann, S. 25, 29; *Hommelhoff*, WM 1984, 1105, 1106. S. auch *Theisen*, Der Konzern, S. 327 ff. Alle bei den Konzernunternehmen eingehenden Zahlungen werden bei der zentralen Stelle zusammengefaßt. Als konzerninterne Clearingstelle entscheidet sie darüber, wo, wann und in welchem Umfang die verfügbare Liquidität im Gesamtkonzern eingesetzt wird, und weist dementsprechend den einzelnen Konzernmitgliedern die benötigten Gelder zu oder tilgt gleich selbst deren Verbindlichkeiten gegenüber Dritten. Zur Rechtsgrundlage zentralistischen Finanzverkehrs *Hommelhoff*, WM 1984, 1105, 1106; *Brandes*, in: FS f. Kellermann, S. 25, 29.

nen Außenfinanzierung durch Weitergabe von Fremd- oder Eigenkapital eines Gruppenunternehmens an ein anderes.[79]

Die Finanzierungsmöglichkeiten sollen den Haftungs- und Risikoverbund im Konzern und damit auch im Finanzkonglomerat verstärken.[80] Das herrschende Unternehmen soll Haftungsgefahren aufgrund seiner Liquiditätsverantwortung, das abhängige soll durch Liquiditätsentzug, Gewinnverlagerungen und Zuführung eines erhöhten Risikopotentials aufgrund der Einflußnahme des herrschenden Unternehmens Risiken ausgesetzt sein. So könnte beispielsweise ein untergeordnetes Kreditinstitut von einer übergeordneten Versicherungsholding dadurch gefährdet werden, daß es veranlaßt wird, Kredite an die Versicherungsunternehmen zur Überbrückung von Liquiditätsengpässen zur Verfügung zu stellen oder einen bestimmten Teil einer erforderlich werdenden Kapitalerhöhung zu übernehmen. Auch sind im Rahmen eines Allfinanzangebots von Finanzdienstleistungen direkte Einwirkungsmöglichkeiten auf das Kundenkreditgeschäft des konzernierten Kreditinstituts denkbar: Die herrschende (Versicherungs-)Holding könnte das Kreditinstitut zu Kreditvergaben an die Kundschaft der Versicherungstöchter veranlassen, weil diese den Kredit wegen aufsichtsrechtlicher Vorschriften nicht geben können oder wegen mangelnder Bonität des Versicherungskunden nicht geben wollen, die Kreditvergabe aber Voraussetzung für das Fortbestehen der Kundenverbindung mit den Versicherungstöchtern ist. Hier wäre das Kreditinstitut möglicherweise zu einer der eigenen Bonitätseinschätzung widersprechenden Kreditvergabe gezwungen. Nicht zuletzt ermöglichen konzerninterne Finanzierungsmodalitäten, die Kapitalstruktur, d.h. das Verhältnis von Eigen- zu Fremdkapital, nachteilig zu verändern. Dies kann zu einer finanziellen Instabilität eines einzelnen Unternehmens der Gruppe oder der Gruppe insgesamt führen. Diese Gefahr besteht insbesondere dann, wenn die Holdinggesellschaft die zentrale Finanzierungsstelle ist und durch verstärkte Fremdkapitalaufnahme zwar einerseits den Leverage-Effekt[81] für die Gruppe ausnutzt, andererseits jedoch selbst nicht mehr ausgeglichen kapitalisiert ist. Die Hebelwirkung durch Fremdfinanzierung

79 S. zu dieser Form der Eigenkapitalschöpfung bereits oben A. IV. 1.

80 S. *Uwe H. Schneider*, ZGR 1984, 501 ff. und *Scheffler*, in: FS f. Goerdeler, S. 469, 479 f. allgemein; für Finanzkonglomerate im besonderen *Uwe H. Schneider*, WM 1990, 1649, 1657; *Amely*, S. 165 f.; *Weinel*, S. 103 ff.

81 Zu den Gefahren des Leverage-Effekts, also der Hebelwirkung durch Fremdfinanzierung, s. z.B. *Baur*, Investmentgesetze, Einl. I Rn. 81; *Schierenbeck*, Die Bank 1982, 157; *ders.*, DBW 40 (1980), 253 ff.; *Theisen*, Finanzwirtschaft der Holding, H 28.

wandelt sich dann zu einer Gefahr, wenn die Fremdkapitalzinsen bei angespannter wirtschaftlicher Lage aufzubringen sind. Die Holdinggesellschaft wird dann versuchen, Liquidität bei abhängigen Unternehmen, Versicherungsunternehmen oder Kreditinstituten, abzuziehen. Es soll nun untersucht werden, welche allgemeingesellschaftsrechtlichen und aufsichtsrechtlichen Vorkehrungen zur Risikobegrenzung getroffen sind.

2. *Allgemeine gesellschaftsrechtliche Vorkehrungen zur Risikobegrenzung, insbesondere für das abhängige Unternehmen*

a) Verringerung des Kapitalstrukturrisikos

De lege lata ist kein Konzernmindesteigenkapital gefordert. Es besteht keine allgemeine Verpflichtung, aufgrund einer Konzernbeteiligung das Stammkapital zu erhöhen.

b) Unzulässige Belastungen des Haftungspotentials

Grenzen der Belastung des Haftungspotentials des untergeordneten Unternehmens ergeben sich im Vertragskonzern daraus, daß das Weisungsrecht des herrschenden Unternehmens seine Schranken in der Sicherstellung der Überlebensfähigkeit des beherrschten Unternehmens findet.[82] Das herrschende Unternehmen darf somit bei der abhängigen Gesellschaft nur überschüssige Liquidität abziehen. Ferner hat das herrschende Unternehmen der abhängigen Gesellschaft zusätzliche Mittel in bedarfsdeckendem Umfang zur Verfügung zu stellen, wenn es bei ihr kraft seiner Leitungsmacht Maßnahmen veranlaßt, die einen im Verhältnis zu den verfügbaren – oder im Wege der Kreditaufnahme beschaffbaren – Mitteln gesteigerten Liquiditätsbedarf hervorrufen.[83] Jedoch ist die Schutzwirkung einer so

---

82 Dies ist jedoch umstritten: Gegen einen Bestandsschutz treten z.B. *Koppensteiner*, in: Kölner Kommentar zum AktG, § 308 Rn. 32; *Kropff*, ZGR 1984, 112, 122 ein. Für eine Begrenzung des Weisungsrechts am Bestandsschutz der abhängigen Gesellschaft votieren *Krieger*, in: MünchHdB AG, § 70 Rn. 98; *Hommelhoff*, Die Konzernleitungspflicht, S. 150 f.; *Immenga*, ZHR 140 (1976), 301, 304 ff.; *Emmerich/Sonnenschein*, Konzernrecht, S. 357 f.; *K. Schmidt*, Gesellschaftsrecht, § 31 III 2c, S. 722; *Geßler*, in: Geßler/Hefermehl, AktG, § 308 Rn. 55; *ders.*, ZHR 140 (1976), 433, 438 ff.; *Brandes*, in: FS f. Kellermann, S. 25, 31; *Hüffer*, AktG, § 308 Rn. 19; OLG Düsseldorf, AG 1990, 490, 492.

83 *Hommelhoff*, WM 1984, 1105, 1113; *Priester*, ZIP 1989, 1301, 1303.

verstandenen Liquiditätsverantwortung der herrschenden Gesellschaft beschränkt, da sich die existenzgefährdenden Einzelmaßnahmen wegen der Unüberschaubarkeit und Unkontrollierbarkeit der gesellschaftlichen Verhältnisse im Vertragskonzern häufig nicht isolieren lassen. Daher stellt sich die Frage, ob das herrschende Unternehmen die vertraglich abhängige Gesellschaft auch dann mit zusätzlicher Liquidität ausstatten muß, wenn sich der entstandene Liquiditätsmehrbedarf nicht sicher auf von ihm veranlaßte Maßnahmen zurückführen läßt. Im faktischen Konzern besteht keine Weisungsbefugnis des herrschenden Unternehmens. Es darf seinen Einfluß nicht dazu benutzen, das abhängige Unternehmen zu nachteiligen Rechtsgeschäften oder Maßnahmen zu veranlassen, es sei denn, der erlittene Nachteil wird ausgeglichen. Trotz einer lockereren Leitungsstruktur als im Vertragskonzern stellt sich auch für den faktischen Konzern die Frage, ob die herrschende Gesellschaft allgemein für die Liquiditätssicherung verantwortlich ist.

c) Liquiditätsverantwortung

Die Frage, ob der Konzernspitze unabhängig von der konkreten Ausübung ihrer Leitungsmacht die unternehmerische Mitverantwortung für die Sicherung des Fortbestandes des vertraglich oder faktisch konzernierten Unternehmens dergestalt obliegt, daß sie zur ständigen und pünktlichen Liquiditätsausstattung des abhängigen Unternehmens verpflichtet ist, wird kontrovers diskutiert.[84] Eine gesetzliche Pflicht zur Liquiditätsausstattung besteht nicht.

aa) Vertragskonzern

So wie innerhalb eines Beherrschungsvertrags die gewonnene Leitungsmacht des herrschenden Unternehmens mit der Verlustübernahmeverpflichtung gemäß § 302 AktG korrespondiert, könnte eine Liquiditäts-

84 Für einen Liquiditätsanspruch s. *Uwe H. Schneider*, ZGR 1984, 497, 534 f.; *Kleindiek*, S. 182; diff. *Hommelhoff*, WM 1984, 1105, 1113; *Brandes*, in: FS f. Kellermann, S. 25, 31; für den Vertragskonzern tendenziell ähnlich schon *Geßler*, ZHR 140 (1976), 433, 439; zur Situation de lege ferenda *Hommelhoff*, in: FS f. Fleck, S. 125, 145 f. Gegen einen Liquiditätsanspruch BGHZ 105, 168, 184; *Koppensteiner*, in: Kölner Kommentar zum AktG, § 302 Rn. 8 und § 308 Rn. 32 f.; *Kort*, S. 147; *Krieger*, in: MünchHdB AG, § 69 Rn. 53; *Ensthaler/Kreher*, BB 1996, 385, 388; *Rümker*, ZGR 1988, 494, 500; gegen einen klagbaren Anspruch auf Liquiditätsausstattung *K. Schmidt*, ZGR 1983, 513, 516, 520; diff. *Priester*, ZIP 1989, 1301, 1303 ff.

verantwortung des herrschenden Unternehmens gegenüber dem abhängigen Unternehmen Folge davon sein, daß die Konzernspitze aus dem Beherrschungsvertrag Vorteile zu Lasten des abhängigen Unternehmens ziehen kann. Der finanzielle Verbund der Konzernunternehmen führt mithin dazu, daß ihre Rentabilität und Liquidität sich nicht mehr unabhängig voneinander entwickeln. Zur Begründung einer neben § 302 AktG bestehenden Liquiditätsverantwortung könnten demzufolge zwei Aspekte herangezogen werden: die Verpflichtung zur wirtschaftlichen Bestandserhaltung der abhängigen Gesellschaft sowie entsprechende Grundsätze ordnungsmäßiger Konzernfinanzierung.

aaa) Wirtschaftliche Bestandserhaltung

Die §§ 300 ff. AktG bezwecken eine nominelle Bestandserhaltung, nicht aber die Aufrechterhaltung des wirtschaftlichen Bestandes des abhängigen Unternehmens über das Vertragsende hinaus. Des weiteren begegnet die praktische Umsetzung einer an den §§ 300 ff. AktG orientierten Liquiditätsverantwortung Schwierigkeiten.[85] Mit Rechtsunsicherheit und Auslegungsschwierigkeiten behaftet ist insbesondere die Definition des „wirtschaftlichen" Bestandes, der zu erhalten wäre.

bbb) Grundsätze ordnungsmäßiger Konzernfinanzierung

Könnten aus der allgemeinen Finanzierungsverantwortung des Gesellschafters Grundsätze ordnungsgemäßer Konzerngeschäftsführung abgeleitet werden,[86] ließe sich daraus eine Pflicht des herrschenden Unternehmens entnehmen, das abhängige zu leiten. Dies würde bedeuten, daß dem herrschenden Unternehmen neben Unterlassungspflichten auch positive Leitungspflichten obliegen. Gegen die Annahme positiver finanzieller Verhaltensregeln spricht jedoch, daß auf diese Weise die Finanzierungsfreiheit und das grundsätzliche Finanzierungsermessen der Gesellschafter beschnitten würden. Positive Konzerngeschäftsführungspflichten sind dem geltenden Aktienkonzernrecht weitgehend fremd.[87] Zwar mag die Erweiterung des Schutzbereiches der §§ 300-302 AktG rechtspolitisch

85 *Priester*, ZIP 1989, 1301, 1304 f.

86 *Lutter*, ZGR 1982, 244, 265 ff; *ders.*, ZIP 1985, 1425, 1433 f.; *Uwe H. Schneider*, ZGR 1980, 511, 532; *ders.*, BB 1981, 249, 257 ff.

87 *Limmer*, S. 125; *Wiedemann/Hirte*, ZGR 1986, 163, 171.

wünschenswert erscheinen. Auf der Grundlage des geltenden Rechts sind zusätzliche Pflichten jedoch nicht begründbar.[88]

ccc) Konzernübergreifendes Cash-Management

Im Fall des konzernübergreifenden Cash-Managements könnte es dagegen dennoch naheliegen, das herrschende Unternehmen als verpflichtet anzusehen, dem abhängigen die jeweils benötigte Liquidität, unabhängig von der Ursache des Liquiditätsengpasses, zur Verfügung zu stellen. Dafür spricht, daß das abhängige Unternehmen aufgrund der beherrschungsvertraglichen Einbindung eine eigenverantwortliche Liquiditätsvorsorge nicht mehr betreiben kann. Auch bei zentraler Liquiditätsverwaltung bleibt es jedoch beim Vorrang des Konzerninteresses vor dem Einzelinteresse der Konzernglieder. Ferner sind im Grundsatz positive Finanzierungspflichten abzulehnen. Daher besteht auch aus konzernrechtlichen Gründen keine Pflicht des herrschenden Unternehmens, die abhängige Gesellschaft mit den notwendigen liquiden Mitteln zu versorgen. Vielmehr gewährleisten die Regeln über kapitalersetzende Darlehen, da sie im Tatbestand an Kapitalstruktur und Kreditwürdigkeit, also Liquidität anknüpfen, einen gewissen Liquiditätsschutz, und zwar in Form eines Bestandsschutzes für die im Zeitpunkt der Krise vorhandene Liquidität gegen Abzüge durch das herrschende Unternehmen.[89] Positive Liquiditätspflichten lassen sich daraus nicht herleiten.[90]

bb) Faktischer Konzern

aaa) Normzweck

Ob im faktischen Konzern eine Pflicht zur allgemeinen Liquiditätsausstattung besteht, hängt vom Zweck der Regeln über den faktischen Konzern ab. Die §§ 311 ff. AktG schützen das Eigeninteresse der abhängigen Gesellschaft,[91] wobei sich der Schutz aus der Kompensationspflicht für veranlaßte Nachteile ergibt. Die Gesellschaft soll aufgrund der faktischen Konzernierung gegenüber einer unabhängigen Gesellschaft keine Nachteile erleiden, aber auch keine Vorteile oder Besserstellung erlangen. Wie

88 *Priester*, ZIP 1989, 1301, 1305. Ablehnend auch *von Gerkan/Hommelhoff*, Kapitalersatz im Gesellschafts- und Insolvenzrecht, Rn. 1.59; *Hachenburg/Ulmer*, GmbHG, §§ 32a, b Rn. 44; *Rümker*, ZGR 1988, 494, 500 f.

89 *Rümker*, ZGR 1988, 494, 498 ff.; *Priester*, ZIP 1989, 1301, 1304 ff.

90 *Limmer*, S. 240 f.

91 *Koppensteiner*, in: Kölner Kommentar zum AktG, vor § 311 Rn. 4.

das unabhängige Unternehmen trägt das faktisch konzernierte Unternehmen das Risiko einer Zahlungsunfähigkeit. Daher würde ein konzernrechtlicher Liquiditätsversorgungsanspruch das abhängige Unternehmen grundlos privilegieren. Bestehen bereits im Vertragskonzern keine positiven Finanzierungsregeln, so ist dies im faktischen Konzern, der dem herrschenden Unternehmen kein Weisungsrecht einräumt, erst recht anzunehmen.[92] Demzufolge besteht im einfachen faktischen Konzern keine Liquiditätsverantwortung der Konzernspitze.[93]

bbb) Cash-Management

Hingegen soll auch im faktischen Konzern bei zentralisierter Konzernfinanzierung und Installierung eines Cash-Managements das herrschende Unternehmen verpflichtet sein, die Liquidität des einzelnen Konzernunternehmens sicherzustellen.[94] Fraglich ist zunächst, ob eine zentralisierte Konzernfinanzierung auf der Grundlage einer lediglich faktischen Konzernherrschaft überhaupt zulässig oder ob dadurch bereits die Grenze zum qualifiziert faktischen Konzern überschritten ist.[95] Um die Frage zu klären, muß man sich zunächst die Begriffsmerkmale einer qualifiziert

92 Eine andere, nämlich versicherungsaufsichtsrechtliche Erwägung spricht ebenfalls gegen eine allgemeine Konzernleitungspflicht: Bestünde eine solche, so würde sie mit dem Verständnis der h.M. von § 7 Abs. 2 VAG konfligieren. Da nämlich im Rahmen eines faktischen Konzerns über ein Nichtversicherungsunternehmen ein Versicherungsunternehmen zur Leitung über das abhängige Unternehmen verpflichtet wäre, würde es unzulässigerweise versicherungsfremde Geschäfte betreiben, so daß im Ergebnis ein faktischer Konzern mit einem Versicherungsunternehmen an der Spitze unzulässig sein müßte. Umgekehrt würde bei faktischer Konzernierung eines Versicherungsunternehmens durch ein Nichtversicherungsunternehmen dieses gegen den Spezialitätsgrundsatz des § 7 Abs. 2 S. 1 VAG verstoßen, da es zur unternehmerischen Leitung des Versicherungsunternehmens verpflichtet wäre. Mangels vertraglicher Vereinbarungen im Bereich faktischer Konzernierung wäre auch die Vereinbarung einer weisungseinschränkenden Klausel widersinnig.

93 *Eichholz*, S. 117.

94 *Uwe H. Schneider*, ZGR 1984, 497, 533-535.

95 So *Krieger*, in: MünchHdB AG, § 69 Rn. 27; unentschieden *Hoffmann-Becking*, in: Probleme des Konzernrechts, S. 68, 80 ff.; für Vereinbarkeit mit § 311 AktG *Koppensteiner*, in: Kölner Kommentar zum AktG, § 311 Rn. 103; § 18 Rn. 20 f. S. auch aus der Betriebswirtschaftslehre *Scheffler*, AG 1990, 178; *ders.*, Konzernmanagement, S. 45 ff.

faktischen Konzernierung vergegenwärtigen.[96] Danach reichen das Vorliegen eines Abhängigkeitsverhältnisses und die intensive Leitungsmacht als solche nicht aus. Hinzukommen muß ein objektiver Mißbrauch dergestalt, daß die Eigeninteressen der abhängigen Gesellschaft verletzt sind und ein Einzelausgleich nicht mehr durchführbar ist. Die Zentralisierung der Finanzen und ein zentrales Cash-Management sind im allgemeinen nicht von Nachteil, sondern bringen allen Beteiligten Vorteile.[97] Solange sich damit nicht im Einzelfall unangemessene Risiken[98] verbinden, sind solche Gestaltungen nicht nachteilig, und selbst wo Nachteile entstehen, sind diese bei ordentlicher Führung der Bücher im allgemeinen einem Einzelausgleich zugänglich. Voraussetzung ist allerdings eine ordnungsgemäße Abwicklung des Cash-Managements. Die Grenze zum qualifiziert faktischen Konzern wird dann überschritten, wenn die abhängige Gesellschaft infolge des Cash-Managements in völlige Abhängigkeit geraten ist und von vornherein keine Möglichkeit verbleibt, sich aus dieser Finanzierungsform zurückzuziehen (existentielle Abhängigkeit vom Cash-Management).

Es gibt jedoch Fälle, in denen die Einbeziehung der abhängigen Gesellschaft in ein konzernweites Cash-Management nachteilig ist. Das gilt z.B. dann, wenn die Kapitalüberlassung nicht marktüblich vergütet oder abgesichert wird. In derartigen Fällen hat das herrschende, das konzernweite Cash-Management praktizierende Unternehmen besonderes Augenmerk auf den Nachteilsausgleich bis zum Ende des Geschäftsjahres zu legen und in diesem Zusammenhang etwaige Salden abzusichern, um eine Haftung nach §§ 311, 317 AktG zu vermeiden. Dieses Ausgleichssystem ist auf Grundlage des geltenden Rechts abschließendes Instrumentarium, das abhängige Unternehmen zu schützen. Daneben ist kein Anlaß gegeben, zusätzliche Pflichten zu statuieren.

---

96 S. hierzu BGHZ 122, 123 ff.; zum qualifiziert faktischen AG-Konzern OLG Hamm, NJW 1987, 1030 ff.; LG Mannheim, DB 1990, 2011.

97 *Krieger*, ZGR 1994, 375-394, 386; *ders.*, in: Heidelberger Konzernrechtstage, S. 41, 54 f.; *Limmer*, DStR 1993, 765, 767; *Hommelhoff*, ZGR 1994, 395, 413.

98 S. hierzu BGHZ 122, 123, 132 ff.; *Ensthaler/Kreher*, BB 1995, 1422, 1428; *Ebenroth*, AG 1990, 188, 190; *Uwe H. Schneider*, ZGR 1984, 497, 499; *Drygala*, GmbHR 1993, 317, 324; *Limmer*, DStR 1993, 765, 767; *Burgard*, WM 1993, 925, 928; *Westermann*, in: Der qualifizierte faktische GmbH-Konzern, S. 33; *Hoffmann-Becking*, in: Probleme des Konzernrechts, S. 68, 81.

cc) Ergebnis

Im Ergebnis ist eine rechtliche Verpflichtung des herrschenden Unternehmens zur allgemeinen Liquiditätsausstattung abzulehnen, ohne Unterschied im Hinblick auf die Konzernform sowie die Art der Konzernfinanzierung.

3. Liquiditätssicherung durch Aufsichtsrecht

Aus aufsichtsrechtlicher Sicht ist ein konzernweites Cash-Management oder eine andere Form der Konzernfinanzierung dann bedenklich, wenn einzelne Kreditinstitute oder Versicherungsunternehmen durch die Teilnahme am konzerninternen Liquiditätsausgleich ihre subsidiäre, dezentrale Liquiditätssicherung vernachlässigen und hierdurch gegen den § 11 KWG bzw. den § 54 Abs. 1 VAG verstoßen.

a) Versicherungsaufsichtsrecht

Die Kapitalanlagevorschriften der §§ 54, 54a VAG sollen die Liquidität eines Versicherungsunternehmens sicherstellen. Die Kapitalanlage des gebundenen Vermögens muß so strukturiert sein, daß das Versicherungsunternehmen jederzeit seinen Zahlungsverpflichtungen nachkommen kann. Das aufsichtsbehördliche Rundschreiben R 4/95[99], das Hinweise zur Anlage des gebundenen Vermögens von Versicherungsunternehmen enthält, erteilt auch Hinweise zur Liquidität eines Versicherungsunternehmens. Nur im Ausnahmefall soll danach zur Sicherung der Zahlungsfähigkeit die Fremdkapitalaufnahme zulässig sein.[100] Der Anlagegrundsatz der Liquidität begrenzt somit den Liquiditätsabzug bzw. -austausch eines Versicherungsunternehmens. Zu bedenken ist darüber hinaus auch, daß aufgrund der Vorausleistungspflicht der Versicherungsnehmer Versicherungsunternehmen nur im Falle eines Überschadens mit einem Liquiditätsproblem konfrontiert werden.[101]

Problematisch ist aber die Einhaltung des Anlagegrundsatzes der jederzeitigen Liquidität dann, wenn ein Kreditinstitut, an dem ein Versicherungsunternehmen beteiligt ist bzw. über das es herrscht, viele weiche

---

99 VerBAV 1995, 358, 359.

100 R 4/95 sub II.3.b), VerBAV 1995, 358, 359. S. auch VerBAV 1988, 248; 1994, 126; 1995, 215. Krit. *Fahr/Kaulbach*, VAG, § 7 Rn. 10.

101 *Hesberg*, in: HdV, Stichwort: Finanzierung, S. 195, 197.

Patronatserklärungen abgibt. Dann stellt die Beteiligung bzw. die Darlehensvergabe eines Versicherungsunternehmens an dieses Kreditinstitut keine sichere Kapitalanlage mehr dar, da weiche Patronatserklärungen nicht bilanzierungspflichtig sind. Die Kreditwürdigkeit des Patrons wird jedoch an der Bilanz gemessen, so daß bei Vergabe vieler weicher Patronatserklärungen die mögliche Ausfallhaftung nicht mehr hinreichend genau bestimmt werden kann. Dies führt zu einer Erhöhung der Risikoposition des Versicherungsunternehmens und damit zu einer Gefährdung seiner Liquidität. Zwar tritt dieses Risiko sowohl bei verbundenen als auch unverbundenen Kreditinstituten auf, jedoch ist es im Finanzkonglomerat aufgrund der Kapitalverflechtung spezifisch erhöht. Ergänzend können Liquiditätsrisiken durch die Anlage in Wertpapieren und in Aktien hervorgerufen werden. Der Zuwachs der wirtschaftlichen Bedeutung der Aktienanlage aufgrund ihrer Verkehrsfähigkeit und Rendite einerseits und des stärkeren Anlagedrucks, dem sich Versicherungsunternehmen ausgesetzt sehen, andererseits ist aber auch mit größeren Risiken verbunden, da diese aufgrund der Kursschwankungen einen erhöhten Abschreibungsbedarf verursachen können, sofern sie nicht mit Derivativen abgesichert sind.[102]

b) Bankenaufsichtsrecht

Die Kreditinstitute müssen ihre Mittel so anlegen, daß jederzeit eine ausreichende Zahlungsbereitschaft gewährleistet ist, § 11 S. 1 KWG. Ob eine ausreichende Liquidität vorhanden ist, wird nach den Grundsätzen II und III zu § 11 KWG beurteilt.[103] Fraglich ist, ob diese Finanzierungsregeln einem konzernweiten Cash-Management aufsichtsrechtliche Grenzen ziehen. Zunächst ist festzustellen, daß Adressat der Finanzierungsregeln das einzelne Kreditinstitut ist. Ferner ist zu bedenken, daß zwar Interbankforderungen in Grundsatz III berücksichtigt sind, daß aber die pauschalierte Regelung nicht die Gegebenheiten des Verbundsystems bei den Genossenschaftsbanken und Sparkassen, in dem verfügbare Gelder zum Liquiditätsausgleich bei dem jeweiligen Zentralinstitut angelegt werden, erfaßt.[104] Dies bedeutet, daß die Finanzierungsregeln einem zentralen Cash-Management keine besonderen und unmittelbaren aufsichtsrechtlichen Grenzen ziehen. Ferner können sie nicht die Fähigkeit der Kredit-

102 S. hierzu o.V., ZfV 1997, 303.

103 S. zu Unzulänglichkeiten *Szagunn/Haug/Ergenzinger*, KWG, § 11 Rn. 6.

104 *Reischauer/Kleinhans*, KWG, Anhang 6 zu §§ 10 und 11, Grundsatz III, Rn. 48.

institute beschreiben, sich kurzfristig zusätzliche Liquidität zu verschaffen.[105] Zwar kann aufgrund der Grundsätze II und III die Liquiditätsvorsorge der Kreditinstitute beurteilt werden, Liquiditätsschwierigkeiten können jedoch, selbst bei Wahrung der Grundsätze, nicht gänzlich vermieden werden.[106] Die Sicherung der Liquidität stellt für Kreditinstitute eine größere und schwierigere Herausforderung als für Versicherungsunternehmen dar. Wie bei Versicherungsunternehmen ist die Anlage in Wertpapieren auch für Kreditinstitute besonders gefährlich, da diese aufgrund ihrer Fungibilität zu den Liquiditätsreserven zählen, jedoch bei Kursschwankungen zu Abschreibungsbedarf führen. Aufgrund der Kapitalanlage der Versicherungsunternehmen bei Kreditinstituten und umgekehrt können die Liquiditätsschwierigkeiten nicht mehr isoliert das Einzelunternehmen betreffen, sondern auch das beteiligte Unternehmen. Dabei ist risikoerhöhend zu berücksichtigen, daß Versicherungsunternehmen für Kreditinstitute die bedeutendste Möglichkeit zur Refinanzierung darstellen.[107]

c) Folgerungen

Im Ergebnis ist die Konzernspitze eines Finanzkonglomerats aufgrund des durchgeführten Finanzmanagements keiner rechtlichen Haftungsverpflichtung ausgesetzt. Umgekehrt bestehen aber für das abhängige Unternehmen Risiken, die durch übermäßigen Abzug eigener Liquidität verursacht werden können. Aufgrund der internen Finanzierungsbeziehungen entstehen Schuldner-Gläubiger-Verhältnisse, deren Forderungen mit einem Ausfallrisiko belastet sind. Risiken bestehen aber auch im Rahmen der konzerninternen Finanzierung durch eine Erhöhung des Kapitalanlagerisikos der Versicherungsunternehmen aufgrund weicher Patronatserklärungen des verbundenen Kreditinstituts. Hier ist zwar keine Ansteckungsgefahr im Sinne einer Mithaftung gegeben. Jedoch wird dadurch die eigene Risikoposition erhöht. Schließlich bestehen u.U. Risiken für Versicherungsunternehmen aus der großen Refinanzierungsbedeutung für Kreditinstitute, für die die Liquiditätssicherung nicht immer beherrschbar ist. Ebenso

105 *Burghof/Rudolph*, Bankenaufsicht, S. 184.

106 *Reischauer/Kleinhans*, KWG, Anhang 6 zu §§ 10 und 11, Grundsatz III, Rn. 46; *Burghof/Rudolph*, Bankenaufsicht, S. 184.

107 S. *GDV*, Jahrbuch 1996, 100: Über 86% des Anlagebestands waren Ende 1995 bei öffentlich-rechtlichen und privatrechtlichen Kreditinstituten angelegt. Ferner wurden 11,1 Milliarden DM in Festgeldern, Termingeldern und Spareinlagen investiert. S. auch *Walker*, The International Lawyer, vol. 30 no. 1, spring 1996, S. 57, 66 ff.

können Finanzierungsvorgänge in der Gruppe die Einhaltung der Liquiditätsgrundsätze durch das Kreditinstitut gefährden. Häufig werden gefährliche Finanzierungsbeziehungen durch Interessenkollisionen verursacht; diese können aufsichtsrechtlich durch die Aktionärs- und Geschäftsleiterkontrolle gesteuert werden.

4. *Kapitalerhaltung beim aufsteigenden Darlehen*

a) *Kapitalerhaltungsgrundsatz und Durchbrechung*

Gemäß § 57 Abs. 1 S. 1 AktG dürfen den Aktionären die Einlagen nicht zurückgewährt werden. Ferner steht den Aktionären lediglich der Bilanzgewinn zu, § 58 Abs. 4 AktG. Zu Unrecht gewährte Leistungen, die auch in nicht marktgerecht verzinsten Darlehen bestehen können, müssen von den Aktionären gemäß § 62 AktG zurückgewährt werden. Im Anschluß an die steuerrechtliche Terminologie wird die Einlagenrückgewähr auch als verdeckte Gewinnausschüttung bezeichnet.[108] In verbundenen Unternehmen kommen verdeckte Ausschüttungen nicht nur an das Mutterunternehmen vor, sondern ebenso an andere Unternehmen, insbesondere im internationalen Unternehmensverbund. Insoweit wird es regelmäßig wechselseitig an der Eigenschaft als Gesellschafter fehlen. Schwestergesellschaften sind insoweit „Dritte". Tatsächlich entsprechen diese Vorgänge aber einer konzernweiten Strategie des Mutterunternehmens. Daher sind

---

108 Zinsvorteile können steuerlich als verdeckte Gewinnausschüttung oder verdeckte Einlage zu qualifizieren sein, *Knobbe-Keuk*, Bilanz- und Unternehmenssteuerrecht, S. 643; *Tipke/Lang*, Steuerrecht, § 11 Rn. 54. Eine Konkretisierung steuerrechtlich angemessener konzerninterner Darlehenszinsen liefern die Verwaltungsgrundsätze zu § 1 AStG (Außensteuergesetz) für die Einkommensabgrenzung international verbundener Unternehmen, BMF 23.2.1983, BStBl I 1983, S. 218-233. Dem das internationale Steuerrecht prägenden „dealing at arm's length"-Grundsatz liegt im wesentlichen der gleiche Fremdvergleichsmaßstab zugrunde wie den Instituten der verdeckten Gewinnausschüttung und der verdeckten Einlage mit der Rechtsfigur des ordentlichen und gewissenhaften Geschäftsführers. Nach den Verwaltungsgrundsätzen dient als Vergleich für konzerninterne Darlehen der Zinssatz, zu dem Banken Kredit gewähren. Abweichend von diesem Sollzins der Banken kann die Prüfung des Einzelfalls auch andere Zinssätze rechtfertigen. Kritisch zur Ausrichtung des Fremdvergleichs bei der Kreditvergabe durch Kreditinstitute *Mannheimer*, S. 46 f. Nur im Fall der steuerrechtlichen Organschaft sind verdeckte Gewinnausschüttungen anerkannt.

Zuwendungen an die Schwester- oder sonstige Konzerngesellschaft wie eine Leistung an die Mutter zu behandeln.[109]

In Konzern- und Abhängigkeitsverhältnissen weicht die Kapitalerhaltung von diesen Grundsätzen ab. Für den Vertragskonzern hebt § 291 Abs. 3 AktG die Bindung an die Kapitalerhaltungsvorschriften auf. Im faktischen Konzern wird der Widerspruch zwischen §§ 57, 58 Abs. 5, 60 und 62 AktG einerseits und § 311 AktG andererseits dadurch gelöst, daß § 311 AktG lex specialis und dadurch die strikte Vermögensbindung insoweit gelockert ist.[110] Im Ergebnis kann es somit im Konzern zu zulässigen verdeckten Gewinnausschüttungen im Rahmen der konzerninternen Darlehensvergabe kommen.

b) Organkompetenzen

Das abhängige Unternehmen könnte jedoch mittelbar aufgrund der eigenen Verantwortung des Vorstands vor verdeckten Gewinnausschüttungen geschützt sein. Im Vertragskonzern ist der Vorstand jedoch gemäß § 308 Abs. 2 AktG verpflichtet, einer Weisung des herrschenden Unternehmens Folge zu leisten. Damit muß auch nachteiligen Weisungen, sofern sie rechtmäßig sind, d.h. auf dem Beherrschungsvertrag gründen, entsprochen werden.[111] Dagegen besteht im faktischen Konzern eine solche Folgepflicht nicht.[112] Es verbleibt bei der Geltung des § 76 AktG, wonach der Vorstand unter eigener Verantwortung die Gesellschaft zu leiten hat. Konsequenz einer vom Vorstand des abhängigen Unternehmens befolgten rechtswidrigen Weisung, d.h. einer solchen, die nicht durch den Nachteilsausgleich kompensiert wird, kann u.U. eine Haftung gemäß § 93 AktG

---

109 *Lutter*, in: FS f. Stiefel, S. 505, 531 f.; BGH WM 1981, 1201.

110 H.M. OLG Stuttgart, AG 1994, 411, 412; *Koppensteiner*, in: Kölner Kommentar zum AktG, § 311 Rn. 107; *Kropff*, in: Geßler/Hefermehl, AktG, § 311 Rn. 65, 103; *Hüffer*, AktG, § 311 Rn. 49: Danach sind Leistungen der abhängigen Gesellschaft an die herrschende Gesellschaft keine unzulässigen verdeckten Gewinnausschüttungen, wenn der mit ihnen verbundene Nachteil ausgeglichen wird. Voraussetzung aber ist, daß die nachteilige Maßnahme im Interesse des herrschenden Unternehmens oder eines (anderen) mit ihm verbundenen Unternehmens liegt. Ein Rechtsanspruch auf Nachteilsausgleich besteht allerdings nicht. Eine Nachteilszufügung aus sonstigen Interessen ist rechtswidrig. Hierfür verbleibt es bei der Anwendung der allgemeinen Kapitalerhaltungsvorschriften.

111 Vgl. hierzu *Hüffer*, AktG, § 308 Rn. 20 ff.

112 H.M. *Koppensteiner*, in: Kölner Kommentar zum AktG, § 311 Rn. 90; *Kropff*, in: Geßler/Hefermehl, AktG, § 311 Rn. 29; *Hüffer*, AktG, § 311 Rn. 48.

sein.[113] Konzernrechtlich ist es somit aufgrund der Verteilung der Organkompetenzen lediglich im faktischen Konzern möglich, verdeckte Gewinnausschüttungen zu Lasten des abhängigen Unternehmens abzuwenden.

c) Aufsteigende konzerninterne Darlehen und Aufsichtsrecht

aa) Vorfragen

Fraglich ist zunächst, ob Zahlungsströme, die aufgrund einer zentralen Konzernfinanzierung bzw. eines Cash-Managements zwischen den verbundenen Unternehmen fließen, unter den Begriff des Darlehens i.S.d. BGB subsumiert werden können oder als Verwahrungsverträge sui generis einzuordnen sind.[114] Für die rechtliche Beurteilung kommt es nicht auf die wirtschaftlichen Zielsetzungen, die mit der Darlehensvergabe verbunden sind, an. Auch daß organisationsrechtliche Maßgaben des Konzernrechts in Form von Konzernleitungsmaßnahmen eine Rolle spielen, steht der Einordnung als Darlehen nicht entgegen. Für die Einordnung dieser Zahlungsströme als Darlehen spricht darüber hinaus die Tatsache, daß ansonsten diese Zahlungen in jedem Fall als verdeckte Gewinnausschüttung bzw. verdeckte Einlage zu behandeln wären.[115]

Des weiteren ist fraglich, ob die Gewährung und die Annahme konzerninterner Darlehen als Bankgeschäfte i.S.d. § 1 Abs. 1 S. 2 Nr. 1 und 2 KWG anzusehen sind.[116] Versicherungsunternehmen sind von der Aufsicht nach dem KWG im Hinblick auf die eigentümlichen Geschäfte der Versicherungsunternehmung freigestellt, § 2 Abs. 1 Nr. 5, Abs. 3 KWG. Soweit „sie Bankgeschäfte betreiben, die nicht zu den ihnen eigentümlichen Geschäften gehören“, unterliegen sie aber der Aufsicht nach dem KWG, weil dann kein Raum für die Freistellung gegeben ist, wenn sich ein solches Unternehmen im Bereich des allgemeinen Kreditgewerbes betätigt.[117] Zu den eigentümlichen Geschäften eines Versicherungsunternehmens gehört auch die Kapitalanlage in Form von Darlehen oder die Finanzierung eines abgeschlossenen Funktionsausgliederungsvertrages durch ein Darlehen. Daher unterfallen konzerninterne Darlehen im Rahmen der Kapitalanlagen dem Begriff der „eigentümlichen Geschäfte“.

---

113 Zu den insoweit streitigen Fragen s. OLG Hamm, AG 1995, 512, 516 m.w.N.

114 Gegen die Einordnung als Darlehen *Hommelhoff*, WM 1984, 1105, 1106.

115 S. hierzu *Eichholz*, S. 42 f.

116 Dieser Ansicht ist *Szagunn/Haug/Ergenzinger*, KWG, § 1 Rn. 33. In diese Richtung tendierend *Uwe H. Schneider*, ZGR 1984, 497, 500.

117 *R. Schmidt*, in: Prölss, VAG, Vorbem. Rn. 144.

Darüber hinaus ist zu berücksichtigen, daß die Zahlungsströme innerhalb einer zentralen Konzernfinanzierung andere Zielsetzungen als das Einlagen- und Kreditgeschäft verfolgen.[118] Konzerninterne Darlehen dienen nämlich der Eigenbedarfsdeckung und nicht gewerblichen Zwecken. Somit unterliegen auch Holdinggesellschaften, die in einen konzerninternen Finanzierungsverbund einbezogen sind, nicht der Bankenaufsicht. Im Ergebnis ist bei konzerninternen Zahlungsverflechtungen der Anwendungsbereich des KWG nicht eröffnet.

bb) Risikobegrenzung durch Aufsichtsrecht

aaa) Höhenbegrenzung

Gruppeninterne Darlehen können eine verdeckte Gewinnausschüttung zugunsten des herrschenden Unternehmens darstellen und sich insofern auf die Solvenz der beaufsichtigten Unternehmen und damit auf die Erfüllbarkeit der Versicherungsverträge bzw. die Stellung des Einlegers auswirken. Daher sehen bereits die geltenden Anlagevorschriften und Großkreditvorschriften Zulässigkeitsgrenzen vor.[119] Insbesondere wird eine Anlage des gebundenen Vermögens eines Versicherungsunternehmens in Form eines marktunüblichen Darlehens mit dem allgemeinen Anlagegrundsatz (Rentabilität) des § 54 Abs. 1 VAG konfligieren und daher aufsichtsbehördlich beanstandet werden können. Versicherungsunternehmen sind weiterhin hinsichtlich der Fremdkapitalaufnahme durch die aufsichtsbehördliche Praxis beschränkt. Ob sich dieses Kreditaufnahmeverbot mit dem aus dem VAG abgeleiteten Verbot versicherungsfremder Geschäfte gemäß § 7 Abs. 2 VAG rechtfertigen läßt, ist allerdings zu bezweifeln. Das Verbot der Fremdkapitalaufnahme kann jedenfalls nicht für aus freien Vermögen finanzierte Kapitalanlagen und Beteiligungen oder einen Kontokorrentkredit gelten. Versicherungsunternehmen ist schließlich die Fremdmittelaufnahme zur Deckung der Solvabilitätsanforderungen gestattet.[120] Ebenfalls sind den Kreditinstituten dann Schranken für die Darlehensvergabe gesetzt, wenn sie den Anforderungen an die Liquiditätsvorsorge nicht mehr entsprechen, § 11 KWG.

---

118 Vgl. *Eichholz*, S. 57 ff., 66, 68; *Uwe H. Schneider*, ZGR 1996, 225, 235. Ebenso *Büschgen*, WM 1995, 733.

119 Zur verbleibenden Gefahr *Hohlfeld*, VW 1995, 564, 568.

120 *Fahr/Kaulbach*, VAG, § 7 Rn. 10.

bbb) Entgeltkontrolle

Der Risikobegrenzung dient auch eine Entgeltkontrolle nach dem Fremdverhaltensgrundsatz, da marktunübliche Vereinbarungen langfristig die Eigenkapitalbasis des Unternehmens aushöhlen können. Der Fremdverhaltensgrundsatz besagt, daß als Entgelt für eine erhaltene Leistung derjenige Betrag zu vereinbaren ist, den ein ordentlicher und gewissenhafter Geschäftsleiter auch mit einem nicht verbundenen Unternehmen vereinbaren würde. Dieser Grundsatz gilt weitgehend im deutschen Konzern- und Steuerrecht. Ausnahmen bestehen im Vertragskonzern und bei der steuerrechtlichen Organschaft.

Nach § 53d VAG ist eine spezielle Entgeltkontrolle nach diesem Grundsatz für Dienstleistungen (Dienst-, Werk-, Miet- und Pachtverträge sowie Verträge vergleichbarer Art), die ein Versicherungsunternehmen von einem verbundenen Nichtversicherungsunternehmen in Anspruch nimmt, vorgesehen. Fraglich ist, ob § 53d VAG auf konzerninterne Darlehen angewendet, d.h. ob der Vertragstyp Darlehen unter den Wortlaut „Verträge vergleichbarer Art" subsumiert werden kann. Wird bei der Ausfüllung des unbestimmten Rechtsbegriffs von „Verträgen vergleichbarer Art" auf das den aufgezählten Vertragstypen weitgehend gemeinsame Element der Dauer abgestellt, so könnten sämtliche Dauerschuldverhältnisse erfaßt sein, während Fälle einmaligen Leistungsaustausches (z.B. Kauf) nicht unter die Regelung subsumiert werden sollen. Da es sich bei Darlehen um Dauerschuldverhältnisse handelt,[121] könnten somit Darlehen vom Anwendungsbereich des § 53d VAG erfaßt sein.[122] Für die Einbeziehung der Darlehen in den Anwendungsbereich des § 53d VAG spricht zwar, daß Darlehen wirtschaftlich gesehen mit Miete und Pacht insofern vergleichbar sind, als es sich um eine Nutzungsüberlassung auf Zeit gegen Entgelt handelt. Jedoch spricht dagegen, daß im Wirtschaftsleben zwischen Dienstleistungs- und Kapitalverkehr unterschieden wird. Eine Subsumtion unter den Wortlaut des § 53d VAG wäre dann möglich, wenn der Dienstleistungsbegriff des Art. 60 EGV gelten würde. Danach sind Dienstleistungen Leistungen, die in der Regel gegen Entgelt erbracht werden. Darunter fallen auch sämtliche Finanzdienstleistungen, also auch Darlehensverträge. Jedoch ist § 53d VAG als Norm erlassen worden, um das nationale Versicherungsaufsichtsrecht fortzuentwickeln und lediglich den Rechtsgedanken aus Art. 13 Abs. 2 und Art. 14 Abs. 1 der Ersten

121 *Larenz*, Schuldrecht, § 51 I; *Palandt/Putzo*, BGB, Einf. vor § 607 Rn. 2.

122 So *Fahr/Kaulbach*, VAG, § 53d Rn. 3. A.A. *Kagelmacher*, S. 74 f.; *Zimmerer*, S. 182.

Richtlinie Leben aufzunehmen, wonach die Aufsichtsbehörden dafür zu sorgen haben, daß Schadenversicherungsunternehmen, die mit einem Lebensversicherungsunternehmen verbunden sind, nicht deren Rechenergebnisse durch gegenseitige Abmachungen oder durch irgendwelche Vereinbarungen verfälschen.[123] Da mittels Darlehen Rechenergebnisse verfälscht werden können, ließe sich eine Einbeziehung rechtfertigen. Jedoch spricht entscheidend gegen die Einbeziehung, daß § 53d VAG diesen Vertragstyp nicht ausdrücklich in seinen Wortlaut aufgenommen hat, obwohl er zu den wichtigsten geregelten Vertragstypen des BGB gehört und daher der Gesetzesbegründung zufolge hätte Aufnahme finden müssen. Der Kapitalverkehr im Unternehmensverbund hat mindestens eine dem gesamten Dienstleistungsverkehr vergleichbare Bedeutung und stellt einen selbständigen Regelungsbereich dar, der von § 53d VAG nicht erfaßt wird. Möglicherweise wurde der Anwendungsbereich des § 53d VAG deshalb nicht ausdrücklich auf Darlehen ausgedehnt, weil man glaubte, durch das aus § 7 Abs. 2 S. 1 VAG abgeleitete grundsätzliche Verbot der Fremdkapitalaufnahme für Versicherungsunternehmen[124] den Regelungsbereich der Darlehensvergabe durch Nichtversicherungsunternehmen an Versicherungsunternehmen ausreichend erfaßt zu haben. Darüber hinaus enthält § 53c Abs. 3b VAG eine besondere Vorschrift, wie der Darlehensvertrag zur Eingehung nachrangiger Verbindlichkeiten beschaffen sein muß, damit eine Anrechnung auf die Eigenmittel möglich ist. Nach § 53c Abs. 3b Nr. 3 VAG ist die Stellung vertraglicher Sicherheiten durch das Versicherungsunternehmen ausdrücklich untersagt. Insofern wäre § 53c Abs. 3b VAG als lex specialis gegenüber § 53d VAG anzusehen. Für eine analoge Anwendung des § 53d VAG auf Darlehen bleibt kein Raum, da nach der Gesetzesbegründung die Regelung des § 53d VAG bewußt lückenhaft gestaltet wurde, um über mögliche Ergänzungen noch nachzuverhandeln.[125] Somit fehlt es an einer unbewußten Regelungslücke als Voraussetzung für eine analoge Anwendung einer Rechtsnorm. Unbillige Entgelte zu Lasten von Versicherungsunternehmen unterliegen aber als Mißstand der laufenden Aufsicht gemäß § 81 VAG, sofern Versichertenrechte auf Gewinnbeteiligung betroffen sind.

Das Bankenaufsichtsrecht sieht keine besondere aufsichtsrechtliche Entgeltkontrolle vor. Es verbleibt somit bei den allgemeinen Maßnahmen aufgrund § 45 KWG, wonach bei unzureichendem Eigenkapital oder mangelnder Liquidität die Gewährung von Krediten untersagt oder be-

123 BT-Drs. 9/1493, S. 24.
124 Vgl. VerBAV 1995, 215; 1988, 248; GB BAV 1989, 51; 1990, 57.
125 BT-Drs. 9/1493, S. 24 f.

schränkt werden kann. Hinzu kommt die Möglichkeit eines Eingreifens aufgrund der neuen allgemeinen Mißstandskontrolle nach § 6 Abs. 3 KWG n.F.

ccc) Abzugsregelung

Der Risikobegrenzung dienen mittelbar Bestimmungen über den obligatorischen Abzug von Darlehen vom Eigenkapital des Kreditgebers, die anderen Unternehmen derselben Gruppe gewährt werden. Nach § 10 Abs. 2 S. 2, Abs. 4 S. 4 KWG sind Kredite an einflußreiche Gesellschafter oder sonstige Eigentümer dann vom Eigenkapital abzuziehen, wenn sie nicht ausreichend banküblich gesichert sind oder nicht zu marktmäßigen Bedingungen gewährt werden. Da Kreditinstitute aufgrund der eigenkapitalbezogenen Aufsichtsnormen im Engpaßfall gezwungen sind, die subtrahierten Eigenkapitalbeträge durch alternative Eigenkapitalformen mit entsprechenden Beschaffungskosten zu ersetzen, werden sie bei einer angespannten Eigenkapitalsituation Kredite an die betreffenden Gesellschafter mit einer marktkonformen Verzinsung belegen. Fraglich ist, ob ein Abzug vorzunehmen ist, wenn beide Bedingungen fehlen oder auch, wenn nur eine fehlt. Zur Beurteilung dieser Frage ist auf den Gesetzeszweck abzustellen. Danach bezweckt die Abzugsregelung, daß die Eigenfinanzierung von Kapitaleinlagen verhindert und daß das Eigenkapital des Kreditinstituts durch die Gesellschafter im Wege der Kreditinanspruchnahme nicht ausgehöhlt wird.[126] Aufgrund der Gesetzesintention kann ein Abzug demzufolge nur unterbleiben, wenn beide Bedingungen erfüllt sind. Dieses Ergebnis wird auch durch den Wortlaut „oder" gestützt.[127] Das VAG sieht einen solchen zwingenden Abzug nicht vor.

ddd) Organkompetenzen und Interessenkonflikte

Der Vermeidung von Interessenkonflikten und damit mittelbar der Risikobegrenzung dient die Stärkung der Geschäftsleiter bzw. die Kontrolle der Inhaber bedeutender Beteiligungen auf ihre Zuverlässigkeit. Solche Vorschriften enthalten beide Aufsichtssysteme. Ferner steuern besondere Beschlußfassungsvorschriften mögliche Interessenkonflikte. Hierzu sieht das KWG besondere Anforderungen für die Vergabe von sog. Organkrediten an verbundene Unternehmen oder auch von Großkrediten vor.

---

126 *Szagunn/Haug/Ergenzinger*, KWG, § 10 Rn. 29; *Reischauer/Kleinhans*, KWG § 10 Anm. 35; *Henke*, WM 1985, 41.

127 S. hierzu *Szagunn/Haug/Ergenzinger*, KWG, § 10 Rn. 29; *Reischauer/Kleinhans*, KWG, § 10 Anm. 37 f.

d) Folgerung

Eine eigenständige aufsichtsrechtliche Entgeltkontrolle zur Vermeidung verdeckter Gewinnausschüttungen aufgrund konzerninterner Darlehen zu Lasten des abhängigen Unternehmens findet weder nach dem VAG noch nach dem KWG statt. Jedoch begrenzen die Anlagevorschriften und die Abzugsregelung mittelbar die Befolgung nachteiliger Weisungen. Ferner ist die Organkompetenz des Geschäftsleiters des abhängigen Unternehmens gestärkt, so daß er im Zweifel nicht jeder nachteiligen Weisung Folge leisten wird.

5. Das absteigende Darlehen als eigenkapitalersetzende Leistung

a) Eigenkapitalersetzende Darlehen

Darlehen eines Gesellschafters an die Gesellschaft unterliegen keinen Beschränkungen und keinem Sonderrecht, sofern sie zu marktgerechten Bedingungen gewährt werden.[128] Kredite des Gesellschafters an die Gesellschaft können dann Probleme aufwerfen, wenn die Gesellschaft Finanzmittel benötigt. Leistungen sind dann als eigenkapitalersetzend zu bewerten, wenn ein ordentlicher Kaufmann der Gesellschaft statt dessen Eigenkapital zugeführt hätte. Nach der Rechtsprechung ist Kapitalersatzfunktion von Darlehen anzunehmen, wenn sie im Zeitpunkt der Kreditunwürdigkeit der Gesellschaft gegeben oder stehengelassen wurden. Die Rechtsprechung hat – zunächst für die GmbH, später auch für die Aktiengesellschaft – besondere Regeln für Gesellschafterdarlehen im Hinblick auf die Rückzahlbarkeit entwickelt.[129] Bei Eintritt der Kreditunwürdigkeit müssen es hiernach die Gesellschafter hinnehmen, daß ihre Darlehen als Eigenkapital behandelt werden.

Im Vertragskonzern hebt § 291 Abs. 3 AktG die auf Einzelgesellschaften bezogenen Kapitalerhaltungsvorschriften für Leistungen aufgrund eines Beherrschungs- oder Gewinnabführungsvertrags auf. Daher wird vertreten, daß es sich bei diesen Normen um ein eigenständiges und abschließendes System handele und daher für die Anwendung der Grund-

128 *Lutter*, in: Kölner Kommentar zum AktG, § 57 Rn. 84.

129 RG JW 1939, 355; BGHZ 31, 271; 76, 326; 90, 370; 90, 381, 389; OLG Düsseldorf, DB 1987, 40. *Lutter*, in: Kölner Kommentar zum AktG, § 57 Rn. 87; *Hüffer*, AktG, § 57 Rn. 17 f.; *Henze*, HRR zum Aktienrecht, S. 92 f. Zur gegenwärtigen Diskussion über das Recht des Eigenkapitalersatzes s. *v. Gerkan*, ZGR 1997, 173-205.

sätze der kapitalersetzenden Gesellschafterdarlehen im Vertragskonzern kein Raum sei.[130] Dagegen bestehen Bedenken. Die Verlustübernahmeverpflichtung schützt nicht im Fall der Kreditunwürdigkeit der gesamten Gruppe. Der konzernrechtliche Schutz der Liquidität der Tochtergesellschaft schließt die Anwendbarkeit der Grundsätze über eigenkapitalersetzende Darlehen nicht aus. Zu berücksichtigen ist aber, daß Darlehen, die die Muttergesellschaft ihrem vertragsabhängigen Tochterunternehmen zur Verfügung gestellt hat, solange nicht kapitalersetzend sind, wie die Kreditwürdigkeit des Tochterunternehmens durch eine hinreichende Sicherung ihres Anspruchs aus § 302 AktG gewährleistet ist.[131] Entsprechendes gilt für den qualifiziert faktischen Konzern.[132] Auch im faktischen Konzern sind die Regelungen der §§ 311 ff. AktG nicht abschließend.[133] Bei Minderheitsbeteiligungen steht einer Anwendung der Grundsätze über eigenkapitalersetzende Darlehen nichts entgegen. Das Haftungsrisiko kann aber dadurch reduziert werden, daß die Beteiligung des Versicherungsunternehmens oder des Kreditinstituts an dem Beteiligungsunternehmen 25% der Anteile nicht übersteigt.[134]

Im umgekehrten Fall, daß das Tochterunternehmen bzw. das Beteiligungsunternehmen dem Mutterunternehmen ein Darlehen gewährt, finden die Grundsätze über eigenkapitalersetzende Darlehen keine Anwendung, da es an der Doppelrolle von Gesellschafter und Fremdkapitalgeber fehlt und somit die Finanzierungsverantwortung, die an die Gesellschafterstellung geknüpft ist, entfällt.[135]

b) Anwendbarkeit der Regeln über eigenkapitalersetzende Aktionärsdarlehen im Finanzkonglomerat

aa) Verhältnis: Kreditinstitut und Versicherungsunternehmen und vice versa

Fraglich ist, ob die Regeln über eigenkapitalersetzende Aktionärsdarlehen[136] im Finanzkonglomerat anwendbar sind. Sowohl Kreditinstitute als auch Versicherungsunternehmen können ihre Solvabilitätsmarge in Grenzen mit nachrangigen Darlehen bedecken. Zwingende Voraussetzung für

130 *Eichholz*, S. 162.
131 *Ketzer*, S. 91 ff., 105; *Lutter*, in: Kölner Kommentar zum AktG, § 57 Rn. 101.
132 *Ketzer*, S. 112; *Lutter*, in: Kölner Kommentar zum AktG, § 57 Rn. 102.
133 *Ketzer*, S. 109; *Lutter*, in: Kölner Kommentar zum AktG, § 57 Rn. 103; a.A. *Eichholz*, S. 164 ff.
134 BGHZ 90, 381.
135 *Eichholz*, S. 168 f.
136 *Hüffer*, AktG, § 57 Rn. 16 ff.

die Anerkennung von nachrangigen Verbindlichkeiten als Eigenkapital bei Kreditinstituten und Versicherungsunternehmen ist, daß das aufgrund der Eingehung nachrangiger Verbindlichkeiten eingezahlte Kapital mit einer Nachrangvereinbarung verbunden ist, § 10 Abs. 5a S. 1 Nr. 1 KWG, § 53c Abs. 3b Nr. 1 VAG. Ferner ist für die Eigenkapitalaufbringung von Versicherungsunternehmen folgendes zu beachten: Zwar ist es mit § 7 Abs. 2 VAG vereinbar, wenn ein Versicherungsunternehmen über die in § 53c Abs. 3c VAG genannten Grenzen Kapital gegen Eingehung nachrangiger Verbindlichkeiten aufnimmt. Jedoch wird eine Anrechnung auf die Eigenmittel vom BAV nicht zugelassen.[137] Befinden sich die beaufsichtigten Versicherungsunternehmen bzw. Kreditinstitute bereits in der Krise oder können sie die Eigenkapitalanforderungen nicht erfüllen, greifen bereits aufsichtsrechtliche Mechanismen ein. Daher spielen eigenkapitalersetzende Darlehen im wechselseitigen Verhältnis von Kreditinstituten und Versicherungsunternehmen keine Rolle.

bb) Öffentlich-rechtliche Unternehmen

Öffentlich-rechtliche Kreditinstitute und Versicherungsunternehmen sind mit ihren öffentlich-rechtlichen Gebietskörperschaften durch die Haftungsformen der Anstaltslast und der Gewährträgerhaftung verbunden.[138] Durch diese kraft öffentlichen Rechts bestehende Finanzierungsverantwortung des Anstaltsträgers, die zur Folge hat, daß ein Konkurs der Anstalt oder Körperschaft faktisch nicht eintreten kann bzw. aus Rechtsgründen (Ausschluß der Konkursfähigkeit in Landesgesetzen) nicht möglich ist, sind die Gläubiger hinreichend gesichert. Es besteht somit kein Bedürfnis, die Regeln über eigenkapitalersetzende Gesellschafterdarlehen im Bereich öffentlich-rechtlicher Kreditinstitute oder Versicherungsunternehmen zugunsten der Gläubiger anzuwenden.[139]

cc) Verhältnis: Versicherungsunternehmen bzw. Kreditinstitut und Beteiligungsunternehmen

Darlehen an Beteiligungsunternehmen, die nicht Versicherungsunternehmen oder Kreditinstitut sind, können unter den genannten Voraus-

137 Vgl. zur analogen Rechtslage bei Genußrechten VerBAV 1992, 266. Vgl. zur früheren gegenteiligen Auffassung VerBAV 1988, 248; *Angerer*, ZVersWiss 1989, 107, 120. S. auch *Fahr/Kaulbach*, VAG, § 53c Rn. 22 und 5. Kap. A. IV. 2. a) bb).

138 Vgl. *Uwe H. Schneider*, in: FS f. Riesenfeld, S. 237, 241 ff., 247 ff.

139 *Rümker*, ZGR 1988, 494, 508; Diskussionsbericht, ZGR 1988, 518.

setzungen als Eigenkapitalersatz gewertet werden.[140] Denn bedeutsamer Unterschied ist hier, daß für diese unbeaufsichtigten Beteiligungsunternehmen keine Mindesteigenkapitalanforderungen bestehen. Insofern setzen sich Versicherungsunternehmen und Kreditinstitute einem Haftungsrisiko, nämlich der Uneinbringlichkeit des verausgabten Darlehens, aus. Das Risiko der Inanspruchnahme wegen eigenkapitalersetzender Darlehen im Finanzkonglomerat wird für Versicherungsunternehmen reduziert, aber nicht ausgeschlossen durch § 82 VAG, aufgrund dessen eine risikoreiche Beteiligung untersagt werden kann,[141] für Kreditinstitute durch die Großkreditvorschriften. Solvenzgefahren, die sich aus der Vergabe von Darlehen an Beteiligungsunternehmen ergeben, müssen durch das Frühwarnsystem der Solvabilitätsvorschriften aufgefangen werden.

Ferner gelten bei Konzerntöchtern, die aufgrund eines Beteiligungsverhältnisses mit einem Kreditinstitut einen Konzern i.S.v. § 19 Abs. 2 Nr. 1 KWG bilden und von diesem Kreditinstitut Kredite erhalten, für diese Kredite grundsätzlich auch die Vorschriften der §§ 13-18 KWG. Die Ansicht[142], daß nach § 19 Abs. 2 KWG das Mutterinstitut und die Töchter als ein Kreditnehmer anzusehen seien, folglich das Kreditinstitut sich nicht selbst einen Kredit gewähren könne und deshalb die den Tochtergesellschaften gewährten Kredite von den Vorschriften der §§ 13-18 KWG ausgenommen sein müßten, verkennt den Sinn der Vorschrift des § 19 Abs. 2 Nr. 1 KWG. Hiermit sollen nämlich alle Risiken erfaßt werden, die in der engen und finanziellen Verflechtung des Konzerns liegen.[143] Diese Auslegung wird auch durch die Vorschrift des § 15 Abs. 1 Nr. 9 KWG gestützt, wonach Kredite zu Organkrediten werden, wenn das Kreditinstitut bereits mit mehr als 25% des Kapitals an dem kreditnehmenden Unternehmen beteiligt ist. Nach § 19 Abs. 2 S. 3 KWG gilt die Zusammenfassung zu einer Kreditnehmereinheit nicht bei gruppeninternen Krediten innerhalb einer Kreditinstituts- oder Finanzholdinggruppe. Diese Ausnahme betrifft aber nur die Großkreditregelung, nicht jedoch die Fälle der §§ 14-18 KWG.

---

140 S. zur Bedeutung z.B. *Deutscher Sparkassen- und Giroverband*, Jahresbericht 1994, S. 58 f.

141 *Kollhosser*, in: Prölss, VAG, § 82 Rn. 2. S. aber auch noch krit. 5. Kap. E. II. 5. c).

142 S. hierzu, jedoch ohne weiteren Nachweis, *Reischauer/Kleinhans*, KWG, § 19 Rn. 31.

143 *Reischauer/Kleinhans*, KWG, § 19 Rn. 31.

c) Ergebnis

Eine Inanspruchnahme wegen eigenkapitalersetzender Darlehen ist im Finanzkonglomerat nur im Verhältnis Versicherungsunternehmen bzw. Kreditinstitut zu einem Beteiligungsunternehmen, das kein beaufsichtigtes Unternehmen ist, möglich.

6. Gewinnverschiebung durch gegenseitige Genußscheinausgabe

Die Kontrolle der gegenseitigen Begebung von Genußrechten unterfällt nicht der Entgeltkontrolle nach § 53d VAG, da es sich um keine Dienstleistung, sondern um einen Bestandteil des Kapitalverkehrs in einer Unternehmensgruppe handelt. Die gegenseitige Begebung von Genußrechten unterliegt der Kontrolle durch das allgemeine Aufsichtsinstrumentarium. Wechselseitige Begebung von Genußkapital zwischen Unternehmen, von denen jeweils eines Versicherungsunternehmen und Kreditinstitut ist, sind aufsichtsrechtlich insbesondere deshalb zu beobachten, weil der Genußrechtsvertrag zugleich ein Teilgewinnabführungsvertrag ist, der somit zu einem Unternehmensverbund gemäß § 15 AktG führen kann.

7. Gewinnverwendung

a) § 58 AktG

In einem Finanzkonglomerat könnte die Möglichkeit der eigenen internen Finanzierung aus einbehaltenem Gewinn für die einzelnen Unternehmen modifiziert sein, wenn das herrschende Unternehmen konzernumfassend über die Gewinnverwendung bei den abhängigen Unternehmen entscheiden kann.[144] Nimmt man dies an, so können Gewinne bei den abhängigen Unternehmen thesauriert werden und so dem herrschenden Unternehmen und seinen Aktionären vorenthalten bleiben. Bei tiefgestaffelten Konzernen kann eine teilweise Gewinnthesaurierung auf jeder Stufe dazu führen, daß in der Bilanz des Mutterunternehmens nur noch ein Bruchteil des Konzerngewinns erscheint. § 58 AktG läuft dann weitgehend leer. Diese Gefahr wiegt bei Konzernen, an deren Spitze eine reine Holdinggesell-

---

144 *Uwe H. Schneider*, ZGR 1984, 497, 502, nennt diese Möglichkeit den Tresoreffekt.

schaft steht, besonders schwer.[145] Dadurch werden nur die Aktionäre der Holdinggesellschaft geschädigt, nicht jedoch die aufsichtsrechtlichen Ziele der Versicherungs- und Bankenaufsicht tangiert. Problematisch ist diese Möglichkeit der Gewinnthesaurierung allerdings dann, wenn an der Spitze ein beaufsichtigtes Unternehmen (Versicherungsunternehmen oder Kreditinstitut) steht. Dann könnten auch die internen Finanzierungsmöglichkeiten und damit die Aufrechterhaltung der Solvenz betroffen werden.

Die aufgezeigten Möglichkeiten der Gewinnverwendung bestehen dann, wenn § 58 Abs. 2 AktG die Rücklagenbildung in abhängigen Unternehmen erfaßt und demzufolge keine Zurechnung der in den beherrschten Unternehmen gebildeten Rücklagen stattfindet.[146] § 58 Abs. 2 AktG gilt für jede Aktiengesellschaft, gleich ob sie unabhängige oder herrschende Gesellschaft in einer Unternehmensgruppe ist. Daher erfaßt § 58 Abs. 2 AktG auch die Rücklagenbildung in abhängigen Unternehmen. Eine entsprechende Anwendung des § 58 Abs. 2 AktG auf den Konzern mit der Folge einer Rücklagenzurechnung entspricht nicht dem gegenwärtigen gesetzlichen Konzernverständnis, wonach der Konzern nicht als ein Unternehmen im Rechtssinne aufzufassen ist. Somit kann es in einem Finanzkonglomerat zur gewollten Gewinnthesaurierung auf den einzelnen Konzernebenen kommen.

b) Aufsichtsrechtliche Grenzen

Den Möglichkeiten der Gewinnverwendung im Finanzkonglomerat sind aufsichtsrechtliche Grenzen gezogen. Zwar bestehen gewisse Spielräume der Zuordnung von Erträgen aus gemeinsam investierten Kapitalanlagen oder von Aufwendungen für Kosten der gemeinsam genutzten Produktionsfaktoren, etwa der einheitlichen Leitung. Jedoch bestehen für Kreditinstitute und Versicherungsunternehmen Grenzen aufgrund der Solvabilitätsvorschriften. Darüber hinaus haben Versicherungsunternehmen den Grundsatz der Spartentrennung, soweit er gilt, sowie besondere Gewinn-

145 *Bungeroth*, in: Geßler/Hefermehl, AktG, § 58 Rn. 8.

146 Für eine rechtsfortbildende Auslegung des § 58 Abs. 2 AktG *Werner*, in: FS f. Stimpel, S. 935, 942; *Westermann*, in: FS f. Pleyer, S. 421, 441; *Beusch*, in: FS f. Goerdeler, S. 25, 32; *Hüffer*, AktG, § 58 Rn. 17; BT-Drs. 10/4268, S. 124; für eine Rücklagenzurechnung *Götz*, in: FS f. Moxter, S. 573, 587; *Lutter*, in: Kölner Kommentar zum AktG, § 58 Rn. 8 ff.; *Bungeroth*, in: Geßler/Hefermehl, AktG, § 58 Rn. 8.

verwendungsvorschriften, die sich spezifisch für den Versicherungszweig oder aus der Satzung[147] ergeben, zu beachten.

C. Ergebnis

Gruppeninterne Eigenkapitalschöpfungsmöglichkeiten können im Finanzkonglomerat risikoerhöhend wirken, wobei die Risikosituation nicht gleichzusetzen ist mit derjenigen von Kreditinstitutsgruppen. Finanzierungsbeziehungen im allgemeinen können insbesondere das nachgeordnete Unternehmen gefährden. Vielfältige gesellschafts- und aufsichtsrechtliche Instrumentarien versuchen hier entgegenzuwirken. Eine Klarstellung des § 53d VAG im Hinblick auf Darlehen scheint geboten.

147 Z.B. § 5 Abs. 1 S. 3 der Satzung der Provinzial Brandkasse, Versicherungsanstalt Schleswig-Holstein, wonach die Gewinnausschüttung höchstens 20% des um die Verzinsung des Stammkapitals verminderten Jahresüberschusses beträgt; § 5 Abs. 4 der Satzung Westfälische Provinzial-Lebensversicherungsanstalt, Versicherung der Sparkassen, wonach das Vermögen und die Einnahmen der Anstalt unbeschadet der Verzinsung des Stammkapitals aus dem Jahresüberschuß zu 8% p.a. nur zur Erfüllung ihrer Zwecke und zu ihrem und ihrer Versicherungsnehmer Nutzen verwendet werden dürfen. Ferner §§ 19 f. GenG und § 38 VAG zur Überschußverwendung bei Genossenschaften und bei VVaG.

5. Kapitel: Ansteckungsgefahren aufgrund sonstiger gruppeninterner Transaktionen

A. Dienstleistungsbeziehungen

I. Entgeltkontrolle

1. Verdeckte Gewinnausschüttung

Im Rahmen von Dienstleistungen kann es aufgrund der Entgeltvereinbarung zu Gewinnverschiebungen innerhalb eines Finanzkonglomerats kommen. So stellen marktunübliche Leistungsentgelte eine verdeckte Gewinnausschüttung dar und führen zu einer Nachteilsausgleichungsverpflichtung des herrschenden Unternehmens im faktischen Konzern. Dagegen bleiben im Vertragskonzern solche Nachteilszufügungen im einzelnen unausgeglichen.

2. Entgeltkontrolle im Sparkassen-Versicherungs- sowie Genossenschaftsverbund

Fraglich ist, ob eine Entgeltkontrolle für Dienstleistungen innerhalb eines Sparkassen-Versicherungsverbunds und eines Genossenschaftsverbunds stattfindet. Wie ausgeführt[1] kann ein Unternehmensverbund i.S.v. § 15 AktG für das Verbandunternehmen (Sparkassen- und Giroverband und Zentralbankenverband der sekundären Stufe) angenommen werden. Insofern ist eine Entgeltkontrolle möglich. Werden Dienstleistungen im Verhältnis der Verbundunternehmen, also zwischen einzelnem Sparkasseninstitut und Versicherungsunternehmen bzw. einzelner Genossenschaftsbank und Versicherungsunternehmen, erbracht, so hängt die Annahme eines Unternehmensverbunds davon ab, ob das Verhältnis Kreditinstitut und Verband dezentral organisiert ist oder nicht. Bislang sind diese Finanzgruppen aufgrund des regional und unternehmerisch unterschiedlichen Betätigungsfeldes dezentral organisiert, so daß die Annahme eines dem Aktienrecht entsprechenden Unternehmensverbunds ausscheidet.

1 S. 3. Kap. E. III.

Werden Dienstleistungen im Verhältnis der Verbundunternehmen untereinander erbracht, so entspricht dies u.U.[2] der durch das übergeordnete Verbandunternehmen geprägten Unternehmensstrategie, so daß diese Leistungen als Leistungen an den Verband zu betrachten sein können und insofern der sogleich zu betrachtenden aufsichtsrechtlichen Entgeltkontrolle unterfallen.

II. Aufsichtsrechtliche Rahmenbedingungen für Dienstleistungsentgelte

1. *Aufsichtsrechtliche Regelungen*

§ 53d VAG regelt die Entgeltbegrenzung bei Geschäftsbeziehungen von Versicherungsunternehmen mit Nichtversicherungsunternehmen im Zusammenhang mit Funktionsausgliederungen und sonstigen Dienstleistungsverhältnissen. § 53d VAG gilt nicht für Rückversicherungsverträge, Agenturverträge, Arbeitsverträge mit natürlichen Personen oder Verträge über die anteilige Nutzung gemeinschaftlichen Eigentums.[3] Geregelt ist die Entgeltbemessung für Leistungen von Nichtversicherungsunternehmen an Versicherungsunternehmen, sofern sie verbundene Unternehmen i.S.v. § 15 AktG sind. Eine § 53d VAG vergleichbare Vorschrift enthält das KWG nicht. Das einzelne Kreditinstitut wird gegen Gewinnverlagerungen zu seinen Lasten durch das allgemeine Konzern- und Steuerrecht geschützt.

2. *Problembereiche der versicherungsaufsichtsrechtlichen Entgeltkontrolle*

a) *Entgelthöhe*

Die Feststellung der noch zulässigen Höhe des Entgelts bereitet Schwierigkeiten.[4] Sie vergrößern sich, wenn die Dienstleistung nicht nur dem Versicherungsunternehmen, sondern auch anderen gruppenbeteiligten Unternehmen zugute kommt.

---

2 S. hierzu 3. Kap. E. und F.

3 *Lipowsky*, in: Prölss, VAG, § 53d Rn. 3; *Angerer*, VW 1982, 1457.

4 Vgl. nur *Fahr/Kaulbach*, VAG, § 53d Rn. 5, sowie jüngst *Maser*, VW 1998, 286, 287 ff.

b) Versicherungsunternehmen als Dienstleister

Nicht erfaßt von § 53d VAG ist die Fallgruppe, daß vom Versicherungsunternehmen an verbundene Nichtversicherungsunternehmen Dienstleistungen erbracht werden. Hier kommt eine Entgeltkontrolle nach § 81 VAG in Betracht.[5] Während § 53d VAG für die von Versicherungsunternehmen bezogenen Dienstleistungen eine Entgeltobergrenze ziehen will, kommt bei Dienstleistungen, die ein Versicherungsunternehmen an verbundene Nichtversicherungsunternehmen erbringt, eine Gefährdung der Versichertenbelange in Betracht, wenn eine Gewinnverschiebung zugunsten des Nichtversicherungsunternehmens durch zu niedrige Entgelte erfolgt. Hier wird daher eine Entgeltuntergrenze festzulegen sein. Der Entgeltkontrolle nach § 81 VAG unterliegen aber nicht Dienstleistungen, die ein Versicherungsunternehmen einem Nichtversicherungsunternehmen zu überhöhten Preisen erbringt. Jedoch steigt damit das Risiko, daß das Versicherungsunternehmen Verluste bzw. Nachteile, die durch den überhöhten Preis entstehen, gemäß §§ 311, 317 AktG[6] ausgleichen muß. Zu erwägen ist daher, ob ein Mißstand i.S.d. § 81 VAG dadurch gegeben sein kann, daß das übergeordnete Versicherungsunternehmen Ansprüchen gemäß §§ 311, 317 AktG ausgesetzt ist. Ein Mißstand kann sich gemäß § 81 Abs. 1 S. 2 VAG aus einem Verstoß gegen Gesetze, die für den Betrieb des Versicherungsgeschäfts gelten, ergeben. §§ 311, 317 AktG gelten nicht in besonderer Weise für den Betrieb des Versicherungsgeschäfts. Erst wenn durch die Ausgleichsverpflichtungen die Solvabilitätsvorschriften verletzt werden, ist ein Mißstand gegeben und ein Eingreifen möglich. Allein wegen des Bestehens eines Nachteilsausgleichungs- bzw. Schadensersatzanspruchs gegen ein Versicherungsunternehmen ist ein Eingreifen der Aufsichtsbehörde aufgrund von § 81 Abs. 2 VAG nicht gerechtfertigt.

c) Konzernumlagen

Fraglich ist des weiteren, ob sog. Konzernumlagen gesellschaftsrechtlich zulässig sind und ob sie der Entgeltkontrolle des § 53d VAG unterfallen. Unter dem Begriff Konzernumlage wird die Inrechnungstellung von Leistungen des herrschenden Unternehmens an eine oder mehrere Tochtergesellschaften verstanden. Diese Inrechnungstellung kann im Wege der Einzelverrechnung für jede konkrete Leistung gesondert geschehen; sie

---

5 VerBAV 1985, 170; *Kagelmacher*, S. 102; *Zimmerer*, S. 181.

6 Oder § 117 AktG oder einer Verletzung der gegenüber dem abhängigen Unternehmen (z.B. GmbH) bestehenden Treuepflicht.

kann auch pauschal anhand eines allgemeinen Verrechnungsschlüssels vorgenommen werden.[7] Die Konzernumlagen können in drei Gruppen eingeteilt werden: Assistenzleistungen, Managementleistungen und Kontrolleistungen.[8] Gesellschaftsrechtlicher Beurteilungsmaßstab für die Nachteiligkeit einer Vereinbarung über eine Konzernumlage ist das fiktive Verhalten eines ordentlichen und gewissenhaften Geschäftsleiters einer unabhängigen Gesellschaft. Damit ergibt sich, daß alle Konzernumlagen außer denen für notwendige und dem Markt entsprechende Assistenzkosten, nämlich für Werbung, Markt- und Produktforschung etc., nachteilig i.S.d. § 311 AktG sind. Entsprechend sind nach Versicherungsaufsichtsrecht Entgelte für Dienstverträge über Kontroll- und Managementleistungen, nämlich Überwachungstätigkeiten des übergeordneten Unternehmens, unzulässig.[9] Dies gilt nicht für Jahresabschlüsse, die für ein verbundenes Versicherungsunternehmen erstellt werden, weil zur Aufstellung eines Jahresabschlusses das einzelne Unternehmen gesetzlich nach § 242 HGB verpflichtet ist und somit die Dienstleistung nicht allein dem Konzerninteresse dient. Die Entgeltvereinbarung für Assistenzleistungen ist an § 53d VAG zu messen. Leistungen zwischen verbundenen Unternehmen sind nach der Versicherungsaufsicht, soweit dies möglich ist, im Wege der Einzelabrechnung zu vergüten. Ein Kostenumlageverfahren kommt nach Auffassung des BAV nur in Betracht, wenn das Entgelt für die Dienstleistungen nur zusammengefaßt bewertet werden kann oder die Ermittlung der den einzelnen Leistungen gesondert zuzurechnenden Kosten schwierig ist.[10] Ist ein Kostenumlageverfahren zulässig, so sind die Kosten nach dem Vollkostenprinzip[11] zu ermitteln und anschließend auf die beteiligten Konzernunternehmen verursachungsgerecht zu verteilen. Das BAV erkennt (wie die deutschen Finanzbehörden) beim Umlageverfahren keinen Gewinnzuschlag an.[12] Werden alle Kosten, die bei einem dienstleistenden Unternehmen entstehen, entsprechend dem Pool-Gedanken auf die beteiligten Konzerngesellschaften verteilt, so trägt das dienstleistende Unter-

7 *Wiedemann/Strohn*, AG 1979, 113.
8 Hierzu ausf. *Wiedemann/Strohn*, AG 1979, 113.
9 S. *Zimmerer*, S. 165 f.
10 VerBAV 1985, 169, 170.
11 Das Vollkostenprinzip basiert auf der Überlegung, daß ohne Spartentrennungsprinzip statt eines Allbranchenkonzerns nur eine Versicherungsgesellschaft existieren würde, die alle Versicherungssparten bei sich vereinigen würde, hierzu *Zimmerer*, S. 153.
12 VerBAV 1985, 169, 170 Ziff. 2.1.2.

nehmen kein unternehmerisches Risiko, für das es mit der Berücksichtigung eines angemessenen Gewinns entschädigt werden müßte.

III. Ergebnis

Die nach Gesellschafts- und Aufsichtsrecht vorzunehmende Entgeltkontrolle enthält schwer lösbare Probleme, soweit es um die Feststellung des angemessenen Entgelts geht.

B. Funktionsausgliederungen

I. Aufsichtsrechtliche Rahmenbedingungen

1. Versicherungsaufsicht

a) Ausgangslage

Unter Funktionsausgliederung versteht man die Übertragung wesentlicher unternehmerischer Aufgaben auf Drittunternehmen.[13] Nach § 5 Abs. 3 Nr. 4 VAG liegt eine Funktionsausgliederung vor, wenn das Versicherungsunternehmen die Funktionen Vertrieb, Bestandsverwaltung, Leistungsbearbeitung, Rechnungswesen, Vermögensanlage oder Vermögensverwaltung überträgt. Bei Funktionsausgliederungsverträgen handelt es sich nicht um Unternehmensverträge i.S.d. §§ 291 ff. AktG, sondern um Dienstleistungsverträge. Die Ausgliederung dieser betrieblichen Funktionen unterliegt vielfacher aufsichtsrechtlicher Kontrolle: Ausgliederungsverträge sind mit dem Antrag auf Erlaubnis zum Geschäftsbetrieb vorzulegen, § 5 Abs. 3 Nr. 4 VAG, das Entgelt wird kontrolliert, sofern die ausgegliederte Funktion von einem verbundenen Unternehmen erfüllt wird, § 53d VAG, Funktionsausgliederungsverträge sind formbedürftig, das BAV ist mit Befugnissen gegenüber dem die ausgegliederte Funktion erbringenden Unternehmen ausgestattet, §§ 81 Abs. 4, 83 Abs. 5 Nr. 2 und 3 VAG. Mit diesen Regelungen wird bezweckt, daß sich die Versicherungsunternehmen nicht der Versicherungsaufsicht dadurch entziehen, daß sie Funktionen ausgliedern. Dies ist deshalb geboten, weil es sich bei

13 BT-Drs. 9/1493, S. 20; *R. Schmidt*, in: Prölss, VAG, § 5 Rn. 20a.

den genannten Kernfunktionen um solche handelt, die die Versicherteninteressen tangieren.[14] Ferner ist das Versicherungsunternehmen aufsichtsbehördlich angewiesen,[15] sich ein umfassendes Weisungs- und Informationsrecht zu sichern.

b) Weisungsrecht

Fraglich ist, ob ein Weisungsrecht mit der Funktionsausgliederung i.S.v. § 5 Abs. 3 Nr. 4 VAG, verstanden als Ausgliederung unternehmerischer Funktionen, vereinbar ist, ob also die Regelung des Rundschreibens R 6/76 mit der gesetzlichen Regelung kollidiert. Nach der Gesetzesbegründung[16] wird von dem Begriff der Funktionsausgliederung nur „die Übertragung unternehmerischer Funktionen, nicht die Übertragung von bestimmten Aufgaben an Hilfspersonen, die ihre Tätigkeit nach den sachlichen Weisungen des Versicherungsunternehmens, also unter Aufrechterhaltung seiner leitenden Verantwortung zu gestalten haben", erfaßt. Daraus wird geschlossen, daß keine Funktionsausgliederung, sondern nur eine Betriebsteilausgliederung gegeben sei, wenn sich das Versicherungsunternehmen ein umfassendes Weisungs- und Informationsrecht vorbehalte; insoweit sei das Rundschreiben R 6/76 für Funktionsausgliederungen überholt.[17] Zwar stehen gesellschaftsrechtliche und vertragliche Einflußnahmemöglichkeiten bzw. Weisungsrechte dem Tatbestand einer Funktionsausgliederung nicht entgegen.[18] Denn sonst dürften Funktionsausgliederungen nicht auf verbundene Unternehmen i.S.d. Aktiengesetzes erfolgen.[19] Fraglich ist aber, ob die gesetzliche Regelung gegenüber dem

14 BT-Drs. 9/1493, S. 20: Verlagerung von Kosten auf Versicherungszweige, bei denen die Versicherten am Gewinn beteiligt sind; das vereinbarte Entgelt übersteigt die tatsächlichen Aufwendungen; *Weigel*, in: Prölss, VAG, vor § 15 Rn. 42; *Fahr/Kaulbach*, VAG, § 5 Rn. 40; § 8 Rn. 22.

15 GB BAV 1969, 27; Rundschreiben R 6/76, VerBAV 1976, 211; *Zimmerer*, S. 96 ff.; *Kagelmacher*, S. 134 ff. Nach *v. Puskás*, VW 1984, 434, handelt es sich bei solch ausgestalteten „Funktionsausgliederungen" jedoch um Auftragsverhältnisse, der Tatbestand des § 5 Abs. 3 Nr. 4 VAG sei bei Vorbehalt eines Weisungsrechts nicht erfüllt, da die unternehmerische Verantwortung bei dem ausgliedernden Versicherungsunternehmen verbliebe. Diff. *Doerry*, VersR 1989, 1133, 1134; *Maser*, VW 1997, 1149, 1150.

16 BT-Drs. 9/1493, S. 20.

17 *V. Puskás*, VW 1984, 432, 434; *Doerry*, VersR 1989, 1133, 1134.

18 Hierzu ausf. *Kagelmacher*, S. 134 ff.; *Zimmerer*, S. 96 ff.

19 Hiervon geht aber der Gesetzgeber aus BT-Drs. 9/1493, S. 20. Es bleibt eine Diskrepanz zwischen der Nichtgenehmigungsfähigkeit von Unternehmens-

Rundschreiben abschließenden Vorrang genießt.[20] Dafür spricht, daß der Gesetzgeber die Regelung vor dem Hintergrund des aufsichtsbehördlichen Rundschreibens und der aufsichtsbehördlichen Bedürfnisse, nämlich der Sicherung der Aufsichtsziele trotz Ausgliederung auf ein Nichtversicherungsunternehmen, verfaßt hat. Zur Sicherung der Aufsichtsziele kann das BAV unmittelbar gegenüber dem nichtbeaufsichtigten Unternehmen eingreifen. Nach betriebswirtschaftlichen Erkenntnissen handelt es sich bei den Funktionen des § 5 Abs. 3 Nr. 4 VAG um Kernbereiche unternehmerischen Tätigseins, deren Einflußnahme sich die Geschäftsleitung nicht begeben darf. Dies bedeutet, daß auf Verantwortung und Einflußnahme nicht verzichtet werden kann.[21] Ordnet man Funktionsausgliederungsverträge juristisch als Geschäftsbesorgungsverträge ein, so ist ein Weisungsrecht des Auftraggebers, da es um die Besorgung seiner Interessen geht, vertragsimmanent.[22] Nach beiden Auffassungen ist Merkmal des Funktionsausgliederungsvertrags das Weisungsrecht. Daher schießt das BAV über das Sicherungsbedürfnis durch das Erfordernis einer schriftlichen Vertragsklausel hinaus. Die Regelung des Rundschreibens R 6/76 ist somit obsolet. Folgerung ist aber nicht, daß es Funktionsausgliederungen i.S.d. § 5 Abs. 3 Nr. 4 VAG bei zwingender Einflußnahmemöglichkeit nicht geben kann.[23] Vielmehr muß der Begriff der Funktionsausgliederung als Spezialtatbestand gegenüber der Betriebsausgliederung verstanden werden, nämlich insofern, als bestimmte gesetzlich genau abgefaßte Kernfunktionen erfaßt sind, die in wesentlichen Teilen auf Dauer übertragen werden. Insofern sollte das Merkmal „unternehmerische Funktionen" so verstanden werden, daß ein wesentlicher Teil, also ein umfassender Aufgabenbereich, und nicht nur bestimmte oder einzelne Aufgaben übertragen werden.

---

verträgen von Versicherungsunternehmen über Nichtversicherungsunternehmen, insbesondere über Kreditinstitute, aus Gründen des § 7 Abs. 2 S. 1 VAG, und der aufsichtsbehördlichen Pflicht, ein umfassendes Weisungsrecht zu vereinbaren, wenn ein Kreditinstitut die ausgegliederte Funktion für das Versicherungsunternehmen erfüllt.

20 Nach der Gesetzesbegründung, BT-Drs. 9/1493, S. 20, soll mit § 5 Abs. 3 Nr. 4 VAG der Bereich des Rundschreibens nunmehr gesetzlich geregelt werden.

21 Vgl. *Maser*, VW 1997, 1149, 1153.

22 § 665 BGB.

23 So aber im Ergebnis *Maser*, VW 1997, 1149, 1153.

c) Haftungsrisiken

Problematisch erscheint die aufsichtsrechtliche Kontrollmöglichkeit, wenn die Funktion ins Ausland verlagert wird. Das BAV macht in diesen Fällen die Genehmigung der Funktionsausgliederung von einer Erklärung abhängig, daß die Befugnisse des BAV nicht beeinträchtigt werden.[24] Jedoch kann eine solche Zustimmung des Aufnahmestaats fehlen. Denn nach Art. 14 der Ersten Richtlinie Schaden sind die Mitgliedstaaten lediglich im Rahmen der Finanzaufsicht zu einer Öffnung gegenüber den Herkunftslandbehörden verpflichtet. Zum Bereich der Finanzaufsicht ist aber nicht die allgemeine Überwachung der Funktionsausgliederung zu zählen. Würde man den Begriff Finanzaufsicht weit fassen, dann wäre alles erfaßt, was irgendwie Auswirkungen auf die Solvenz des Unternehmens haben könnte. Dies wäre schließlich bei jedem unternehmerischen Handeln anzunehmen.[25] Eine Zustimmung des Aufnahmestaats fehlt aber auch dann, wenn es sich bei dem Unternehmen, auf das die Funktion ausgegliedert wird, um kein beaufsichtigtes Unternehmen handelt. Fraglich ist insoweit, ob das BAV deshalb die Genehmigung der Funktionsausgliederung verweigern kann. Angesichts der Intensität der grenzüberschreitenden Betätigung scheint eine Verweigerung der Genehmigung des BAV nicht haltbar zu sein.[26] Daher können insbesondere im grenzüberschreitenden Bereich Risiken für die Wahrung der Versicherungsaufsichtsziele nicht ausgeschlossen werden. Auch kann die Effizienz der Entgeltkontrolle insbesondere dann bezweifelt werden, wenn das Dienstleistungsunternehmen Funktionen sowohl für das in das Finanzkonglomerat eingebundene Kreditinstitut als auch für das Versicherungsunternehmen wahrnimmt.[27] Häufig wird sich ein Marktpreis für die erbrachte Dienstleistung nicht ermitteln lassen, so daß auf die nicht unproblematische Kostenaufschlagsmethode, die ebenfalls Zurechnungsunwägbarkeiten und Spielräume enthält, zurückgegriffen wird.[28] Schließlich können sich bei Funk-

---

24 GB BAV 1992, 41.

25 Zu den Abgrenzungsschwierigkeiten der Finanzaufsicht von der allgemeinen Aufsicht s. *Dreher*, WM 1995, 509, 513; *Fahr*, VersR 1992, 1033, 1043; *ders.*, Aktuelle Reformfragen zum VAG, S. 7, 9; *Golz*, S. 31.

26 *Fahr/Kaulbach*, VAG, § 8 Rn. 22.

27 *Fahr/Kaulbach*, VAG, § 8 Rn. 23; *Hübner*, VR 1989, 108. S. zu Reichweite und Grenzen der Entgeltkontrolle auch *Zimmerer*, S. 170 ff.

28 *Lipowsky*, in: Prölss, VAG, § 53d Rn. 10; *Angerer*, VW 1982, 1461. S. zur Kritik hieran *Kagelmacher*, S. 59; *Hübner*, VR 1989, 109.

tionsausgliederungen auch Haftungsrisiken für das Versicherungsunternehmen ergeben, wenn eine Unternehmensverbindung vorliegt.[29]

2. *Bankenaufsicht*

Spezielle Vorschriften über Funktionsausgliederungen fehlen. Dagegen sind Funktionsausgliederungsunternehmen, sofern es sich hierbei um Finanzinstitute und Finanzholdinggesellschaften i.S.v. § 1 Abs. 3, Abs. 3a KWG handelt, u.U. in den Konsolidierungskreis nach §§ 10a, 13a KWG einbezogen. Unternehmen mit bankbezogenen Hilfsdiensten, § 1 Abs. 3c KWG, sind grundsätzlich in den Konsolidierungskreis einzubeziehen. Das Konsolidierungserfordernis entfällt jedoch dann, wenn außer den Beteiligungen an ihnen keine weiteren Beteiligungen konsolidierungsbedürftig sind, §§ 10a, 13a Abs. 2 und 24 Abs. 3a KWG. Kapitalanlagegesellschaften als nachgeordnete Unternehmen sind ebenfalls aus dem Konsolidierungskreis ausgenommen, § 10a Abs. 4 S. 4 KWG. Als übergeordnete Unternehmen können Kapitalanlagegesellschaften fungieren, jedoch besteht eine Einschränkung dahingehend, daß sie keine erhebliche Beteiligung, d.h. 40%, an einem Kreditinstitut halten können.[30] Im übrigen unterliegen Kapitalanlagegesellschaften als Kreditinstitute sowohl dem KWG als auch dem KAGG, § 52 KWG.

II. Beispiele

An zwei konkreten Beispielen sollen spezifische Risiken von Funktionsausgliederungen im Finanzkonglomerat illustriert werden.

1. *Vermögensverwaltung/-anlage*

a) Aufsichtsrechtliche Einordnung

Nicht gegen § 7 Abs. 2 VAG verstößt es, wenn Versicherungsunternehmen Vermögensanlage- bzw. -verwaltungsgesellschaften gründen oder sich an

29 *Fahr/Kaulbach*, VAG, § 7 Rn. 9; *R. Schmidt*, in: Prölss, VAG, § 5 Rn. 21 a.E.
30 Vgl. *Baur*, Investmentgesetze, § 2 Rn. 32.

ihnen beteiligen.[31] Verwaltet eine solche Gesellschaft sowohl Anlagen aus dem Versicherungsgeschäft als auch Vermögen Dritter oder aus dem Nichtversicherungsgeschäft, so werden zugleich Geschäfte betrieben, die früher allein von Banken angeboten wurden. Unter Vermögensverwaltung oder Asset-Management wird die professionelle Verwaltung von fremden Vermögen verstanden.[32] Fraglich ist, ob es sich bei der Vermögensverwaltung um ein Bankgeschäft i.S.d. § 1 KWG handelt. Geht das Eigentum an den verwalteten Wertpapieren treuhänderisch auf den Vermögensverwalter über, können die Voraussetzungen des Einlagen-, Depot- oder Effektengeschäfts nach § 1 Abs. 1 KWG erfüllt sein.[33] In der Praxis häufiger wird jedoch für die Vermögensverwaltung das Vertretermodell gewählt, bei dem der Auftraggeber Eigentümer des zu verwaltenden Vermögens bleibt. Hierbei liegt zwar kein Bankgeschäft i.S.d. § 1 Abs. 1 KWG vor; Vermögensverwalter werden aber unter den Begriff der Finanzinstitute gemäß § 1 Abs. 3 Nr. 11 KWG bzw. § 1 Abs. 1a KWG n.F. bzw. Wertpapierhandelsunternehmen gemäß § 1 Abs. 3d S. 2 KWG n.F.[34] subsumiert; diese Einordnung hat zum einen bankaufsichtsrechtliche Konsequenzen,[35] zum anderen finden auf Wertpapiervermögensverwalter, nicht jedoch auf die Vermögensverwaltung von Immobilien, Beteiligungen und sonstigen Vermögensgegenständen die Vorschriften des WpHG Anwendung. Eine Konsolidierung von Versicherungsunternehmen und solchen Vermögensverwaltungsgesellschaften findet jedoch weder nach der Kapitaladäquanzrichtlinie[36] noch nach dem Vorschlag über die zusätzliche Beaufsichtigung von Versicherungsunternehmen einer Versicherungsgruppe[37] statt.

---

31 S. hierzu nur *Imelmann*, S. 140 f.; *Angerer*, ZfV 1983, 134, 140. S. auch das Beispiel der Allianz, die eine eigenständige Gesellschaft zur Vermögensverwaltung gründen will, womit zugleich die Vermögensverwaltung im Nichtversicherungsgeschäft ausgebaut werden soll, FAZ v. 9. Okt. 1997, S. 24.

32 *Kienle*, in: Schimansky/Bunte/Lwowski, Bankrechts-Handbuch, § 111 Rn. 1; *Schäfer*, in: Schwintowski/Schäfer, BankR, § 12 Rn. 1.

33 BGH ZIP 1994, 867, 871 f.; *Kienle*, in: Schimansky/Bunte/Lwowski, Bankrechts-Handbuch, § 111 Rn. 7.

34 S. Art. 1 Nr. 2 i.V.m. Anhang A Nr. 3 der Wertpapierdienstleistungsrichtlinie.

35 Vgl. § 10 Abs. 6a; § 10a; § 12 Abs. 5 KWG.

36 Vgl. Art. 7 Abs. 3 der Kapitaladäquanzrichtlinie.

37 Zwar sollen nach Art. 3 des Richtlinienvorschlags Holdinggesellschaften und andere unbeaufsichtigte Unternehmen, die im wesentlichen versicherungsnahe Geschäfte erfüllen, in die bereinigte Solvenzbeaufsichtigung einbezogen werden. Jedoch fallen hierunter nicht die einer gesonderten Wertpapieraufsicht unterliegenden Wertpapierdienstleistungsunternehmen.

b) Haftungsrisiken

Die Gründung einer solchen Vermögensverwaltungsgesellschaft durch ein Versicherungsunternehmen bewirkt Haftungsrisiken, da durch eine vertragliche oder qualifiziert faktische Konzernierung – die Vermögensverwaltungsgesellschaften werden häufig als rechtlich selbständige Abteilungen der Versicherungsunternehmen anzusehen sein –, ein Haftungsverbund aufgrund der Verlustübernahmeverpflichtung gemäß § 302 AktG direkt oder analog entsteht.[38] Erweitert werden diese Haftungsgefahren auch dann, wenn die Vermögensverwaltungsgesellschaft auch für andere Finanzinstitute, beispielsweise im Wege einer Kooperationsvereinbarung für ein Kreditinstitut, Dienstleistungen erbringt, da hier u.U. eine gesonderte Risikozuordnung nicht mehr möglich ist.

c) Derivative Finanzinstrumente

Nach § 7 Abs. 2 S. 2 VAG ist es Versicherungsunternehmen erlaubt, selbst derivative Finanzinstrumente zu nutzen. Daher können sie den Handel mit derivativen Finanzinstrumenten auch auf ein Finanzdienstleistungsunternehmen übertragen, das auf diese Finanzinstrumente spezialisiert ist. Fraglich ist dann, ob Versicherungsunternehmen ihren Handlungsrahmen auf diese Weise erweitern können. Spekulationsgeschäfte sind nach § 7 Abs. 2 S. 2 VAG nicht erlaubt, so daß Versicherungsunternehmen Finanzdienstleistungsunternehmen nur insoweit den Einsatz von Finanzinstrumenten übertragen können, wie es ihnen selbst erlaubt ist. Ansonsten läge in der Ausgliederung eine unzulässige Umgehung des § 7 Abs. 2 S. 2 VAG. Allerdings ergibt sich dann ein zusätzliches Haftungsrisiko, wenn die Vermögensanlagegesellschaft auch für in das Finanzkonglomerat eingebundene Kreditinstitute tätig wird, z.B. im Rahmen einer Joint-Venture-Verbindung. Verzeichnet das Anlageunternehmen Ausfälle, so könnte

---

38 Handelt es sich bei der Vermögensverwaltungsgesellschaft um eine GmbH, so entsteht bei einer vertraglichen Konzernierung kein aktienrechtlicher Vertragskonzern, auf den die §§ 291 ff. AktG übertragbar sind, sondern die Lösungen sind in Anlehnung an die aktienrechtlichen Vorschriften zu suchen, *Hüffer*, AktG, § 291 Rn. 6; *Kropff*, in: FS f. Semler, S. 517, 521 ff., 530 f.; bei qualifiziert faktischer Konzernierung ist § 302 AktG analog anwendbar, *Hüffer*, AktG, § 302 Rn. 6 ff.; bei faktischer Konzernierung einer GmbH findet § 311 AktG keine analoge Anwendung, es verbleibt bei der Treuebindung des herrschenden Unternehmens, das Mitglied der abhängigen GmbH ist, BGHZ 95, 330, 340; *Hüffer*, AktG, § 311 Rn. 51, a.A. *Kropff*, in: FS f. Semler, S. 517, 536 ff.

auch das Versicherungsunternehmen aufgrund konzernrechtlicher Verbindungen davon betroffen werden.

2. *Vermittlungs- und Vertriebstätigkeiten*

a) *Versicherungsfremdheit*

Vermittlungs- und Vertriebstätigkeiten gehören zu den Kernfunktionen eines Versicherungsunternehmens.[39] Funktionsausgliederungen sind möglich. Das BAV beanstandete aber Dienstleistungsverträge hinsichtlich ausgegliederter Betriebsfunktionen unter dem Gesichtspunkt eines erhöhten Haftungsrisikos gemäß § 7 Abs. 2 VAG.[40] Dagegen soll die Vermittlung von Bausparverträgen oder Investmentfondsanteilen nicht mit § 7 Abs. 2 VAG kollidieren. Eine sachgerechte Auslegung des § 7 Abs. 2 VAG hat sowohl den Wortlaut „Betrieb von Versicherungsgeschäften" als auch die Entwicklungen auf dem Markt für Finanzdienstleistungen zu berücksichtigen. Zugleich ist zu beachten, daß unterschiedliche Finanzdienstleistungen durch sog. Strukturvertriebe[41] angeboten und vermittelt werden können. Hinsichtlich des Vertriebs ist somit eine Trennung und eindeutige Zuordnung von Bank- und Versicherungsgeschäften nicht mehr möglich und haltbar. Daher steht der Vertrieb von Finanzdienstleistungen insgesamt in unmittelbarem Zusammenhang mit dem Betrieb von Versicherungsgeschäften. Ein Eingreifen hinsichtlich des Vertriebs solcher Produkte gemäß § 7 Abs. 2 VAG ist somit nicht möglich.

b) *Vertriebsmodalitäten*

Fraglich ist aber, ob das BAV mit Rücksicht auf § 7 Abs. 2 oder § 81 Abs. 2 VAG die Modalitäten des Vertriebs bestimmen kann.[42] Gegen die Zulässigkeit der aufsichtsbehördlichen Einflußnahme auf die Vertragsgestaltung sprechen Sinn und Zweck des § 7 Abs. 2 VAG. Danach sollen die Versicherungsunternehmen von Risiken freigehalten werden, die nicht

---

39 Vgl. BT-Drs. 12/6959, S. 47.

40 VerBAV 1993, 154; 1991, 302; GB BAV 1992, 41; 1991, 47; 1980, 28.

41 S. hierzu *Imelmann*, S. 143 f.; *Hübner*, VR 1989, 104 f.; BT-Drs. 12/4279, S. 7.

42 So *Imelmann*, S. 144, der behördlichen Praxis, GB BAV 1991, 47, VerBAV 1991, 302, zustimmend, die wegen des Haftungsrisikos aufgrund der Bestimmung des KAGG hinsichtlich der Vermittlung von Investmentfond-Anteilen die Vereinbarung haftungseinschränkender Klauseln fordert.

unmittelbar mit dem Betrieb von Versicherungsgeschäften verbunden sind.[43] Im Umkehrschluß bedeutet dies aber zugleich, daß Risiken übernommen werden können, wenn sie unmittelbar mit dem Betrieb von Versicherungsgeschäften verbunden sind. Insofern eröffnen nach § 7 Abs. 2 VAG zulässige Geschäfte und Funktionsausgliederungen Haftungsrisiken für das Versicherungsunternehmen. Solche Haftungsrisiken können auch unter dem Gesichtspunkt der Rechtsscheinhaftung entstehen, wenn ein Finanzdienstleister für oder gemeinsam mit einem verbundenen Versicherungsunternehmen Finanzdienstleistungsprodukte auf dem Markt anbietet.[44] Im Rahmen der laufenden Aufsicht gemäß § 81 Abs. 2 VAG kann jedoch dann eingegriffen werden, wenn insbesondere bei der Lebensversicherung Versichertenbelange durch das Haftungsrisiko betroffen werden sowie gegen das Spartentrennungsgebot verstoßen wird oder ein sonstiger Mißstand vorliegt.

III. Ergebnis

Aufgrund zulässiger Funktionsausgliederungen ergeben sich Risiken im Hinblick auf die grenzüberschreitende Tätigkeit und auf die Entgeltkontrolle. Ferner entstehen Haftungsrisiken dadurch, daß das Risikopotential des die ausgegliederte Funktion erbringenden Unternehmens angesichts der eigenen unbeaufsichtigten Kapitalausstattung überhöht ist oder dadurch, daß sich Haftungsrisiken aus der Inanspruchnahme wegen Schlechtleistung oder Anscheinshaftung ergeben.

C. Handelsbeziehungen

§ 53d VAG regelt nur den Dienstleistungsverkehr, nicht aber den Bereich der Sachleistungen und des Kapitalverkehrs. Daher wird mit dieser Vorschrift nicht allen Gewinnverlagerungsmöglichkeiten im Unternehmensverbund entgegengewirkt. Im Bereich der Sach- und Kapitalleistungen

---

43 *Fahr/Kaulbach*, VAG, § 7 Rn. 9.

44 Zur Rechtsscheinhaftung s. *Hübner*, VR 1989, 104 f., und allgemein zur Anscheinshaftung im Konzern *Wiedemann*, Gesellschaftsrecht I, S. 237; *Lutter*, ZGR 1982, 255; OLG Karlsruhe, ZIP 1992, 1394, 1397.

stellt sich die Entgeltkontrolle als ein Problem des allgemeinen Aufsichtsinstrumentariums dar. Sind Belange der Versicherten betroffen (insbesondere das Recht auf Gewinnbeteiligung im Rahmen der Lebensversicherung), sind verdeckte Gewinnausschüttungen im Finanzkonglomerat nach Aufsichtsrecht zu verhindern.

D. Rückversicherungsunternehmen

I. Rückversicherungsverträge

Zweifelhaft ist, ob Rückversicherungsverträge unter § 53d VAG fallen. Bei verbundenen Unternehmen besteht auch hier die Gefahr von Gewinnverlagerungen, da nicht auszuschließen ist, daß bei der Festsetzung der Rückversicherungsprämie betriebsfremde Erwägungen eine Rolle spielen. Es handelt sich jedoch nicht um einen mit Dienst-, Werk-, Miet- oder Pachtvertrag vergleichbaren Vertrag.[45] Zu bedenken ist, daß Erstversicherungsunternehmen ihre Vorhaben über die Rückversicherungsnahme gegenüber dem BAV offenlegen müssen, so daß insofern eine Kontrolle und Transparenz besteht, § 5 Abs. 5 Nr. 2 VAG. Es findet jedoch keine Entgeltkontrolle statt, die vermutlich auch nur schwer oder gar nicht durchführbar wäre.

II. Kapitalverflechtungen

Erstversicherungsunternehmen können insbesondere dadurch gefährdet werden, daß sie abhängige Unternehmen von Rückversicherungsunternehmen sind. Rückversicherungsunternehmen halten umfangreiche Kapitalbeteiligungen an Erstversicherungsunternehmen, hauptsächlich zu dem Zweck, den Inhalt und den Umfang der Rückversicherungsverträge zu beeinflussen und mitzugestalten.[46] Zwar übernehmen Rückversicherer wichtige Funktionen für den Erstversicherer, und zwar im Bereich des

45 VerBAV 1985, 169, 170; *Lipowsky*, in: Prölss, VAG, § 53d Rn. 3.

46 *Bolwin*, ZVersWiss 1922, 308, 312; *Gromann*, AG 1981, 241, 249. Zu Risiken des Erstversicherers im Rahmen der Captive-Rückversicherung s. *Reinhard*, VersR 1997, 1311, 1312 ff.

versicherungstechnischen Geschäfts, im Bereich der Finanzausstattung – hier dient die Rückversicherung der Stärkung des Eigenkapitals – sowie im Rahmen von Serviceleistungen.[47] Jedoch ist nicht auszuschließen, daß aufgrund der kapitalmäßig vermittelten Einflußnahmemöglichkeit der Rückversicherungsunternehmen mehr Geschäfte zediert werden, als unbedingt notwendig. Die Zession überflüssiger Geschäfte stellt ein nachteiliges Geschäft für das Versicherungsunternehmen dar. Der Nachteil wird jedoch mangels Nachweisbarkeit häufig nicht ausgeglichen werden können. Daher ist ein Rückversicherer in der Lage, aufgrund seiner Beteiligung oder aufgrund des Abhängigkeitsverhältnisses eines Erstversicherers negativ die Geschäftslage zu beeinflussen und dadurch seine nicht der Aufsicht unterliegende eigene Kapitalausstattung zu stärken. Ferner kann ein Erstversicherungsunternehmen dadurch gefährdet werden, daß das Rückversicherungsunternehmen nicht beaufsichtigt ist und es daher die Qualität und Solvabilität des Rückversicherungsunternehmens nicht richtig beurteilen kann. Zudem erwachsen Risiken für das Erstversicherungsunternehmen, soweit ein Rückversicherungsunternehmen seinerseits undurchsichtige Kapitalverflechtungen unterhalten und Zessionen an Unternehmen vornehmen sollte, deren Risikosituation nicht oder nur schwer beurteilt werden kann. Somit kann es für ein abhängiges Erstversicherungsunternehmen schwierig sein, das beteiligte Rückversicherungsunternehmen im Hinblick auf seine Solidität und Solvenz zutreffend einzuschätzen, da weder Kapitalausstattung noch Anlageengagement der Rückversicherungsunternehmen aufsichtsrechtlicher Kontrolle unterliegen. Ist das Erstversicherungsunternehmen an einem Rückversicherungsunternehmen beteiligt, so wird das Beteiligungsrisiko dadurch geprägt, daß aufgrund desselben versicherungstechnischen Risikos die Eigenmittel mehrfach belegt sind und daß die Sicherheit der Anlage aufgrund des unternehmerischen Verhaltens und der Wirtschaftsentwicklung weltweit nicht hinreichend genau eingeschätzt werden kann.

III. Dienstleistungen eines Rückversicherungsunternehmens

Fraglich ist die Anwendung des § 53d VAG, wenn ein Rückversicherungsunternehmen aufgrund eines Dienstleistungsvertrages i.S.d. § 53d VAG für ein Versicherungsunternehmen tätig wird, also nicht Versicherungs-

47 Vgl. nur *Koch*, in: HdV, Stichwort: Rückversicherung, S. 689 f.; *Klein*, Rückversicherungsunternehmen, S. 6 ff.

schutz vermittelt, sondern z.B. technische Risikoprüfungen durchführt. Gegen eine unmittelbare Anwendung des § 53d VAG spricht der insofern eindeutige Wortlaut der Norm. Jedoch kann hier § 53d VAG analog angewendet werden, da mittels §§ 53d, 81 Abs. 4 S. 1 lit. b VAG die Eingriffsbefugnisse der Versicherungsaufsicht auf solche Unternehmen ausgedehnt werden sollten, die nicht der laufenden Aufsicht unterliegen.[48] Im Blick hatte man Nichtversicherungsunternehmen; übersehen wurden Rückversicherungsunternehmen.

IV. Folgerungen

Risiken für Erstversicherungsunternehmen ergeben sich in erster Linie aus den möglichen Kapitalverflechtungen mit Rückversicherungsunternehmen aufgrund vergleichbarer Risikolage und der schwer einzuschätzenden Solvenz der international tätigen Rückversicherungsunternehmen.

E. Haftung aufgrund schuldrechtlicher Verpflichtung: Bürgschaft, Garantie, Patronatserklärung

I. Ausgangslage

Verlustübernahmeverpflichtungen können außer aus den konzernrechtlichen Vorschriften auch aus Bürgschaften, Garantien, Freistellungserklärungen sowie Patronatserklärungen[49] innerhalb eines Finanzkonglomerats resultieren. Unter verbundenen Unternehmen sind sie mangels Übernahme „für andere" keine Bankgeschäfte i.S.d. § 1 Abs. 1 S. 1 Nr. 8 KWG.[50] Während in der Kreditwirtschaft solche Erklärungen üblich sind und dadurch ein Haftungsverbund hergestellt wird,[51] sollen nach der Aufsichtspraxis des BAV Garantien, Bürgschaften, Freistellungserklärungen

48 BT-Drs. 9/1493, S. 25; s. *Zimmerer*, S. 135.
49 S. hierzu *Michalski*, WM 1994, 1229 f.; *Jander/Hess*, RIW 1995, 730 ff.; *Vollmer*, ZBB 1993, 89, 90; BGH ZIP 1992, 338.
50 *Szagunn/Haug/Ergenzinger*, KWG, § 1 Rn. 62.
51 BT-Drs. 10/1441, S. 23. Dafür, daß Kreditinstitute auch für Versicherungstöchter solche Erklärungen abgeben, s. *Wienberg*, S. 157.

sowie weiche und harte Patronatserklärungen von Versicherungsunternehmen als versicherungsfremde Geschäfte gemäß § 7 Abs. 2 VAG unzulässig sein.[52] Sie widersprächen dem Gesetzeszweck und stellten zugleich eine Umgehung der Vorlage- und Genehmigungspflicht von Gewinnabführungs- bzw. Verlustübernahmeverträgen dar. Ob § 7 Abs. 2 VAG als Verbotsnorm oder § 81 Abs. 2 S. 1 i.V.m. § 7 Abs. 2 VAG geeignete Rechtsgrundlagen für dieses Verbot sind, ist problematisch.

II. Versicherungsaufsichtsrechtliche Rechtsgrundlage für ein Verbot

1. Auslegung des § 7 Abs. 2 S. 1 VAG

Nach einer weitverbreiteten Ansicht in der Literatur[53] soll § 7 Abs. 2 S. 1 VAG ein gesetzliches Verbot des Betreibens versicherungsfremder Geschäfte normieren, das sowohl im Zulassungsverfahren als auch im laufenden Geschäftsbetrieb zu beachten ist. Nach anderer Ansicht ist die Norm in richtlinienkonformer Auslegung nur auf die Festlegung des Geschäftszwecks im Rahmen des Zulassungsverfahrens anwendbar.[54] Nach einer weiteren Ansicht[55] nimmt § 7 Abs. 2 S. 1 VAG die bestehende Aufsichtspraxis ausdrücklich in das Gesetz auf, konkretisiert den Begriff der ausreichenden Wahrung der Belange der Versicherten im Hinblick auf die Wahrnehmung von Nebengeschäften und verfügt über keinen Verbotscharakter.

Wäre § 7 Abs. 2 S. 1 VAG als gesetzliches Verbot i.S.d. § 134 BGB aufzufassen, so wäre er angesichts des rechtsstaatlichen Bestimmtheitsgebots nur schwer haltbar, da die Auslegung der Wendung „in unmittelbarem Zusammenhang“ unsicher ist. Als gesetzliche Verbotsnorm ist er auch

52 VerBAV 1994, 126; GB BAV 1990, 57 f.; Beschlußkammerentscheidung vom 6. März 1996 (nicht bestandskräftig), VerBAV 1996, 284.

53 *Fahr/Kaulbach*, VAG, § 7 Rn. 8; *Kaulbach*, VersR 1997, 286; *Uwe H. Schneider*, WM 1990, 1653; *Siebelt*, WM 1989, 1271; *Hübner*, VR 1989, 104; *Hohlfeld*, VW 1995, 564; *Angerer*, ZfV 1983, 134, 138; *Mohr*, VW 1992, 864; *Haller*, Wandel der Finanzdienstleistungen, S. 331; *Präve*, ZfV 1996, 60; *Müller*, Möglichkeiten und Grenzen von Allfinanzkonzepten, S. 21. S. auch LG Düsseldorf, ZIP 1994, 628, 630.

54 Vgl. hierzu ausf. *Rittner*, VersR 1994, 5 ff.; *Dreher*, in: FS f. Lorenz, S. 189 Fn. 62 und S. 191 Fn. 66; *ders.*, ZHR 158 (1994), 641, sowie *ders.*, DB 1992, 2612 (der Sache nach); ferner LG Düsseldorf, ZIP 1995, 1985, 1993 f.

55 *Heinrich*, VersR 1997, 1169, 1170; ähnlich *Imelmann*, S. 122.

nicht durch die umzusetzende Richtlinienvorschrift in Art. 8 Abs. 1 lit. b der Ersten Versicherungsrichtlinien intendiert.[56] Fraglich ist demnach, ob und wie § 7 Abs. 2 S. 1 VAG über das Zulassungsverfahren hinaus im Rahmen der laufenden Aufsicht von Bedeutung ist. Nach Systematik und Wortlaut der Richtlinie regeln die Richtlinienbestimmungen die Spezialität der Versicherungsunternehmen als notwendige Zulassungsvoraussetzung für die Aufnahme der Geschäftstätigkeit. Diese Zulassungsvoraussetzung ist durch § 7 Abs. 2 S. 1 VAG systematisch umgesetzt worden. Der Wortlaut des § 7 Abs. 2 S. 1 VAG, der nicht auf den Gesellschaftszweck rekurriert, sondern vom Betreiben von Geschäften spricht, läßt dagegen eine Anwendung über das Zulassungsverfahren hinaus für den allgemeinen Geschäftsbetrieb zu.[57] Dies wäre dann richtlinienwidrig und damit ein Verstoß gegen das EU-Recht, wenn die Versicherungsrichtlinien hinsichtlich der Ausübungsbedingungen für Versicherungsunternehmen abschließend wären und keine schärferen nationalen Regelungen zuließen. Zielsetzung der Ersten Versicherungsrichtlinien war, Beschränkungen der Niederlassungsfreiheit aufzuheben, indem die Zulassungsvoraussetzungen koordiniert werden sollten.[58] Die Ausübungsbedingungen waren dagegen weitgehend von der Koordinierung ausgespart.[59] Insofern konnte der nationale Gesetzgeber weiterhin Regelungen für die Ausübung treffen. Die Grenze solcher nationalen Regelungen verläuft dort, wo den Zielsetzungen der Richtlinie zuwidergehandelt wird. Die Norm statuiert, daß die Geschäftstätigkeit von Versicherungsunternehmen nicht nur im Zeitpunkt

---

56 S. nur *Heinrich*, VersR 1997, 1169, 1170 f. Nach Art. 8 Abs. 1 lit. b der Ersten Versicherungsrichtlinien muß jeder Mitgliedstaat verlangen, daß Unternehmen, die in seinem Staatsgebiet gegründet werden und um Zulassung nachsuchen, ihren Gesellschaftszweck auf die Versicherungstätigkeit und auf solche Geschäfte begrenzen, die unmittelbar hiermit im Zusammenhang stehen, unter Ausschluß jeder anderen Geschäftstätigkeit. Diese Bestimmung wurde durch die Dritten Versicherungsrichtlinien in Art. 6 Abs. 1 lit. b der Dritten Richtlinie Schaden bzw. Art. 5 Abs. 1 lit. b der Dritten Richtlinie Leben bestätigt.

57 S. insbesondere BT-Drs. 7/4084, S. 3. Die Fassung des § 7 Abs. 2 S. 1 VAG entspricht somit früherer Aufsichtspraxis, *Angerer*, ZfV 1983, 134, 138; *Müller*, Möglichkeiten und Grenzen von Allfinanzkonzepten, S. 20 f.; BT-Drs. 7/3687, S. 17.

58 S. Erwägungsgründe 1 ff. der Ersten Versicherungsrichtlinien.

59 Ob insoweit §§ 81, 87 VAG nach der Zulassung eines Versicherungsunternehmens als abschließende Eingriffsermächtigungen ohne Rückgriff auf § 7 Abs. 2 S. 1 VAG genügen können, soll in diesem Rahmen nicht erschöpfend behandelt werden.

der Zulassung beschränkt sein soll, sondern daß die gleiche Beschränkung auch für die nachfolgende praktische Tätigkeit der Versicherungsunternehmen gilt. Dies gefährdet nicht die Zielsetzung, die Niederlassungsfreiheit zu verwirklichen. Daher konnte der Gesetzgeber diese Richtlinienbestimmung umsetzen, indem er die Aufsichtspraxis ausdrücklich aufnahm.[60] Die Bedenken aus Gründen der Gesetzessystematik können dagegen nicht überzeugen. Die Auslegung nach der systematischen Stellung des Gesetzes ist eine von mehreren Auslegungsmethoden. Auch durch § 7a VAG, der unbestritten auch für die laufende Geschäftstätigkeit von Bedeutung ist, wird die Gesetzessystematik durchbrochen. Daher kann die Auslegung nach der systematischen Stellung eine mögliche Wortlautinterpretation der Norm nicht zu Fall bringen.[61] Wortlaut sowie Sinn und Zweck der Norm lassen die Auslegung zu, daß dem Erfordernis der Spezialität von Versicherungsunternehmen sowohl im Zulassungsverfahren als auch im laufenden Geschäftsbetrieb Rechnung zu tragen ist. Das schwierige und unwägbare Versicherungsgeschäft fordert höchste Konzentration und Fachwissen, so daß eine Ausdehnung in andere Branchen eine sichere Geschäftsführung von Versicherungen gefährden würde.[62] Jedoch könnte die Auslegung unter einem jüngst aufgetretenen Umstand dennoch problematisch sein. Mit der Umsetzung der Dritten Richtlinien sind für die grenzüberschreitende Betätigung von Versicherungsunternehmen die Aufsichtszuständigkeiten aufgeteilt worden. Für die Finanzaufsicht ist die Sitzlandbehörde alleine zuständig. Dagegen sind für die allgemeine Aufsicht Sitzland- und Tätigkeitslandbehörde zuständig. Die im Inland tätigen Versicherungsunternehmen müssen sich danach zumindest an die Normen des Tätigkeitslands halten, die im Allgemeininteresse erlassen worden sind. Hierzu gehören nach Ansicht des BAV insbesondere auch die Vorschriften des VAG in der gültigen Fassung.[63] Nach der Interpretation des BAV ist § 7 Abs. 2 S. 1 VAG eine Norm, die im laufenden Geschäfts-

---

60 S. so im Ergebnis auch *R. Schmidt*, in: Prölss, VAG, § 7 Rn. 13; *Fahr/Kaulbach*, VAG, § 7 Rn. 8; s. auch Beschlußkammerentscheidung v. 6. März 1996, VerBAV 1996, 284, 288 f.; diesen Aspekt nicht erörternd *Imelmann*, S. 121.

61 S. auch *Kaulbach*, VersR 1997, 286; *Fahr/Kaulbach*, VAG, § 7 Rn. 8; *Präve*, ZfV 1996, 60; *R. Schmidt*, in: Prölss, VAG, § 7 Rn. 13.

62 S. hierzu GB BAV 1976, 23; *Angerer*, ZfV 1983, 138; BT-Drs. 7/3687, S. 17; Stellungnahme des Finanzausschusses, BT-Drs. 7/4084, S. 3; BT-Drs. 11/8321, S. 11. Zur Akzeptanz dieses Gedankens in den EWR-Staaten, s. *Müller*, Versicherungsbinnenmarkt, Rn. 388 ff.; *Flütsch*, SJZ 1988, 257, 261 ff.

63 S. Schreiben des BAV v. 14.12.1995, VerBAV 1996, 51.

betrieb zu beachten ist. Stellt somit § 7 Abs. 2 S. 1 VAG schärfere Anforderungen, so könnte darin ein Verstoß gegen die Niederlassungs- und Dienstleistungsfreiheit zu sehen sein. Dies wäre dann relevant, wenn die durch § 7 Abs. 2 S. 1 VAG umgesetzte Richtlinienbestimmung ausschließlich das Zulassungsrecht beträfe. Eine solche Beschränkung auf das Zulassungsstadium kann den Richtlinienbestimmungen jedoch nicht entnommen werden.[64] Daher stellt die Auslegung des § 7 Abs. 2 S. 1 VAG für das grenzüberschreitend tätige Versicherungsunternehmen keine Verschärfung bzw. Verletzung der Niederlassungs- und Dienstleistungsfreiheit dar.[65] Dies stützt zum einen der Wortlaut („ihren Gesellschaftszweck ... begrenzen"), da die Zulassung für eine nachfolgende Geschäftstätigkeit ersucht wird. Zum anderen ist vorgesehen, daß die Zulassung entzogen werden kann, wenn die Zulassungsvoraussetzungen nicht mehr vorliegen, Art. 22 Abs. 1 lit. b Erste Richtlinie Schaden bzw. Art. 26 Abs. 1 lit. b Erste Richtlinie Leben. Somit ist § 7 Abs. 2 S. 1 VAG nicht nur im Zulassungsverfahren, sondern auch im laufenden Geschäftsbetrieb von Bedeutung, allerdings mit folgenden Maßgaben: Zunächst kann angesichts dessen, daß bei der Auslegung des § 7 Abs. 2 S. 1 VAG Änderungen in der Verkehrsauffassung zu berücksichtigen sind, § 7 Abs. 2 S. 1 VAG nicht als gesetzliches Verbot i.S.d. § 134 BGB angesehen werden. Zum zweiten ist im Rahmen der laufenden Aufsicht als Eingriffsnorm § 81 VAG, nicht aber § 7 Abs. 2 S. 1 VAG unmittelbar maßgebend. Zum dritten darf im Rahmen der Eingriffsermächtigung des § 81 VAG nur dann eingeschritten werden, wenn ein Verstoß gegen § 7 Abs. 2 S. 1 VAG angenommen werden kann, m.a.W., wenn der zulässige Gesellschaftszweck nicht eingehalten wird.

2. § 81 Abs. 2 S. 1 i.V.m. § 7 Abs. 2 S. 1 VAG (Rechtsaufsicht) als Ermächtigungsgrundlage

Wird gegen § 7 Abs. 2 S. 1 VAG verstoßen, d.h. wird ein versicherungsfremdes Geschäft betrieben, das nicht in unmittelbarem Zusammenhang

---

64 S. hierzu *R. Schmidt*, in: Prölss, VAG, § 7 Rn. 13; *Müller*, Versicherungsbinnenmarkt, Rn. 390.

65 Wegen der nicht harmonisierten Bestimmung des Begriffs Versicherungsgeschäft ist allerdings mit Erschwerungen der grenzüberschreitenden Tätigkeit zu rechnen, insbesondere wenn nach der Sitzlandbehörde der Versicherungscharakter eines Geschäfts bejaht wird, nach der Tätigkeitslandbehörde jedoch nicht.

mit dem Versicherungsgeschäft steht, so stellt dies einen Mißstand i.S.d. § 81 Abs. 2 VAG dar, und die Aufsichtsbehörde ist berechtigt, nach Ausübung ihres Ermessens im Rahmen der laufenden rechtlichen Aufsicht einzuschreiten. Fraglich ist somit, ob die in Rede stehenden Garantien, Freistellungserklärungen, Bürgschaften und Patronatserklärungen den Tatbestand des § 7 Abs. 2 S. 1 VAG erfüllen, also ein Betreiben versicherungsfremder Geschäfte ohne unmittelbaren Zusammenhang mit dem Versicherungsgeschäft darstellen. Es handelt sich dabei um Garantiegeschäfte i.S.d. § 1 Abs. 1 Nr. 8 KWG und somit um Bankgeschäfte. Daher wurden diese Geschäfte als versicherungsfremd, da nicht den Regeln der Versicherungstechnik folgend und daher riskant, und unerwünscht qualifiziert.[66] Als versicherungsfremde Geschäfte dürfen sie aber dann betrieben werden, wenn sie mit den Versicherungsgeschäften in unmittelbarem Zusammenhang stehen. Der Begriff „in unmittelbarem Zusammenhang mit Versicherungsgeschäften stehende Geschäfte" bedarf der Auslegung und eröffnet kein Ermessen der Aufsichtsbehörde.[67] Dabei ist zu berücksichtigen, daß § 7 Abs. 2 S. 2 VAG bezüglich des Einsatzes von derivativen Finanzinstrumenten einen solchen unmittelbaren Zusammenhang annimmt. Dies bedeutet, daß zum einen der „unmittelbare Zusammenhang" nicht als Ausnahmetatbestand, sondern als zulässige Erweiterung des Gesellschaftszwecks zu verstehen ist, zum anderen, daß die Auslegung des Gesetzesbegriffs von der sich wandelnden Verkehrsauffassung sowie einer wirtschaftlichen Betrachtung abhängt.[68] In unmittelbarem Zusammenhang mit dem Betreiben von Versicherungsgeschäften stehen die in § 5 Abs. 3

66 VerAfP 1930, 85.

67 *R. Schmidt*, in: Prölss, VAG, § 7 Rn. 11; *Siebelt*, WM 1989, 1271. S. hierzu auch GB BAV 1976, 23; *Goldberg/Müller*, VAG, § 7 Rn. 3; *Haller*, Wandel der Finanzdienstleistungen, S. 331, sowie *Müller*, Möglichkeiten und Grenzen von Allfinanzkonzepten, S. 21 f., der den Wortlaut als Ausnahmevorschrift eng auslegen will.

68 Nach aufsichtsbehördlichem Verständnis resultiert die Auslegung des unmittelbaren Zusammenhangs aus der Zielsetzung der Norm, nämlich Versicherungsunternehmen vor den mit dem Betrieb von versicherungsfremden Geschäften verbundenen Gefahren zu schützen, um negative Rückwirkungen auf die Erfüllbarkeit der Versicherungsverträge zu vermeiden, VerBAV 1991, 302; GB BAV 1992, 41; *Müller*, Möglichkeiten und Grenzen von Allfinanzkonzepten, S. 22. Ein solches Schutzverständnis würde aber bedeuten, daß Versicherungsunternehmen nur Versicherungsgeschäfte, die aber selbst mit Risiken behaftet sind, betreiben dürften. Der Schutzgedanke ist daher vielmehr bei der Auslegung des Mißstandsbegriffs zu berücksichtigen und nicht als Auslegungshilfe für den „unmittelbaren Zusammenhang" heranzuziehen.

Nr. 4 VAG genannten Tätigkeiten, nämlich Vertrieb, Bestandsverwaltung, Leistungsbearbeitung, Rechnungswesen, Vermögensanlage und Vermögensverwaltung.[69] Als Maßnahme, um die Erfüllung der Kernfunktionen zu sichern, könnten demzufolge Patronatserklärungen zugunsten des Beteiligungsunternehmens in unmittelbarem Zusammenhang mit dem Versicherungsgeschäft stehen.[70] Dafür spricht zum einen, daß Tätigkeiten im Zusammenhang mit der Erfüllung der Kernfunktionen, die für ein Versicherungsunternehmen wirtschaftlich sinnvoll und notwendig sind, rechtlich im unmittelbaren Zusammenhang mit dem Betrieb von Versicherungsgeschäften stehen.[71] Zum anderen spricht dafür auch, daß Verträge über Funktionsausgliederungen möglich sind und daß Beherrschungsverträge von Versicherungsunternehmen über das die Funktion erfüllende Unternehmen genehmigt werden. Somit kann als erstes Zwischenergebnis festgehalten werden, daß Patronatserklärungen, Garantien usw. dann nicht gegen § 7 Abs. 2 S. 1 VAG verstoßen, wenn sie zugunsten eines Unternehmens abgegeben werden, auf das eine Kernfunktion ausgegliedert worden ist.

Fraglich ist, wie Patronatserklärungen, Bürgschaften etc. zugunsten von Unternehmen, an denen ein Versicherungsunternehmen beteiligt und mit denen kein Funktionsausgliederungsvertrag abgeschlossen ist, zu behandeln sind. Als Maßnahmen der Beteiligungsverwaltung und damit der Vermögensverwaltung sollen sie nicht versicherungsfremd sein.[72] Dagegen spricht, daß in diesen Fällen Beteiligung bzw. Vermögensanlage und Geschäftstätigkeit getrennt zu betrachten sind. Jedoch erfordert das Halten einer Beteiligung gewisse Verwaltungsmaßnahmen. Daher sind Patronatserklärungen als Verwaltungs- oder Erhaltungsmaßnahme nicht versicherungsfremd. Sofern das BAV bei Bürgschaften und Patronatserklärungen insbesondere zur Rechtfertigung einer Verbotsverfügung anführt, daß das Verbot des Betriebes von versicherungsfremden Geschäften verhindern soll, daß die Leistungsansprüche der Versicherten dadurch gefährdet würden, daß der Versicherer zusätzliche, nicht im unmittelbaren Zusammenhang mit dem Versicherungsgeschäft stehende finanzielle Risiken

69 S. hierzu *Imelmann*, 136 ff.; *Kaulbach*, VersR 1997, 286, 287.

70 So das Vorbringen des Versicherungsunternehmens im Beschlußkammerverfahren, Beschlußkammerentscheidung vom 6. März 1996, VerBAV 1996, 284, 285.

71 *Imelmann*, S. 145; *Kaulbach*, VersR 1997, 286, 287.

72 *Kaulbach*, VersR 1997, 286, 287.

übernehme,[73] kann diese Erwägung jedoch nicht die Versicherungsfremdheit begründen. Zur Anwendung des § 7 Abs. 2 S. 1 VAG ist festzustellen, ob das Geschäft in unmittelbarem Zusammenhang mit dem Versicherungsgeschäft steht oder nicht. Eine weitergehende Orientierung daran, ob die Belange der Versicherten gefährdet werden oder nicht, steht dem BAV im Rahmen des § 7 Abs. 2 S. 1 VAG nicht mehr zu.[74] Diese Interpretation des § 7 Abs. 2. S. 1 VAG wird auch durch die Auslegung des Merkmals „Betreiben" gestützt. „Betreiben" von Geschäften setzt eine bestimmte Intensität von Geschäften voraus, die den Charakter der Unternehmung bzw. des gesamten Geschäftsbetriebs prägt und mitbestimmt.[75] Der Begriff „Betreiben" ist im Kontext mit der Bestimmung des Unternehmensgegenstands zu sehen. Dadurch daß ein Versicherungsunternehmen Patronatserklärungen abgibt oder Bürgschaften übernimmt, tätigt es einzelne Rechtsgeschäfte, die aber den Charakter des Unternehmens als Versicherungsunternehmen nicht verändern. Indem es Patronatserklärungen zugunsten des Beteiligungsunternehmens abgibt, wird es auch nicht Betreiber der Geschäfte des Beteiligungsunternehmens. Daher sind im Ergebnis Garantieerklärungen, Patronatserklärungen, Bürgschaften usw. Maßnahmen, die dazu dienen, die Kernfunktion des Versicherungsunternehmens zu erfüllen. Ein Verstoß gegen § 7 Abs. 2 S. 1 VAG liegt somit nicht vor.

---

73 S. VerBAV 1994, 126; Beschlußkammerentscheidung v. 6. März 1996, VerBAV 1996, 284, 287; *Müller*, Versicherungsbinnenmarkt, Rn. 389; *ders.*, Möglichkeiten und Grenzen von Allfinanzkonzepten, S. 22.

74 So sogar in einer frühen Stellungnahme des BAV, GB BAV 1976, 23. Auch kann die Versicherungsfremdheit nicht dadurch begründet werden, daß das Tochterunternehmen nur mit Rücksicht auf die größere Finanzkraft und entsprechende Garantieerklärungen des Versicherungsunternehmens die Darlehen erhält, die der eigenen Finanzkraft nicht mehr angemessen sind, so jedoch GB BAV 1990, 57 f.

75 In diesem Sinn *Fahr/Kaulbach*, VAG, § 7 Rn. 10; *Kaulbach*, VersR 1997, 286; *R. Schmidt*, in: Prölss, VAG, § 7 Rn. 9; *Dreher*, in: FS f. Lorenz, S. 175, 191. S. zur entsprechenden Auslegung des Begriffs im Bankenaufsichtsrecht gemäß § 24 Abs. 1 Nr. 9 KWG, *Szagunn/Haug/Ergenzinger*, KWG, § 24 Rn. 19; *Reischauer/Kleinhans*, KWG, § 24 Anm. 14.

3. § 81 Abs. 2 S. 1 VAG (Finanzaufsicht) als Rechtsgrundlage

Fraglich ist aber, ob ein Verbot von Patronatserklärungen etc. unter dem Gesichtspunkt der Finanzaufsicht gemäß § 81 Abs. 2 S. 1 VAG zu begründen ist. Wird gegen die Solvabilitätsanforderungen verstoßen, ist ein Eingreifen der Aufsichtsbehörde möglich. Erfüllt das Versicherungsunternehmen jedoch die Solvabilitätsanforderungen, liegt kein Verstoß gegen ein spezielles Gesetz der Finanzaufsicht vor. Etwas anderes gilt jedoch, wenn durch die Abgabe von Patronatserklärungen etc. ein Mißstand drohen würde, weil die Solvabilität des Versicherungsunternehmens in besonderem Maße gefährdet würde. Hier sind die Umstände des Einzelfalls maßgebend.[76] U.U. kommt somit ein Einschreiten der Aufsichtsbehörde wegen drohenden Verstoßes gegen finanzaufsichtsrechtliche Vorschriften in Betracht.

4. § 81 Abs. 2. S. 1 i.V.m. Abs. 1 S. 2 (1. Satzhälfte) VAG (Generalklausel)

Umstritten ist, ob aus verfassungsrechtlichen und europarechtlichen Bedenken eine Mißstandsaufsicht nach § 81 Abs. 2 S. 1 und 2 i.V.m. Abs. 1 S. 2 VAG dergestalt möglich ist, als ein Eingreifen der Aufsichtsbehörde gegen einen Mißstand zulässig ist, der darin bestehen soll, daß infolge eines Verhaltens des Versicherungsunternehmens bei seiner Geschäftstätigkeit die Belange der Versicherten nicht mehr ausreichend gewahrt sind.[77] Die Erörterung des Streitstands kann hier dahinstehen. Denn die Generalklausel kommt angesichts vorhandener Spezialbestimmungen und des Geschäftsplans allenfalls subsidiär zum Zuge. Vorrangig ist hier ein

---

76 Ausf. *Kaulbach*, VersR 1997, 286, 287 ff.

77 Die subsidiäre Generalklausel ablehnend *Dreher*, VersR 1993, 1443 ff.; *ders.*, WM 1995, 509 ff.; *Miersch*, S. 107 ff.; *Vespermann/Niewerth*, VersR 1996, 1186, 1187 ff.; *R. Schmidt*, Überlegungen zur Umsetzung der Dritten Versicherungsrichtlinien in das deutsche Recht, S. 36; *Büchner*, Der Referentenentwurf eines Dritten Durchführungsgesetzes/EWG zum VAG auf dem Prüfstand, S. 2 ff.; krit. ferner *Römer*, Der Prüfungsmaßstab bei der Mißstandsaufsicht nach § 81 VAG und der AVB-Kontrolle nach § 9 AGBG, S. 7; die Beibehaltung der subsidiären Generalklausel befürwortend v.a. das BAV und dessen Angehörige, GB BAV 1994, 13; *Präve*, VW 1994, 800, 806; *Müller*, Versicherungsbinnenmarkt, Rn. 363; *ders.*, VW 1993, 548, 551; der Gesetzgeber BT-Drs. 12/6959, S. 83; die Kommentatoren *Kollhosser*, in: Prölss, VAG, § 81 Rn. 14 ff.; *Fahr/Kaulbach*, VAG, § 81 Rn. 13.

Einschreiten gegen einen drohenden Mißstand aus finanzaufsichtsrechtlichen Gründen, so daß im Bereich der Finanzaufsicht kein Raum mehr für die subsidiäre Generalklausel verbleibt. Insbesondere kann die Aufsichtsbehörde über die Generalklausel nicht die vorhandenen finanzaufsichtsrechtlichen Bestimmungen nachbessern oder ein generelles Verbot der Quersubventionierung durchsetzen.[78]

5. § 82 VAG

a) Ausgangslage

Möglicherweise kommt auch ein Einschreiten der Aufsichtsbehörde aufgrund § 82 VAG in Betracht, da die Abgabe von Freistellungserklärungen, Patronatserklärungen etc. als Maßnahme der Beteiligungsverwaltung eingeordnet wird. Danach kann die Aufsichtsbehörde einschreiten, wenn ein Versicherungsunternehmen an einem anderen Unternehmen beteiligt ist, das nicht der Versicherungsaufsicht unterliegt, und die Beteiligung nach Art oder Umfang geeignet ist, das Versicherungsunternehmen zu gefährden. Unklar ist das Verhältnis von § 81 Abs. 2 S. 1 und § 82 VAG.

b) Verhältnis des § 82 VAG zu § 81 Abs. 2 S. 1 VAG

§ 82 VAG hat im Unterschied zu § 81 Abs. 2 S. 1 VAG keinen europarechtlichen Ursprung. Er normiert für Beteiligungen von Versicherungsunternehmen an Nichtversicherungsunternehmen im Unterschied zu § 81 VAG spezielle Eingriffsmöglichkeiten, nämlich die Beteiligungsuntersagung oder -verringerung[79] und die Überprüfung des Nichtversicherungsunternehmens. Diese speziellen Anordnungsmöglichkeiten hängen von der Gefährdung des Versicherungsunternehmens durch das Nichtversicherungsunternehmen ab. Dabei ist der Begriff „Gefährdung des Versicherungsunternehmens" ein unbestimmter Rechtsbegriff. Die Gefährdung ist im Hinblick auf die Finanzaufsicht, d.h. auf die dauernde Erfüllbarkeit der Versicherungsverträge, zu bestimmen.[80] Eine Gefährdung des Versiche-

78 *Dreher*, VersR 1993, 1443, 1453; *ders.*, ZVersWiss 1996, 499; *Kollhosser*, in: Prölss, VAG, § 81 Rn. 36; *Fahr/Kaulbach*, VAG, § 1 Rn. 18; a.A. *Müller*, Versicherungsbinnenmarkt, Rn. 653 f., 658; *Prölss/Armbrüster*, DZWir 1993, 397, 400.

79 S. hierzu *Goldberg/Müller*, VAG, § 82 Rn. 9; *Kollhosser*, in: Prölss, VAG, § 82 Rn. 6.

80 *Kollhosser*, in: Prölss, VAG, § 82 Rn. 3; *Fahr/Kaulbach*, VAG, § 82 Rn. 3.

rungsunternehmens ist demnach frühestens dann gegeben, wenn die Solvabilitätsanforderungen des § 53c VAG nicht mehr erfüllt werden. Demgegenüber ermöglicht § 81 Abs. 2 VAG ein Eingreifen der Aufsichtsbehörde zu dem Zweck, die Belange der Versicherten ausreichend zu wahren. In diesem Stadium muß noch keine Gefährdung des Versicherungsunternehmens als solche vorliegen. Daher sollen bereits vorher Maßnahmen aufgrund § 81 Abs. 2 VAG möglich sein, die mittelbar den Eintritt einer Gefährdung i.S.d. § 82 VAG verhindern.[81] Fraglich ist aber, ob § 82 VAG nicht im Verhältnis zu § 81 Abs. 2 S. 1 VAG Spezialnorm ist, so daß der Grundsatz lex specialis derogat legi generali das Verhältnis bestimmt. Angesichts der besonderen Eingriffsbefugnisse des § 82 VAG spricht viel dafür, diese Norm als Spezialnorm für Beteiligungen anzusehen. Ob trotzdem ein Rückgriff auf § 81 Abs. 2 S. 1 VAG möglich sein soll, ist dem Wortlaut des § 82 VAG nicht zu entnehmen.[82] Andererseits kann ein Rückgriff dann nicht ausgeschlossen sein, wenn er allein dem Verhältnismäßigkeitsgrundsatz gerecht wird. So scheint ein aufgrund des § 82 VAG möglicher Eingriff in Form der Beteiligungsuntersagung in Einzelfällen gegenüber milderen Maßnahmen, die aufgrund § 81 Abs. 2 S. 1 VAG ergriffen werden könnten, unverhältnismäßig zu sein. Eine Gefährdung der Versichertenbelange wird nur in seltenen Fällen eine Beteiligungsuntersagung rechtfertigen, so daß unter Beachtung des Verhältnismäßigkeitsgrundsatzes und des Schutzzwecks der Versicherungsaufsicht ein Rückgriff auf § 81 Abs. 2 S. 1 VAG trotz Spezialgesetzcharakter des § 82 VAG zuzulassen ist. Infolgedessen wird es kaum zu einer Anwendung des § 82 VAG bei Beteiligungen von Versicherungsunternehmen an Nichtversicherungsunternehmen kommen.

c) Anwendungsbereich des § 82 VAG

Die Gefährdung muß des weiteren durch die Beteiligung herbeigeführt werden können. Daher ist fraglich, ob Patronatserklärungen etc. ein solches Beteiligungsverhältnis begründen können.[83] Dafür könnte sprechen, daß § 82 Abs. 2 VAG den sonst sich an § 271 HGB anlehnenden Beteiligungsbegriff auf personelle Einflußmöglichkeiten ausdehnt und somit

81 S. hierzu *Dreher*, ZVersWiss 1988, 648; *ders.*, DB 1992, 2611 f.; *ders.*, in: FS f. Lorenz, S. 201; *Kollhosser*, in: Prölss, VAG, § 82 Rn. 3.

82 S. zu ausdrücklichen Rückgriffsermächtigungen §§ 81b Abs. 1 S. 2 und 81c Abs. 1 S. 4 VAG.

83 In diesem Sinn für Darlehen und Bankeinlagen *Kollhosser*, in: Prölss, VAG, § 82 Rn. 2; *Goldberg/Müller*, VAG, § 82 Rn. 5.

auch andere Verflechtungen, die nicht auf Miteigentum an einer anderen Gesellschaft beruhen, unter die Norm fassen will.[84] Jedoch zeigt diese Ausnahmeregelung zugleich, daß der Gesetzgeber als maßgebliches Kriterium für eine i.S.d. § 82 VAG aufsichtsrechtlich relevante Beteiligung bestimmt, daß das Versicherungsunternehmen das andere Unternehmen entscheidend beeinflussen kann. Dies ist jedoch bei der Übernahme von Patronatserklärungen, Bürgschaften etc. regelmäßig nicht der Fall. Daher begründen schuldrechtliche Mithaftungsverhältnisse keine Beteiligungsverhältnisse i.S.d. § 82 VAG.

III. Folgerungen

Als Ergebnis kann festgehalten werden, daß bei Patronatserklärungen und ähnlichen Verpflichtungen nur im Einzelfall im Wege der Finanzaufsicht gem. § 81 Abs. 2 S. 1 i.V.m. § 81 Abs. 1 S. 5 VAG eingeschritten werden kann. Es bleibt zu überprüfen, ob dieses Ergebnis für alle Versicherungssparten gleichermaßen gilt. Eine andere Behandlung könnten diejenigen Versicherungsunternehmen, in denen der Spartentrennungsgrundsatz gilt, erfahren, also die Lebensversicherung und die substitutive Krankenversicherung, § 8 Abs. 1a VAG. Die Erteilung von Bürgschaften etc. würde eine Durchbrechung dieser Risikotrennung bedeuten und gegen den Spartentrennungsgrundsatz verstoßen, so daß aufgrund dieses Mißstands ein Eingreifen der Aufsichtsbehörde in Betracht kommt.[85] Ferner soll durch die Spartentrennung verhindert werden, daß die Gewinnbeteiligungsrechte der Versicherten durch Risikoübernahmen geschmälert werden. Daher dürfen Lebensversicherungsunternehmen aus Gründen der Spartentrennung keine Patronatserklärungen, Bürgschaften, Garantien etc. abgeben bzw. übernehmen. Fraglich ist, ob dies für die substitutive Krankenversicherung ebenso gilt. Im Gegensatz zur Dritten Richtlinie Schaden hält der deutsche Gesetzgeber in § 8 Abs. 1a VAG an der Geltung der rechtlichen Spartentrennung für die substitutive Krankenversicherung fest.[86] Angesichts der eindeutigen Rechtslage aufgrund der Richtlinien ist

---

84 Amtl. Begr. zu § 64a (heute § 82) VAG, in: RT-Drs. V/848, S. 20 (= Motive, S. 357).

85 S. hierzu auch *Weigel*, in: Prölss, VAG, Vor § 15 Rn. 71.

86 Vgl. Art. 5 der Dritten Richtlinie Schaden sowie Erwägungsgrund 24 der Dritten Richtlinie Schaden, der die Beteiligung an einem Verlustausgleichssystem zuläßt. Die Spartentrennung darf von Unternehmen mit Sitz in Deutschland verlangt werden, vgl. Antwort der EG-Kommission auf schriftliche

die Abgabe von Patronatserklärungen etc. möglich, jedoch wegen des aufsichtsbehördlichen Verhaltens aufgrund § 8 Abs. 1a VAG riskant. Daher werden Versicherungsunternehmen, die die substitutive Krankenversicherung betreiben, angesichts der Ausgangssituation von der Übernahme dieser schuldrechtlichen Verpflichtungen absehen. Eine Holdinggesellschaft unterliegt unmittelbar nicht der Versicherungsaufsicht. Daher sind Patronatserklärungen, die Übernahme von Bürgschaften, Garantien usw. uneingeschränkt zulässig. Bezüglich des Risikos für sonstige Nichtlebensversicherungsunternehmen ist folgendes zu bedenken: Solche Erklärungen werden überwiegend nur in Mutter-Tochterunternehmensverhältnissen abgegeben. Versicherungsunternehmen werden nur in seltenen Fällen selbst Mutterunternehmen von Kreditinstituten sein. Daher wird in der Praxis die Inanspruchnahme von Versicherungsunternehmen aus diesen schuldrechtlichen Haftungstatbeständen eher selten sein.

F. Sonstige Haftungstatbestände

I. Gesamtschuldnerische Haftung

Eine gesamtschuldnerische Haftung von Kreditinstitut und Versicherungsunternehmen, die beide gleichermaßen an einem Vertrag beteiligt sein könnten, wird in der Praxis nur selten vorkommen.

II. Vertrauenshaftung/c.i.c.

Eine Inanspruchnahme des herrschenden Unternehmens auf der Grundlage der Vertrauenshaftung bzw. c.i.c. kommt in Betracht, wenn das herrschende Unternehmen besonderes persönliches Vertrauen eines Vertragspartners in die Solvenz des abhängigen Unternehmens erweckt hat[87] oder das herrschende Unternehmen ein besonderes wirtschaftliches Eigeninter-

---

Anfrage Nr. 2640/91 (EP-Abgeordneter Merz), ABl.EG Nr. C 242 v. 21.9.1992, S. 14. Ob diese Zusage der Kommission im Streitfall den Richtlinienvorschriften vorgehen kann, erscheint jedoch zweifelhaft.

87 Vgl. hierzu *Larenz/Canaris*, Lehrbuch des Schuldrechts, Bd. II/2, S. 83 f.; *Wiedemann*, Gesellschaftsrecht I, S. 237.

esse am Vertragsschluß des abhängigen Unternehmens hat. Allein die Beteiligung oder die Hingabe von Sicherheiten reichen zur Haftungsbegründung jedoch nicht aus. Hinzukommen muß, daß das herrschende Unternehmen Vertrauen in sich selbst erzeugt hat.[88] Diese Fälle treten jedoch häufiger in Konstellationen auf, in die GmbHs verwickelt sind, dagegen weniger bei Aktiengesellschaften.

III. Durchgriffshaftung

In Rechtsprechung und Literatur sind bestimmte Fallgruppen, nämlich Unterkapitalisierung,[89] Vermögens- und Sphärenvermischung, Institutsmißbrauch anerkannt, bei denen ein Durchgriff in Betracht kommt. Vorausgesetzt ist jeweils der Mißbrauch der juristischen Person durch den Gesellschafter. Angesichts des aufsichtsrechtlichen Zulassungsverfahrens, der Finanzaufsicht und der Geschäftsleiterkontrolle kann das Eintreten dieser deliktischen Haftungstatbestände im Finanzkonglomerat nahezu ausgeschlossen werden.

G. Großkredite

I. Großrisiken und Risikokumulierung

Kreditinstitute und Versicherungsunternehmen können im Rahmen der jeweils zulässigen Höchst- und Mischungsgrenzen Anlagen bei einem Schuldner tätigen, §§ 13 i.V.m. § 19 KWG und §§ 54 f. VAG. Für Versicherungsunternehmen bestehen die Anlagegrundsätze und der Anlagenkatalog nur für das gebundene Vermögen. In der Anlage ihres sog. freien

---

88 S. aus der Rechtsprechung BGHZ 126, 181; BGH WM 1995, 108.

89 Im Hinblick auf die Unterkapitalisierung ist zu berücksichtigen, daß bei einem Versicherungsunternehmen Konkursreife trotz bilanzieller Überschuldung erst dann anzunehmen ist, wenn die Verbindlichkeiten auch durch den Wert eines veräußerungsfähigen Bestandes nicht gedeckt werden. Da ein Versicherungsbestand einen erheblichen nichtaktivierten Vermögenswert darstellt, der in der Regel auch eine Sanierung selbst bei bilanzieller Überschuldung möglich macht, ist der Eintritt einer Konkursverschleppung in einem Versicherungsunternehmen sehr unwahrscheinlich.

Vermögens sind sie grundsätzlich frei.[90] In Finanzkonglomeraten bestehen Möglichkeiten, die Anlagetätigkeit der Einzelunternehmen zu steuern und zu verteilen und hierdurch die aufsichtsrechtlichen Bestimmungen zu umgehen.[91] Problematisch kann auch sein, wenn ein in ein Finanzkonglomerat einbezogenes unbeaufsichtigtes Unternehmen (Holdingunternehmen, Rückversicherungsunternehmen sowie Handels- oder Industrieunternehmen) die Kreditvergabe[92] übernimmt, da für dieses weder Anlagegrenzen noch risikobezogene Eigenkapitalanforderungen bestehen.

Die Übernahme von Großrisiken und damit die Kumulierung von Adressenausfallrisiken können ungeplant dergestalt erfolgen, daß ein Kreditinstitut und ein Versicherungsunternehmen in einem Finanzkonglomerat gleichzeitig Kredite an denselben Schuldner gewähren bzw. gleichzeitig Anteilsrechte eines Emittenten in ihre Portefeuilles übernehmen. Obwohl das Kreditinstitut und das Versicherungsunternehmen hinsichtlich ihrer Anlagetätigkeit jeweils die für sie geltenden Begrenzungsregelungen, § 13 KWG einerseits, §§ 54 f. VAG andererseits, einhalten bzw. ein Anlagenausfall für das einzelne Unternehmen nicht existenzgefährdend wäre, könnte bei zusammengefaßter Betrachtung der Anlagen des Konglomerats das Verhältnis der Anlagerisiken zu dem in der Gruppe zur Verfügung stehenden Eigenkapital nicht mehr ausgewogen sein.[93] Ebenfalls könnte zwar auf das Einzelunternehmen bezogen eine ausgewogene Mischung und Streuung der Kapitalanlagen gegeben sein, aber bei gruppenbezogener Betrachtung könnten die Anlagen der Gruppenunternehmen zusammen genommen nicht mehr ausreichend diversifiziert sein und damit Risiken für das Finanzkonglomerat entstehen lassen.[94] Fällt ein Großengagement aus, kommt es nicht nur zu einem Wertberichtigungs- bzw. Abschreibungsbedarf, sondern u.U. zu rechtlichen oder faktischen Verlustausgleichszahlungsverpflichtungen des übergeordneten Unternehmens.

Die Kumulierung von Ausfallrisiken aus Großengagements kann auch geplant erfolgen. Sofern der Geschäftsumfang übergeordneter Kreditinstitute in Finanzkonglomeraten an aufsichtsrechtliche Grenzen stößt, können die Institute unter bestimmten Bedingungen[95] ihre Kreditvergabe auf

90 Eine Ausnahme besteht im Fall der Zahlungsschwierigkeiten, § 81b VAG.

91 *Amely*, S. 62 f.

92 Der Begriff des Kredits wird in diesem Zusammenhang i.S.v. § 19 Abs. 1 KWG verwendet.

93 *Wienberg*, S. 164; *de Swaan*-Report, S. 24.

94 *Wienberg*, S. 165.

95 Hierzu zählen gewisse Einflußmöglichkeiten auf die Kapitalanlagepolitik der nachgeordneten Unternehmen (z.B. aufgrund von Mehrheitsbeteiligungen)

nachgeordnete Versicherungsunternehmen und -holdings verlagern, die weniger strengen Kapitalanforderungen im Hinblick auf die Anlagerisiken unterliegen. Dadurch ist es den Kreditinstituten z.B. möglich, die Grundsatz I-Auslastung zu verringern, um so geschäftspolitische Handlungsmöglichkeiten zurückzugewinnen. Durch die Verlagerung der Kreditgewährung auf nachgeordnete Versicherungsunternehmen sinkt zwar das Risikovolumen beim betreffenden Kreditinstitut; im Finanzkonglomerat insgesamt bleibt es jedoch unverändert.[96] Die Einführung eines gemeinsamen Banken- und Versicherungsmarktes eröffnet weitere Möglichkeiten, die Risikobegrenzungsregeln zu umgehen, da nicht nur anlagerisikobehaftete Geschäfte von Kreditinstituten mit hierfür vergleichsweise hohen Eigenkapitalanforderungen auf Versicherungsunternehmen mit die Anlagerisiken betreffenden niedrigeren (Lebensversicherungsunternehmen) bzw. fehlenden Eigenkapitalanforderungen (Schadenversicherungsunternehmen) oder auf aufsichtsfreie Holdinggesellschaften, sondern auch auf Unternehmen mit Sitz in anderen Mitgliedstaaten transferiert werden können, deren aufsichtsrechtliche Anforderungen liberaler sind.

II. Allgemeinaufsichtsrechtliche Risikosteuerung

1. Geschäftsleiter- und Anteilseignerkontrolle

Aufsichtsrechtliche Grenzen und damit eine Risikobegrenzung für eine geplante Kumulierung von Großrisiken folgen aber daraus, daß Versicherungsunternehmen Spezialunternehmen sind und Versicherungsgeschäfte nicht von anderen Unternehmen betrieben werden dürfen. In unmittelbarem Zusammenhang mit dem Kernbereich des Versicherungsgeschäfts steht die Anlage des versicherungstechnischen Fremdkapitals. Insofern

---

und die Beachtung aufsichtsbehördlicher Grenzen der Einflußnahme auf inländische Versicherungsunternehmen (Verbot von Weisungen zum Nachteil der Versichertenbelange und der dauernden Erfüllbarkeit der Verträge). Der zuletzt genannte Aspekt weist im Einzelfall jedoch vermutlich wenig Relevanz auf, da bei der Einflußnahme hinsichtlich der Vergabe eines einzelnen Kredits ein die Versichertenbelange schädigendes Verhalten kaum anzunehmen bzw. der Nachweis eines derartigen Verhaltens außerordentlich schwierig zu führen ist. Bei ausländischen Versicherungstöchtern greifen die deutschen Aufsichtsvorbehalte nicht, so daß eine Verlagerung der Kreditgewährung auf diese Tochterunternehmen nur etwaigen ausländischen Einschränkungen unterliegt.

96 *Wienberg*, S. 165.

könnte aus dem Spezialitätsgrundsatz gefolgert werden, daß die unternehmerische Entscheidung über die Anlagetätigkeit beim Versicherungsunternehmen zu verbleiben habe. Dabei soll zwischen einflußnehmenden beaufsichtigten Finanzdienstleistungsunternehmen und unbeaufsichtigten Holdingunternehmen, die wegen § 7 Abs. 2 S. 1 VAG weder auf den Kernbereich des Versicherungsgeschäfts noch auf Geschäftsbereiche, die hiermit in unmittelbarem Zusammenhang stehen, Einfluß nehmen dürfen, unterschieden werden.[97] § 7 Abs. 2 S. 1 VAG scheint jedoch nicht der angemessene Ansatzpunkt zu sein, um Einflußnahmen auf Geschäftsbereiche eines Versicherungsunternehmens zu begrenzen. Da Funktionsausgliederungen hinsichtlich der Anlagetätigkeit möglich sind, verstößt eine Holdinggesellschaft nicht gegen das in § 7 Abs. 2 S. 1 VAG normierte Spezialitätsprinzip. Im umgekehrten Fall betreibt es auch noch keine Versicherungsgeschäfte, wenn es versucht, die Anlagetätigkeit des Versicherungsunternehmens zu beeinflussen. Insofern kann auch bei der aufsichtsrechtlichen Bewertung von beaufsichtigten und nichtbeaufsichtigten Unternehmen kein Unterschied gemacht werden. Ansatzpunkt für die Beaufsichtigung der Einflußnahme auf die Vermögensanlagetätigkeit ist vielmehr die Stärkung der Geschäftsleiter des Versicherungsunternehmens. Denn gleich, ob das Versicherungsunternehmen die Anlagetätigkeit auslagert oder selbst vornimmt, bleibt es unternehmerisch gegenüber der Aufsichtsbehörde verantwortlich.[98] Daher sind zur Vermeidung von Interessenkollisionen – denn diese sind ursächlich für Anweisungen, bestimmte Anlagen zu tätigen – aufsichtsrechtlich die Position des Geschäftsleiters zu stärken und umgekehrt die einflußnehmenden Gesellschafter auf ihre Zuverlässigkeit zu kontrollieren. Geschäftsleiter- und Inhaberkontrolle dienen somit dazu, die Risiken aus der geplanten Verteilung von Großengagements zu reduzieren. Versicherungsunternehmen sind im Verhältnis zu nachgeordneten Kreditinstituten seltener den mit der Verteilung von Großrisiken verbundenen Haftungsgefahren ausgesetzt. Denn die Möglichkeit der Anlagenverteilung über die Gruppe erfordert eine einheitliche Leitung, die den Versicherungsunternehmen wegen § 7 Abs. 2 VAG über Kreditinstitute jedoch versagt ist.[99] Ferner reduzieren besondere Beschlußvorschriften für Organkredite gemäß § 15 KWG das Risiko aus Interessenkollisionen. Zu einer Kumulierung von Großrisiken kann es jedoch kommen, wenn ein Holdingunternehmen installiert ist, um das aufsichts-

97 *Imelmann*, S. 276.
98 S. GB BAV 1969, 27.
99 Diese Einschätzung müßte jedoch bei entsprechender Änderung des § 7 Abs. 2 S. 1 VAG u.U. revidiert werden.

rechtlich reglementierte Beteiligungsengagement des Versicherungsunternehmens zu vergrößern.

2. *Kreditkonsolidierung*

a) Bankenaufsicht

Nach dem Bankenaufsichtsrecht findet eine Konsolidierung der Großkredite, die eine Kreditinstitutsgruppe bzw. eine Finanzholdinggruppe vergibt, statt, § 13a KWG. Damit werden alle von einer Gruppe an einen einzelnen Kreditnehmer oder an eine Gruppe verbundener Kunden gewährten Großkredite zusammengefaßt und den Anzeige- und Begrenzungsregeln für Großkredite unterworfen. Auf diese Weise können die am Eigenkapital orientierten Grenzen des § 13 KWG für Großkredite durch eine Verteilung von Krediten innerhalb der Gruppe nicht umgangen werden. Eine Einbeziehung der zu einer Gruppe gehörenden Versicherungsunternehmen ist gesetzlich nicht vorgesehen. Ohne gesetzliche Grundlage erscheint eine Einbeziehung unmöglich, da sich die Bezugsgrößen der Konsolidierungsvorschrift (Eigenkapital) und der versicherungsrechtlichen Kapitalanlagevorschriften (Kombination aus versicherungstechnischen Rückstellungen und Eigenkapital) unterscheiden. Jedoch werden Kredite eines Kreditinstituts an nahestehende Unternehmen insofern aufsichtsrechtlich berücksichtigt, als gemäß § 13 Abs. 4 S. 1 HS. 2 KWG Kredite an Tochterunternehmen und Mutterunternehmen sowie an andere Tochterunternehmen des Mutterunternehmens (Schwesterunternehmen), die nicht in eine Zusammenfassung nach § 13a KWG einbezogen werden, maximal 20% des haftenden Eigenkapitals des Kreditinstituts betragen dürfen. Damit wird der besonderen Gefährlichkeit von Krediten an verbundene Unternehmen Rechnung getragen.[100]

b) Versicherungsaufsicht

Für reine Versicherungsgruppen findet bislang keine konsolidierte Betrachtung der Kapitalanlagetätigkeit statt. Jedoch tragen Art. 22 der Dritten Versicherungsrichtlinien der Existenz von Tochtergesellschaften der Versicherungsunternehmen bei der Anwendung der Richtlinienvorschriften über die Diversifizierung der Kapitalanlagen zur Bedeckung der versicherungstechnischen Rückstellungen Rechnung. Nach Art. 22 Abs. 2 lit. iv

---

100 S. Erwägungsgrund 8 der Großkreditrichtlinie.

dieser Richtlinien berücksichtigt der Herkunftsmitgliedstaat bei der Anwendung der Regelungen und Grundsätze dieses Artikels die entsprechenden vom Tochterunternehmen gehaltenen Kapitalanlagen, sofern die Vermögenswerte aus Kapitalanlagen bei Tochterunternehmen bestehen, die für das Versicherungsunternehmen dessen Kapitalanlage ganz oder teilweise durchführen; der Herkunftsmitgliedstaat kann die von anderen Tochterunternehmen gehaltenen Vermögenswerte ebenso behandeln. Eine ausdrückliche Umsetzung in das VAG hat diese Richtlinienbestimmung nicht erfahren. Eine weitergehende gruppenbezogene Betrachtung der Kapitalanlagetätigkeit einer Versicherungsgruppe ist nicht beabsichtigt und auch nicht sinnvoll. Denn die Kapitalanlagetätigkeit ist an die versicherungstechnischen Rückstellungen, die auf der Grundlage der getätigten Versicherungsgeschäfte des Einzelunternehmens ermittelt werden, rückgebunden. Eine Aggregation auf Gruppenebene würde insofern lediglich einer Summenbildung der Rückstellungen der Einzelunternehmen gleichkommen und ist daher entbehrlich.

III. Folgerungen

Großkredit- und Kapitalanlagevorschriften weisen aufgrund ihrer unterschiedlichen Bezugsgrößen einen wesentlichen Gegensatz auf. Ferner unterliegt das freie Vermögen der Versicherungsunternehmen keinen Begrenzungs- und Diversifikationsvorschriften. Beides steht einer Übernahme der für Kreditinstitute geltenden Großkreditvorschriften entgegen. Darüber hinaus besteht bei einer Konsolidierungspflicht angesichts der bestehenden aufsichtsrechtlichen Rahmenbedingungen die Gefahr der Überregulierung. Daher scheint es angemessen, zunächst zu beobachten, ob die vorhandenen Informations- und Meldepflichten sowie die Kapitalanlagevorschriften ausreichen, um die Risiken zu beherrschen.[101] Denn letztendlich findet eine Risikoerhöhung im Finanzkonglomerat durch Großengagements dann statt, wenn Haftungstatbestände erfüllt werden können. Vorrangiges Mittel, diesen Risikoerhöhungen zu begegnen, ist aber die Beaufsichtigung einer gruppenbezogenen Eigenmittelausstattung,[102] die Kontrolle und Stärkung der Geschäftsleiter der Einzelunternehmen sowie eine hinreichende Transparenz der Anlagetätigkeit der Unternehmen untereinander und gegenüber den Aufsichtsbehörden.

---

101 S. hierzu auch *de Swaan*-Report, S. 26.
102 S. zu diesen Fragen unten Teil 3, 9. Kap.

Schließlich ist aus versicherungsaufsichtsrechtlicher Sicht besonders entscheidend, daß die Kapitalanlagevorschriften auf der Ebene des Einzelunternehmens und nicht auf Gruppenebene beachtet werden, da die Erfüllung der Versicherungsverträge nur von jenem, nicht aber von der Gruppe verlangt werden kann. Eine Konsolidierung ist auch dann entbehrlich, wenn eine Aufsichtsbehörde für das Finanzkonglomerat zuständig ist oder eine führende Aufsichtsbehörde bestimmt werden kann.[103] Ansonsten könnten auch bilaterale Abkommen und ein entsprechend ausgestalteter Informationsaustausch zwischen den zuständigen Behörden die Risiken aus Großengagements verringern helfen.

103 S. zu Ausnahmemöglichkeiten auch Art. 5 Abs. 3 der Großkreditrichtlinie. Zur Frage, ob eine für Finanzkonglomerate einheitliche Aufsichtsbehörde möglich ist und errichtet werden soll, s. unten Teil 3, 11. Kap.

2. Unterabschnitt: Transparenz und aufsichtsbehördliche Informationsverarbeitung

6. Kapitel: Transparenz und Risikoverschleierung

A. Einführung

Eine wirksame Beaufsichtigung der an einem Finanzkonglomerat beteiligten Kreditinstitute und Versicherungsunternehmen setzt voraus, daß die Strukturen möglichst transparent sind. Verschiedene Umstände erschweren jedoch eine effiziente Beaufsichtigung. Während die Zurechnungssubjekte der einzelnen Aufsichtsrechte nach wie vor aufgrund des institutionellen Ansatzes nach den Unternehmenstypen unterschieden werden, wird durch die Integration im Finanzkonglomerat die Trennung der Versicherungs- und anderen Finanzdienstleistungen mehr und mehr aufgehoben. Die Beaufsichtigung wird auch dadurch erschwert, daß an dem Finanzkonglomerat auch unbeaufsichtigte Unternehmen (Holdinggesellschaften oder Unternehmen, die nicht zum Finanzdienstleistungsbereich gehören) beteiligt sind.[1] Verschachtelte und komplexe Strukturen verleiten ferner dazu, aufsichtsrechtliche Vorschriften, insbesondere über die Gewährung von Groß- und Organkrediten i.S.v. §§ 13, 13a und 15 KWG, zu umgehen.[2] Mit der Beaufsichtigung nationaler und internationaler Finanzkonglomerate können schließlich Abstimmungsprobleme und Kompetenzkonflikte zwischen den einzelnen Fachaufsichtsbehörden einhergehen.

Ob und wie diese Fragen der Transparenz und Zusammenarbeit der Fachaufsichtsbehörden auf nationaler und EU-Ebene bisher gelöst werden, soll in diesem und dem folgenden Kapitel untersucht werden. Insbesondere soll untersucht werden, ob und wie die im 1. Unterabschnitt dieses Teils aufgezeigten Risiken der Gewinnverlagerungen durch Transaktionen, durch die Einflußnahme eines herrschenden Unternehmens und durch Kapitalverflechtungen, durch die die Geschäftsrisiken erhöht werden, transparent und dadurch mittelbar kontrolliert werden.

---

1 *Koppensteiner*, S. 34; *Deutsche Bundesbank*, Monatsbericht April 1994, S. 49, 52.

2 BT-Drs. 12/3377, S. 40 f. und 5. Kap. D.

B. Transparenz durch Rechnungslegung

I. Rechnungslegung des Einzelunternehmens

1. Grundzüge

Im Rahmen der Finanzaufsicht ist wichtiges Beobachtungsmittel die Rechnungslegung der Versicherungsunternehmen und Kreditinstitute.[3] Der Jahresabschluß stellt die Vermögenswerte und Schulden (Bilanz) sowie die Aufwendungen und Erträge des abgelaufenen Geschäftsjahres (Gewinn- und Verlustrechnung) anhand von Wertansätzen überprüft gegenüber und bezweckt damit, Eigenkapital und Erfolg zu ermitteln. Versicherungsunternehmen sind einer sog. externen Rechnungslegung,[4] die durch die Versicherungsbilanzrichtlinie[5] in den Mitgliedstaaten weitgehend harmonisiert wurde, und der internen Rechnungslegung, die eine Offenlegung weiterer Informationen an die Aufsichtsbehörde vorsieht,[6] unterworfen, §§ 341 ff. HGB, §§ 55 ff. VAG. Besondere Bestimmungen für die Rechnungslegung von Kreditinstituten ergeben sich aus § 26 KWG und §§ 340 ff. HGB, die ebenfalls auf eine EU-Richtlinie[7] zurückgehen. Unternehmensverflechtungen werden durch den aktivseitigen Bilanzausweis der Beteiligungen transparent. Ferner sind unterschiedliche Anlageformen getrennt auszuweisen, damit das unterschiedliche Anlagerisiko berücksichtigt werden kann. Für die Behandlung derivativer Finanzprodukte fehlen

---

3 Vgl. nur *Müller*, Versicherungsbinnenmarkt, Rn. 544; *Szagunn/Haug/Ergenzinger*, KWG, § 26 Rn. 2; *Richter*, in: WP-Handbuch, K Rn. 2; *Windmöller*, in: WP-Handbuch, J Rn. 1.

4 S. Gesetz zur Durchführung der Richtlinie des Rates der Europäischen Gemeinschaften über den Jahresabschluß und den konsolidierten Abschluß von Versicherungsunternehmen (Versicherungsbilanzrichtlinie-Gesetz – VersRiLiG), BGBl I 1994, S. 1377 ff.; Verordnung über die Rechnungslegung der Versicherungsunternehmen (RechVersV), BGBl I 1994, S. 3378 ff.

5 Versicherungsbilanzrichtlinie 91/674/EWG über den Jahresabschluß und konsolidierten Abschluß von Versicherungsunternehmen v. 19.12.1991, ABl.EG v. 31.12.1991, Nr. L 374, S. 7.

6 S. hierzu Verordnung über die Berichterstattung von Versicherungsunternehmen gegenüber dem Bundesaufsichtsamt für das Versicherungswesen (BerVersV) vom 14.06.1995, BGBl I 1995, S. 858.

7 Richtlinie des Rates (86/635/EWG) vom 8.12.1986 über den Jahresabschluß und den konsolidierten Abschluß von Banken und anderen Finanzinstituten (Bankbilanz-Richtlinie), ABl.EG v. 31.12.1986, Nr. L 372, S. 1.

im allgemeinen Bilanzrecht besondere Rechnungslegungsgrundsätze. Daher haben Ansatz und Bewertung nach den handelsrechtlichen Grundsätzen ordnungsgemäßer Buchführung gemäß § 243 Abs. 1 HGB bzw. nach entsprechenden Grundsätzen der Rechnungslegung für Kreditinstitute[8] zu erfolgen. In der Versicherungsbilanz sind unter dem Posten „Versicherungstechnische Rückstellungen" auch die Anteile für das in Rückdeckung gegebene Versicherungsgeschäft auszuweisen.[9]

2. *Abschreibungsrisiko*

Das mit dem Wertverlust einer Beteiligung verbundene Abschreibungsrisiko wird auf bilanzieller Ebene im Rahmen der Aufsicht über das einzelne Versicherungsunternehmen oder Kreditinstitut weitgehend nach den Abschreibungsvorschriften für das Anlagevermögen berücksichtigt.[10] Danach sind Abschreibungen vorzunehmen, wenn Verluste angefallen sind, die auch in absehbarer Zeit nicht wieder ausgeglichen werden können.[11]

3. *Offenlegung von Gewinnverlagerungen?*

Ob Gewinnverlagerungen in der Bilanz offengelegt und zutreffend ausgewiesen werden müssen, ist umstritten.[12] Die bilanzrechtlichen Vorschriften des AktG sind nur hinsichtlich der Ausweispflicht, der Gliederung und der Bewertung zwingend. Sie enthalten jedoch keine materiellen Vorschriften über die Preisgestaltung bzw. darüber, daß Anschaffungskosten

---

8 S. hierzu § 36 RechKredV. Hierzu Stellungnahme des BFA 2/95 zur Bilanzierung von Optionsgeschäften, abgedruckt in: *Consbruch/Möller*, KWG, Nr. 17.31; sowie Stellungnahme des BFA 3/95 zur Währungsumrechnung bei Kreditinstituten, abgedruckt in: *Consbruch/Möller*, KWG, Nr. 17.32.

9 Vgl. § 23 RechVersV. Das vom Richtliniengeber in Art. 24 Abs. 3 der Versicherungsbilanzrichtlinie vorgesehene Wahlrecht, die Anteile der Rückversicherer auch als Aktiva ausweisen zu können, ist vom deutschen Recht nicht übernommen worden.

10 §§ 340e, 341b, 253 Abs. 2 S. 3 HGB.

11 *Gelhausen*, in: WP-Handbuch, E Rn. 376.

12 Vgl. hierzu *Schulze-Osterloh*, ZIP 1993, 1838, 1842; *Geßler*, in: Geßler/Hefermehl, AktG, § 308 Rn. 47.

dem wahren Wert des Gegenstandes entsprechen müssen.[13] Jedoch könnte sich nach der Rechtsprechung des BGH die Nichtigkeit des Jahresabschlusses gemäß § 256 Abs. 5 S. 1 Nr. 2, S. 3 AktG dann ergeben, wenn Ausgleichsansprüche infolge nachteiliger Einflußnahme durch das herrschende Unternehmen gemäß § 311 AktG nicht angesetzt werden.[14] Fraglich ist aber, unter welchen Voraussetzungen ein Anspruch aktiviert werden muß oder darf. Nach dem BGH handelt es sich im entschiedenen Fall der Nichtaktivierung eines Schadensersatzanspruches gemäß § 317 AktG um eine vorsätzliche Unterbewertung nach § 256 Abs. 5 Nr. 2 AktG, die zur Nichtigkeit des Jahresabschlusses führt, wenn Vorstand und Aufsichtsrat bewußt auf einen solchen Bilanzansatz verzichten.[15] Dieser Bilanzverstoß scheint jedoch angesichts der in der Steuerrechtsprechung anderweitigen Beurteilung nicht hinreichend begründet.[16] Das Mittel des Bilanzrechts dient darüber hinaus nicht der Stärkung des Konzernschutzes.[17] Alleiniges Mittel hierzu und der Kontrolle des recht- und zweckmäßigen Handelns der Gesellschaftsorgane ist der Abhängigkeitsbericht. Denn mittels des Bilanzrechts wird der Jahresabschluß festgestellt, der die Grundlage der Gewinnverteilung bildet. Hierbei ist maßgebend, die Positionen festzustellen, die effektiv in die wirtschaftliche Verfügungsmasse

---

13 So BGH JZ 1994, 680 f. Der Verstoß gegen Bewertungsvorschriften hat nur bei der Überbewertung oder – soweit dadurch die Vermögens- und Ertragslage der Gesellschaft vorsätzlich unrichtig wiedergegeben wird – bei der Unterbewertung von Posten die Nichtigkeit des Jahresabschlusses zur Folge. Insoweit schränken die Gliederungs- und Bewertungsfehler regelnden Vorschriften des § 256 Abs. 4 und 5 AktG den Anwendungsbereich des § 256 Abs. 1 Nr. 1 AktG als Interpretationsnormen ein.

14 BGHZ 124, 111, 119 mit zustimmender Anm. *Crezelius*, EWiR § 256 AktG 1/94, S. 9 f.; BGH ZIP 1991, 1427, 1428 zur Unterbewertung von Passivposten; *Hüffer*, AktG, § 256 Rn. 7, 26; *ders.*, in: Geßler/Hefermehl, AktG, § 256 Rn. 89; *Zöllner*, in: Kölner Kommentar zum AktG, § 256 Rn. 15; § 258 Rn. 13; *Henze*, HRR zum AktienR, S. 355; *Kropff*, ZGR 1994, 628, 636.

15 BGH JZ 1994, 680, 681 f.

16 *Kropff*, ZGR 1994, 628, 636: Da der Grundsatz der Vollständigkeit, § 246 Abs. 1 HGB, mit dem Gebot der Vorsicht, § 252 Abs. 1 Nr. 4 HGB, in Einklang gebracht werden muß, kann das Vollständigkeitsgebot nur unter gewissen Einschränkungen vollzogen werden. Daher wird in der Steuerrechtsprechung verlangt, daß Durchsetzbarkeit und Höhe des Anspruchs hinreichend konkretisiert sind. Dies wird bei – bestrittenen – Schadensersatzforderungen erst bei Vorliegen eines rechtskräftigen Urteils oder Anerkennung der Forderung durch den Schuldner angenommen.

17 *Schön*, JZ 1994, 684.

gehören.[18] Im Ergebnis schützt das Bilanzrecht nicht vor Gewinnverlagerungen und nachteiligen Einflüssen der herrschenden Gesellschaft.

II. Konzernabschluß

1. *Ausgangslage*

Dem Ziel, die wahren wirtschaftlichen Verhältnisse trotz der finanziellen Verflechtungen innerhalb eines Finanzkonglomerats zu ermitteln, könnte eine konsolidierte Rechnungslegung dienen.[19] So haben Versicherungsunternehmen gemäß § 341i HGB unabhängig von ihrer Rechtsform und Größe einen Konzernabschluß aufzustellen. Nach § 341i Abs. 2 HGB, der Art. 65 Abs. 2 Versicherungsbilanzrichtlinie umsetzt, werden auch Holdingunternehmen den Konzernrechnungslegungsvorschriften für Versicherungsunternehmen unterworfen. Entsprechende Vorschriften sind für Kreditinstitute in § 340i Abs. 1 und 3 HGB vorgesehen. Die Konstellation des Finanzkonglomerats ist dagegen bislang in den gesetzlichen Rechnungslegungsvorschriften nicht ausdrücklich geregelt. Angesichts der zunehmenden Bedeutung von Finanzkonglomeraten stellt sich die Frage, welche Rechnungslegungsvorschriften auf diese Gebilde Anwendung finden. Fraglich ist, ob eine konsolidierte Rechnungslegung von Finanzkonglomeraten auf der Grundlage des geltenden Rechts zulässig ist.

2. *Einbeziehungsverbot*

Der Einbeziehung von Kreditinstituten in den Konzernabschluß von Versicherungsunternehmen und umgekehrt könnte das Einbeziehungsverbot gemäß § 295 Abs. 1 HGB entgegenstehen. Danach darf ein Tochterunternehmen nicht in den Konzernabschluß einbezogen werden, „wenn sich seine Tätigkeit von der Tätigkeit der anderen einbezogenen Unternehmen derart unterscheidet, daß die Einbeziehung in den Konzernabschluß mit der Verpflichtung, ein den tatsächlichen Verhältnissen entsprechendes Bild der Vermögens-, Finanz- und Ertragslage des Konzerns zu vermitteln,

---

18 *Knobbe-Keuk*, Bilanz- und Unternehmenssteuerrecht, S. 677, differenzierend jedoch zu den Fällen in der „Grauzone" nicht evidenter verdeckter Gewinnausschüttungen.

19 Vgl. § 297 Abs. 2 S. 2 HGB.

unvereinbar ist". Für Kreditinstitutsgruppen stellt § 340j Abs. 1 HGB klar, daß eine die Konsolidierung vereitelnde abweichende Tätigkeit i.S.d. § 295 Abs. 1 HGB nicht vorliegt, „wenn das Tochterunternehmen ... eine Tätigkeit ausübt, die keine unmittelbare Verlängerung der Banktätigkeit oder eine Hilfstätigkeit für das Mutterunternehmen darstellt". Fraglich ist, ob sich die Tätigkeit von Versicherungsunternehmen unter diese Vorschrift subsumieren läßt.[20] Eine allgemeine Aussage wird sich nicht treffen lassen. Für Versicherungsgruppen findet sich keine entsprechende Vorschrift zur Konkretisierung des Einbeziehungsverbots. Anerkannt ist, daß die Konzernrechnungslegung nicht bei Tochterunternehmen ausgeschlossen ist, die keine Versicherungsunternehmen sind und in wesentlichem Maße Tätigkeiten im Rahmen von Funktionsausgliederungs- oder Dienstleistungsbeziehungen mit anderen Konzernunternehmen wahrnehmen, da sie dem Versicherungsgeschäft zuzurechnen sind.[21] Dafür, ob Kreditinstitute einbezogen werden sollen, fehlt es – wie für den umgekehrten Fall – an einer eindeutigen Aussage. Daher ist für beide Branchen zu überlegen, welchem Zweck das Einbeziehungsverbot dient. Die Regelung des Einbeziehungsverbots soll verhindern, daß die Zusammenfassung branchenverschiedener Unternehmen zu Interpretationsmißverständnissen führt.[22] Nach dem Bericht des Rechtsausschusses[23] sollen Konzerne, die überwiegend in grundsätzlich verschiedenen Bereichen, nämlich im Bereich der Kredit- oder Versicherungswirtschaft oder der Industrie tätig sind, nicht in einem einzigen Konzernabschluß zusammengefaßt werden dürfen, weil die Vermischung die Aussagekraft hinsichtlich der konzerntypischen Tätigkeit beeinträchtigen würde. Für Mischkonzerne dagegen, bei denen kein Geschäftszweig überwiegt, und für branchenfremde Unternehmen, die dem Geschäftszweig des Konzerns trotz Zugehörigkeit zu einem anderen Geschäftszweig dienen, soll dagegen das Konsolidierungsverbot nicht gelten. Demzufolge könnte das Konsolidierungsverbot folgendermaßen

20 Die Deutsche Bank hat den Beteiligungsbuchwert ihrer Lebensversicherungs-Tochtergesellschaft gegen das anteilige Eigenkapital dieses Tochterunternehmens nach den Regeln der Vollkonsolidierung angerechnet, s. *Köllhofer/Sprißler*, Informationswesen und Kontrolle im Bankbetrieb, in: Geld-, Bank- und Börsenwesen, S. 782, 886 f. S. auch Bilanz und Berichte, ZfgK 1997, 391 ff.; Bilanzen, ZfgK 1997, 433 ff.

21 *Richter*, in: WP-Handbuch, K Rn. 652; *Mayer*, in: Prölss, VAG, vor §§ 55-64, Rn. 50.

22 *Brackert*, in: FS f. Havermann, S. 76; *Niedner*, in: Heidelberger Kommentar zum HGB, § 295 Rn. 1; *Baumbach/Hopt*, HGB, § 295 Rn. 1.

23 Bericht des Rechtsausschusses, BT-Drs. 10/4268, S. 114. In diesem Sinn *Prahl/Naumann*, WPg. 1993, 239.

auszulegen sein.[24] Es soll bei überwiegend in einer Branche tätigen Konzernen auf diejenigen Unternehmen angewendet werden, die nicht die „konzerntypische“ Tätigkeit ausüben. Dagegen könnte es nicht anwendbar sein, wenn die Ausübung verschiedener Tätigkeiten konzerntypisch ist (Mischkonzern). Dieser Auslegung stehen aber Bedenken entgegen.[25] Unumstrittene Prämisse ist zunächst, daß das Einbeziehungsverbot eng auszulegen ist. Die Entwicklung in den USA, wo das Einbeziehungsverbot aufgehoben wurde, zeigt, daß es überflüssig und irreführend ist sowie zum Mißbrauch verleitet.[26] Konzerntypisch ist darüber hinaus, daß verschiedene Aktivitäten integriert werden. Angesichts der ständigen Ausdehnung und gegenseitigen Durchdringung der Geschäftsfelder sollte die Konsolidierungspflicht der Tochterunternehmen eher weit gefaßt und das Einbeziehungsverbot restriktiv verstanden werden. Dennoch wird verbindliche Klarheit und Rechtssicherheit erst erzielt werden können, wenn zumindest im Verordnungswege die Einbeziehung von Versicherungsunternehmen bzw. Kreditinstituten in den Konzernabschluß des Mutterunternehmens statuiert wird.

3. Einzelne Konzernrechnungslegungsregelungen

Fraglich ist aber, ob die Rechnungslegungsvorschriften unverändert auf die konsolidierte Rechnungslegung eines Finanzkonglomerats angewendet werden können oder gewisser Modifizierungen bzw. Ergänzungen bedürfen.

a) Konzerneinheitliche Ansatz- und Bewertungsvorschriften

Nach der für die Konzernrechnungslegung geltenden Einheitstheorie wird der Konzern als eine in sich geschlossene Einheit angesehen, in der die einzelnen Unternehmen unbeschadet ihrer rechtlichen Selbständigkeit wirtschaftlich die Stellung unselbständiger Betriebsabteilungen einnehmen, § 308 Abs. 1 HGB. Maßgebend für die Bilanzierung sind danach die

24 Vgl. *Wolff*, in: Konzernmanagement, S. 101 ff.; *Busse v. Colbe*, Konzernabschlüsse, S. 88 f.

25 Vgl. *A/D/S*, § 295 Rn. 13; *Niehus*, DB 1988, 869. S. auch *Richter*, in: WP-Handbuch, K Rn. 698; *Schwartze*, AG 1993, 12, 23 f.; *Baumbach/Hopt*, HGB, § 295 Rn. 1.

26 *Niehus*, DB 1988, 870; s. auch *Budde/Seil*, in: Beck'scher Bilanzkommentar, § 295 Rn. 5.

Rechnungslegungsvorschriften für das Mutterunternehmen.[27] Ist ein Versicherungsunternehmen Mutterunternehmen des Finanzkonglomerats, würden die ergänzenden Vorschriften für Kreditinstitute gemäß §§ 340-340o HGB keine Anwendung finden; sind die Rechnungslegungsvorschriften für Kreditinstitute maßgebend, so würde die Anwendung der für Versicherungsunternehmen geltenden ergänzenden Vorschriften der §§ 341-341o HGB entfallen. Eine solche Handhabung könnte jedoch zu fehlerhaften Vorstellungen über die Situation des Finanzkonglomerats führen, da die genannten Vorschriften den Besonderheiten von Kreditinstituten und Versicherungsunternehmen Rechnung tragen. Fraglich ist daher, ob Abweichungen von der Einheitstheorie möglich sind. Daß die Einheitstheorie nach Ansicht des Gesetzgebers nicht ausnahmslos gelten soll, zeigen bereits die Möglichkeit der Quotenkonsolidierung oder die Vorschrift des § 308 Abs. 2 S. 2 HGB, wonach solche Wertansätze, die auf der Anwendung von für Kreditinstitute oder Versicherungsunternehmen wegen der Besonderheiten des Geschäftszweigs geltenden Vorschriften beruhen, beibehalten werden. Es verbleibt daher bei der Anwendung unterschiedlicher Wertansätze. Dies ist allerdings im Konzernanhang zu dokumentieren, § 308 Abs. 2 S. 2, 2. HS HGB. Damit bleiben Kreditinstitutstöchter bzw. Versicherungstöchter im jeweiligen Konzernabschluß des Finanzkonglomerats ein Fremdkörper und der mit der Konzernrechnungslegung bezweckte true and fair view der Finanzposition getrübt.[28] Fraglich ist daher, ob die Rechnungslegungsvorschriften von Kreditinstituten und Versicherungsunternehmen harmonisiert werden können. Wegen Unterschieden in den Hauptgeschäftstätigkeiten, die sich beispielsweise darin widerspiegeln, daß Kreditinstitute einen Fonds für allgemeine Bankrisiken (offene Vorsorgereserven) nach § 340g Abs. 1 HGB bilden können, scheint aus Praktikabilitätsgründen eine weitere Annäherung nicht angezeigt. Insbesondere ist auch der Bedeutung der versicherungstechnischen Rückstellungen und deren Anlagen, mittels derer das Produkt Versicherungsschutz zu produzieren ist, in besonderen Bewertungsvorschriften für Versicherungsunternehmen Rechnung zu tragen.

27 Zu den für den Konzernabschluß eines Kreditinstituts anzuwendenden Vorschriften s. *Prahl/Naumann*, WPg. 1993, 236.

28 *Brackert*, in: FS f. Havermann, S. 65, 78 f.; *Schnicke/Kilgert*, in: Beck'scher Bilanzkommentar, § 308 Rn. 24 ff. Im Rahmen der Einbeziehung von Versicherungstöchtern in den Konzernabschluß des Mutterkreditinstituts sind hier insofern die unmittelbare Bewertung, die versicherungstechnischen Rückstellungen und die Kapitalanlagen sowie die korrespondierenden Gewinn- und Verlustrechnungsausweise betroffen.

b) Einzelne Konsolidierungsvorschriften

Weitere Differenzierungen sind auch bezüglich der einzelnen Konsolidierungspflichten geboten. So ist die Schuldenkonsolidierung gemäß § 303 HGB insofern teleologisch zu reduzieren, als die Kapitalanlagen der Versicherungsunternehmen, die das gebundene Vermögen betreffen, nicht einzubeziehen sind, da diese wirtschaftlich gesehen den Versicherungsnehmern zuzuordnen sind.[29] Entsprechendes gilt für die Eliminierung von Zwischenerfolgen nach § 304 HGB oder für die Konsolidierung von Aufwendungen und Erträgen gemäß § 305 HGB.[30] Ferner ist der Anhang um zusätzliche Informationen zu ergänzen, damit der Konzernabschluß verständlich wird. In Betracht zu ziehen ist darüber hinaus eine Befreiung von Teilkonzernabschlüssen.

4. Ergebnis

Im Ergebnis ist eine konsolidierte Rechnungslegung für Finanzkonglomerate bereits auf der Grundlage des geltenden Rechts zulässig. Für sie gelten aber die genannten Einschränkungen.

C. Transparenz durch den Abschlußprüfer

I. Aufsichtsrechtliche Rahmenbedingungen

Nach § 341k HGB sowie § 57 VAG ist der Abschlußprüfer verpflichtet, den Jahresabschluß eines Versicherungsunternehmens und die Einhaltung bestimmter Anzeigepflichten zu überprüfen sowie in den Fällen des § 321 Abs. 2 HGB, also bei Gefährdung oder wesentlicher Beeinträchtigung der Entwicklung des Unternehmens oder bei schwerwiegenden Verstößen der

---

29 Ohne Unterschied für sämtliche Kapitalanlagen *Brackert*, in: FS f. Havermann, S. 80 f.

30 *Prahl/Naumann*, WPg. 1993, 240; *Brackert*, in: FS f. Havermann, S. 80 ff.: Um das Zusammenwirken des Versicherungsbereichs mit dem Bankbereich innerhalb eines Finanzkonglomerats dem Leser des Konzernabschlusses transparent zu machen, könnten beispielsweise die nicht konsolidierten Beträge im Konzernanhang freiwillig genannt werden.

gesetzlichen Vertreter gegen Gesetz, Gesellschaftsvertrag oder Satzung, die Aufsichtsbehörde unverzüglich zu unterrichten. Insofern entspricht die nationale Rechtslage bereits den Vorgaben des Art. 5 Abs. 1 lit. a der BCCI-Richtlinie. Nach § 57 Abs. 1 S. 3 VAG hat der Prüfer darüber hinaus auf Verlangen der Aufsichtsbehörde auch sonstige bei der Prüfung bekanntgewordenen Tatsachen mitzuteilen, die gegen eine ordnungsgemäße Durchführung der Geschäfte des Versicherungsunternehmens sprechen. Eine entsprechende Vorschrift enthält § 29 Abs. 2 S. 2 KWG für die Bankenaufsicht. Diese Vorschrift ist im Kontext des § 321 Abs. 2 HGB zu sehen und nicht unproblematisch.[31] Sie ist aufgrund ihrer Unbestimmtheit restriktiv auszulegen. Daher kann nur die Anzeige schwerwiegender Verstöße gegen die ordnungsgemäße Durchführung der Geschäfte verlangt werden.[32] Ein bloßer Verdacht, daß gegen die ordnungsgemäße Durchführung der Geschäfte verstoßen wird, reicht hingegen für eine Anzeigepflicht nicht, da ansonsten das Dilemma des Abschlußprüfers zwischen Unternehmens- und Aufsichtsinteressen unüberwindbar wird. Des weiteren ist aus der Stellung der Vorschrift als S. 2 des § 29 Abs. 2 KWG bzw. S. 3 des § 57 Abs. 1 VAG abzuleiten, daß dieser Norm allenfalls der Charakter eines Auffangtatbestands zukommen kann, daß sie aber nicht die Pflichten des Abschlußprüfers qualitativ erweitert.[33] Ferner ist die zusätzliche Verpflichtung des Abschlußprüfers im Kanon der sonstigen Pflichten zu sehen und zu beachten, daß der Abschlußprüfer in erster Linie Beauftragter des Unternehmens und nicht „Beliehener“ der Aufsichtsbehörde ist. Demzufolge kann Aufgabe des Abschlußprüfers nur sein, über das zu berichten, was Bezug zu Jahresabschluß und Einhaltung der Anzeigepflichten hat. Demgegenüber kann nicht zu den Pflichten des Abschlußprüfers gehören, das gesamte unternehmerische Verhalten zu kontrollieren und zu bewerten. Insofern ist es auch bedenklich, wenn das BAK den Abschlußprüfer im Rahmen des § 29 Abs. 2 KWG für verpflich-

---

31 *Fahr/Kaulbach*, VAG, § 57 Rn. 5: Ein Verstoß gegen Art. 80 Abs. 1 S. 1 GG sei deshalb gegeben, weil diese Norm aufgrund ihres Regelungsgehalts als Ermächtigung zum Erlaß von Rechtsverordnungen hätte ausgestaltet werden müssen. Kritisch auch *Mayer*, in: Prölss, VAG, § 57 Rn. 7. Für das Kreditwesen werden verfassungsrechtliche Bedenken des § 29 Abs. 2 S. 2 KWG nicht erörtert.

32 In diesem Sinn *Mayer*, in: Prölss, VAG, § 57 Rn. 8; *Reischauer/Kleinhans*, KWG, § 29 Anm. 7.

33 In diesem Sinn ebenfalls *Mayer*, in: Prölss, VAG, § 57 Rn. 8; *Szagunn/Haug/Ergenzinger*, KWG, § 29 Rn. 8. So auch das Verständnis der h.M. hinsichtlich der Redepflicht nach § 321 Abs. 2 HGB, *Budde/Kunz*, in: Beck'scher Bilanzkommentar, § 321 Rn. 85.

tet hält, für den Fall eines Beherrschungs- und/oder Gewinnabführungsvertrags zu Lasten des Kreditinstituts über institutsbezogene Tatbestände zu berichten, die den Bestand des Kreditinstituts gefährden oder seine Entwicklung wesentlich beeinträchtigen könnten. Die Berichterstattungspflicht sei nicht deshalb eingeschränkt, weil eine gesetzliche Verlustübernahmeverpflichtung für das herrschende Unternehmen besteht.[34] Diese Auslegung des § 29 Abs. 2 KWG ist deshalb zweifelhaft, da sedes materiae der Problematik der möglicherweise existenzgefährdenden Einflußnahme die Zuverlässigkeitskontrolle der Geschäftsleiter und Inhaber bedeutender Beteiligungen gemäß § 2b KWG bzw. § 7a VAG ist. Diese Tatbestände sehen jedoch nur eine Zuverlässigkeitskontrolle der letztgenannten Gruppe vor, die an das Halten einer bedeutenden Beteiligung gekoppelt ist. Andere Formen der Einflußnahmemöglichkeit, insbesondere die Leitungsbefugnis im Rahmen eines Beherrschungsvertrags, sind nicht erfaßt. Jedoch zeigt diese Regelung auch, daß die Aufsichtsbehörde in bestimmten Fällen über Eingriffsmöglichkeiten in unternehmerisches Handeln verfügen soll. Diese bedürfen jedoch wegen der Geltung des Gesetzesvorbehalts der ausdrücklichen gesetzlichen Ermächtigung. Weiterhin ist die Aufgabenverteilung zwischen Abschlußprüfer und Aufsichtsrat, der ebenfalls Überwachungsaufgaben wahrzunehmen hat, zu beachten.[35] Daher ist die Auslegung des § 29 Abs. 2 KWG durch das BAK im Hinblick auf den Gesetzesvorbehalt problematisch und abzulehnen. Bei der Auslegung des Begriffs „ordnungsgemäße Durchführung der Geschäfte" kann schließlich auf bereits vorhandene Maßstäbe, insbesondere auf die Auslegung des § 81 Abs. 1 S. 3 VAG, zurückgegriffen werden.

II. BCCI-Richtlinie

Im Zuge der Umsetzung der BCCI-Richtlinie wird im VAG und auch KWG festgeschrieben, daß sich entsprechende Mitteilungspflichten der Abschlußprüfer nicht nur auf das einzelne Direktversicherungsunternehmen, das geprüft wird, erstrecken, sondern sich auch auf Unternehmen zu beziehen haben, zu denen das Direktversicherungsunternehmen

34 Schreiben des BAK vom 3. Februar 1982 – II 1 – 10.51.07, abgedruckt in: *Reischauer/Kleinhans*, KWG, Kza 465, S. 53; zustimmend *Reischauer/Kleinhans*, KWG, § 29 Anm. 7.

35 S. hierzu und den Möglichkeiten der Zusammenarbeit *Clemm*, in: FS f. Havermann, S. 83 ff. und *Scheffler*, in: FS f. Havermann, S. 651 ff.

enge Beziehungen unterhält.[36] Auch diese neue Regelung ist nicht unproblematisch. Sie kann nur dann sinnvoll sein, wenn der Abschlußprüfer des Versicherungsunternehmens zugleich Prüfer des anderen Unternehmens ist. Denn selbst im Falle einer Konzernbeziehung, in der das Versicherungsunternehmen Mutterunternehmen ist, ist dessen Abschlußprüfer nicht ohne weiteres auch Konzernabschlußprüfer, § 318 Abs. 2 HGB, und damit in der Lage, die erforderlichen Tatsachen feststellen zu können. Daher sieht das entsprechend erlassene Gesetz[37] aufgrund des Beschlusses des 7. Ausschusses[38] eine entsprechende Einschränkung der Verpflichtung des Abschlußprüfers vor. Die Bestellung eines führenden Abschlußprüfers bei Unternehmensverbindungen ist dagegen nach der BCCI-Richtlinie nicht vorgesehen.

III. Ergebnis und Folgerungen

Der Abschlußprüfer nimmt Überwachungsaufgaben wahr und leistet einen wesentlichen Beitrag dazu, weitgehende Transparenz herzustellen. Jedoch ist seine Stellung ambivalent. Er ist einerseits Unternehmensbeauftragter, andererseits „verlängerter Arm der Aufsichtsbehörde". Dieses Spannungsverhältnis gilt es zu lösen, indem der Pflichtenkanon klar und eindeutig gefaßt wird.[39] Zu beachten ist dabei einerseits, die Aufgaben des Abschlußprüfers nicht zu überdehnen: Er führt nicht das Unternehmen. Andererseits darf die Aufsichtsbehörde den Abschlußprüfer nicht zum Anlaß

36 Art. 5 Abs. 1 lit. b der BCCI-Richtlinie; vgl. § 57 VAG-Entwurf in: BR-Drs. 964/96, S. 37.

37 BR-Drs. 418/97.

38 BT-Drs. 13/7627, S. 149.

39 Vgl. *Häusele*, ZVersWiss 1994, 563, 618; Stellungnahme des Wirtschafts- und Sozialausschusses des Europäischen Parlaments, ABl.EG Nr. C 52 v. 19.2.1994, S. 15, 16. Beispielsweise wäre an den Erlaß eines Verhaltenskodex zu denken. Für das Bankenaufsichtsrecht sind die besonderen Prüfungspflichten beim Jahresabschluß nach § 29 KWG in der Verordnung über den Inhalt der Prüfungsberichte zu den Jahresabschlüssen und Zwischenabschlüssen der Kreditinstitute vom 21.7.1994, BGBl I S. 1803, geregelt. Im Versicherungsaufsichtsrecht fehlt es bislang an einer entsprechenden Verordnung, *Mayer*, in: Prölss, VAG, § 57 Rn. 9. Auf der Grundlage des § 57 Abs. 2 VAG a.F. hat das BAV das Rundschreiben R 3/82 „Durchführung der Prüfung des Rechnungsabschlusses und Inhalt des Prüfungsberichts", VerBAV 1982, 409 ff., erlassen. Es wird vermutet, daß der wesentliche Inhalt in die zu erlassende Verordnung aufgenommen wird, *Richter*, in: WP-Handbuch, K Rn. 735.

nehmen, Aufgaben, die zum ureigenen Bereich der Aufsichtsbehörde gehören, auf den Abschlußprüfer zu verlagern und damit Verantwortung abzulegen. Daher sind die Aufgaben auf die durch die BCCI-Richtlinie in Art. 5 vorgesehenen zu beschränken. Diese Aufgaben haben bereits in § 321 Abs. 2 HGB ihren Niederschlag gefunden. Die in Art. 5 Abs. 1 lit. b BCCI-Richtlinie vorgesehene Erweiterung der Überwachungsaufgaben der Aufsichtsbehörden über Unternehmen, die mit dem Versicherungsunternehmen bzw. Kreditinstitut eng verbunden sind, kann nur ein Kompromiß mit noch nicht erwiesener Effektivität sein, um zu vermeiden, den in einem Finanzkonglomerat verbundenen Unternehmen die Bestellung eines führenden Abschlußprüfers aufzuerlegen. Die Bestellung eines führenden Abschlußprüfers begegnet jedoch wettbewerbsrechtlichen Bedenken, da damit große Wirtschaftsprüfungsgesellschaften aufgrund ihres Know-hows und ihrer Ausstattung bevorzugt würden. Schließlich würde die Bestellung eines führenden Abschlußprüfers nur Sinn machen, wenn damit die Benennung einer führenden Aufsichtsbehörde korreliert wird.[40]

D. Gruppenbezogene Meldepflichten

I. Anzeigepflichten für beaufsichtigte Unternehmen

1. nach dem Versicherungsaufsichtsgesetz

Das VAG kennt unterschiedliche Anzeige- und Mitteilungspflichten[41]: z.B. die Anzeigepflichten im laufenden Geschäftsbetrieb nach § 13d VAG und die Anzeigepflichten bezüglich des Erwerbs von Beteiligungen nach § 54 Abs. 2 lit. b VAG. Unternehmensverträge sind nach dem VAG vorlage- und bei Abschluß während des laufenden Geschäftsbetriebs genehmigungspflichtig, §§ 5 Abs. 3 Nr. 3, 13 VAG. Versicherungsunternehmen haben gemäß § 54d S. 1 VAG über ihre gesamten Vermögensanlagen in den von der Aufsichtsbehörde festzulegenden Formen und Fristen zu berichten. Millionenkredite sind gemäß §§ 2 Abs. 2, 14 KWG der

40 Zu diesen Fragen s. den Teil 3 der Untersuchung: 11. Kap. C.
41 Daneben bestehen für Versicherungsunternehmen wie für alle anderen Unternehmen auch Anzeigepflichten bezüglich der Beteiligungsverhältnisse nach dem AktG und WpHG.

Deutschen Bundesbank zu berichten. Ferner sind die Inhaber bedeutender Beteiligungen anzuzeigen, §§ 7a, 104 VAG.

Zweifelhaft ist, ob für eine jährliche Berichtspflicht über Dienstleistungsverträge gemäß § 53d VAG eine ausreichende Rechtsgrundlage besteht.[42] Ausdrücklich ist eine solche Berichtspflicht in § 53d VAG nicht angeordnet.[43] Die in § 53d Abs. 1 S. 2 VAG normierte Mitteilungspflicht besteht nur gegenüber den Versicherungsunternehmen, nicht gegenüber der Aufsichtsbehörde. Auskünfte kann die Aufsichtsbehörde gemäß § 81 Abs. 1 S. 1 VAG, der diesbezüglich durch § 83 VAG konkretisiert wird, erhalten. Mit § 83 VAG ist Art. 19 Abs. 3 Unterabs. 2 lit. a der Ersten Richtlinie Schaden i.d.F. des Art. 11 der Dritten Richtlinie Schaden sowie Art. 23 Abs. 3 Unterabs. 2 lit. a der Ersten Richtlinie Leben i.d.F. des Art. 10 der Dritten Richtlinie Leben umgesetzt. Die Auslegung der Normen ergibt, daß die Aufsichtsbehörde befugt sein soll, auch ohne besonderen Anlaß Routinekontrollen bei den beaufsichtigten Unternehmen durchführen und dabei Einzelinformationen erlangen zu können.[44] Fraglich ist aber, ob auf der Grundlage des § 83 VAG dem beaufsichtigten Unternehmen regelmäßige aktive Mitteilungspflichten auferlegt werden können. Sowohl der Wortlaut der Richtlinienbestimmungen als auch des § 83 VAG selbst gehen von einem aktiven Verlangen der Aufsichtsbehörde aus. Die Statuierung einer regelmäßigen Auskunftspflicht bedeutet aber, daß das Versicherungsunternehmen von sich aus tätig werden muß. Eine regelmäßige Auskunftspflicht, die dem beaufsichtigten Unternehmen auferlegt ist, hat somit eine andere Qualität. Das VAG sieht demzufolge an anderen Stellen ausdrücklich normierte regelmäßige aktive Anzeigepflichten des beaufsichtigten Unternehmens vor, z.B. §§ 53c Abs. 4, 54 Abs. 2, 54d VAG. Daher hätte es zur Statuierung einer regelmäßigen Meldepflicht über die Dienstverträge gemäß § 53d VAG einer ausdrücklichen Regelung bedurft. Mangels Eignung des § 83 VAG zur Auferlegung einer laufenden Auskunftspflicht besteht für Dienstverträge gemäß § 53d VAG somit keine regelmäßige Auskunftspflicht.

---

42 So die h.M. *Zimmerer*, S. 176; *Kagelmacher*, S. 90 ff.; a.A. *Fahr/Kaulbach*, VAG, § 83 Rn. 1.

43 Die Verlautbarung des BAV in VerBAV 1985, 169 enthält ausdrücklich keine Berichtspflicht; sie hätte aber ohnehin keinen normativen Charakter, *Lipowsky*, in: Prölss, VAG, § 53d Rn. 2.

44 *Kollhosser*, in: Prölss, VAG, § 83 Rn. 2; *Fahr/Kaulbach*, VAG, § 83 Rn. 1.

2. *nach dem Kreditwesengesetz*

Gemäß § 12a Abs. 1 S. 3 KWG ist die Begründung, Veränderung oder Aufgabe von Beteiligungen oder Unternehmensbeziehungen im Sinne dieser Vorschrift dem BAK und der Deutschen Bundesbank unverzüglich anzuzeigen. Diese Anzeigepflicht tritt neben die gemäß § 24 Abs. 1 Nr. 3 KWG für Beteiligungen der Kreditinstitute bestehende Anzeigepflicht und soll dadurch das Prüfungsverfahren erleichtern.[45] § 24 KWG normiert einen Katalog von Anzeigepflichten für Kreditinstitute, die die personelle Besetzung der leitenden Posten, Vorgänge, die die finanziellen Grundlagen tangieren, gesellschaftsrechtliche Veränderungen, Änderungen im organisatorischen Aufbau und das Bestehen bedeutender Beteiligungen betreffen. Ebenfalls trifft eine Anzeigepflicht die Inhaber bedeutender Beteiligungen, § 2b Abs. 1 KWG.

II. Anteilseignerkontrolle

1. *Mittel der Konzernaufsicht*

Banken- und Versicherungsaufsicht sehen aufgrund einschlägiger Richtlinienbestimmungen[46] eine Eigentümer- bzw. Aktionärskontrolle sowohl bei Zulassung zum Geschäftsbetrieb als auch bei Erwerb bedeutender Beteiligungen (unmittelbares oder mittelbares Halten von mindestens 10% des Nennkapitals oder der Stimmrechte) vor.[47] Nach der BCCI-Richtlinie

---

45 *Reischauer/Kleinhans*, KWG, § 12a Anm. 4.

46 Art. 8, 10 Abs. 2 und 14 der Dritten Richtlinie Schaden; Art. 7, 10, 14 der Dritten Richtlinie Leben; Art. 5 und 11 der Zweiten Koordinierungsrichtlinie für Kreditinstitute.

47 §§ 8 Abs. 1 Nr. 2, 5 Abs. 5 Nr. 5 und 6 i.V.m. § 7a Abs. 2 S. 1 und 2; § 104 VAG; § 2b KWG. S. zur Neufassung des § 2b Abs. 2 S. 1 Nr. 3 KWG durch die 6. KWG-Novelle, BR-Drs. 417/97, S. 8, s. auch zur Begründung BR-Drs. 963/96, S. 73 und BT-Drs. 13/7142, S. 10: Die Ausübung der Stimmrechte soll danach untersagt werden können, wenn die Struktur der Unternehmensverbindung dazu mißbraucht werden könnte, eine wirksame Aufsicht über das Institut zu vereiteln. Die grundsätzliche Eignung einer Unternehmensverbindung zur Vereitelung der Aufsicht genügt zum Einschreiten im Gegensatz zur geltenden Rechtslage, wonach ein aufsichtsbehördliches Einschreiten daran geknüpft ist, daß aufgrund der Unternehmensverbindung eine wirksame Beaufsichtigung unmöglich ist.

wird die Beaufsichtigung von Unternehmensgruppen verstärkt. Die gesetzlichen Bestimmungen des VAG und KWG entsprechen den EU-Vorgaben. Hinsichtlich der Organisationsstruktur und der Beteiligungsverhältnisse erhalten die zuständigen Aufsichtsbehörden aufgrund der bestehenden Anzeigepflichten hinreichende Informationen. Damit stützt das Gesetz insgesamt die Forderung nach einer Konzernaufsicht, denn es verlangt die Transparenz der Beteiligungsverhältnisse.[48]

Gegen die Verbindung von Aufsicht und Konzernbildungskontrolle werden jedoch Bedenken vorgetragen.[49] Einschränkungen der gesellschaftsrechtlichen Gestaltungsfreiheit, der Freiheit des Kapitalverkehrs, des Eigentums und des Berufs seien in einer wettbewerbsorientierten Wirtschaftsordnung rechtfertigungsbedürftig. Nur wenn der Inhaber der bedeutenden Beteiligung auf das beaufsichtigte Beteiligungsunternehmen tatsächlich Einfluß nehmen könne, konfligiere eine Eigentümerkontrolle nicht mit dem Verhältnismäßigkeitsgrundsatz. Eine Beteiligung in Höhe von 10% vermittle eine solche Einflußnahmemöglichkeit nicht. Die Grundrechte des Grundgesetzes können jedoch wegen des prinzipiell anerkannten Anwendungsvorrangs des EG-Rechts materielle Veränderungen erfahren. Wie die Grenzen der Einwirkung und damit der Flexibilisierung und Relativierung der Grundrechte zu ziehen sind, ist derzeit ein noch nicht abschließend geklärtes verfassungsrechtliches Grundproblem.[50] Allerdings ist es eine verfassungs- bzw. rechtspolitische Frage, ob im Hinblick auf eine liberale Wirtschaftsordnung die Vereinfachung der Aufsichtstätigkeit Grund für belastende Eingriffsregelungen sein kann. Jedoch vermag das beaufsichtigte Unternehmen aus gesellschaftsrechtlichen Gründen nicht in jedem Fall Auskünfte über den Inhaber einer bedeutenden Beteiligung selbst zu erteilen. Es bedarf hierzu zumindest der Mithilfe des Beteiligungsinhabers. Angesichts der Gefahren, die unübersichtliche Strukturen

48 *Dreher*, DB 1992, 2606; *Hübner*, VR 1989, 108. S. auch Art. 8 der Dritten Richtlinie Schaden; Art. 7 der Dritten Richtlinie Leben; Erwägungsgründe der BCCI-Richtlinie. Ferner BT-Drs. 12/3377, S. 27; BT-Drs. 12/6959, S. 53.

49 *Imelmann*, S. 255; *Fahr/Kaulbach*, VAG, § 7a Rn. 11 ff. Zu verfassungsrechtlichen Bedenken s. *Präve*, ZfV 1994, 199, 200; *R. Schmidt*, Überlegungen zur Umsetzung der Dritten Versicherungsrichtlinien in das deutsche Recht, S. 31; *Hübner*, VR 1989, 108.

50 Als sicher gilt die Grenze des Art. 79 Abs. 3 GG und die Maßgabe des Bundesverfassungsgerichts vom integrationsfesten Kerngehalt der Verfassung. Dieser Grenzbereich scheint bei den vorliegenden Eingriffen in die Eigentümerstellung und Berufsausübungsfreiheit des beaufsichtigten Versicherungsunternehmens bzw. Kreditinstituts aufgrund der Ermessensvorschriften noch nicht tangiert zu sein.

für die effiziente Beaufsichtigung von Versicherungsunternehmen und Kreditinstituten bergen, scheint die Anteilseignerkontrolle im Hinblick auf die Anzeigepflichten gerechtfertigt.[51]

2. *Grenzen der Zuverlässigkeitskontrolle*

Probleme wirft jedoch die Zuverlässigkeitskontrolle auf, insbesondere deshalb, da eine 10%ige Beteiligung regelmäßig keine besonderen Einwirkungsmöglichkeiten eröffnet.[52] Fraglich ist des weiteren, wie die Zuverlässigkeit beschaffen sein muß: Ist damit auch die versicherungs- oder bankfachliche Eignung umfaßt? Für den Inhaber und die Geschäftsleiter eines Versicherungsunternehmens bzw. Kreditinstituts, also solche Personen, die tatsächlich mit der Führung der Geschäfte befaßt sind, wird die fachliche Eignung gefordert, § 33 Abs. 1 S. 1 Nr. 2a und 3 KWG, § 7a Abs. 1 VAG. Dem Wortlaut und der Gesetzessystematik, wie sie sich aus der Anordnung der Nr. 2a und Nr. 3 ergibt, kann jedoch nicht entnommen werden, daß jeder Inhaber einer bedeutenden Beteiligung fachlich geeignet sein muß, sondern nur derjenige, der tatsächlich mit der Geschäftsführung befaßt ist.[53] Für Beteiligte, also Inhaber einer bedeutenden Beteiligung, kommt es dagegen im wesentlichen auf die gewerberechtliche Zuverlässigkeit an. Dies verdeutlichen die gesetzlichen Konkretisierungen in § 7a Abs. 2 S. 1 VAG und § 33 Abs. 1 S. 1 Nr. 2a KWG. Eine weitergehende Forderung, nämlich daß alle i.S.v. § 2b Abs. 1 KWG bzw. § 7a Abs. 2 VAG Beteiligten versicherungs- oder bankfachlich geeignet sein müßten, würde mit der Freiheit des Börsenhandels konfligieren und eine nicht mehr an den Aufsichtszielen orientierte, unverhältnismäßige Maßnahme darstellen.[54] Im Ergebnis sind somit an die Eignung der Inhaber

51 S. auch § 21 WpHG, wonach bereits die Schwelle von 5% der Stimmrechte die Meldepflicht auslöst.

52 Vgl. z.B. § 311 Abs. 1 S. 2 HGB, wonach ein maßgeblicher Einfluß vermutet wird, wenn ein Unternehmen bei einem anderen Unternehmen mindestens 20% der Stimmrechte der Gesellschafter innehat; § 271 Abs. 1 S. 3 HGB, wonach als Beteiligung im Zweifel Anteile an einer Kapitalgesellschaft gelten, deren Nennbeträge insgesamt 20% des Nennkapitals des Beteiligungsunternehmens überschreiten; s. auch §§ 20 f. AktG.

53 So auch *Reischauer/Kleinhans*, KWG, § 33 Anm. 11; *Troberg*, in: Schimansky/Bunte/Lwowsky, Bankrechts-Handbuch, § 135 Rn. 23.

54 Insofern mißverständlich *R. Schmidt*, in: Prölss, VAG, § 7a Rn. 10, der für Inhaber bedeutender Bankenbeteiligungen das Erfordernis der fachlichen

bedeutender Beteiligungen aus verfassungsrechtlichen Gründen keine allzu hohen Anforderungen zu stellen. Im wesentlichen kommt es darauf an, daß sie identifiziert werden können und zuverlässig im gewerberechtlichen Sinn sind.[55] Eine fachliche Eignung ist grundsätzlich nicht zu fordern, es sei denn, sie sind mit der Geschäftsführung befaßt. Jedoch greifen bereits hier die besonderen Vorschriften über die Beaufsichtigung der Geschäftsleitung.

III. Folgerung

Hinsichtlich der Organisationsstruktur und der Beteiligungsverhältnisse erhalten die zuständigen Aufsichtsbehörden aufgrund der bestehenden Anzeigepflichten hinreichende Informationen. Bezüglich sonstiger gruppeninterner Transaktionen besteht eine vergleichbare Transparenz nicht. Jedoch sind gruppeninterne Transaktionen im Abhängigkeitsbericht, der vom Abschlußprüfer gemäß § 313 AktG zu prüfen ist, enthalten. Dagegen sind gruppeninterne Transaktionen im Rahmen von unternehmensvertraglich verbundenen Unternehmen nicht in gleicher Weise überprüfbar. Insofern besteht ein Risiko der Intransparenz.

Eignung annimmt, dabei aber Normen zitiert, nämlich § 2b Abs. 1 i.V.m. § 33 Abs. 1 Nr. 3 KWG, die nicht den lediglich Beteiligten im Auge haben, sondern den tatsächlich mit der Führung der Geschäfte Befaßten, s. *Reischauer/Kleinhans*, KWG, § 2b Anm. 3; § 33 Anm. 11; *Szagunn/Haug/Ergenzinger*, KWG, § 2b Rn. 17; § 33 Rn. 8. Eine Person, die eine Beteiligung i.H.v. 10% hält, nimmt regelmäßig noch keine Geschäftsleitungsfunktionen wahr. Zu weitergehenden Vorschlägen der Zuverlässigkeitskontrolle bei Geschäftsleitern im Rahmen der Beaufsichtigung von Finanzkonglomeraten s. *Joint Forum*, S. 37 ff.

55 Zum Umfang der einzureichenden Unterlagen, anhand derer die entsprechende Zuverlässigkeit festzustellen ist, s. § 1 der gemäß §§ 22, 24 Abs. 4 KWG erlassenen AnzV. Die aufgrund der Ermächtigung der §§ 5 Abs. 6, 104 Abs. 6 VAG zu erlassende Anzeigenverordnung ist noch nicht ergangen.

7. Kapitel: Aufsichtszuständigkeiten und aufsichtsbehördliche Zusammenarbeit

A. Zusammenarbeit und Zuständigkeiten der Aufsichtsbehörden aus denselben Branchen

I. Bedeutung der Zusammenarbeit

Weder das Banken- noch das Versicherungsaufsichtsrecht kennen eine zentrale europäische Versicherungs- bzw. Bankaufsichtsbehörde, da das Ziel des Binnenmarktes im Wege der Mindestharmonisierung, nicht aber mittels Vollharmonisierung erstrebt wurde. Mangels Einheitsbehörden sind in den Mitgliedstaaten unterschiedliche Aufsichtsbehörden für die Beaufsichtigung zuständig.[1] Des weiteren ist nach geltender Rechtslage in den meisten Mitgliedstaaten keine einheitliche Aufsichtsbehörde für alle Finanzdienstleistungen vorgesehen.[2] Mit der Errichtung einer Aufsichtsbehörde über Wertpapierdienstleistungen scheint sich die Tendenz einer institutionenbezogenen, d.h. einer nach Finanzdienstleistern unterscheidenden Aufsichtszuständigkeit in Deutschland fortzusetzen. Daher ist eine effiziente Zusammenarbeit zwischen den Aufsichtsbehörden national und grenzüberschreitend unentbehrlich, um ein Finanzkonglomerat effizient zu beaufsichtigen, aber auch, um die Einhaltung des koordinierten Rechts sowie gleiche Aufsichtsstandards und Wettbewerbsbedingungen für die Finanzdienstleister sicherzustellen.[3] Die Notwendigkeit der Zusammenarbeit und des Informationsaustausches ist vom Richtliniengeber sowohl für die Kredit- als auch für die Versicherungswirtschaft erkannt und in die

---

1 S. hierzu *Müller*, Kooperation der Versicherungsaufsichtsbehörden in der Europäischen Union, S. 55 f. und Teil 1, 2. Kap. A. I. II.

2 Eine Ausnahme bildet (bislang) Dänemark.

3 S. z.B. zu Betätigungen von Kreditinstituten in anderen Mitgliedstaaten *Hellenthal*, S. 17 ff.; S. 27 f.; *Möschel*, ZBB 1989, 168. Grenzüberschreitende Bankenaufsicht, hrsg. vom Baseler Ausschuß für Bankenaufsicht und der Offshore-Gruppe von Bankenaufsichtsbehörden, Oktober 1996, abgedruckt in: *Consbruch/Möller/Bähre/Schneider*, KWG, Nr. 23.01.D. Zu Auslands- und internationaler Geschäftstätigkeit von Versicherungsunternehmen s. *Farny*, Versicherungsbetriebslehre, S. 137 ff.; 358 ff.

Wege geleitet worden.[4] Einen vorläufigen Abschluß haben die Regelungen über die verstärkte Beaufsichtigung von Finanzkonglomeraten durch die BCCI-Richtlinie gefunden.

II. Koordinierung der Aufsichtszuständigkeiten durch Richtlinien

1. *Herkunftslandprinzip*

a) Versicherungsaufsicht

Die Dritten Versicherungsrichtlinien erkennen eine grenzüberschreitende Aufsichtskompetenz für das beaufsichtigte Einzelunternehmen an.[5] Die Mitgliedstaaten sind verpflichtet, die rechtlichen Voraussetzungen dafür zu schaffen, daß die Sitzlandbehörde ihre Aufsichtskompetenz im Tätigkeitsland des Unternehmens wahrnehmen kann. Für das deutsche Recht sind entsprechende Regelungen in §§ 111c und 111b VAG ergangen. Im wesentlichen gilt, daß die Herkunftslandbehörde für die Geschäftstätigkeit

---

4 Erwägungsgründe 21 und 22 sowie Art. 16 der Zweiten Bankrechtskoordinierungsrichtlinie; Art. 19 Abs. 2 der Ersten Richtlinie Schaden; Art. 28 der Zweiten Richtlinie Schaden; Art. 16 Abs. 5 der Dritten Richtlinie Schaden; Art. 23 Abs. 2 der Ersten Richtlinie Leben; Art. 15 Abs. 5 der Dritten Richtlinie Leben.
Vor der Koordinierung des Aufsichtsrechts durch die Versicherungs- bzw. Bankenrichtlinien bestanden Schwierigkeiten für eine grenzüberschreitende Zusammenarbeit der zuständigen Aufsichtsbehörden: Es gab Rechtsordnungen, die die unmittelbare Zusammenarbeit der Aufsichtsbehörden unterschiedlicher Mitgliedstaaten nicht zuließen, sondern auf den diplomatischen Weg verwiesen. Ferner werden die Regelungen der Geheimhaltungspflichten (Bankgeheimnis; sonstige Geheimhaltungsgesetze) in den einzelnen Mitgliedstaaten tangiert. Des weiteren hat ein Amtshilfeersuchen nur dann Erfolg, wenn die gewünschte Maßnahme auch von der ersuchten Behörde rechtlich anerkannt ist und wenn der Grundsatz der Gegenseitigkeit beachtet wird.
Im internationalen Bereich lassen sich die nationalen Schranken der Aufsichtszuständigkeiten über völkerrechtliche Abkommen überwinden.

5 Art. 13 Abs. 1 der Ersten Richtlinie Schaden i.d.F. des Art. 9 der Dritten Richtlinie Schaden sowie Art. 15 Abs. 1 S. 1 der Ersten Richtlinie Leben i.d.F. des Art. 8 der Dritten Richtlinie Leben; Art. 19 Abs. 3 Unterabs. 1 der Ersten Richtlinie Schaden i.d.F. des Art. 11 der Dritten Richtlinie Schaden sowie Art. 23 Abs. 3 Unterabs. 1 der Ersten Richtlinie Leben i.d.F. des Art. 10 der Dritten Richtlinie Leben; Art. 40 Abs. 3-9 der Dritten Richtlinie Schaden sowie Art. 40 Abs. 3-9 der Dritten Richtlinie Leben.

des beaufsichtigten Versicherungsunternehmens unbeschränkt im Herkunftsland und hinsichtlich der Finanzaufsicht im Tätigkeitsland zuständig ist. Die übrige rechtliche Aufsicht wird von der Aufsichtsbehörde des Herkunftslandes und der Aufsichtsbehörde des Tätigkeitslandes teils gleichberechtigt, teils subsidiär durchgeführt. Hinsichtlich der Rechtsaufsicht gilt, daß das Versicherungsunternehmen die Rechtsvorschriften des Tätigkeitslandes, die das Allgemeininteresse schützen,[6] zu beachten hat und daß insofern die Herkunftslandbehörde über diese Vorschriften in Kenntnis gesetzt wird. Unterliegen Versicherungsunternehmen jedoch nicht den Versicherungsrichtlinien, ist für eine umfassende Aufsicht das BAV zuständig, § 110d VAG. Die Versicherungsaufsichtsbehörden der Gemeinschaft haben für sich zudem multilateral in Form eines Leitfadens gewisse Verhaltensregeln für die tägliche Praxis der Kooperation ausgearbeitet.[7]

b) Bankenaufsichtsrecht

Auch im Binnenmarkt für Kreditinstitute ist das Sitzlandprinzip verwirklicht.[8] Um grenzüberschreitend effektiv beaufsichtigen zu können, ist die Herkunftslandbehörde auf die Zusammenarbeit mit den nationalen Aufsichtsbehörden angewiesen. Hierfür enthalten die Art. 7 Abs. 1, Art. 8 Abs. 4, Art. 12 Abs. 5, 8 der Ersten Bankrechtskoordinierungsrichtlinie, Art. 7 der Zweiten Bankrechtskoordinierungsrichtlinie die nötige Weichenstellung, die im KWG in den §§ 5 ff. hinreichend umgesetzt worden sind. Um die Zusammenarbeit mit den anderen EG-Aufsichtsbehörden auf eine gemeinsame Basis zu stellen, die der fortbestehenden Vielfalt der Aufsichtsstrukturen in der Gemeinschaft Rechnung trägt, strebt die deut-

---

6 Art. 28 der Dritten Versicherungsrichtlinien; Erwägungsgründe 19 u. 20 der Dritten Richtlinie Schaden; Erwägungsgründe 20 u. 21 der Dritten Richtlinie Leben.

7 Protokoll zur Zusammenarbeit der Aufsichtsbehörden der Mitgliedstaaten der Europäischen Gemeinschaft, insbesondere im Hinblick auf die Anwendung der Richtlinien über die Lebensversicherung und Schadenversicherung, s. auch GB BAV 1992, 45; ausf. *Müller*, Versicherungsbinnenmarkt, Rn. 439 ff.; *ders.*, Kooperation der Versicherungsaufsichtsbehörden in der Europäischen Union, S. 63 ff., sowie *Braumüller*, VR 1995, 26, 31. S. zur weltweiten Förderung des Informationsaustausches und internationalen Zusammenarbeit die Arbeiten der Internationalen Vereinigung von Versicherungsaufsichtsbehörden (IAIS), VerBAV 1996, 291 f.

8 Erwägungsgrund 3 der Ersten Bankrechtskoordinierungsrichtlinie; Erwägungsgrund 4 und Art. 13 der Zweiten Bankrechtskoordinierungsrichtlinie.

sche Bankenaufsicht bilaterale Vereinbarungen mit ihren Schwesterbehörden im EG-Bereich an.[9]

c) Exkurs: Internationale Geschäftstätigkeit von Kreditinstituten

Vor dem Hintergrund des BCCI-Skandals hat der Baseler Ausschuß für Bankenaufsicht im Juni 1992 Kriterien für die Beaufsichtigung internationaler Bankkonzerne und ihrer grenzüberschreitenden Niederlassungen aufgestellt.[10] Der Ausschuß empfiehlt darin die verstärkte Zusammenarbeit zwischen den nationalen Aufsichtsbehörden. Der gegenseitige Informationsaustausch soll nach den Vorstellungen des Ausschusses Mindestvoraussetzung für die Zustimmung zur Gründung einer grenzüberschreitenden Bankniederlassung sein. Für den Fall, daß die internationale Kooperation nicht gesichert ist, soll die Behörde des Gastlandes ermächtigt sein, die Gründung einer Niederlassung einer ausländischen Bank oder eines Bankkonzerns zu verbieten.[11] Das KWG wird durch die §§ 2b Abs. 3, 8 Abs. 3 Nr. 1 und 2, 33b, 53c Nr. 2c den aufgestellten Mindestanforderungen weitgehend gerecht. Jedoch bereitet die Erfüllung der Mindestanforderungen für die Beaufsichtigung internationaler Bankkonzerne und ihrer Auslandsniederlassungen Probleme.[12] Zum einen hindern in anderen Drittländern bestehende Geheimhaltungsgesetze den notwendigen Informationsaustausch. Zum anderen gefährden unterschiedliche Aufsichtsstandards eine effektive Beaufsichtigung, da die Aufsichtsverfah-

---

9 *Reischauer/Kleinhans*, KWG, § 53b Rn. 8; *Kuntze*, ZfgK 1993, 18, 20: Ein erstes Abkommen dieser Art haben die Commission bancaire und das Comité des établissements de crédit auf französischer Seite und das BAK auf deutscher Seite am 1.10.1992 abgeschlossen. Es stellt keinen Akt der Rechtsetzung dar, sondern regelt nach Maßgabe der EG-rechtlichen Vorgaben nur, wie die Aufsichtsbehörden beider Länder ihre Kooperation im einzelnen ausgestalten wollen. S. auch *Deutsche Bundesbank*, Geschäftsbericht 1996, S. 154 f.

10 Baseler Ausschuß für Bankenaufsicht, WM 1992, 1513 ff. Grenzüberschreitende Bankenaufsicht, hrsg. vom Baseler Ausschuß für Bankenaufsicht und der Offshore-Gruppe von Bankenaufsichtsbehörden, Oktober 1996, abgedruckt in: *Consbruch/Möller/Bähre/Schneider*, KWG, Nr. 23.01.D.

11 Baseler Ausschuß für Bankenaufsicht, WM 1992, 1513, 1515. Nach deutschem Recht berechtigt dagegen eine unzureichende Koordinierung der Aufsicht über internationale Konzerne nicht zur Versagung oder Entziehung der Bankerlaubnis.

12 S. hierzu Grenzüberschreitende Bankenaufsicht, hrsg. vom Baseler Ausschuß für Bankenaufsicht und der Offshore-Gruppe von Bankenaufsichtsbehörden, Oktober 1996, abgedruckt in: *Consbruch/Möller/Bähre/Schneider*, KWG, Nr. 23.01.D., S. 10 m, n.

ren nicht vergleichbar sind. Schließlich gefährdet die Ansiedlung von Bankniederlassungen an unregulierten oder weitgehend unregulierten Finanzplätzen die Einhaltung des Grundsatzes, daß keine Bankniederlassung sich der Beaufsichtigung entziehen darf.

2. *Auslegungsfragen*

a) Abgrenzung der Finanz- von der übrigen rechtlichen Aufsicht im Versicherungsaufsichtsrecht

Die Abgrenzung von Finanzaufsicht und übriger rechtlicher Aufsicht ist bei grenzüberschreitender Tätigkeit in den EG- bzw. EWR-Staaten von Bedeutung für die Zuständigkeit und für die Frage, welches Recht anwendbar ist. Weder der Richtliniengeber noch der nationale Gesetzgeber definieren die Begriffe. Da zudem nach dem VAG die Mißstandsaufsicht nicht auf die Verletzung konkreter Einzeltatbestände bezogen ist, sondern allgemein gilt, ergeben sich Abgrenzungsschwierigkeiten. Eine allgemeine Definition soll hier nicht entwickelt werden. In den bestehenden Abgrenzungsschwierigkeiten zeigt sich ein Nachteil, der darin besteht, daß keine einheitliche europäische Versicherungsaufsichtsbehörde besteht.[13]

b) Informationen über Vorschriften des Allgemeininteresses in den anderen EG- und EWR-Staaten

Die Dienstleistungsfreiheit des ausländischen Versicherers darf durch die Tätigkeitslandaufsichtsbehörde nicht bei Verstoß gegen jegliche inländische Norm beschränkt werden, sondern nur dann, wenn diese inländische Norm im Allgemeininteresse erlassen ist.[14] Der Begriff des Allgemeininteresses entstammt der Rechtsprechung des EuGH zum Dienstleistungsverkehr und zur Niederlassungsfreiheit,[15] ist in den Richtlinien nicht definiert und wird in den Mitgliedstaaten unterschiedlich ausgelegt.[16]

13 Ob eine solche errichtet werden kann und soll, s. Teil 3, 11. Kap. A.

14 Art. 28 der Dritten Versicherungsrichtlinien.

15 EuGH, RS 120/78 (Cassis de Dijon), Slg. 1979, 649 ff.; EuGH, RS 205/84, (Freier Dienstleistungsverkehr – Mitversicherung), Slg. 1984, 3755 ff.; EuGH, Urt. v. 4.12.1986, VersR 1986, 1225. *Roth*, in: FS f. Steindorff, S. 1330. S. auch den Fall Säger, EuGH, Urt. v. 25.7.1991, Slg. 1991, S. I-195.

16 Vgl. hierzu *Fahr*, VersR 1992, 1035 f.; *R. Schmidt*, Überlegungen zur Umsetzung der Dritten Versicherungsrichtlinien in das deutsche Recht, S. 37 f.; *Müller*, Versicherungsbinnenmarkt, Rn. 97; *ders.*, ZfV 1991, 572; *Hohlfeld*,

Dadurch besteht die Gefahr, daß die Beschränkung der Dienstleistungs- bzw. Niederlassungsfreiheit in den Tätigkeitsländern unterschiedlich weit reicht und so zu Wettbewerbsverzerrungen führt. Daher ist es notwendig, den Begriff Allgemeininteresse gemeinschaftsweit möglichst einheitlich auszulegen. Die aufsichtsbehördliche Auffassung tendiert eher zu einer weiten Auslegung, wenn sie zwingende inländische Normen bzw. Normen im öffentlichen Interesse als Normen, die im Allgemeininteresse erlassen sind, auffaßt.[17] Zur Sicherung der bereits erreichten Harmonisierung und zur Fortsetzung des Harmonisierungsprozesses mit dem Ziel eines gemeinsamen Marktes sollte jedoch der Begriff des Allgemeininteresses eng ausgelegt werden.

Das Bankenaufsichtsrecht kennt hinsichtlich Art. 19 Abs. 4 der Zweiten Bankrechtskoordinierungsrichtlinie eine entsprechende Diskussion über den Begriff des Allgemeininteresses. Hierzu hat die Kommission einen Entwurf einer Mitteilung vorgelegt.[18] Er enthält lediglich Hinweise darüber, daß eine Verpflichtung der Tätigkeitslandbehörde gegenüber einem Kreditinstitut zur Unterrichtung über Normen des Allgemeininteresses nicht besteht, jedoch keine Angaben darüber, welche Vorschriften als Normen des Allgemeininteresses anzuerkennen sind. Daher ist vorrangiges Ziel, den Begriff Allgemeininteresse anhand der durch den EuGH vorgegebenen Kriterien weiter zu konkretisieren. Für das VAG hat der deutsche Gesetzgeber in § 111a Abs. 1 eine Verpflichtung des BAV zur Mitteilung über Normen, die im Allgemeininteresse erlassen sind, gegenüber den Aufsichtsbehörden des Sitzlands, nicht gegenüber den ausländischen Versicherungsunternehmen, sowohl für die Fälle des Niederlassungsverkehrs als auch des Dienstleistungsverkehrs statuiert. Damit geht der deutsche Gesetzgeber für das VAG einerseits insofern über die Richtlinienbestimmung hinaus, als er den unklaren Wortlaut als Verpflichtung

---

Auswirkungen der Deregulierung aus aufsichtsbehördlicher Sicht, S. 22 f.; *R. Schmidt*, in: Prölss, VAG, Vorbem. Rn. 46; *Fahr/Kaulbach*, VAG, § 110a Rn. 22 ff.; *Kollhosser*, in: Prölss, VAG, § 111a Rn. 4; *Baran*, VR 1997, 173 ff.

17 S. hierzu *Hohlfeld*, Auswirkungen der Deregulierung aus aufsichtsbehördlicher Sicht, S. 23; *Müller*, Versicherungsbinnenmarkt, Rn. 98 f.; *Präve*, VW 1992, 8, 10. Schreiben des BAV v. 14.12.1995, VerBAV 1996, 51. S. auch ausf. zur Auslegung *Lorenz*, VR 1995, 8, 16 ff.

18 Entwurf einer Mitteilung der Kommission. Freier Dienstleistungsverkehr und Allgemeininteresse in der Zweiten Bankenrichtlinie, ABl.EG Nr. C 291 v. 4.11.1995, S. 7 ff.; Stellungnahme des Wirtschafts- und Sozialausschusses der Europäischen Gemeinschaften v. 24.4.1996, CES 542/96.

interpretiert,[19] andererseits, indem er die Fälle des Niederlassungs- und des Dienstleistungsverkehrs bezüglich einer Mitteilungsverpflichtung gleich behandelt.[20] Art. 19 Abs. 4 der Zweiten Koordinierungsrichtlinie ist in § 53b Abs. 2 KWG umgesetzt worden, der eine Angabepflicht des BAK der in § 53b Abs. 3 KWG genannten Normen gegenüber dem Unternehmen, das eine Zweigstelle im Inland errichten will, regelt. Die Anzeigepflicht erstreckt sich im Bankenaufsichtsrecht nicht auf Fälle der Dienstleistungsfreiheit.

III. Folgerungen

Mit Einführung der Herkunftslandkontrolle und der gegenseitigen Anerkennung sind die grundsätzlichen Probleme einer grenzüberschreitenden Versicherungs- und Bankenaufsicht auf Gemeinschaftsebene beseitigt worden. Es gibt keine Doppelbeaufsichtigung, die Aufsichtsstandards sind für die Zulassung und die Errichtung von Zweigstellen (Niederlassungen) und für den Dienstleistungsverkehr koordiniert, so daß Wettbewerbsverzerrungen aufgrund angeglichener Rahmenbedingungen vermieden werden können. Unterschiede können sich aber dennoch von Mitgliedstaat zu Mitgliedstaat dadurch ergeben, daß die Richtlinien hinsichtlich der Zulassungsvorschriften nur Mindesterfordernisse vorgeben, von denen der einzelne Mitgliedstaat im Rahmen der Umsetzung abweichen kann. Ferner können sich Einschränkungen hinsichtlich des Prinzips der gegenseitigen Anerkennung aus Gründen eines besonderen nationalen Allgemeininteresses ergeben. Im internationalen Bereich, d.h. über die EWR-Staaten hinaus, bedarf es dagegen weiterhin des verstärkten Gedankenaustausches und der Kooperationsbereitschaft zwischen den Aufsichtsbehörden.

---

19 Art. 10 Abs. 4 der Ersten Richtlinie i.d.F. des Art. 32 der Dritten Richtlinie formuliert: ... um der zuständigen Behörde des Herkunftsmitgliedstaats *gegebenenfalls* (Hervorhebung von Verf.) die Bedingungen anzugeben,...".

20 Art. 10 Abs. 4 der Ersten Richtlinie i.d.F. des Art. 32 der Dritten Richtlinie formuliert: „Bevor die Zweigniederlassung des Versicherungsunternehmens ihre Tätigkeit aufnimmt..." und meint damit nur die Fälle des Niederlassungsverkehrs. S. hierzu noch *Kollhosser*, in: Prölss, VAG, § 111a Rn. 3.

B. Gruppenbezogene Aufsichtszuständigkeiten

I. Konzernaufsicht?

1. Erstreckung des Herkunftslandprinzips

Während im Hinblick auf die Niederlassungs- und Dienstleistungsfreiheit die Beaufsichtigung der Kreditinstitute und Versicherungsunternehmen einschließlich ihrer EG-Zweigstellen (rechtlich unselbständige Niederlassungen)[21] nach dem Prinzip der Herkunftslandkontrolle erfolgt, wird dieses Prinzip grundsätzlich nicht auf rechtlich selbständige Tochterunternehmen erstreckt. Dies bedeutet, daß für das Tochterunternehmen die Aufsichtsbehörde des Staates zuständig ist, wo das Tochterunternehmen als rechtlich selbständige Einheit seinen Sitz hat. Fraglich ist, ob das Herkunftslandprinzip auch für die Tätigkeit eines Tochterunternehmens gelten sollte. Anknüpfungspunkt der Aufsicht ist die rechtlich selbständige Einheit, gleich ob sie einem Konzern und damit einer wirtschaftlichen Einheit angehört. Insofern ist es konsequent, für die Frage der zuständigen Aufsichtsbehörde auf das Sitzland des beaufsichtigten Tochterunternehmens abzustellen und den Anwendungsbereich des Herkunftslandprinzips einzuschränken. Das Tochterunternehmen ist rechtlich selbständig und als juristische Person selbst Träger von Rechten und Pflichten. Angesichts der tatsächlichen wirtschaftlichen Gegebenheiten – die Beteiligung an oder Gründung von Tochterunternehmen kann häufiger als die Niederlassung festgestellt werden[22] – könnte hingegen eine aufsichtsrechtliche Ungleichbehandlung von Tochterunternehmen und rechtlich unselbständigen Niederlassungen bedenklich erscheinen. Auch könnte Art. 52 EGV, der das Recht auf freie Wahl der Form der Auslandstätigkeit gewährleistet, für eine Gleichbehandlung von Tochterunternehmen und Niederlassung sprechen. Anders aber als bei unselbständigen Niederlassungen bleiben im Konzern die einzelnen Unternehmen selbständige Rechtseinheiten. Der Konzern als rechtliche Einheit ist dem Gesellschaftsrecht fremd.

---

21 S. zum Begriff der Zweigstelle Art. 1 Nr. 3 und Art. 6 der Zweiten Bankrechtskoordinierungsrichtlinie; §§ 24 ff. KWG. S. zum Begriff der Zweigniederlassung im Versicherungswesen Art. 1 lit. b der Dritten Richtlinie Schaden unter Berücksichtigung von Art. 3 der Zweiten Richtlinie Schaden; Art. 1 lit. b der Dritten Richtlinie Leben unter Berücksichtigung von Art. 3 der Zweiten Richtlinie Leben; §§ 13a ff. VAG. Und allgemein §§ 13 ff. HGB.

22 S. *Rabe*, S. 76.

Demzufolge sollte auch das Aufsichtsrecht sich nicht über das Gesellschaftsrecht hinwegsetzen. Schließlich können sich die Zusammensetzungen im Konzern aufgrund veränderter Beteiligungsverhältnisse wandeln, so daß eine große Unsicherheit entstehen würde, ob es sich bei einem Unternehmen noch um ein Tochterunternehmen handelt oder nicht. Die Ausdehnung des Herkunftslandprinzips auf Tochterunternehmen ist im Ergebnis nicht zu befürworten.[23]

2. *Ausgangslage nach den Richtlinien*

Für die Beaufsichtigung der Eigenkapitalausstattung und Großkreditvergabe kommt das Bankenaufsichtsrecht bei Vorliegen einer Kreditinstituts- oder Finanzholding-Gruppe zur Benennung einer für diesen Teilbereich zuständigen Behörde.[24] Dagegen verbleibt es im Versicherungsaufsichtsrecht auch nach Verabschiedung der Richtlinie über die Beaufsichtigung von Versicherungsunternehmen in einer Versicherungsgruppe bei der Zuständigkeit der betreffenden Sitzlandbehörden für das Einzelunternehmen. Nach Art. 7 des Richtlinienvorschlags soll die Zusammenarbeit der Aufsichtsbehörden verstärkt werden. Der Grund für die Beibehaltung der Einzelzuständigkeit ist darin zu sehen, daß nur für Kreditinstituts- und Finanzholding-Gruppen ein aufsichtsrechtliches Konsolidierungsverfahren vorgesehen ist, für Versicherungsgruppen dagegen nicht.

II. Die Beaufsichtigung von Finanzkonglomeraten im einzelnen

1. *Zusammenarbeit und Informationsaustausch innerhalb der Gemeinschaft*

a) Allgemeines

Die in den Dritten Versicherungsrichtlinien und der Zweiten Bankrechtskoordinierungsrichtlinie enthaltenen Regelungen über die aufsichtsbehördliche Zusammenarbeit betreffen sowohl verbundene als auch unverbundene Unternehmen. Sie berücksichtigen nicht die besondere Situation der in einem Finanzkonglomerat verbundenen Versicherungsunternehmen

---

23 A.A. *Rabe*, S. 76 f., 237. Zu Überlegungen, eine führende Aufsichtsbehörde zu bestimmen s. Teil 3, 11. Kap. B. II.

24 Vgl. Art. 4 der Konsolidierungsrichtlinie; §§ 10a, 8a KWG.

und Kreditinstitute. Art. 4 der BCCI-Richtlinie enthält besondere Regelungen für einen Informationsaustausch zwischen der Aufsicht und anderen Behörden und Verantwortungsträgern, der nach deutschem Aufsichtsrecht bereits weitgehend geregelt ist.[25] Im folgenden sollen im Hinblick auf grenzüberschreitend tätige Finanzkonglomerate die entsprechenden Richtlinienbestimmungen, insbesondere auch der Konsolidierungsrichtlinie, auf die Zusammenarbeit der Aufsichtsbehörden untersucht werden. Dabei wird zwischen Bank-Versicherungs-Konglomeraten, Versicherungs-Bank-Konglomeraten sowie wechselseitigen Beteiligungen unterschieden.[26]

b) Bank-Versicherungs-Konglomerate

aa) Regelungsinhalt des Art. 7 Abs. 4 Konsolidierungsrichtlinie und Umsetzung

Art. 7 Abs. 4 der Konsolidierungsrichtlinie regelt einen umfassenden Informations- und Erfahrungsaustausch zwischen den zuständigen Aufsichtsbehörden der betroffenen Branchen, wenn ein Kreditinstitut, eine Finanzholdinggesellschaft oder ein gemischtes Unternehmen[27] ein oder mehrere Tochterunternehmen kontrolliert, bei denen es sich um Versicherungsunternehmen oder einer Zulassung unterworfene Wertpapierdienstleistungsunternehmen handelt. Art. 7 Abs. 4 der Richtlinie normiert eine gegenseitige Verpflichtung zur Informationsweitergabe, nicht nur eine einseitige Verpflichtung der Bankaufsichtsbehörde zur Weitergabe von Informationen an andere Stellen.[28] Unbeschadet ihrer jeweiligen Befugnisse teilen sich die Behörden alle Informationen mit, die geeignet sind, die

---

25 S. §§ 7, 8 KWG n.F.; § 84 VAG n.F. S. auch *Präve*, ZfV 1996, 60; BR-Drs. 964/96, S. 74 f.

26 Zur Begriffswahl s. *Wienberg*, 1993.

27 Nach Art. 1 der Konsolidierungsrichtlinie sind gemischte Unternehmen Mutterunternehmen, die keine Finanzinstitute oder Kreditinstitute sind und zu deren Tochterunternehmen mindestens ein Kreditinstitut gehört. Dabei bezieht sich das Wort „gemischt" nicht auf das Mutterunternehmen selbst, sondern auf die Struktur und die Tätigkeitsschwerpunkte der Tochterunternehmen, *Szagunn/Haug/Ergenzinger*, KWG, § 1 Rn. 89; *Reischauer/Kleinhans*, KWG, § 1 Anm. 92b. Demzufolge zählen zu den gemischten Unternehmen Versicherungsunternehmen oder auch Holdinggesellschaften, sofern sie überwiegend Industrie- oder Versicherungsbeteiligungen halten.

28 So der Wortlaut des Art. 7 Abs. 4 der Konsolidierungsrichtlinie. Ebenso *Müller*, Kooperation der Versicherungsaufsichtsbehörden in der Europäischen Union, S. 62. Mißverständlich insofern *Weinel*, S. 184 Fn. 12.

Erfüllung ihrer Aufgabe zu erleichtern und eine Beaufsichtigung der Tätigkeit und der finanziellen Situation aller Unternehmen, die ihrer Aufsicht unterliegen, zu ermöglichen. Aus Art. 6 Abs. 2 S. 2 der Konsolidierungsrichtlinie ergibt sich, daß gemischte Unternehmen auch Versicherungsunternehmen sein können. Anstelle des in Art. 6 vorgesehenen direkten Informationszugangs bei Versicherungsunternehmen kann auch das Verfahren des Art. 7 Abs. 4 der Konsolidierungsrichtlinie, nämlich die enge Zusammenarbeit zwischen den Aufsichtsbehörden, angewendet werden.[29] Eine Umsetzung von Art. 7 Abs. 4 der Konsolidierungsrichtlinie ist in § 8 Abs. 3 KWG nicht ausdrücklich erfolgt. Ausweislich der Gesetzesbegründung dient die Neufassung des § 8 Abs. 3 KWG durch die 5. KWG-Novelle der Umsetzung des Art. 7 Abs. 2 und 3 der Richtlinie, der sich auf den Informationsaustausch und die Zusammenarbeit der Aufsichtsbehörden bezieht, die die in den Konsolidierungskreis einbezogenen Unternehmen beaufsichtigen.[30] Eine eigene Umsetzung schien jedoch entbehrlich, da § 9 Abs. 1 S. 3 Nr. 2 KWG eine entsprechende Informationsweitergabe normiert.

bb) Auslegungsprobleme

Unklar ist, wie die Formulierungen „finanzielle Situation aller Unternehmen" in Art. 7 Abs. 4 der Richtlinie bzw. „Informationen zur Erfüllung ihrer Aufgaben benötigen" in § 9 Abs. 1 S. 3 KWG auszulegen sind. Die Gesetzesbegriffe sind eher allgemein und könnten insofern den zuständigen Behörden einen Auslegungsspielraum belassen. Fraglich ist, ob mit „finanzieller Situation aller Unternehmen" die finanzielle Situation der Gruppe insgesamt oder die finanzielle Situation des einzelnen Unternehmens gemeint ist. Da nach dem gegenwärtigen Stand der Richtlinien keine gruppenbezogene Eigenkapitalbetrachtung eines Finanzkonglomerats vorgesehen ist, ist hiermit die finanzielle Situation der einzelnen Unternehmen gemeint. Des weiteren ist fraglich, ob zur Erfassung der finanziellen Situation auch die Informationsweitergabe über die Kapitalanlagetätigkeit der Unternehmen gehört. Da insbesondere bei Nichtlebensversicherungsunternehmen die Kapitalanlagerisiken nicht in den Eigenmittelanforderungen berücksichtigt werden, könnte man sich auf den Standpunkt stellen, daß zur finanziellen Situation nur die Eigenkapitalausstattung als

29 Insofern unpräzise *Müller*, Kooperation der Versicherungsaufsichtsbehörden in der Europäischen Union, S. 62.
30 Vgl. *Reischauer/Kleinhans*, KWG, § 8 Rn. 13.

solche zählen soll.[31] Eine solche Auslegung könnte durch den Zweck der Konsolidierungsrichtlinie, nämlich eine Eigenkapitalkonsolidierung der betroffenen Unternehmen durchzuführen, nahegelegt werden. Jedoch ist auf den weiteren Zweck der Richtlinie abzustellen, der darin besteht, daß die zuständigen Behörden die Informationen erhalten, die zur Erfüllung ihrer Aufgaben notwendig sind.[32] Daher umfaßt die Verpflichtung zur Informationsweitergabe und Zusammenarbeit sämtliche Bereiche der Finanzaufsicht, zu der auch für Versicherungsunternehmen die Beaufsichtigung der Kapitalanlage gehört. Fraglich ist schließlich, was unter der Formulierung „... teilen sich diese Behörden, alle Informationen mit, die geeignet sind, die Erfüllung ihrer Aufgabe zu erleichtern..." zu verstehen ist. Der Aufsichtserleichterung dient die Weitergabe sämtlicher Informationen insofern, als nur durch die Auswertung sämtlicher Informationen ein umfassendes Bild über die Situation des Unternehmens ermittelt werden kann.[33] Ob dieser Informationsfluß aber zu bewältigen ist und zu einer effizienten Beaufsichtigung führen kann, erscheint zweifelhaft. Daher sollte er auf das erforderliche Maß beschränkt werden. Damit sind Informationen über die finanzielle Situation gemeint, die Auswirkungen auf die Gesamtsituation der verbundenen Unternehmen haben können. Insbesondere sind Kapitalanlagen erst ab einem bestimmten Mindestumfang erfaßt.[34]

cc) Zwischenergebnis

Für ein Bank-Versicherungs-Konglomerat haben die bankrechtlichen Richtlinien im Ergebnis bereits die rechtlichen Grundlagen für eine effektive Zusammenarbeit und einen umfassenden Informationsaustausch geschaffen.

c) Versicherungs-Bank-Konglomerat

Kontrolliert ein Versicherungsunternehmen oder eine Versicherungsholding ein oder mehrere Tochterunternehmen, bei denen es sich um Kreditinstitute handelt, ist Art. 7 Abs. 4 der Konsolidierungsrichtlinie nicht anwendbar.[35] Art. 7 Abs. 2 des Richtlinienvorschlags über die zu-

31 In diesem Sinne zweifelnd *Wienberg*, S. 213.

32 Vgl. Erwägungsgründe 3 und 4, Art. 7 Abs. 4 S. 2 der Konsolidierungsrichtlinie.

33 *Weinel*, S. 184.

34 Vgl. die Anzeigepflicht über Millionenkredite gemäß § 14 KWG.

35 Des weiteren ist für Finanzkonglomerate eine weitere Begriffsbestimmung neben dem gemischten Unternehmen aufzunehmen, nämlich eine Bestimmung

sätzliche Beaufsichtigung von Versicherungsunternehmen in einer Versicherungsgruppe sieht eine dem Art. 7 Abs. 4 der Konsolidierungsrichtlinie entsprechende gegenseitige Zusammenarbeit und Weitergabe von Informationen vor. Die beiden Vorschriften unterscheiden sich jedoch in ihrem Anwendungsbereich: Während nach der Konsolidierungsrichtlinie die enge Zusammenarbeit voraussetzt, daß ein Mutter-Tochter-Unternehmensverhältnis gegeben ist, ist nach dem Richtlinienvorschlag eine enge Zusammenarbeit der Aufsichtsbehörden vorgesehen, wenn ein Versicherungsunternehmen direkt oder indirekt mit einem Kreditinstitut oder einer Wertpapierfirma verbunden[36] ist oder diese Unternehmen ein gemeinsames Beteiligungsunternehmen[37] haben. Problematisch ist, ob der Anwendungsbereich, der auch bloße Beteiligungen erfaßt, nicht zu weit gezogen ist. Denn bloße Beteiligungen vermitteln dem Unternehmen gesellschaftsrechtlich weder Informationsrechte noch besondere Einflußnahmemöglichkeiten.[38]

d) Wechselseitige Beteiligungen

Aus bankaufsichtsrechtlicher Perspektive gelten für wechselseitige Beteiligungen von Kreditinstituten und Versicherungsunternehmen die allgemeinen Vorschriften über den Informationsaustausch. Dagegen werden in besonderer Weise auch wechselseitige Beteiligungen nach Art 7 Abs. 2 des Richtlinienvorschlags über die zusätzliche Beaufsichtigung von Versicherungsunternehmen in einer Versicherungsgruppe erfaßt, da eine enge Zusammenarbeit der Aufsichtsbehörden auch dann vorgesehen ist, wenn ein Versicherungsunternehmen direkt oder indirekt mit einem Kreditinstitut oder einer Wertpapierfirma verbunden ist.

über Finanzkonglomeratholdinggesellschaften. Der Schwerpunkt der Beteiligungen bei Finanzkonglomeratholdinggesellschaften liegt auf den Finanzaktivitäten. Hierzu noch im Rahmen der juristischen Definition eines Finanzkonglomerats im Teil 3, 10. Kap.

36 Nach Art. 1 lit. g des Richtlinienvorschlags ist ein verbundenes Unternehmen entweder ein Tochterunternehmen oder jedes andere Unternehmen, an dem eine Beteiligung gehalten wird.

37 Nach Art. 1 lit. f des Richtlinienvorschlags ist ein Beteiligungsunternehmen ein Unternehmen, das entweder ein Mutterunternehmen ist oder ein Unternehmen, das eine Beteiligung hält.

38 Zu den Fragen des Anwendungsbereichs für die Beaufsichtigung von Finanzkonglomeraten s. Teil 3, 10. Kap.

2. *Informationsaustausch bei international tätigen Finanzkonglomeraten*

Für international tätige Finanzkonglomerate fehlt es bislang an einem gesetzlich niedergelegten Informationsaustausch und einer Zusammenarbeitsverpflichtung. Daher sollte entsprechend dem Auftrag der Konsolidierungsrichtlinie angesichts der über die Grenzen der Gemeinschaft hinausgehenden internationalen Verflechtung der Finanzgruppen versucht werden, zumindest den Informationsaustausch zwischen den betroffenen Aufsichtsbehörden in völkerrechtlichen Abkommen auf eine rechtlich verbindliche Grundlage zu stellen.

3. *Folgerungen*

Die Rahmenbedingungen für einen umfassenden Informationsaustausch und eine Zusammenarbeit der für ein Finanzkonglomerat zuständigen Aufsichtsbehörden liegen auf harmonisierter Ebene für alle Mitgliedstaaten bereits bzw. bald mit Verabschiedung der Versicherungsgruppenrichtlinie verbindlich vor. Dagegen ist für international tätige Finanzkonglomerate noch der Abschluß völkerrechtlicher Abkommen erforderlich.

Eine gemeinschaftsweite bzw. internationale Zusammenarbeit und ein umfassender Informationsaustausch könnten jedoch dadurch beeinträchtigt werden, daß sich eine Kooperation der verschiedenen Behörden auf internationaler und auch sektoraler Ebene nicht unbedingt per Gesetz erzwingen läßt. Zwar sind nach gefestigter und ständiger Rechtsprechung des EuGH[39] die Institutionen, die die Gesetze anwenden und ausführen, zu gemeinschaftskonformem Handeln verpflichtet. Da die in den Richtlinien vorgesehenen Informationspflichten nicht für jeden Einzelfall, sondern generell kodifiziert, damit auslegungsbedürftig sind, könnte jedoch die Art und Weise des Informationsflusses vom Goodwill der jeweils zuständigen Aufsichtsbehörden abhängen und damit schwanken; insbesondere könnte die Verfolgung nationaler Interessen bei der Beaufsichtigung eines international tätigen Finanzkonglomerats in den Vordergrund treten, so daß eine ordnungsgemäße Beaufsichtigung der Unternehmen im Finanzkonglomerat nicht mehr gewährleistet sein könnte. Gegen diesen Einwand kann jedoch vorgebracht werden, daß die Auslegungsmethoden

39 S. z.B. EuGH, Urt. v. 10.4.1984, Slg. 1984, 1891, 1909 von Colson und Kamann.

feststehen und daß das jeweilige Auslegungsergebnis gerichtlicher Überprüfung unterliegt. Eine Gefährdung einer effizienten Beaufsichtigung von Kreditinstituten und Versicherungsunternehmen, die in ein Finanzkonglomerat eingebunden sind, ergibt sich jedoch aus dem Umstand, daß die Aufsichtssysteme sich in Verfahren und Aufsichtsstandards unterscheiden und daher nur bedingt vergleichbar sind. Schließlich kann eine Gefährdung der Aufsichtsziele trotz Zusammenarbeit der Aufsichtsbehörden nicht ausgeschlossen werden, wenn Tochterunternehmen oder kontrollierende Unternehmen an unregulierten Finanzplätzen angesiedelt werden.

4. Eingriffskompetenzen

a) Im Rahmen der Finanzaufsicht hinsichtlich beaufsichtigter Unternehmen

Ist das Finanzkonglomerat insgesamt oder nur ein Gruppenteil in die Krise geraten, so stellt sich die Frage, welche Aufsichtsbehörde tätig werden kann und muß. Fraglich ist des weiteren, welches Unternehmen im Krisenfall oder bei Verstößen gegen Aufsichtsnormen von welcher Aufsichtsbehörde zur Verantwortung herangezogen werden muß und welche Sanktionen ergriffen werden können.

Für Kreditinstituts- und Finanzholdinggruppen legt Art. 4 der Konsolidierungsrichtlinie die für die Beaufsichtigung auf konsolidierter Basis zuständige Behörde fest. Liegt eine Kreditinstitutsgruppe vor, ist für ihre Überwachung die Aufsichtsbehörde des Mitgliedstaats zuständig, in dem das Kreditinstitut als Mutterunternehmen seinen Sitz hat. Liegt eine Finanzholdinggruppe vor, so ist grundsätzlich die Aufsichtsbehörde des Landes zuständig, in dem Kreditinstitut und Finanzholding ihren Sitz haben. Bei einer Finanzholdinggruppe werden nicht die Finanzholdinggesellschaften beaufsichtigt, sondern die nachgeordneten Kreditinstitute sind auf der konsolidierten Finanzlage der Finanzholdinggesellschaft zu beaufsichtigen. Letztendlich bleibt somit das Kreditinstitut gegenüber der Aufsichtsbehörde für die Einhaltung der bankaufsichtsrechtlichen Normen verantwortlich.[40] Da für die Versicherungsunternehmen einer Versicherungsgruppe keine Beaufsichtigung auf konsolidierter Basis vorgesehen werden soll, bedarf es auch keiner Festlegung einer für die Gesamtaufsicht zuständigen Aufsichtsbehörde. Es bleibt grundsätzlich bei der Einzel-

40 Vgl. auch §§ 10a Abs. 8, 13a Abs. 4 KWG.

zuständigkeit der Sitzlandaufsichtsbehörde. Ungeklärt ist bislang die Frage der Zuständigkeiten bzw. Verantwortlichkeiten in einem Finanzkonglomerat. Im Fall des § 81 Abs. 4 VAG ist der Kompetenzkonflikt ungeregelt.[41] Er kann nur im Einvernehmen der zuständigen Aufsichtsbehörden gelöst werden. Dies mag im nationalen Bereich noch eine zumutbare Lösung sein. Im grenzüberschreitenden Bereich ist eine nur einvernehmliche Lösung der zuständigen Aufsichtsbehörden nicht mehr rechtssicher und daher unbefriedigend.

b) Eingriffsrechte gegenüber nicht beaufsichtigten Unternehmen

aa) Geltendes Recht

Adressat der Versicherungs- und Bankenaufsicht ist grundsätzlich das beaufsichtigte Versicherungsunternehmen oder Kreditinstitut. Holdinggesellschaften sind nach der Versicherungsaufsicht grundsätzlich unbeaufsichtigt. Aufgrund unternehmensrechtlicher Verflechtungen untereinander und mit anderen Unternehmen liegen aufsichtsrechtliche Gründe, nämlich die Gewährleistung der Aufsichtsziele, vor, in beschränktem Umfang die Aufsicht auch auf nicht beaufsichtigte Unternehmen oder Personen zu erstrecken. So können an Aktionäre und Gesellschafter von Versicherungsunternehmen und Kreditinstituten unmittelbar aufsichtsbehördliche Maßnahmen gerichtet werden, §§ 7a Abs. 2, 104 VAG; §§ 2b, 33 Abs. 1 Nr. 2-3 KWG. Nichtversicherungsunternehmen sind im Rahmen der Transaktionskontrolle in die Versicherungsaufsicht einbezogen, sofern das Versicherungsunternehmen Dienstleistungen eines verbundenen Nichtversicherungsunternehmens entgegennimmt.[42] Die Durchsetzbarkeit der Anordnungen des BAV gegenüber verbundenen Nichtversicherungsunternehmen mit Sitz im Ausland hängt jedoch davon ab, ob dies das ausländische Recht zuläßt. Insofern besteht eine Regelungslücke.

Das Bankenaufsichtsrecht hat mit der Konsolidierungsrichtlinie Prüfungsrechte gegenüber nicht beaufsichtigten Mitgliedern einer Finanz-

---

41 Nach § 81 Abs. 4 lit. b VAG kann das BAV auch Anordnungen gegenüber Nichtversicherungsunternehmen treffen. Soweit Unternehmen i.S.d. § 81 Abs. 4 VAG zugleich einer anderen Wirtschaftsaufsichtsbehörde unterstehen, gibt es keine ausdrückliche gesetzliche Abgrenzung der Aufsichtsbefugnisse. S. hierzu auch *Kollhosser*, in: Prölss, VAG, § 81 Rn. 122; *Fahr/Kaulbach*, VAG, § 81 Rn. 39 ff.

42 §§ 81 Abs. 4 und 83 Abs. 5 VAG.

gruppe geschaffen.[43] Sind gemischte Unternehmen in eine Finanzgruppe eingebunden, besteht kein gruppenbezogenes Konsolidierungsverfahren.[44] Statt dessen erfolgt die Aufsicht über die Kreditinstitute durch Informationsbereitstellung und -erfassung. Daher können nach Art. 6 der Konsolidierungsrichtlinie gemischte Unternehmen, sofern sie Mutterunternehmen eines oder mehrerer Kreditinstitute sind, auch unmittelbar verpflichtet sein, der zuständigen Bankaufsichtsbehörde Auskünfte zu erteilen. Darüber hinaus können sie örtlich überprüft werden. Ist das gemischte Unternehmen oder eines seiner Tochterunternehmen ein Versicherungsunternehmen, so kann nach Art. 6 Abs. 2 S. 2 der Konsolidierungsrichtlinie auch das Verfahren des Art. 7 Abs. 4 der Konsolidierungsrichtlinie, nämlich eine enge Zusammenarbeit der zuständigen Behörden, angewendet werden. Direkten Zugang zu Informationen hat das BAK im Zuge der Richtlinienumsetzung bei Finanzholdinggesellschaften und gemischten Unternehmen gemäß §§ 44, 45a KWG, sofern diese Mutterunternehmen von Kreditinstituten sind. Gemäß § 25 Abs. 4 S. 2 HS 2 KWG haben gemischte Unternehmen, deren Tochterunternehmen Kreditinstitute sind, die für die Erstellung der Monatsausweise erforderlichen Angaben dem gruppenzugehörigen Kreditinstitut zu übermitteln.

bb) Vorschlag einer Richtlinie des Europäischen Parlaments und des Rates über die zusätzliche Beaufsichtigung der Versicherungsunternehmen einer Versicherungsgruppe

Nach Art. 6 des Richtlinienvorschlags wird der direkte Zugang zu Informationen auf Beteiligungsunternehmen und Mutter- bzw. Tochterunternehmen, auch wenn sie keine Versicherungsunternehmen sind, erweitert. In Ergänzung und Erweiterung der Art. 8 und 9 der Dritten Versicherungsrichtlinien sollen sämtliche Unternehmen, die einer Versicherungsgruppe angehören, gehalten sein, angemessene interne Kontrollverfahren einzurichten, um die Verfügbarkeit und Qualität der von den Aufsichtsbehörden benötigten Informationen zu gewährleisten. Der direkte Zugang zu Informationen soll für die Aufsichtsbehörden gegenüber Nichtversicherungsunternehmen und Versicherungsunternehmen gleichermaßen bestehen, ohne ein Rangverhältnis insofern zu begründen, daß zunächst das beaufsichtigte Versicherungsunternehmen in die Pflicht genommen werden soll. Die Gleichläufigkeit erregt Bedenken, da Wirtschaftsaufsicht vor

43 Art. 3 Abs. 2, 6 und 10; Art. 6 und Art. 7 Abs. 3 der Konsolidierungsrichtlinie.

44 *Szagunn/Haug/Ergenzinger*, KWG, § 10a Rn. 3.

den Freiheitsrechten rechtfertigungsbedürftig ist und der Zugriff auf regelmäßig unbeaufsichtigt tätige Unternehmen dem Verhältnismäßigkeitsgrundsatz entsprechen muß. Ein milderes und daher gebotenes Mittel ist es, auf nicht beaufsichtigte Unternehmen aufsichtsbehördlich erst dann zugreifen zu können, wenn die erforderliche Information nicht durch das beaufsichtigte Versicherungsunternehmen bereitgestellt wird bzw. werden kann.[45] Der Anwendungsbereich des Richtlinienvorschlags ist gegenüber der Konsolidierungsrichtlinie erweitert: Erfaßt werden nicht nur Mutter-Tochter-Unternehmensverhältnisse, sondern auch gegenüber Beteiligungsunternehmen[46] ist ein direkter Informationszugang der Aufsichtsbehörden eröffnet.[47]

III. Ergebnis und Folgerungen

Die Konsolidierungsrichtlinie und eine mögliche Richtlinie über die zusätzliche Beaufsichtigung von Versicherungsunternehmen einer Versicherungsgruppe ebnen den Weg für einen umfassenden Zugang zu Informationen über Unternehmen, die in ein Finanzkonglomerat eingebunden sind. Darin kann eine weitere Annäherung an eine übergreifende, gruppenbezogene Risikobetrachtung über ein Finanzkonglomerat gesehen werden. Insofern formuliert auch Art. 6 Abs. 1 der Konsolidierungsrichtlinie, daß von gemischten Unternehmen die zur Beaufsichtigung des Tochterunternehmens in Form von Kreditinstituten zweckdienlichen Informationen verlangt werden können, bis die Konsolidierungsmethoden koordiniert sein werden. Ob und wie eine gruppenbezogene Risikobetrachtung

45 Eine entsprechende Änderung des Richtlinienvorschlags wurde durch das Europäische Parlament am 24.10.1997 verabschiedet, EP-Dok. A4-295/97. S. nunmehr Art. 6 des Geänderten Vorschlags für eine Richtlinie des Europäischen Parlaments und des Rates über die zusätzliche Beaufsichtigung der einer Versicherungsgruppe angehörenden Versicherungsunternehmen, ABl.EG Nr. C 108 v. 7.4.1998, S. 53.

46 Nach Art. 1 lit. f des Richtlinienvorschlags ist ein Beteiligungsunternehmen ein Unternehmen, das entweder ein Mutterunternehmen ist oder ein Unternehmen, das eine Beteiligung hält. Beteiligung ist nach Art. 1 lit. e das direkte oder indirekte Halten von mindestens 20% der Stimmrechte oder des Kapitals an einem anderen Unternehmen.

47 Ablehnend hierzu Beschlußempfehlung und Bericht des Finanzausschusses (7. Ausschuß), BT-Drs. 13/4110, S. 4, 6.

über ein Finanzkonglomerat realisiert werden kann, ist Gegenstand des Teils 3 der Untersuchung (9. und 10. Kapitel).

Ferner existieren weitreichende Vorschriften über Zusammenarbeit und Informationsaustausch. Diese belassen jedoch den unterschiedlichen Aufsichtssystemen ihren jeweils eigenen Charakter. Dies erschwert die Effizienz der Beaufsichtigung. Der Mangel an Vergleichbarkeit der Standards und die möglichen Kompetenzkonflikte werfen die Frage auf, ob zur Beaufsichtigung von Finanzkonglomeraten eine führende Aufsichtsbehörde („leading supervisor“) oder eine einheitliche Aufsichtsbehörde zuständig sein soll. Dieser Frage soll im 11. Kapitel der Untersuchung nachgegangen werden.

3. Unterabschnitt: Resümee und Folgerungen

8. Kapitel: Systematisierung des aufsichtsrechtlichen Instrumentariums

A. Befund

Die Analyse hat gezeigt, daß sich Haftungssituationen aus der Kapitalverflechtung, aus der Einflußnahme bzw. Leitung des herrschenden Unternehmens und aus sonstigen schuldrechtlichen Leistungsbeziehungen ergeben können. Dabei sind die beiden letztgenannten Risikosituationen zunächst unabhängig vom Grad der Kapitalverflechtung. Ihre Wirkung wird jedoch mit dessen Zunahme verstärkt. Haftungstatbestände und Risikolagen können nicht abschließend festgestellt werden. Wirtschaftliche Veränderungen und Entwicklungen können neue Risiken hervorbringen oder bereits vorhandene Risikosituationen verstärken. Allein dieser Umstand zwingt zu Überlegungen, ob und wie das aufsichtsrechtliche Instrumentarium und ein möglicher Handlungsbedarf systematisiert werden können.

I. Ansteckungsursachen

1. *Rechtlicher Haftungsverbund aufgrund Leitungsmöglichkeit*

Aus rechtlichen Gründen kommt ein Haftungsverbund in den (seltenen) Fällen des Vertragskonzerns und des qualifiziert faktischen Konzerns in Betracht; ferner dann, wenn rechtsgeschäftlich eine Mitverpflichtung (z.B. Patronatserklärung) übernommen wird. Rechtsgeschäftlich übernommene Mitverpflichtungen sind für Kreditinstitute üblich. Nach bisheriger Versicherungsaufsichtspraxis ist die Erteilung von Patronatserklärungen etc. unzulässig. Insofern kann im Versicherungs-Bank-Konglomerat kein Haftungsverbund entstehen. Wird dagegen der hier vertretenen Ansicht gefolgt, können Versicherungsunternehmen, sofern sie keine Lebensversicherung oder substitutive Krankenversicherung betreiben, Patronatserklärungen grundsätzlich abgeben. Dann ergibt sich sogar für den Fall, daß das Versicherungsunternehmen die Anteilsmehrheit hält oder beherrschenden Einfluß auf das Kreditinstitut ausübt, gemäß § 5 Abs. 10 des Statuts des Einlagensicherungsfonds des Bundesverbandes Deutscher Banken e.V. eine Pflicht zur Abgabe einer Freistellungserklärung.[1] Somit ist unter diesen Voraussetzungen ein Haftungsverbund im Versicherungs-Bank-Konglomerat gegeben. Bestehen Einflußnahmemöglichkeiten aufgrund einer Mehrheitsbeteiligung oder eines beherrschenden Einflusses oder eine einheitliche Leitung, ist somit von Haftungsgefahren für das übergeordnete Unternehmen auszugehen.

2. *Gewinnverlagerungen*

Von Gewinnverlagerungen, die im Rahmen von Finanzierungsbeziehungen und sonstigen gruppeninternen Transaktionen auftreten, sind regelmäßig nachgeordnete Unternehmen oder Schwesterunternehmen betroffen. Gewinnverlagerungen sollen durch die gesellschaftsrechtlichen Instrumentarien (Nachteilsausgleich, Unabhängigkeit des Organs) und durch die versicherungsaufsichtsrechtliche Entgeltkontrolle weitgehend verhindert werden. Ferner dienen die Geschäftsleiter- und Aktionärskontrolle der Steuerung von Interessenkollisionen.

3. *Eigenkapitalschöpfung durch Kapitalverflechtungen*

Unwägbarer sind die Risiken aufgrund der Kapitalverflechtungen, die durch die Mehrfachbelegung der Eigenmittel, die Kapitalanlagepolitik und die Veränderung des Kapitalstrukturrisikos durch unbeaufsichtigte Unternehmen entstehen. Schwer einschätzbar sind insbesondere die Risiken aufgrund nicht transparenter außerbilanzieller Verbindlichkeiten, da deren Realisierung auch gefährliche Rückwirkungen auf die in Kreditinstitute investierenden Versicherungsunternehmen, insbesondere die Lebensversicherungsunternehmen, die langfristige Kredite an Kreditinstitute ausgeben, zeitigen. Es konnte gezeigt werden, daß das Risiko des Beteiligungsverlustes kein spezifisches Risiko von Finanzkonglomeraten ist und daß ferner die Gefahr des Wertverfalls bilanziell mit dem Mittel der

---

1 S. hierzu GB BAV 1990, 57. Zur Wirksamkeit dieser Statutsbestimmung s. ablehnend *Möschel*, Monopolverband und Satzungsautonomie, S. 20 ff.; dagegen *BKartA*, Tätigkeitsbericht 1979/80, BT-Drs. 9/565, S. 104.

Beteiligungsbewertung angegangen werden kann. Diffus ist dagegen die Bewertung des Risikokumuls, das auch bei Minderheitsbeteiligungen und gruppeninternen Beteiligungen in Form von Eigenkapitalbestandteilen auftreten kann. Problematisch ist seine Erfassung aufgrund der Heterogenität eines Finanzkonglomerats und aufgrund neuartiger Entwicklungen (z.B. derivative Finanzinstrumente), deren Risikosituationen nur schwer oder gar nicht in standardisierte Verfahren (Eigenkapitalanforderungen) umgesetzt werden können. Die Risiken der Mehrfachbelegung der Eigenmittel und des capital leveraging steigen, je komplexer der Gruppenaufbau ist, je verflochtener die Unternehmen sind und damit je planvoller die Eigenkapitalschöpfung in der Unternehmensgruppe organisiert werden kann.

II. Betroffene Unternehmensrechtsformen und Versicherungszweige

1. *Kapitalgesellschaften und Genossenschaften*

Setzt sich das Finanzkonglomerat aus Kapitalgesellschaften oder Genossenschaften zusammen, können sämtliche Ansteckungsursachen zum Tragen kommen. Aus versicherungsaufsichtsrechtlichen Gründen, nämlich der Spartentrennung, sind dagegen Lebensversicherungsaktiengesellschaften weitgehend vor rechtlichen Haftungstatbeständen und Gewinnverlagerungen geschützt. Ihre Risikosituation kann jedoch aufgrund der Kapitalverflechtungen erhöht sein.

2. *VVaG*

Ein VVaG kann Haftungsgefahren aufgrund seiner Stellung als herrschendes Unternehmen ausgesetzt sein. Jedoch ist zu bedenken, daß die Beteiligung eines VVaG an einem Finanzkonglomerat eher selten der Fall ist, da aufgrund ihrer Rechtsform als Eigenkapitalfinanzierung nur die Gewinnthesaurierung sowie die Genußscheinvergabe, nicht aber die Beteiligungsfinanzierung in Betracht kommt. Jedoch besitzen VVaG auch Bausparkassen. Deren Risikosituation ist aber aufgrund strenger rechtlicher Reglementierung[2] überschaubar.

2 S. z.B. §§ 1, 4 (zulässige Geschäfte), 6 (Zweckbindung der Bausparmittel), 6a (Vermeidung von Währungsrisiken) BausparkG.

3. *Öffentlich-rechtliche Unternehmen*

Sie bilden aufgrund der Anstalts- und Gewährträgerhaftung einen Risikoverbund. Jedoch bewahrt sie der Gewährträger bzw. die Gebietskörperschaft, die per Gesetz oder Satzung das öffentlich-rechtliche Unternehmen ins Leben gerufen hat, vor der Zahlungsunfähigkeit oder dem Konkurs. Übergeordnete Unternehmen sind selten den konzernrechtlichen, d.h. leitungsspezifischen Haftungstatbeständen ausgesetzt. Jedoch können Liquiditätsrisiken in der Gruppe durch Gewinnverlagerungen und die Eigenkapitalschöpfung hervorgerufen werden.

III. Relevante Unternehmensverbindungen

Es konnte ferner gezeigt werden, daß lediglich mit Kapital unterlegte Kooperationsmodelle keine gravierenden zusätzlichen aufsichtsrechtlichen Probleme aufwerfen. Auftretenden Gefahren kann punktuell mit dem vorhandenen Aufsichtsrechtsinstrumentarium begegnet werden. Dagegen bergen Konzernstrukturen nicht nur die Gefahr ineffizienter Beaufsichtigung, sondern auch Ansteckungsgefahren aufgrund eines möglichen Risikokumuls und rechtlicher Haftungsgefahren. Daher liegt es nahe, den Begriff Finanzkonglomerat aufsichtsrechtlich entsprechend der relevanten Gruppenstrukturen zu definieren.[3]

B. Aufsichtsrechtliches Instrumentarium

I. Aufsichtsmaßnahmen

Den Ansteckungsgefahren im Finanzkonglomerat kann durch Aufsichtsmaßnahmen auf materieller und formeller Ebene entgegengesteuert werden. Zu den materiellen Aufsichtsmaßnahmen gehören die Transparenzpflichten, die Regelung von Beteiligungshöchstgrenzen, die aufsichtsrechtliche Konzernbildungskontrolle, das Gebot der Spartentrennung, die Errichtung von fire walls bzw. getrennten Verwaltungen, das Verbot

---

3 S. hierzu Teil 3, 10. Kap.

versicherungsfremder Geschäfte und die Kontrolle der Inhaber bedeutender Beteiligungen sowie die Finanzaufsicht durch Vorgabe bestimmter Eigenkapitalanforderungen für das Einzelunternehmen oder auf gruppenbezogener Grundlage. Zu denken ist auch an die Regelung qualitativer Aufsichtsmethoden für bestimmte Unternehmensbereiche.[4] Zu den formellen Aufsichtsmaßnahmen gehören – aufgezählt in der Reihenfolge zunehmender Aufsichtsintensität – der direkte Informationszugang der für das Einzelunternehmen zuständigen Aufsichtsbehörde gegenüber einem anderen Gruppenunternehmen, unmittelbare Eingriffskompetenzen der Aufsichtsbehörde gegenüber einem anderen Gruppenunternehmen, eine klare Kompetenzordnung im Hinblick auf die Zusammenarbeit und den Informationsaustausch der zuständigen Aufsichtsbehörden untereinander oder die Errichtung einer einheitlichen Aufsichtsbehörde. Die Grundlagen für eine umfassende Zusammenarbeit und Informationsbeschaffung sind bzw. werden (Versicherungsgruppenrichtlinie) durch die Richtlinienvorhaben geschaffen. Im folgenden soll überlegt werden, ob und wie die genannten materiellen Aufsichtsmaßnahmen für die Risikobegrenzung nutzbar gemacht werden können.

II. Materielle Aufsichtsmaßnahmen

1. Transparenzvorschriften

Hinsichtlich der Transparenz ist festgestellt worden, daß die Strukturen eines Finanzkonglomerats hinreichend offengelegt werden müssen. Dadurch können insbesondere Risiken aus nachteiligen Geschäften wirksam bekämpft werden. Lediglich im Bereich der gruppeninternen Transaktionen bestehen noch Lücken.[5] Die Schaffung ausreichender Transparenz kann als Schlüssel zur Früherkennung und damit zu einer effektiven Beaufsichtigung gelten, da auf diese Weise sowohl risikoreiche als auch außerbilanzielle Verbindlichkeiten in einem frühen Stadium erkennbar und in ihrer Entwicklung beobachtet werden können und ein rechtzeitiges aufsichtsbehördliches Einschreiten ermöglicht wird.

---

4 S. hierzu noch Teil 3, 9. Kap. B. III.

5 S. 6. Kap. D. I.1.

2. *Beteiligungshöchstgrenzen*

Derzeit begrenzen die Anlagevorschriften Beteiligungen von Versicherungsunternehmen und Kreditinstituten allein unter dem Gesichtspunkt der Anlagesicherheit des in dem Kreditinstitut bzw. Versicherungsunternehmen selbst investierten Kapitals sowie der Risikostreuung. Politisch wird immer wieder die Frage aufgeworfen, ob die „Macht der Banken und Versicherungen" dadurch eingedämmt werden kann und soll, daß strikte Beteiligungsgrenzen an Unternehmen des Nichtfinanzsektors gesetzlich festgelegt werden.[6] Die Entscheidung über ein solches Vorgehen wird jedoch immer wieder aus verfassungsrechtlichen Bedenken verzögert.[7] Daher ist von der geltenden Rechtslage auszugehen. Da es sich darüber hinaus um ein allgemeingesellschaftsrechtliches Problem handelt, sollte davon abgesehen werden, weitergehende aufsichtsrechtliche Beteiligungsgrenzen zu normieren, da im Hinblick auf die Risikosteuerung die Transparenz das mildere und ebenso effiziente Mittel ist.[8]

3. *Aufsichtsrechtliche Konzernbildungskontrolle*

a) *Erfordernis einer aufsichtsrechtlichen Konzernbildungskontrolle*

Zur Gewährleistung der Aufsichtsziele ist es notwendig, daß Versicherungsunternehmen und Kreditinstitute einer aufsichtsrechtlichen Konzernbildungskontrolle unterliegen. Daher ist neben der Vorlage des

---

6 S. hierzu die empirische Untersuchung von *Baums/Fraune*, AG 1995, 97; ein von der SPD vorgelegter Entwurf eines Gesetzes zur Änderung des Wirtschaftsrechts für mehr Transparenz und Wettbewerb, BT-Drs. 12/7350, wonach Kreditinstituten eine Beteiligung an Kapitalanlagegesellschaften generell untersagt werden soll. S. auch insbesondere die Verhandlungen auf dem 61. Deutschen Juristentag, *Mülbert*, Verhandlungen des 61. Deutschen Juristentages, 1996, Bd. 1, Abteilung Wirtschaftsrecht, Empfehlen sich gesetzliche Regelungen zur Einschränkung des Einflusses der Kreditinstitute auf Aktiengesellschaften?, S. E 1 ff.; *Uwe H. Schneider/Burgard*, DB 1996, 1761 ff.; *Raiser*, NJW 1996, 2257 ff.; *Hammen*, ZHR 160 (1996), 133 ff. Zu europarechtlichen Aspekten der Beteiligungsbegrenzung für Kreditinstitute *Hammen*, EuZW 1996, 460 ff.

7 Hierzu *Mülbert*, S. E 83 ff.; *Hammen*, ZHR 160 (1996), 133 ff.

8 S. hierzu und zu entsprechenden Regelungsvorschlägen *Uwe H. Schneider/Burgard*, DB 1996, 1762 ff., und *Mülbert*, S. E 56, 65 f., 100 ff.; ablehnend auch *ICBS*, S. 78.

Geschäftsplans von Versicherungsunternehmen der Erwerb bedeutender Beteiligungen besonderer aufsichtsrechtlicher Kontrolle unterworfen.[9] Ferner sind die Aufsichtsbehörden nach den Richtlinien[10] berechtigt, Zulassungen oder bestimmte Konzernstrukturen zu unterbinden, wenn diese eine effektive Beaufsichtigung vereiteln. Dem Gebot der Spartentrennung kommt europaweit angesichts seiner weitgehenden Aufhebung durch die Richtlinien nur noch beschränkte Bedeutung im Rahmen der Entwicklung von Finanzkonglomeraten zu. Lediglich für Lebensversicherungsunternehmen und Unternehmen, die die substitutive Krankenversicherung betreiben und für die als Sitzlandrecht das deutsche VAG gilt, wird durch die Aufrechterhaltung der rechtlichen Spartentrennung wirksam ein Haftungsverbund aufgrund leitungsspezifischer Haftungstatbestände und Beeinträchtigungen der eigenen Solvabilität aufgrund Gewinnverlagerungen vermieden. Einem Kumulrisiko, das auf die gesamte Gruppe übergreifen kann, kann jedoch nur begrenzt begegnet werden. Zu bedenken ist jedoch, daß in der Versicherungswirtschaft das sich an das Kumulrisiko anschließende Risiko für die Stabilität der gesamten Branche bzw. der Finanzmärkte (Systemrisiko) nicht mit derselben Schärfe wie in der Kreditwirtschaft zu gewärtigen ist, da die Möglichkeit besteht, kurzfristig Bestandsübertragungen von Versicherungsunternehmen vorzunehmen.[11]

b) Grenzen einer aufsichtsrechtlichen Konzernbildungskontrolle

Hinsichtlich einer weitergehenden aufsichtsrechtlich begründeten Konzernbildungskontrolle bestehen Bedenken: Nicht die Unternehmenskonzentration per se gefährdet die Versicherten und die Einleger und damit die Aufsichtsziele, sondern die Schaffung eines dichten und unüberschaubaren Verflechtungsnetzes. Hiergegen kann aber mit Mitteln der Transparenz vorgegangen werden. Eine weitere Einschränkung der gesellschaftsrechtlichen Gestaltungsfreiheit ist zur Gewährleistung der Aufsichtsziele nicht geboten und wäre angesichts der Globalisierung der Märkte und des Interesses am Erhalt der Wettbewerbsfähigkeit zudem unverhältnismäßig. Schließlich kommt der Wirtschaftsaufsicht vorrangig eine überwachende und keine unternehmerisch lenkende Funktion zu.[12]

---

9 § 7a VAG, § 2b KWG:

10 S. z.B. Art. 7 der Dritten Versicherungsrichtlinien; Erwägungsgrund 3 der BCCI-Richtlinie.

11 S. nur *Van den Berghe*, ZVersWiss 1997, 251, 253.

12 Hierzu *Rittner*, Wirtschaftsrecht, § 3 Rn. 59, § 6 Rn. 14.

4. Das Verbot versicherungsfremder Geschäfte, § 7 Abs. 2 S. 1 VAG

a) Anwendungsbereiche des Spezialitätsgrundsatzes

Versicherungsunternehmen sehen sich im grundlegenden Unterschied zu Kreditinstituten durch die aufsichtsbehördliche Anwendung des § 7 Abs. 2 S. 1 VAG in ihrer Unternehmensgestaltung eingeschränkt.[13] Dem liegt das Spezialitätsprinzip zugrunde, das Versicherungsunternehmen zur Sicherung der Versichertenbelange vor anderen unternehmerischen Risiken schützen soll und das Ausschlußfunktion für die unternehmerische Betätigung sowohl von Versicherungsunternehmen als auch nicht der Versicherungsaufsicht unterworfenen Unternehmen hat. Das Verbot versicherungsfremder Geschäfte, § 7 Abs. 2 S. 1 VAG, wird – wie gezeigt – in dreierlei Weise zur Beaufsichtigung von Finanzkonglomeraten fruchtbar gemacht: im Rahmen der aufsichtsrechtlich zulässigen Gruppenbildung, im Rahmen der gruppeninternen Leistungsverflechtungen und im Rahmen der Beurteilung versicherungsaufsichtsrechtlich zulässiger Allfinanzprodukte.

b) Kritik

Jedoch läßt die Auslegung des § 7 Abs. 2 S. 1 VAG an Systematik und Rechtssicherheit vermissen.[14]

aa) § 7 Abs. 2 S. 1 VAG im Rahmen der Gruppenbildung

Nach deutschem Aufsichtsrecht ist die Frage, ob Versicherungsunternehmen über Tochtergesellschaften Finanzdienstleistungen anbieten dürfen, die als versicherungsfremde Geschäfte eingestuft werden, an § 7 Abs. 2 S. 1 VAG zu messen. Diese Auslegung der Norm ist zwar richtlinienkonform, jedoch aufgrund der uneinheitlichen und wenig einsichtigen Aufsichtspraxis fragwürdig.[15] Die Einschränkung der unternehmerischen Gestaltungsfreiheit ist angesichts der Entwicklung auf den Finanzdienstleistungsmärkten nur schwer zu halten. Schließlich ist zu bedenken, daß die Aufsichtspraxis in den Mitgliedstaaten hinsichtlich der Auslegung der Begriffe „Versicherungsgeschäfte“ und „unmittelbarer Zusammenhang“

---

13 S. hierzu bereits 2. Kap. F. I.

14 Auch der kürzlich unternommene Versuch von *Imelmann*, 1996, zeigt vielmehr die Schwächen der Norm im Hinblick auf die Allfinanzkonzeptionen auf, s. das eher resignierend anmutende Resümee S. 279 f.

15 S. hierzu 4. Kap. C. V. Ferner *Dreher*, DB 1992, 2605, 2611 f.; *ders.*, in: FS f. Lorenz, S. 175, 189 ff., sowie *Rittner*, VersR 1994, 5 ff.

und damit des zulässigen Gesellschaftszwecks von Versicherungsunternehmen divergiert,[16] so daß die unternehmerische Handlungsfreiheit aufgrund der uneinheitlichen Praxis in wettbewerbsverzerrender Weise beeinträchtigt sein kann.

bb) § 7 Abs. 2 S. 1 VAG im Rahmen gruppeninterner Leistungsverflechtungen

Nach aufsichtsbehördlicher Praxis können gruppeninterne Leistungsbeziehungen (Darlehen, Dienstleistungsverträge, Patronatserklärungen) unter Rückgriff auf § 7 Abs. 2 S. 1 VAG verboten werden. Andererseits verstoßen Funktionsausgliederungen nicht gegen das in § 7 Abs. 2 S. 1 VAG verankerte Spezialitätsprinzip.

cc) § 7 Abs. 2 S. 1 VAG im Rahmen der Beurteilung von Allfinanzprodukten

Schließlich werden auf § 7 Abs. 2 S. 1 VAG Verbote bestimmter Versicherungsprodukte, die möglicherweise bankgeschäftlichen Charakter haben, gestützt. Sinn dieser Verbote ebenso wie der unter aa) und bb) aufgezeigten ist es, das Versicherungsunternehmen vor der Übernahme unwägbarer Risiken, die nicht zwangsläufig mit dem Betrieb von Versicherungsgeschäften verbunden sind, zu schützen. Fraglich ist, ob diese Auslegung des § 7 Abs. 2 S. 1 VAG nicht bereits durch andere Richtlinienwerke und durch die Entwicklung der Allfinanzproduktion durch zunehmende Produktintegration[17] überholt und nicht mehr sachgerecht ist. So gestattet bereits die Erste Richtlinie Leben den Lebensversicherungsunternehmen, die aufgrund der Langfristigkeit der Lebensversicherungsverträge in besonderer Weise vor unwägbaren Risiken geschützt werden sollen, Kapitalisierungsgeschäfte, bei denen es sich um reine Bankgeschäfte handelt.[18]

c) Notwendigkeit des Spezialitätsgrundsatzes?

Die Kompliziertheit des Versicherungsgeschäfts, die Abstraktheit des Versicherungsprodukts und die Schutzbedürftigkeit der Versicherungsnehmer erfordern höchste Wachsamkeit der Geschäftsleitung eines Versicherungs-

---

16 Vgl. hierzu GB BAV 1990, 52; GB BAV 1989, 45; GB BAV 1987, 40 f.; *Müller*, Versicherungsbinnenmarkt, Rn. 391 f.

17 Vgl. hierzu *Imelmann*, S. 158 ff., und unten Teil 3, 9. Kap. B. II.

18 Art. 1 Nr. 2b der Ersten Richtlinie Leben. Vgl. zur deutschen Rechtslage § 1 Abs. 4 i.V.m. Anlage Teil A Nr. 23 VAG.

unternehmens. Daher ist es gerechtfertigt, das Versicherungsgeschäft nicht noch zusätzlich mit unwägbaren und risikoreichen Geschäften zu belasten. Jedoch bedarf dieser Spezialisierungsbedarf einer gesicherten Grundlage. Gesichert sein sollte zum einen, was überhaupt unter dem Begriff Versicherungsgeschäft zu verstehen ist, zum anderen, wie der satzungsmäßig zulässige Unternehmensgegenstand gemäß § 23 Abs. 3 Nr. 2 AktG, auf den die Art. 8 der Ersten Versicherungsrichtlinien abstellen, aussehen kann und damit, in welchem Umfang unternehmerische Beteiligungen an Nichtversicherungsunternehmen zulässig sein sollen. Angesichts dessen, daß Unternehmensverträge und unternehmerische Beteiligungen von Versicherungsunternehmen untereinander und an Unternehmen, die ausgegliederte Funktionen erfüllen, trotz ihres Gefährdungspotentials möglich sind, scheint zumindest eine Ungleichbehandlung unternehmerischer Beteiligungen an Nichtversicherungsunternehmen, die einer Wirtschaftsaufsicht unterliegen, sachlich nicht gerechtfertigt.[19]

d) Folgerungen

Angesichts der Internationalisierung der Finanzmärkte und der Deregulierungstendenzen ist unternehmerische Gestaltungsfreiheit von besonderer Bedeutung, die durch das geltende Verständnis des § 7 Abs. 2 S. 1 VAG in nicht einsichtiger Weise beschränkt wird. Zur Kenntnis zu nehmen ist ferner, daß die Unterschiede zwischen Bank- und Versicherungsprodukten mehr und mehr verschwimmen. Daher besteht hinsichtlich § 7 Abs. 2 S. 1 VAG und der zugrundeliegenden Richtlinienbestimmung Änderungs- bzw. Klarstellungsbedarf.

5. Fire Walls bzw. getrennte Verwaltung

Als weiteres Mittel, gesellschaftsrechtlich zulässige Organisationsformen aus aufsichtsrechtlichen Gründen zu beschränken, kommen ferner sog. fire walls bzw. getrennte Verwaltungen in Frage.[20] Mit der Forderung nach fire walls wird berücksichtigt, daß eine Erhöhung der Eigenmittel zwar gewisse Risiken reduziert, aber die Gefahr der Verlustübernahme-

19 In der Tendenz ebenso *Dreher*, DB 1992, 2605, 2612; *Imelmann*, S. 231.

20 S. bereits *Gromann*, AG 1981, 246, 249; zur aktuellen Diskussion *Koguchi*, Financial Conglomeration, S. 31; krit. *Imelmann*, S. 255. Nach Art. 14 der Ersten Richtlinie Leben haben Mehrbranchenversicherer getrennte Verwaltungen zu errichten.

verpflichtung nicht ausschließt. Die Möglichkeiten, das originäre Eigenkapital mit branchenfremden Risiken zu belasten oder durch andere Konzernteile auf sonstige Weise zu gefährden, lassen sich durch die rechtliche Abschottung auf den ersten Blick recht gut eindämmen. Jedoch scheint die Wirksamkeit von fire walls durch ihre rechtliche Umsetzung keineswegs gesichert, da insbesondere die Gefahr der Umgehung und die Schwierigkeit der eindeutigen Problemzuordnung in der Unternehmensgruppe bestehen.[21] Selbst Art. 14 Abs. 1 S. 2 der Ersten Richtlinie Leben sieht die Übertragung von Solvabilitätsbestandteilen von der einen auf die andere Geschäftstätigkeit vor. Schließlich würde eine solche unternehmerische Beschränkung in einem sich verschärfenden Wettbewerb, bei dem es wichtig ist, den globalen Anschluß nicht zu versäumen, an die Grenze der verfassungsrechtlich gewährten Grundfreiheit und des Verhältnismäßigkeitsprinzips stoßen. Daher ist im Ergebnis eine Ausdehnung der Regulierungsmethodik „fire walls" nicht zu befürworten.

6. *Transaktionskontrolle*

Mittels der Transaktionskontrolle können Risiken aus nachteiligen Geschäften wirksam bekämpft werden. Zu beachten ist jedoch, daß eine aufsichtsrechtliche Transaktionskontrolle als unmittelbarer Eingriff in die unternehmerische Gestaltungsfreiheit dem Bankenaufsichtsrecht fremd ist. Angesichts der unterschiedlichen Schutzbedürftigkeit des Einlegers und des Versicherungsnehmers, die sich in der Unterschiedlichkeit der Kernprodukte niederschlägt, bedarf das Bankenaufsichtsrecht nicht notwendigerweise einer Ergänzung um eine zwingende aufsichtsrechtliche Transaktionskontrolle. Es genügen bereits die gesellschafts- und steuerrechtlichen Vorkehrungen sowie die Berücksichtigung der Transaktionen der beaufsichtigten (z.B. Kreditinstitute) oder unbeaufsichtigten Nichtversicherungsunternehmen, die mit Versicherungsunternehmen verbunden sind.

---

21 *Weinel*, S. 181 f. Kritisch auch *Kuntze*, Möglichkeiten und Grenzen von Allfinanzkonzepten, S. 49; ablehnend auch *ICBS*, S. 78. Zu den Schwächen des Art. 14 der Ersten Richtlinie Leben s. *Altenburger*, ZVersWiss 1997, 479 ff.

7. *Eigenkapitalanforderungen*

a) *Grundproblematik*

Höhere Eigenkapitalanforderungen bewirken eine aufsichtsrechtlich mengenmäßige Begrenzung der unternehmerischen Betätigung in den Bereichen, für die Eigenkapitalunterlegungspflichten bestehen. Mit ihnen verbunden ist jedoch keine Direktaufsicht. Dies bedeutet, daß die unternehmerischen Entscheidungen von aufsichtsrechtlicher Kontrolle und Einflußnahme solange frei bleiben, als die Erfüllung der Solvenzvorschriften nicht tangiert ist. Die Zusammensetzung der übernommenen unternehmerischen Risiken ist vorrangig eine Frage des unternehmerischen Ermessens, nicht das Ergebnis aufsichtsrechtlicher Leitvorgaben. Andererseits verteuern sich die Bank- und Versicherungsprodukte bei gestiegenen Eigenkapitalunterlegungspflichten für neuartige Risiken. Verluste, die ein existenzgefährdendes Ausmaß erreichen, lassen sich auch bei höchsten Eigenkapitalanforderungen nicht vollends ausschließen. Angesichts dessen, daß es keine umfassende, bezahlbare Sicherheit gibt und das Aufsichtsrecht nicht bezweckt, Unternehmensinsolvenzen um jeden Preis zu vermeiden, und angesichts dessen, daß dies das Aufsichtsrecht aufgrund seiner Überwachungsfunktion und damit seines begrenzten Wirkungsgrades weder bezwecken noch erreichen kann, ist ein Kompromiß zwischen dem Sicherheitsbedürfnis der Gläubiger (Einleger, Anleger und Versicherungsnehmer) einerseits und der Wettbewerbsfähigkeit durch Innovationskraft der Unternehmen andererseits anzustreben.

b) *Anknüpfungspunkte der Finanzaufsicht*

Im Rahmen der Finanzaufsicht sind darüber hinaus zwei Aspekte zu unterscheiden. Zum einen unterliegen die beaufsichtigten Kreditinstitute, Versicherungsunternehmen und Wertpapierdienstleistungsunternehmen einer Einzelaufsicht. Hier gilt es, diejenigen Risiken zu benennen, für die eine Eigenkapitalunterlegungspflicht als finanzieller Puffer vorzusehen ist. Berücksichtigt werden muß hierbei wiederum hinsichtlich der Versicherungsunternehmen der wesentliche Unterschied, daß für diese im Gegensatz zu Kreditinstituten und Wertpapierdienstleistungsunternehmen zwei Arten von Sicherheitskapital bestehen, nämlich das Eigenkapital und die versicherungstechnischen Rückstellungen. Zum anderen geht es darum, im Rahmen einer gruppenbezogenen Finanzaufsicht die durch die Gruppenzugehörigkeit eines Unternehmens spezifischen Risiken finanziell abzupuffern. Als spezifische Risiken konnten im besonderen das Kumul- und die Haftungsrisiken ausgemacht werden. Die Haftungsrisiken werden aber bereits durch die genannten Aufsichtsinstrumentarien weitgehend wirksam begrenzt. Da die Kumulrisiken im Finanzkonglomerat im Gegensatz zu einer homogenen Kreditinstitutsgruppe modifiziert auftreten, ist ihre finanzaufsichtsrechtliche Relevanz besonders unter Verhältnismäßigkeitsgesichtspunkten zu würdigen und zu bestimmen.[22]

C. Erste Folgerungen

Zur Fortentwicklung der Aufsichtsrechte scheiden weitere unmittelbare aufsichtsrechtliche Eingriffe in die unternehmerische Gestaltungsfreiheit als unverhältnismäßige Maßnahmen aus. Soweit die Risiken aus der Komplexität und aus Interessenkollisionen (z.B. Gewinnverlagerungen) resultieren, scheinen die vorhandenen Aufsichtsinstrumentarien der Anzeigepflichten und der Geschäftsleiter- und Aktionärskontrolle sowie der aufsichtsrechtlichen Transaktionskontrolle im Prinzip (zumindest für das deutsche Recht) hinreichend. Die Risiken, die aus den Möglichkeiten der Eigenkapitalschöpfung entstehen, werden zwar durch die geltenden Anzeigepflichten transparent, jedoch wird dadurch eine mögliche Unterkapitalisierung nicht beseitigt bzw. unter Umständen nicht frühzeitig bekämpft. Diese sind im Wege einer ergänzenden Finanzaufsicht anzugehen, wobei quantitative, d.h. klassische Eigenkapitalstandardverfahren, oder qualitative Aufsichtsmethoden, d.h. die aufsichtsbehördliche Überwachung unternehmensinterner Risikosteuerungsmodelle, durch Einführung von Solvabilitätsfrüherkennungstests in Betracht kommen.

22 S. ausf. zu den verschiedenen Methoden, insbesondere das double gearing zu vermeiden, Teil 3, 9. Kap.

Teil 3

Konzeption einer Finanzaufsicht über Finanzkonglomerate

9. Kapitel: Konstruktionsmerkmale eines gruppenweiten Aufsichtsverfahrens

A. Methoden zur Verhinderung der Mehrfachbelegung der Eigenmittel

I. Grundsätze

Eine Fortentwicklung der Aufsichtsrechte sollte die Besonderheiten der Versicherungs- und Bankgeschäfte berücksichtigen, Überregulierungen vermeiden, m.a.W. verhältnismäßig sein, sich an den Aufsichtszielen orientieren sowie der Forderung nach Rechtsklarheit und -sicherheit Rechnung tragen. Des weiteren ist zu beachten, daß die Aufsichtsinstrumentarien sich der Struktur der Finanzkonglomerate anpassen und nicht umgekehrt. Schließlich ist an der Prämisse festzuhalten, daß unbeaufsichtigte Unternehmen auch weiterhin grundsätzlich unbeaufsichtigt bleiben sollen. Als wesentliches Aufsichtsinstrumentarium, einer Unterkapitalisierung entgegenzuwirken, ist die Finanzaufsicht bereits herausgearbeitet worden.[1] Auf diesem Fundament soll nun eine Aufsichtskonzeption entwickelt werden, die den Interessen der beteiligten Unternehmen an der Erhaltung ihrer unternehmerischen Freiheit und Wettbewerbsfähigkeit und den Aufsichtsinteressen gerecht wird. Eine mögliche Erhöhung der Eigenkapitalanforderungen ist zu erörtern; und insbesondere ist zu untersuchen, ob die Forderung nach einer einheitlichen aufsichtsrechtlichen Grundlage für Versicherungsunternehmen und Kreditinstitute berechtigt und realisierbar ist. Sie wird im Rahmen der Diskussion über die Beaufsichtigung von Finanzkonglomeraten vornehmlich von Vertretern der Bankenaufsichtsbehörden im Baseler Ausschuß für Bankenaufsicht, der der Bank für Internationalen Zahlungsausgleich zugeordnet ist, und im Beratenden Bankenausschuß bei der Europäischen Kommission erhoben.[2]

---

1 S. hierzu Teil 2, 8. Kap.

2 *Knauth*, ZVersWiss 1996, 232. S. aber zu der Tendenz in der Betriebswirtschaftslehre, ein einheitliches Aufsichtsverfahren zu entwickeln: *Weinel*, S. 195 ff.; *Amely*, S. 210; *Wienberg*, S. 176 ff. Ferner *Brackert*, in: FS f. Havermann, S. 65, 73 f.; *Deutsche Bundesbank*, Monatsbericht April 1994, S. 58; *Kuntze*, Möglichkeiten und Grenzen von Allfinanzkonzepten, S. 37, 46 ff.; *Imelmann*, S. 260. In diese Richtung auch *Trost/Zwiesler*, ZVersWiss 1996, 341, 357; *Süchting*, in: Dieter Farny und die Versicherungswissenschaft, S. 537 ff.

Gegenüber einer Erhöhung der Eigenkapitalanforderungen ist auch abzuwägen, ob oder in welchen Konstellationen eine qualitative Aufsichtsmethode vorzugswürdig sein könnte.[3]

Bei der Frage, wie Finanzkonglomerate zukünftig beaufsichtigt werden sollen, sind ferner drei Probleme zu unterscheiden. Zum einen geht es um die Frage der Angleichung von Aufsichtsnormen für gleiche Geschäfte, die mit gleichen Risiken behaftet sind (Grundsatz „same business – same risk – same rule"). Das Problem der Vergleichbarkeit der Regulierungen verstärkt sich nämlich mit zunehmendem Wettbewerb auf den Finanzmärkten und durch den Wettbewerb zwischen den verschiedenen Segmenten der Finanzdienstleistungsmärkte. Zum anderen geht es darum, Konstruktionsmerkmale eines gruppenweiten Aufsichtsrechts im Bereich der Finanzaufsicht zu schaffen. Schließlich geht es um die institutionelle Frage der Zuständigkeiten.

Die Frage der Angleichung von Aufsichtsnormen ist strenggenommen eine Vorfrage. Denn bei einer möglichen Angleichung der Normen werden die Risiken angegangen, die sich aus der wettbewerbsverzerrenden Wirkung unterschiedlicher Aufsichtsstandards mittelbar ergeben (Regulierungsarbitrage). Die Angleichung der Aufsichtsnormen leistet jedoch noch keinen unmittelbaren Beitrag zur Vermeidung bzw. Reduzierung der Ansteckungsgefahren aufgrund der Mehrfachbelegung der Eigenmittel und der haftungsrechtlichen Tatbestände. Sie ist aber im Hinblick auf die Frage, wie eine gruppenweite Finanzaufsicht ausgestaltet werden kann, von Bedeutung. Denn je vereinheitlichter die Aufsichtsstandards sind, desto näher liegt die Einführung einer integrativen Finanzaufsicht. Ferner ist mit dem Problem der Regulierungsarbitrage das weitere Problem berührt, ob die Auffassung einer institutionell orientierten Aufsicht zugunsten einer funktionell ausgerichteten aufgegeben werden kann und

---

Ablehnend jedoch *Knauth*, ZVersWiss 1996, 232, 235 ff.; *Hohlfeld*, VW 1995, 564, 565 ff.; *Haller*, Wandel der Finanzdienstleistungen, S. 327, 339 f.; *Müller*, Überlegungen zur Vereinheitlichung, S. 30 f.; *ders.*, Möglichkeiten und Grenzen von Allfinanzkonzepten, S. 20, 35 f.; *Gaddum*, ZfgK 1989, 712; *Uwe H. Schneider*, WM 1990, 1656; *Gröschel/Möller*, Sparkasse 1995, 395; *Häusele*, ZVersWiss 1994, 563, 621 ff.; *Kohler*, in: FS f. Volhard, S. 101; *Gröschel*, Sparkasse 1993, 230; *IOSCO*, Principles for the Supervision of Financial Conglomerates, S. 16. S. auch Diskussionsbeitrag von *Holsboer*, Mitglied des Executive Board of ING, Niederlande, in: Van den Berghe (ed.), Financial Conglomerates, S. 139; *Van den Berghe*, in: Financial Conglomerates, S. 170; *Hesberg/Karten*, The Geneva Papers on Risk and Insurance, 19 (No. 70, January 1994), 1, 21.

3 S. hierzu *Trouet*, WM 1996, 2188, 2192.

sollte. Daher wird die Frage der Angleichung der Aufsichtsnormen inzident im Komplex „integrative Finanzaufsicht" erörtert.

II. Solo-Plus-Aufsicht oder konsolidierte Aufsichtsmethode

Die derzeitige Diskussion über die zusätzliche Beaufsichtigung von Finanzkonglomeraten sucht nach einer Ergänzung der Eigenkapitalvorschriften der bestehenden Aufsichtsrechte und favorisiert ein an quantitativen Normen ausgerichtetes Standardverfahren. Dadurch soll vor allem die mehrfache Nutzung von Eigenkapital auf den einzelnen Stufen des Konglomerats als Risikopuffer verhindert und dafür gesorgt werden, daß genügend Eigenkapital zur Deckung der Solvenzanforderungen vorhanden ist. Diesbezüglich werden Solo-Plus-Aufsichtsmethoden diskutiert.[4] Solo-Plus bedeutet, daß die Einzelaufsicht über das jeweilige Versicherungsunternehmen bzw. Kreditinstitut erhalten bleibt, sie aber um eine konzern- bzw. gruppenbezogene Aufsicht über die Eigenkapitalausstattung ergänzt wird. Dabei werden von den Aufsehern drei Methoden unterschieden: das Konsolidierungsverfahren auf der Grundlage der konsolidierten Rechnungslegung, das Abzugsverfahren und Mischformen wie z.B. das sog. Aggregationsverfahren. Bei einem konsolidierten Aufsichtsverfahren aufgrund einheitlicher Aufsichtsvorschriften, nämlich einer einheitlichen Risikonorm, die die Erkenntnisse der Konsolidierungs- und Kapitaladäquanzrichtlinie fortentwickeln und auf die Wirtschaftseinheit Finanzkonglomerat anwenden soll, ist dagegen unentschieden, ob die Beaufsichtigung anhand einer solchen Gesamtrisikonorm an die Stelle oder neben die Einzeleigenkapitalanforderungen treten soll. Möglicherweise kommt ein Wahlrecht in Betracht. Kreditinstituts- und Finanzholdinggruppen sind einer konsolidierten Aufsicht unterworfen. Das deutsche KWG hat jedoch die Solo-Betrachtung neben der konsolidierten Überwachung beibehalten.[5]

---

4 S. hierzu den Bericht der Tripartite Group, ein Gremium von Banken-, Versicherungs- und Wertpapieraufsehern beim Baseler Ausschuß für Bankenaufsicht, sog. *de-Swaan*-Report, und die Brüsseler Entwürfe: Beaufsichtigung von Finanzkonglomeraten. Entwurf des Berichts der Gemischten *Technischen Sachverständigengruppe* der EU-Kommission, Dok. XV/1130/94-DE-Rev. 3 v. 10. Mai 1995 (unveröffentlicht); sowie jüngst *Joint Forum*, Feb. 1998.

5 Vgl. aber zum möglichen Verzicht auf eine Einzelüberwachung im Fall der Konsolidierung Art. 3 Abs. 7 der Konsolidierungsrichtlinie.

B. Konsolidierte vereinheitlichte Aufsicht bzw. integrative Konsolidierung

I. Modell

Die Vorschläge, die eine einheitliche Risikonorm für Finanzkonglomerate erarbeiten, bauen auf den bestehenden Regeln der Banken- und Versicherungsaufsicht auf. Die Höhe der erforderlichen Eigenmittel wird dadurch ermittelt, daß die wesentlichen Einzelrisiken des Finanzkonglomerats getrennt quantifiziert werden. Differenziert wird zwischen branchenspezifischen Risiken und solchen, denen beide Branchen gleichermaßen unterliegen. Für die Bestimmung der branchenspezifischen Risiken wird auf vorhandene Solvabilitätsvorschriften zurückgegriffen. Für die Bestimmung der branchenunabhängigen Risiken werden Verfahren ermittelt, die sich auf das gesamte Finanzkonglomerat beziehen. Die Einzelergebnisse werden schließlich addiert. Die Ist-Solvabilität des Konglomerats wird anhand einer Vollkonsolidierung ermittelt. Der Katalog der gemeinsamen Eigenmittelbestandteile wird vereinheitlicht. Die Ermittlung der jeweils vorgeschlagenen Gesamtrisikonorm lehnt sich weitgehend an vorhandene bankenaufsichtsrechtliche Methoden an, da eine Übertragung der versicherungsaufsichtsrechtlichen Regelungen angesichts ihrer maßgeblichen Anbindung an das versicherungstechnische Risiko sich für Kreditinstitute nicht eignet. Dies liegt darin begründet, daß für Kreditinstituts- und Finanzholdinggruppen bereits Verfahren der Konsolidierung entwickelt wurden.[6] Wie die Schwierigkeiten, die originären Risiken von Kreditinstituten und Versicherungsunternehmen zusammenzufassen, überwunden werden sollen, bedarf noch der genauen Betrachtung im einzelnen.[7] Vorgeschlagen wird auch, bei der Ermittlung einer Gesamtrisikonorm nur an die Risiken anzuknüpfen, denen beide Sektoren gleichermaßen ausgesetzt sind.[8]

Wesentliche Voraussetzungen für eine vereinheitlichte Aufsicht ist somit eine Rechenregel, die auf alle der Beaufsichtigung auf konsolidierter Grundlage unterliegenden Unternehmen anwendbar ist, und ferner eine vereinheitlichte Eigenmitteldefinition. Um diese Voraussetzungen zu erfüllen, wären einschneidende Veränderungen insbesondere der versiche-

6 S. Art. 3 der Solvabilitätsrichtlinie und Art. 7 Kapitaladäquanzrichtlinie.
7 S. hierzu kritisch *Gröschel*, Sparkasse 1993, 230.
8 So *Weinel*, S. 193.

rungsaufsichtsrechtlichen Solvabilitätsanforderungen nötig. Denn die Übertragung des kreditwirtschaftlichen Konsolidierungsprinzips bedingt, daß homogene Gruppen gegeben sind. Da es sich bei Finanzkonglomeraten um heterogene Gruppen handelt, bedarf das Konsolidierungsprinzip entsprechender Modifikationen. Ob dies möglich, nötig und verhältnismäßig ist, soll im folgenden untersucht werden.

II. Funktionaler oder institutioneller Ansatz

Die Ermittlung einer Gesamtrisikonorm wäre dann keinen Schwierigkeiten ausgesetzt, wenn auf Versicherungsunternehmen und Kreditinstitute der bankaufsichtsrechtlich anerkannte „Level-Playing-Field"-Grundsatz[9] angewendet werden könnte. Nach diesem Grundsatz sollen zur Vermeidung von Wettbewerbsverzerrungen für gleiche Geschäfte mit gleichen Risiken gleiche Aufsichtsstandards („same business – same risk – same rules") gelten. Dieser funktionale Ansatz wurde erstmals im Rahmen der Kapitaladäquanzrichtlinie fruchtbar gemacht, verursacht durch den engen Kreditinstitutsbegriff der Ersten Bankrechtskoordinierungsrichtlinie. Dabei ist folgendes auseinanderzuhalten: Zum einen ist der Ansatzpunkt aus produktspezifischen Gründen beim einzelnen Unternehmen, das in direkten Wettbewerb mit anderen Unternehmen wegen der Gleichartigkeit der Geschäftstätigkeit tritt, zu sehen. Die Forderung nach Wettbewerbsgleichheit ist weitgehend anerkannt, da es für die Intensität einer aufsichtsrechtlichen Regelung nicht auf die Institution, sondern auf die Geschäftstätigkeit und damit auf die übernommenen Risiken ankommt.[10] Zum anderen ist die Forderung der Wettbewerbsgleichheit unter dem Aspekt der risikoerhöhenden Regulierungsarbitrage[11] zu sehen, nämlich im Hinblick auf gleichartige Geschäftstätigkeiten, die innerhalb der Unternehmensgruppe auf den weniger beaufsichtigten Teil verlagert werden können. Zu unter-

---

9 *Schulte-Mattler*, ZBB 1994, 333, 337; *Rudolph*, Europäische Integration und Allfinanz, S. 345, 353; *ders.*, ZBB 1994, 117, 118; *Knauth*, ZVersWiss 1996, 232, 242.

10 Vgl. hierzu Erwägungsgründe 9 und 10 der Kapitaladäquanzrichtlinie; *de Swaan*-Report, S. 35; *Rudolph*, Europäische Integration und Allfinanz, S. 352 ff.; *Haller*, Wandel der Finanzdienstleistungen, S. 327, 344; *Müller*, ZfV 1997, 383; krit. *Knauth*, ZVersWiss 1996, 232 ff.; *Mielk*, WM 1997, 2200, 2201.

11 Unter Regulierungsarbitrage versteht man die Konzentration der Geschäftstätigkeit auf weniger streng regulierte Regionen, Branchen oder Institutionen.

suchen ist im folgenden, ob sich die Geschäftstätigkeiten der Kreditinstitute und Versicherungsunternehmen in der Weise gleichen, daß sie denselben Risiken ausgesetzt sind und insofern aus Wettbewerbsgründen ein einheitlicher Aufsichtsstandard zu fordern ist.

1. *Gemeinsamkeiten und Unterschiede in der Geschäftstätigkeit*

Kreditinstituten und Versicherungsunternehmen ist gemeinsam, daß sie Geschäfte betreiben, bei denen der Leistungsaustausch auf Geld beruht.[12] Sie zählen zu den Finanzintermediären, d.h. zu Institutionen, die Zahlungsmittel von Geldgebern entgegennehmen mit dem Versprechen späterer Rückzahlung bzw. der Zusicherung, Zahlungsverpflichtungen abzunehmen oder Vermögensminderungen durch entsprechende Zahlungen auszugleichen.[13] Hierbei ist jedoch zwischen Lebensversicherungsunternehmen und Nichtlebensversicherungsunternehmen zu differenzieren; letztere sind Finanzintermediäre weniger aufgrund des Kerngeschäfts, sondern aufgrund ihrer Funktion als institutionelle Anleger. Während ferner im Fall von Bankprodukten als Leistungsobjekt die Liquidität im Vordergrund steht, sind Versicherungsleistungen durch die Risikoübernahme gekennzeichnet. Die Stellung der Versicherungsunternehmen als Finanzintermediäre ergibt sich demzufolge derivativ erst daraus, daß zwischen den Prämienleistungen der Versicherungsnehmer und den Zahlungen für Schäden zeitliche und volumenmäßige Inkongruenzen bestehen. Das Versicherungsgeschäft ist im Unterschied zum Bankgeschäft zudem durch seinen aleatorischen Charakter und im Fall der Lebensversicherung durch seine besondere Langfristigkeit geprägt. Gemeinsam ist ihnen jedoch, daß es sich um abstrakte Dienstleistungen handelt, die über Verträge geformt und deren Absatzbeziehungen in Konten- bzw. Kundenverbindungen dokumentiert werden. Aus Sicht der Nachfrager begründen diese Leistungsmerkmale die besondere Vertrauensempfindlichkeit von Bank- und Versicherungsleistungen. Bei einigen Produkten können ferner Übereinstimmungen festgestellt werden. So können auch Versicherungsunter-

12 *Weigel*, Auswirkungen unterschiedlicher Aufsichtssysteme, S. 36; *Priewasser*, Bankbetriebslehre, S. 12 ff.; 143 ff.; *Schierenbeck/Hölscher*, Bankassurance, S. 14 ff. Zur zunehmenden Überlappung der Sortimente von Bank- und Versicherungsunternehmen s. *Süchting*, in: HdV, Stichwort: Banken und Versicherungsunternehmen, S. 37-43. S. auch *Müller*, Möglichkeiten und Grenzen von Allfinanzkonzepten, S. 22 ff.

13 *Süchting*, in: HdV, Stichwort: Banken und Versicherungsunternehmen, S. 37.

nehmen – ebenso wie Kreditinstitute – z.B. Hypothekarkredite und Darlehen im Zusammenhang mit dem Versicherungsgeschäft gewähren. Des weiteren läßt sich in der Praxis eine Vielzahl von Versicherungseffekten bei Bankgeschäften sowie umgekehrt von Spareffekten bei Versicherungsgeschäften nachweisen.[14] Hinsichtlich des Angebots von Vorsorgeprodukten stehen Kreditinstitute und Lebensversicherungsunternehmen in einem zunehmenden Wettbewerb, da sie vergleichbare Produkte anbieten. Mitunter sind die von Versicherungsunternehmen angebotenen Vorsorgeprodukte, z.B. die Kapitalisierungsgeschäfte, nicht mit einem versicherungstechnischen Risiko belastet. Wird dasselbe Geschäft hingegen von Kreditinstituten betrieben, unterliegt es den Vorschriften des KWG.[15]

2. Erörterung

a) Bedarf an einer institutionenbezogenen Aufsicht für Versicherungsunternehmen

Insgesamt besteht im wesentlichen zwischen Produkten von Banken und solchen der Lebens- und Kreditversicherung eine teilweise Vergleichbarkeit. Eine Trennung und unterschiedliche Zuordnung zu den verschiedenen Aufsichtssystemen resultiert vorrangig aus den unterschiedlichen historischen Entwicklungen der Aufsichtssysteme. Dagegen ist gegenwärtig festzustellen, daß sich die bestehenden Grenzen zwischen den Teilmärkten des Finanzdienstleistungsbereichs zunehmend auflösen und verwischen. Dies geschieht durch die Lockerung der rechtlichen Geschäftsbeschränkungen in den nationalen Rechtsordnungen und durch tatsächliche Veränderungen wie vertragliche Kombinationen von Bank- und Versicherungsprodukten oder einen übergreifenden Vertrieb sowie die Schaffung neuer Produkte.[16] Daher könnten diesen Geschäftsbereichen, da sie im

14 Zu Beispielen s. *Imelmann*, S. 164; zum mit dem Versicherungsgeschäft Ähnlichkeit aufweisenden Bausparгeschäft GB BAV 1972, 33; zum versicherungsähnlichen Factoring *Bähre/Schneider*, KWG, § 1 Anm. 5; *Szagunn/Haug/Ergenzinger*, KWG, § 1 Rn. 13; *Reischauer/Kleinhans*, KWG, § 1 Rn. 23; GB BAV 1985, 68; 1986, 62 zur vertraglichen Gestaltung des Fälligkeitsfactoring und seiner Abgrenzung vom Versicherungsgeschäft; zu mit der Kautionsversicherung vergleichbaren Avalkrediten *Müller*, Möglichkeiten und Grenzen von Allfinanzangeboten, S. 24.

15 BT-Drs. 12/6959, S. 47.

16 *Imelmann*, S. 187; *R. Schmidt*, in: Prölss, VAG, Vorbem. Rn. 137.

Finanzdienstleistungsmarkt verwurzelt sind, vergleichbare Risikograde zugeordnet werden.

Fraglich ist dennoch, ob infolgedessen die Ausdehnung des funktionalen Ansatzes gerechtfertigt ist. Zunächst einmal ist festzustellen, daß bislang sämtliche Regelungswerke den Bereich der Finanzdienstleistungen deutlich klassifizieren in Versicherungsdienstleistungen und versicherungsbezogene Dienstleistungen einerseits und Bank- und andere Dienstleistungen (ausgenommen Versicherungsdienstleistungen) andererseits.[17] Dagegen spricht weiter, daß das Versicherungsgeschäft im wesentlichen mit Ausnahme einiger Vorsorgeprodukte mit einem versicherungstechnischen Risiko, das sich auf der Passivseite der Bilanz niederschlägt, belastet ist, während das Bankgeschäft im wesentlichen dem aktivseitigen Adressenausfallrisiko ausgesetzt ist. Es ist auch darüber hinaus zum Schutz des Versicherungsnehmers gerechtfertigt, das nach Versicherungssparten unterschiedliche versicherungstechnische Risiko einer besonderen Beaufsichtigung zu unterziehen. Ferner steht einer Übertragung des Level-Playing-Grundsatzes die unterschiedliche Bedeutung des aufsichtsrechtlichen Eigenkapitals entgegen: Der Versicherungsschutz wird im wesentlichen durch die Verpflichtung zur Bildung versicherungstechnischer Rückstellungen und deren Bedeckung mit Kapitalanlagen und nicht durch das Eigenkapital sichergestellt.[18] Im Gegensatz hierzu stellt das Eigenkapital in der Kreditwirtschaft das wichtigste Sicherungsmittel dar. Das Problem der Fristentransformation und der Liquiditätssicherung besteht für Versicherungsunternehmen schließlich nicht in vergleichbarer Weise wie für Kreditinstitute.[19] Daher scheidet eine umfassende Angleichung der Aufsichtsstandards von Versicherungsunternehmen und Kreditinstituten aus.

b) Gleiche Aufsichtsstandards für einzelne Produkte?

Es bleibt jedoch zu erwägen, ob für vergleichbare Vorsorgeprodukte gleichwertige Aufsichtsstandards zur Vermeidung etwaiger Wettbewerbs-

---

17 S. z.B. Erste Bankrechtskoordinierungsrichtlinie; Anhang der Ersten Richtlinie Schaden; § 5 der Anlage zum GATS über Finanzdienstleistungen.

18 S. hierzu Richtlinie des Rates vom 19. Dezember 1991 über den Jahresabschluß und den konsolidierten Abschluß von Versicherungsunternehmen (VersBiRiLi) 91/674/EWG, Abl. EG v. 31.12.1991, Nr. L 374, S. 7, insbesondere Art. 23-31, 56-62. S. auch die Analyse des Erasmus Finance & Insurance Centre, abgedruckt in: *Van den Berghe* (ed.), Financial Conglomerates, S. 77 ff.

19 S. hierzu 2. Kap. B. II. 2.

verzerrungen eingeführt werden sollten. Hiergegen sind aber zwei Einwände zu erheben: Zum einen könnte bei Realisierung eines funktionalen Ansatzes eine Vereinheitlichung der Vorsorgeprodukte und damit ein abnehmender Wettbewerb drohen.[20] Ferner steht aus Gründen der besonderen Vertrauensempfindlichkeit wegen der oftmals langfristigen Vertragsbindungen der Versicherungs- und Kreditwirtschaft weniger die Normung des einzelnen Produkts als vielmehr die Überwachung des Instituts im Vordergrund. Zum anderen würde eine Realisierung des funktionalen Ansatzes im Bereich der Vorsorgeprodukte zu einer Zersplitterung und damit zu einer weiteren Verkomplizierung des Aufsichtsrechts beitragen. Angesichts des fraglichen Effekts bestehen hinsichtlich einer weiteren Differenzierung des Aufsichtsrechts Bedenken. Denn fraglich ist, ob Versicherungsunternehmen aufgrund ihres Aufsichtssystems gegenüber Kreditinstituten Wettbewerbsvorteile haben bzw. ob umgekehrt Kreditinstitute Wettbewerbsnachteile erleiden.[21]

Die These, daß durch das Bankenaufsichtssystem Wettbewerbsnachteile entstehen, wird im wesentlichen mit dem Vergleich der Kapitalanlagetätigkeit der Versicherungsunternehmen mit dem Bankgeschäft begründet. Versicherungsunternehmen könnten aufgrund der niedrigeren Eigenkapitalanforderungen preiswertere Kredite als Banken anbieten. Dieser Vergleich greift jedoch zu kurz.[22] Nicht hinreichend beachtet werden die für Versicherungsunternehmen aufgestellten Restriktionen für die Kapitalanlagetätigkeit und den Einsatz derivativer Finanzinstrumente.[23] Darüber hinaus besteht noch auf EU-Ebene Ungewißheit, ob überhaupt nennenswerte Verzerrungen zwischen Kreditinstituten und Versicherungsunternehmen bestehen.[24] Zu berücksichtigen ist schließlich, daß die Regelung gleichwertiger Solvabilitätsnormen nur dann sinnvoll ist, wenn auch die übrigen Rahmenbedingungen für die Geschäftstätigkeit von Versicherungsunternehmen und Kreditinstituten, nämlich das Steuerrecht,[25] das

---

20 *Uwe H. Schneider/Troberg*, WM 1990, 165 f.

21 So jedoch im Ergebnis *Weinel*, S. 172.

22 *Knauth*, ZVersWiss 1996, 232, 243; *Knauth/Welzel*, ZfgK 1993, 30, 31; *Knauth*, in: Van den Berghe (ed.), Financial Conglomerates, S. 145. S. kritisch auch *Rudolph*, Europäische Integration und Allfinanz, S. 353 ff.

23 Vgl. zu diesem Gedanken im Verhältnis Banken und Wertpapierdienstleistungsunternehmen *Rudolph*, ZBB 1994, 117, 125.

24 Vgl. hierzu die EU-weit ausgegebene Studie, deren Ergebnisse zum Zeitpunkt der Fertigstellung der Arbeit noch nicht vorliegen; vgl. hierzu *Knauth/Welzel*, ZfgK 1993, 30, 31.

25 Die Besteuerung des Sparanteils (Zinsen) von Lebensversicherungsverträgen wird derzeit lebhaft diskutiert.

Bilanzrecht oder auch das Vertragsrecht, eine entsprechende Gleichbehandlung implizieren.

c) Anpassungsbedarf der Solvabilitätsanforderungen für Versicherungsunternehmen?

Statt dessen könnte im Rahmen der Solo-Solvabilitätsvorschriften für Versicherungsunternehmen erwogen werden, die sowohl für Lebensversicherungs- als auch Nichtlebensversicherungsunternehmen vorhandenen Kapitalanlagerisiken (Bonitäts- bzw. Ausfallrisiken) stärker zu berücksichtigen. Zum Anlaß für eine entsprechende Fortentwicklung der versicherungsaufsichtsrechtlichen Solvabilitätsvorschriften könnten die von den Mitgliedstaaten aufgrund der Dritten Versicherungsrichtlinien[26] zu erteilenden Informationen gegenüber der EU-Kommission genommen werden.[27] Eine stärkere Hinwendung zu Solvenzanforderungen, die ein risikoabhängiges Kapital zugrundelegen und die die versicherungstypische Bemessungsgröße der versicherungstechnischen Rückstellungen für die Kapitalanlagen aufgeben,[28] scheint angesichts der aufbrechenden Grenzen von Bank- und Versicherungsgeschäften und dem daraus resultierenden Harmonisie-

---

26 Art. 25 der Dritten Richtlinie Schaden; Art. 26 der Dritten Richtlinie Leben.

27 Vgl. zu der sich hierbei ergebenden Diskussion über die Fortentwicklung der versicherungsrechtlichen Solvabilitätsvorschriften *Müller*, Versicherungsbinnenmarkt, Rn. 669; *ders.*, Überlegungen zur Vereinheitlichung, S. 16; *ders.*, VW 1996, 424, 426; *ders.*, ZfV 1997, 385; *Mudrack*, ZfV 1995, 626; *ders.*, ZfV 1991, 2, 7; *Braekler*, ZfV 1995, 599; *Amely*, S. 187.
Zur Frage, ob das amerikanische RBC-Modell für das europäische Solvabilitätssystem Orientierungshilfe bieten kann, befürwortend *Albrecht*, ZfV 1997, 84, 88; krit. *Müller, E./Reischel*, in: FS f. Karten, S. 465-500; *E. Müller*, ZfV 1995, 586-592; *ders.*, ZfV 1996, 606-610; *Schradin/Telschow*, ZVersWiss 1995, 363-406; *Farny*, Versicherungsbetriebslehre, S. 697; *Schradin*, ZVersWiss 1997, 269-294; ablehnend *Konrath*, VR 1997, 124, 125, 127; *Braumüller*, VR 1997, 130, 138.
Die Notwendigkeit einer Erhöhung der Solvabilitätsvorschriften überhaupt in Frage stellend *Knauth*, ZVersWiss 1996, 239 f.; *Boetius*, PKV/Publik 1/97, S. 6; *Van den Berghe*, in: Financial Conglomerates, S. 113: „...; from our calculation it is however clear that in most cases the insurance solvency calculations take MORE investment risk into consideration than the corresponding measures for the banking sector; it is therefore clear that the life insurance measures are probably not under-estimating the investment risk!!!...“. Für eine Berücksichtigung der Anlagerisiken *Braumüller*, VR 1997, 130, 139; dagegen *Konrath*, VR 1997, 124, 128.

28 So *Müller*, ZfV 1997, 382, 386, 388.

rungsdruck unabwendbar und auch unter dem Gesichtspunkt, daß gleiche Geschäfte gleichen Regelungen unterworfen sein sollen, gerechtfertigt. Insbesondere könnte ferner auf diese Weise den Ausfallrisiken, die durch die Anlage des freien Vermögens übernommen werden, Rechnung getragen werden, da diese nicht mehr von den Kapitalanlagevorschriften erfaßt sind. Jedoch ist die stärkere Anlehnung an die bankaufsichtsrechtliche Regelungsmethode hinsichtlich der Berücksichtigung der Adressenausfallrisiken mit Bedacht vorzunehmen. Drei Aspekte dürfen – abgesehen von der Risikobegrenzung durch die Kapitalanlagevorschriften – nicht unbeachtet bleiben:[29] Zum einen ist zwischen Nichtlebens- und Lebensversicherungsunternehmen zu unterscheiden, da die Geschäfte ersterer durch kurzfristigere Versicherungsverträge und damit vom Interesse der Liquiditätssicherung geprägt sind, während die Lebensversicherung durch Langfristigkeit der Verträge und risikoreichere Kapitalanlagen gekennzeichnet ist. Zum zweiten wirkt sich im Gegensatz zur Kreditwirtschaft die Größe des Versicherungsunternehmens stabilisierend aus, da das versicherungstechnische Risiko angesichts des zunehmenden Diversifikationsgrades abnimmt und es präziser berechnet werden kann, so daß größere Unternehmen proportional weniger Eigenkapital benötigen als kleinere. Zum dritten würde die Normierung eines eher risikogewichteten Eigenkapitals die Abänderung der Art. 26 der Dritten Richtlinie Schaden und Art. 27 der Dritten Richtlinie Leben erforderlich machen, wonach der EU-Gesetzgeber erst kürzlich bestimmt hat, daß die Mitgliedstaaten „keinerlei Vorschriften über die Anlage der Aktiva, soweit diese nicht zur Bedeckung der versicherungstechnischen Rückstellungen ... dienen" erlassen. Denn eine Risikogewichtung würde mittelbar eine Anlagevorschrift bezüglich des restlichen Vermögens bedeuten.

Hinsichtlich der Marktrisiken, denen insbesondere derivative Finanzinstrumente ausgesetzt sind, scheint eine Eigenkapitalunterlegungspflicht fraglich. Zum einen sind derivative Finanzinstrumente von Versicherungsunternehmen nur eingeschränkt einsetzbar.[30] Zum anderen läßt das Bankenaufsichtsrecht zur Vermeidung einer Überregulierung anstatt bzw. neben der Beaufsichtigung entsprechender Eigenkapitalanforderungen die Überwachung interner Risikomodelle zu, um den Marktrisiken zu steuern.[31] Angesichts der unterschiedlichen Einsetzbarkeit von derivativen

29 S. zu den ersten beiden Gesichtspunkten *Van den Berghe*, Financial Conglomerates, S. 112.

30 S. hierzu Teil 1 , 2. Kap. D. IV.

31 S. hierzu Teil 1, 2. Kap. D. IV. Nochmals Vorschlag für eine Richtlinie des Europäischen Parlaments und des Rates zur Änderung der Richtlinie

Finanzinstrumenten durch Versicherungsunternehmen und Kreditinstitute und der Schwierigkeit, die Marktrisiken zu quantifizieren, scheint die Fortentwicklung interner Risikomanagementmodelle und deren Beaufsichtigung, nicht aber die Einführung einer Eigenkapitalunterlegungspflicht für Versicherungsunternehmen angemessen.

d) Zwischenergebnis

Im Ergebnis ist somit der institutionelle Ansatz zur Beaufsichtigung von Kreditinstituten und Versicherungsunternehmen grundsätzlich beizubehalten. Sinnvoll erscheint es jedoch, gewisse Anpassungen der Solvabilitätsvorschriften der Versicherungsunternehmen im Hinblick auf das Kapitalanlagerisiko vorzunehmen.

3. Technische Anknüpfungspunkte für die Ermittlung einer Gesamtrisikonorm

a) Hauptgeschäftstätigkeit

Fraglich ist des weiteren, ob im Hinblick auf eine gruppenbezogene Eigenkapitalbetrachtung die Hauptgeschäftsrisiken von Kreditinstituten und Versicherungsunternehmen in einer Gesamtrisikonorm technisch zusammengefaßt werden könnten. Dies wäre dann der Fall, wenn es sich bei dem versicherungstechnischen Risiko[32] nicht um ein institutionenspezifisches, arteigenes Risiko, sondern um ein dem Kreditrisiko der Kreditinstitute vergleichbares unternehmerisches Risiko[33] handelt. Das versicherungstechnische Risiko ist auf den Kern des Versicherungsgeschäfts bezogen. Der Hauptgrund, daß das versicherungstechnische Risiko entsteht, liegt darin, daß die zu leistende Entschädigung ungewiß ist. Sowohl der Eintritt des Versicherungsfalls als auch die Höhe der zu leistenden Entschädigung ist vom Zufall abhängig. Die Entschädigungsleistung ist somit

---

93/6/EWG des Rates über die angemessene Eigenkapitalausstattung von Wertpapierfirmen und Kreditinstituten, KOM (97) 71 endg.; Ratsdok. 9406/97, BR-Drs. 512/97. Ferner *Burghof/Rudolph*, Bankenaufsicht, S. 52 ff.; *Rudolph*, ZBB 1994, 117, 128; *Artopoeus*, ZfgK 1994, 1085, 1088; krit. *Trouet*, WM 1996, 2188, 2189 ff.; *Gruner-Schenk*, S. 177 ff.; 336 f.

32 Zum Begriff *Albrecht/Schwake*, in: HdV, Stichwort: Risiko, versicherungstechnisches, S. 651.

33 So insbesondere jüngst *Weinel*, S. 61 ff. und *Schwake*, ZVersWiss 1988, 61, 68 ff.

stochastisch charakterisiert. Durch die stochastische Gesetzmäßigkeit unterscheidet sich das versicherungstechnische Risiko von anderen Risikoarten. Somit handelt es sich beim versicherungstechnischen Risiko um ein arteigenes und branchenspezifisches. Selbst wenn man negiert, daß es sich beim versicherungstechnischen Risiko um ein arteigenes Risiko handelt, so kann dennoch kein entsprechendes Pendant im Bankbereich gefunden werden.[34] Für die Quantifizierung des versicherungstechnischen Risikos bleibt es somit bei den versicherungsaufsichtsrechtlichen Grundsätzen.[35] Schließlich steht einer Konsolidierung entgegen, daß – wie die Analyse gezeigt hat[36] – die Hauptgeschäftsrisiken von Versicherungsunternehmen und Kreditinstituten, nämlich das versicherungstechnische und das Kreditrisiko, weitgehend unkorreliert sind.

b) Anlagetätigkeit

Eine Gesamtrisikonorm kann demzufolge nur die aktivseitigen Risiken betreffen, denen beide Unternehmenstypen ausgesetzt sind. Insofern besteht im Hinblick auf Bonitäts- (Ausfall-) und Marktrisiken eine entsprechende Homogenität. Doch hier bleibt zu fragen, ob dem nicht die Gefahr einer Überregulierung für die Versicherungswirtschaft entgegensteht. Zunächst besteht derzeit für Versicherungsunternehmen im wesentlichen keine Eigenkapitalunterlegungspflicht für Kapitalanlagerisiken.[37] Des weiteren werden die aktivseitigen Risiken der Versicherer bereits aufgrund der Kapitalanlagevorschriften aufsichtsrechtlich berücksichtigt. Die Kapitalanlagevorschriften sind auch von ihrer Eingriffsintensität höher zu bewerten als die für Kreditinstitute geltenden Großkreditvorschriften.[38] Würde man die Kapitalanlagerisiken konsolidiert betrachten, bestünde insbesondere im Hinblick auf die Liquiditätssicherung die Gefahr der Überregulierung, da diese für Versicherungsunternehmen und Kreditinstitute von unterschiedlicher Bedeutung ist. Bereits die Zusammenfassung von Wertpapierdienstleistungsunternehmen und Kreditinstituten in einer

---

34 Dies selbst einräumend *Weinel*, S. 209.

35 S. hierzu *Weinel*, S. 209 f.; *Amely*, S. 210 ff.; *Gröschel*, Sparkasse 1993, 230. So auch in Norwegen, wo weitgehend einheitliche Aufsichtsstandards für Kreditinstitute und Versicherungsunternehmen eingeführt wurden, s. den Diskussionsbeitrag von *Simonsen*, Senior Executive Officer at the Banking, Insurance and Securities Commission of Norway, abgedruckt in: Van den Berghe (ed.), Financial Conglomerates, S. 125 ff.

36 S. 5. Kap. A. IV. 2.

37 Zum Anpassungsbedarf s. oben unter 2. c.

38 S. hierzu Teil 1, 2. Kap. D. VI.

Eigenkapitalausstattungsrichtlinie war insofern nicht unproblematisch.[39] Schließlich verfolgen Kreditinstitute und Versicherungsunternehmen im Kern mit der Kapitalanlage unterschiedliche Zwecke. Die Mittelveranlagung dient bei den Kreditinstituten im wesentlichen der Geldversorgung bzw. der Finanzierung anderer Wirtschaftsbereiche. Über die Einordnung des Kapitalanlagegeschäfts im Versicherungsunternehmen herrscht Uneinigkeit. Im wesentlichen lassen sich zwei Ansätze unterscheiden. Zum einen wird das Kapitalanlagegeschäft als eigener Geschäftsbereich aufgefaßt, dessen Grund im Versicherungsgeschäft liegt und der dem Versicherungsgeschäft dient,[40] zum anderen faßt der kapitalmarkttheoretische Ansatz[41] das Versicherungsunternehmen ähnlich wie eine Bank als Finanzierungsinstitution auf, die sich Geld bzw. Kapital nicht nur auf Kapitalmärkten, sondern auch über den Abschluß von Versicherungsverträgen und die damit verbundenen Prämieneinzahlungen beschafft. Die Prämieneinzahlungen dienen insofern der Refinanzierung. Nach dem kapitalmarkttheoretischen Ansatz stellt das Kapitalanlagegeschäft das Kerngeschäft eines Versicherers dar, während das Versicherungsgeschäft nur als Mittel der Kapitalbeschaffung dient. Dieser Ansatz ist aber abzulehnen, da sich gegenwärtig Versicherungsnehmer und Versicherer nicht als Kapitalgeber und -nehmer verstehen, sondern als Versicherungsnehmer und Versicherer für einen bestimmten Versicherungsfall. Ferner widerspricht das kapitalmarkttheoretische Modell der Systematik der Dritten Versicherungsrichtlinien. Trotz des in der Anlagetätigkeit von Versicherungsunternehmen und Kreditinstituten bestehenden Wettbewerbs unterscheidet sich die Vermögensanlagetätigkeit der Versicherungsunternehmen weiterhin deutlich vom Geschäftsfeld der Kreditwirtschaft. Versicherungsunternehmen betreiben weder das Einlagengeschäft, noch nehmen sie Gelder zur Finanzierung des Aktivgeschäfts auf, ebenso haben sie keine Geldschöpfungsfunktion. Auch ist es nicht die primäre Funktion der Versicherer, die kontinuierliche Versorgung der Volkswirtschaft mit Finanzmitteln sicherzustellen. Sie disponieren ihre Anlagemittel unter Beachtung detaillierter gesetzlicher Vorschriften an den Märkten für langfristiges Anlagekapital, nicht aber am Geldmarkt. Vor diesem Hintergrund sind Spielräume für die Versicherer, die die Geldpolitik der Bundesbank konterkarieren

---

39 *Rudolph*, ZBB 1994, 117, 121 f., 127.

40 *Schwebler*, Vermögensanlage und Anlagevorschriften, S. 15, 25 f.; *Köhler*, ZfV 1994, 30, 33; *ders.*, Asset-Liability-Management, S. 41, 49; *Kalbaum/Mees*, Stichwort: Kapitalanlagen, in: HdV, S. 332; *Farny*, Versicherungsbetriebslehre, S. 734.

41 S. hierzu *Farny*, Versicherungsbetriebslehre, S. 735.

könnten, nicht zu erkennen. Daher wurde in der Vergangenheit auch zu Recht der Gedanke verworfen, den Geltungsbereich des Instrumentariums der Bundesbank auf die Assekuranz auszudehnen und sie insbesondere der Mindestreservepflicht zu unterwerfen.

c) *Derivative Finanzinstrumente*

Auch hinsichtlich der Marktrisiken, mit denen derivative Finanzinstrumente belegt sind, kann Homogenität festgestellt werden. Angesichts der unterschiedlichen Einsatzmöglichkeiten derivativer Finanzinstrumente scheint jedoch eine Konsolidierung nach bankaufsichtsrechtlichem Muster nicht angemessen. Hier besteht vielmehr Bedarf, interne Risikomanagementmodelle fortzuentwickeln.

4. *Folgerungen und Ergebnis*

Kreditinstitute und Versicherungsunternehmen weisen Berührungspunkte insofern auf, als sie Finanzdienstleistungen anbieten.[42] Jedoch unterscheiden sie sich wesentlich in ihren Hauptgeschäftszwecken. Daher erscheint eine Zusammenfassung der originären Risiken außerordentlich problematisch. Lediglich die aktivseitigen Risiken weisen Entsprechungen auf. Hier scheint eine Gesamtbetrachtung möglich. Gesichtspunkte des Risikoverbunds und der Aufsichtsvereinfachung sprechen für eine vereinheitlichte Aufsichtsnorm. Eine konsolidierte vereinheitlichte Aufsicht über Finanzkonglomerate, die sich an die bankenaufsichtsrechtlichen Normen anlehnen würde, bedeutete jedoch angesichts der Kapitalanlagevorschriften eine Überregulierung für die Versicherungswirtschaft. Eine solche Überregulierung könnte möglicherweise dadurch vermieden werden, daß die versicherungsaufsichtsrechtlichen Kapitalanlagevorschriften wegfielen. Ob dieser Schritt unternommen werden sollte, kann im Rahmen dieser Untersuchung nicht mehr überprüft werden.[43] Weiterhin sprechen neben der

---

42 *R. Schmidt*, in: Prölss, VAG, Vorbem. Rn. 137; *ders.*, in: Prölss, VAG, Zus. § 1 Rn. 31. Dafür, daß nicht nur Lebensversicherer, sondern auch Kompositversicherer Finanzdienstleistungen anbieten, vgl. *Brachmann*, ZfV 1994, 298-302.

43 Zu bedenken ist zumindest, daß damit die Finanzaufsicht für Versicherungsunternehmen ihren Charakter grundlegend ändern würde, da bislang – historisch bedingt – die Aufsicht über die Anlagetätigkeit das Kernstück der Finanzaufsicht ist, s. Teil 1, 2. Kap. D. III. 2.

Bemessung der versicherungstechnischen Rückstellungen und der Spartentrennung bestehende und bestehenbleibende technische Unterschiede gegen die Ermittlung einer Gesamtrisikonorm: Für das Versicherungswesen wird es aller Voraussicht nach im Gegensatz zum Bankenaufsichtsrecht im Grundsatz beim bisherigen Risiko-Globalansatz der Solvabilitätsermittlung bleiben.[44] Ferner sind die Systematik der Kapitalanlagevorschriften und die Unterschiede in den Bewertungsvorschriften für Kreditinstitute und Versicherungsunternehmen, die die Aktivpositionen betreffen,[45] zu nennen. Schließlich lassen die Besonderheiten des Versicherungsgeschäfts, nämlich der aleatorische Charakter und die Langfristigkeit insbesondere der Lebensversicherungsverträge, eine Solo-Beaufsichtigung der Versicherungsunternehmen auch weiterhin berechtigt erscheinen.[46] Auch bestünden unüberwindbare Schwierigkeiten, Lebensversicherungsunternehmen, die unterschiedliche Typen der Lebensversicherung anbieten, einzubeziehen. So gibt es die fondsgebundene Lebensversicherung, bei der der Versicherungsnehmer völlig oder teilweise das Kapitalanlagerisiko trägt. Eine solche Risikoverteilung ist den Kreditinstituten fremd. Im übrigen lassen sich Absichtsbekundungen des Richtliniengebers hinsichtlich einer Beaufsichtigung von Finanzkonglomeraten auf konsolidierter (d.h. integrativer) Basis (noch) nicht ausmachen. Dies zeigen Formulierungsunterschiede in der Kapitaladäquanzrichtlinie[47] und der Konsolidierungsrichtlinie[48]. Während nämlich für Wertpapierdienstleistungsgruppen ohne Beteiligung von Kreditinstituten die Beaufsichtigung auf konsolidierter Basis beabsichtigt ist, geht der Richtliniengeber im Hinblick auf

---

Eine solche Änderung der versicherungsrechtlichen Finanzaufsicht zeichnet sich darüber hinaus auch nicht im Rahmen der anstehenden Reform der Solvabilitätsaufsicht über Versicherungsunternehmen ab, s. nur *Müller*, VW 1996, 358 ff.; 424 ff.; *Konrath*, VR 1997, 124 ff.; *Braumüller*, VR 1997, 130 ff.

44 *Konrath*, VR 1997, 124, 125 ff.; *Braumüller*, VR 1997, 130, 138.

45 S. hierzu 6. Kap. B. II. 3.

46 In diesem Sinn auch *Van den Berghe*, ZVersWiss 1997, 251, 265.

47 Erwägungsgrund 24 der Kapitaladäquanzrichtlinie formuliert: „... Es wurde für wünschenswert erachtet, daß für die Einführung der Beaufsichtigung von Wertpapierfirmen auf konsolidierter Basis ein gemeinsamer Rahmen geschaffen wird." Ebenso Art. 7 Abs. 4 der Kapitaladäquanzrichtlinie: „Bis zur späteren Koordinierung der Beaufsichtigung der unter Absatz 3 fallenden Unternehmensgruppen auf konsolidierter Basis...".

48 Art. 6 Abs. 1 der Konsolidierungsrichtlinie: Von den gemischten Unternehmen und ihren Tochterunternehmen zu erteilende Auskünfte: „Bis zur späteren Koordinierung der Konsolidierungsmethoden ...".

Finanzkonglomerate lediglich von einer Koordinierung der Konsolidierungsmethoden aus. Dabei meint der Begriff der Konsolidierungsmethoden mehr als die Beaufsichtigung auf konsolidierter Basis.

Zusammenfassend erscheint die Ermittlung einer Gesamtrisikonorm derzeit unverhältnismäßig, wenn andere ebenfalls zweckmäßige und weniger einschneidende Aufsichtsmethoden gefunden werden können. Davon abgesehen bedürfen die Solvabilitätsvorschriften für Versicherungsunternehmen der Reformierung aus Gründen der Vermeidung von Wettbewerbsverzerrungen (Konkurrenz der Versicherungsunternehmen mit Kreditinstituten in der Anlagetätigkeit) und notwendigen Berücksichtigung der gestiegenen Kapitalanlagerisiken. Ferner könnte bei weiterer Angleichung der Rahmenbedingungen für bestimmte Produkte[49] eine entsprechende Vereinheitlichung der Aufsichtsstandards zu erwägen sein.[50] Im Ergebnis kann derzeit für Finanzkonglomerate eine Eigenkapitelkonsolidierung nach bankrechtlichen Grundsätzen nicht befürwortet werden.

C. Weitere Solo-Plus-Aufsichtsmethoden

Wegen der genannten Schwierigkeiten werden Methoden erörtert, die jeweils von der Beaufsichtigung bzw. den Kapitalanforderungen für das einzelne Mitgliedsinstitut einer Gruppe ausgehen, um dann zu einer am Eigenkapital ausgerichteten gruppenbezogenen Aufsicht zu gelangen. Dabei handelt es sich um einen Mittelweg zwischen dem im Bankenaufsichtsrecht anzutreffenden Beteiligungsabzug nach § 10 Abs. 6a Nr. 4, 5, § 10a Abs. 9 S. 3 KWG und dem bankaufsichtsrechtlichen Konsolidierungsverfahren. Im wesentlichen kommen drei Methoden in Betracht:[51] die Methode, die auf konsolidierter Rechnungslegung basiert, das Anforderungsabzugs- sowie das Abzugs- und Aggregationsverfahren.

---

49 Stichwort: Steuerrecht und Vorsorgeprodukte von Lebensversicherungsunternehmen; stärkeres Engagement der Versicherungsunternehmen in der Projektfinanzierung.

50 Ähnlich Berichtsentwurf der Gemischten *Technischen Sachverständigengruppe*, S. 19. In diesem Sinne auch *Joint Forum*, S. 6.

51 Baseler und Brüsseler Vorschläge stimmen in den Methoden weitgehend überein. S. auch die Ausdifferenzierungen des *Joint Forum*, S. 14 ff.

I. Verfahrensarten

1. Verfahren auf der Grundlage der konsolidierten Rechnungslegung

Bei der Methode, die auf konsolidierter Rechnungslegung beruht, werden die aufsichtsrechtlichen Eigenkapitalanforderungen des Mutter- und des Tochterunternehmens addiert. Von der Summe werden anschließend folgende Posten abgezogen: der Buchwert der Beteiligung und der anderen aufsichtsrechtlichen Eigenmittelformen, die die zwei Unternehmen aneinander halten, und die aufsichtsrechtliche Solo-Eigenkapitalanforderung des Mutter- und des Tochterunternehmens.[52] Dieses Verfahren kann in Form der Voll- oder Quotenkonsolidierung angewandt werden.

2. Anforderungsabzugsverfahren

Beim Anforderungsabzugsverfahren werden vom vorhandenen Solo-Eigenkapital des Mutterunternehmens die aufsichtsrechtlichen Eigenkapitalanforderungen des Mutter- und des Tochterunternehmens abgezogen.

3. Abzugs- und Aggregationsverfahren

Beim Abzugsverfahren werden die Beteiligungsbuchwerte der Tochtergesellschaften von den Eigenmitteln der Muttergesellschaft abgezogen.[53] Dem so gekürzten Eigenkapital werden anschließend die Risikoaktiva der Obergesellschaft gegenübergestellt. Auf diese Weise werden die Kreditschöpfungsmöglichkeiten des Konzerns begrenzt. Risikopyramiden können nicht mehr aufgebaut werden. Das Aggregationsverfahren stellt eine Weiterentwicklung und eine Verbesserung des Abzugsverfahrens dar, weswegen es auch gelegentlich Abzugs-/Aggregationsverfahren genannt wird.[54] Das Aggregationsverfahren bezieht sich nicht auf die Einzelunter-

---

52 Vgl. *Gröschel/Möller*, Sparkasse 1995, 394, 396; *Kohler*, in: FS f. Volhard, S. 102.

53 *Häusele*, ZVersWiss 1994, 563, 612; *Deutsche Bundesbank*, Monatsbericht April 1994, S. 59; *Gröschel/Möller*, Sparkasse 1995, 394 ff.

54 S. *Gröschel/Möller*, Sparkasse 1995, 396. Vgl. Vorschlag für eine Richtlinie des Europäischen Parlaments und des Rates über die zusätzliche Beaufsichti-

nehmen, sondern auf das gesamte Finanzkonglomerat. Hierbei wird zunächst der Beteiligungsbuchwert von den Eigenmitteln des Mutterunternehmens abgezogen. Anschließend wird dieses Zwischenergebnis, das die belegungsfähigen Eigenmittel des Mutterunternehmens darstellt, mit der Mindestkapitalausstattung des Mutterunternehmens verglichen. Beim Aggregationsverfahren wird diese Rechnung um zwei Schritte ergänzt. Hinzugerechnet werden die (anteiligen) Eigenmittel des Tochterunternehmens. Von diesem weiteren Zwischenergebnis wiederum wird die Mindestkapitalausstattung des Tochterunternehmens abgezogen.[55]

II. Erörterung und Folgerungen

1. Vergleich

Sämtliche Verfahren sind geeignet, die risikoerhöhende Mehrfachbelegung der Eigenmittel auszuschalten. Abzugs- und Aggregationsverfahren zeichnen sich durch einfache Handhabung und weitgehende technische Unkompliziertheit aus.

Gegen das Abzugsverfahren spricht jedoch, daß die tatsächliche Risikolage der Tochtergesellschaften nicht hinreichend berücksichtigt wird. Dieser Nachteil könnte dadurch kompensiert werden, daß anstatt der Ist-Werte die Soll-Solvabilität der Tochtergesellschaft abgezogen wird.[56] Trotzdem wäre das Abzugsverfahren eine zu strenge Regelung, die umfangreiche Beteiligungsengagements unattraktiv werden ließe.[57]

Auch das Aggregationsverfahren trägt aufgrund der pauschalen Summenbildung der tatsächlichen Risikolage der Unternehmen in einem Finanzkonglomerat nicht hinreichend Rechnung.[58] Jedoch wird ein wesentlicher Nachteil des Abzugsverfahrens, der darin besteht, daß nicht berücksichtigt wird, inwieweit das Tochterunternehmen das zulässige Geschäftsvolumen ausgeschöpft hat oder nicht, vermieden. Denn die

---

gung der Versicherungsunternehmen einer Versicherungsgruppe, Anhang I, BR-Drs. 804/95, S. 21.

55 *Hohlfeld*, VW 1995, 564, 568; *Häusele*, ZVersWiss 1994, 563, 613 f.; *Deutsche Bundesbank*, Monatsbericht April 1994, S. 60; *Gröschel/Möller*, Sparkasse 1995, 396.

56 *Häusele*, ZVersWiss 1994, 563, 612.

57 *Weinel*, S. 186; *Hohlfeld*, VW 1995, 568; *Deutsche Bundesbank*, Monatsbericht April 1994, S. 59; *Müller*, Überlegungen zur Vereinheitlichung, S. 24.

58 Vgl. hierzu z.B. *Weinel*, S. 191.

Differenz aus den (anteiligen) Eigenmitteln und den (anteiligen) Eigenmittelanforderungen des Tochterunternehmens drückt aus, in welcher Höhe die vorhandenen Eigenmittel des Tochterunternehmens noch nicht mit Geschäftsumfang belegt sind. Offene Rücklagen sind hierbei in die Betrachtung einbezogen. Die unterschiedlichen Aufsichtsnormen, insbesondere auch die abweichenden Eigenmitteldefinitionen für Kreditinstitute und Versicherungsunternehmen können beim Aggregationsverfahren grundsätzlich beibehalten werden.

Die Methode, die auf konsolidierter Rechnungslegung basiert, steht dem bankaufsichtlichen Konsolidierungsverfahren am nächsten und faßt eine Gruppe verbundener Unternehmen als ein Unternehmen auf. Es trägt damit dem Umstand Rechnung, daß bei enger Verflechtung und vielen Transaktionen innerhalb einer Gruppe eine Risikozuordnung zu einem Einzelunternehmen nur schwer möglich ist. Im Unterschied zur bankaufsichtlichen Konsolidierungsmethode werden nicht die Risikopositionen zusammengefaßt, sondern die Solo-Eigenkapitalanforderungen, die auf die jeweiligen Risikoquantifizierungsnormen rekurrieren, abgezogen. Aufgrund der Sichtweise, ein Finanzkonglomerat als ein Unternehmen anzusehen, legt diese Methode am ehesten nahe, die unterschiedlichen Eigenmittelbegriffe zu harmonisieren.

Ob die vorgestellten gruppenbezogenen Aufsichtsmethoden als gleichwertig angesehen werden können,[59] erscheint angesichts der bereits genannten Unterschiede und der in verschiedenen Gremien durchgeführten Berechnungen fraglich.[60] Das Abzugsverfahren weicht regelmäßig durch ungünstigere Ergebnisse vom Aggregationsverfahren oder der Konsolidierungsmethode ab. Dagegen werden die Ergebnisse, die aufgrund des Aggregations- und des Quotenkonsolidierungsverfahrens ermittelt werden, in Fällen, in denen die Beteiligungsbuchwerte dem Eigenkapital entsprechen, weitgehend übereinstimmen. Abweichungen treten aber dann auf, wenn neben der Beteiligung weitere kapitalmäßige Verflechtungen

---

59 So die Kommission im Vorschlag einer Richtlinie über die zusätzliche Beaufsichtigung der Versicherungsunternehmen in einer Versicherungsgruppe, Art. 9 i.V.m. Anhang I, der den Mitgliedstaaten eine der drei Aufsichtsmethoden zur Auswahl stellt, ungeachtet der unterschiedlichen Ergebnisse. Zweifelnd insofern die Stellungnahme des Wirtschafts- und Sozialausschusses der Europäischen Gemeinschaften zu diesem Richtlinienvorschlag, Dok. KOM (95) 406 endg., S. 17 f.; *Müller*, ZfV 1997, 435, 436.

60 Vgl. die Berechnung bei *Gröschel/Möller*, Sparkasse 1995, 396 ff. S. zu weiteren Berechnungsbeispielen *de Swaan*-Report, Appendix III, S. 100 ff.; *Joint Forum*, S. 14 ff.

innerhalb des Finanzkonglomerats bestehen.[61] Im Hinblick auf eine Mehrfachbelegung ist dieser Vorgang mit dem der Beteiligung zu vergleichen.[62] Die genaue Ausarbeitung der dargestellten Berechnungsmethoden bedarf des weiteren noch der Klärung zahlreicher Einzelfragen. Die Fragen ergeben sich insbesondere aufgrund der für die Einzelaufsichten maßgebenden heterogenen originären Risiken. Drei Probleme, die in den Baseler und Brüsseler Gremien intensiv diskutiert werden,[63] sollen im folgenden erörtert und mögliche Lösungswege aufgezeigt werden: die Behandlung konzerninterner Transaktionen bzw. die gruppeninterne Eigenkapitalschöpfung, die Übertragbarkeit von Eigenkapitalelementen innerhalb der Gruppe und damit zusammenhängend die Frage der Angleichung der Eigenmittelbegriffe sowie die Frage, ob man Voll- oder Quotenkonsolidierung zugrundelegt.

2. *Behandlung konzerninterner Transaktionen*

a) Gruppeninterne Geschäfte

Beim aufsichtsrechtlichen Konsolidierungs- oder Aggregationsverfahren sollen sämtliche konzerninternen Transaktionen eliminiert werden.[64] Fraglich ist, ob dies gerechtfertigt ist. Bereits im Abschnitt über die konsolidierte Rechnungslegung wurden die Bedenken, die gegen eine Eliminierung gruppeninterner Transaktionen bestehen, erörtert.[65] Auch für das aufsichtsrechtliche Konsolidierungs- oder Aggregationsverfahren kann letztendlich nichts anderes gelten. Daher scheidet eine Eliminierung der gruppeninternen Transaktionen, die aus der Anlage der versicherungstechnischen Rückstellungen resultieren, aus. Aufsichtsrechtlich unterliegen diese Transaktionen bereits den Kapitalanlagevorschriften, der Transaktionskontrolle und besonderen Anzeigepflichten sowie der bankaufsichtsrechtlichen Regelung in § 19 Abs. 2 KWG. Umgekehrt bestehen für Versicherungsunternehmen aufsichtsrechtliche Restriktionen in der Fremdkapitalaufnahme, sofern es der Produktion des Versicherungsschutzes dienen

---

61 Als Beispiel sei die Vergabe von nachrangigen Darlehen, die von einem Gruppenunternehmen an ein anderes vergeben werden und die dort als Eigenmittelbestandteil anerkannt werden, genannt.

62 Vgl. hierzu 4. Kap. A. IV. 2. a).

63 S. *de Swaan*-Report, S. 20 ff.; 39 ff.; *Technische Sachverständigengruppe*, S. 27 ff.

64 S. hierzu *Hohlfeld*, VW 1995, 564, 568; *Müller*, ZfV 1997, 435, 436.

65 S. hierzu 6. Kap. B. II. 3. b).

soll. In Betracht kommt lediglich die Eliminierung der gruppeninternen Transaktionen, die aufgrund Finanzierung mit freiem Vermögen[66] zustande kommen. Hierfür besteht aber kein aufsichtsrechtliches Handlungsbedürfnis mehr, da dadurch die Aufsichtsziele nicht tangiert werden.[67]

b) Gruppeninterne Beteiligungen in Form von Eigenkapitalbestandteilen

Bei gruppeninternen Beteiligungen in Form von Eigenkapitalbestandteilen handelt es sich um ein allgemeingesellschaftsrechtliches Problem, das zumindest für den Aktienerwerb durch die Zweite Gesellschaftsrechtsrichtlinie behandelt wird. Angesichts des Ansatzpunktes in dieser Richtlinie könnte aus aufsichtsrechtlichen Gründen für Finanzkonglomerate – ungeachtet des Fehlens einer allgemeingesellschaftsrechtlichen Regelung – erwogen werden, die wechselseitige Eigenkapitalschöpfung über nachrangige Verbindlichkeiten und Genußscheinkapital ebenso zu unterbinden.[68] Nach § 10 Abs. 5 S. 6 KWG gelten für Genußrechte die §§ 71a, 71d und 71e AktG entsprechend. Zur Behandlung dieser Fälle könnte ergänzend eine Regelung, die der Neufassung des § 10a Abs. 2 S. 4 KWG n.F. bzw. § 10a Abs. 3 S. 4 KWG[69] entspricht, vorgesehen werden. Danach bestimmt bei wechselseitigen Beteiligungen die zuständige Aufsichtsbehörde[70] das übergeordnete Unternehmen der Gruppe, wenn kein Institut der Gruppe die Voraussetzung der Überordnung erfüllt.

3. *Übertragbarkeit von Eigenkapitalelementen*

Wie bereits erörtert, gibt es Eigenkapitalbestandteile, die nur versicherungs- oder nur bankaufsichtlich anerkannt sind.[71] Hier stellt sich zunächst die Frage, ob die Eigenmittelbestandteile weiter angeglichen wer-

66 Zum Begriff *Fahr/Kaulbach*, VAG, § 54 Rn. 5.
67 Vgl. Art. 18 der Ersten Richtlinie Schaden; Art. 21 der Ersten Richtlinie Leben.
68 Kritisch zur ausdehnenden Anwendung des § 71 AktG auf Genußrechte *Hüffer*, AktG, § 221 Rn. 54; *Lutter*, in: Kölner Kommentar zum AktG, § 221 Rn. 256; ferner krit. *Aha*, AG 1992, 218, 226 f. S. aber die Sonderregelung in § 10 Abs. 5 S. 5 und 6 KWG und deren Lockerung durch die 6. KWG-Novelle sowie § 53c Abs. 3a S. 5 VAG.
69 Vgl. BR-Drs. 963/96, S. 18 f.
70 Zur Frage, welche Behörde zur Beaufsichtigung im Finanzkonglomerat zuständig sein soll, s. 11. Kap.
71 S. 2. Kap. D. II. 2. c), 3. c).

den sollten. Des weiteren ist problematisch, ob branchenspezifische Eigenmittelbestandteile im Rahmen der Ermittlung der bereinigten Solvabilität zu berücksichtigen sind. Schließlich ist zu erörtern, ob Solvabilitätsüberschüsse, die sich aus branchenspezifischen Eigenmitteln ergeben, im Rahmen der Gruppensolvabilität verwendbar sind.

a) Angleichung der Eigenmittelbegriffe

Sowohl Kreditinstitute als auch Versicherungsunternehmen sind zum Schutz ihrer Gläubiger Eigenmittelvorschriften unterworfen, die den Zweck verfolgen, den Umfang der risikobehafteten Geschäftstätigkeit durch die Bereitstellung dafür erforderlich erachteten Eigenkapitals zu begrenzen. Insofern stimmen die Grundkonzeptionen in der Zielsetzung und darin, daß nur bestimmte Kapitalbestandteile zur Verlustdeckung geeignet sind, überein. Es wird vertreten, daß angesichts der vergleichbaren Tätigkeit und Risikosituation von Kreditinstituten und Versicherungsunternehmen die vorhandenen aufsichtsrechtlichen Unterschiede nicht sachlich begründet sind und infolgedessen die für Kreditinstitute geltende Eigenmittelrichtlinie prinzipiell auch auf Versicherungsunternehmen angewendet werden kann.[72] Nach anderer Ansicht wird lediglich eine teilweise Anpassung der Rahmenbedingungen für Versicherungsunternehmen und Kreditinstitute befürwortet.[73] Unproblematisch ist die gemeinsame Anerkennung des bankaufsichtlichen Eigenmittelkatalogs, da dessen Bestandteile versicherungsaufsichtsrechtlich ebenfalls zur Bedeckung der Solvabilitätsspanne zugelassen sind. Fragen werfen die versicherungsspezifischen Bestandteile, der nicht eingezahlte Grundkapitalanteil, künftige Überschüsse und Rückstellungen für Beitragsrückerstattung sowie die Abzugsposten, auf.

aa) Der nicht eingezahlte Grundkapitalanteil

Dabei handelt es sich um eine Forderungsposition des Unternehmens gegenüber seinen Aktionären, der einklagbar, aber mit einem Delkredererisiko behaftet ist. Die Anerkennung dieses Postens als Eigenmittel resultiert aus der Annahme, daß die mathematischen Berechnungsmethoden in der Versicherungswirtschaft besonders sicher seien. Letztlich ist aber zu sehen, daß sowohl Kreditinstitute als auch Versicherungsunternehmen Gelder entgegennehmen und daß die Eigenmittel zum Ausgleich etwaiger

72 *Hölscher*, ZfgK 1990, 173, 176; *Bitz*, ZBB 1996, 269, 284 f.; *Süchting*, in: Dieter Farny und die Versicherungswissenschaft, S. 537, 552.
73 *Müller*, Überlegungen zur Vereinheitlichung, S. 19 ff.

Verluste vorhanden sein müssen. Daher fehlt es an einer sachlichen Rechtfertigung, warum der nicht eingezahlte Grundkapitalanteil in der Versicherungsbranche anerkennungsfähig sein soll. Das Delkredererisiko kann nämlich für den Banksektor nicht höher eingestuft werden als für die Versicherungsbranche.[74]

bb) Gewinnvorträge/künftige Überschüsse/Rückstellung für Beitragsrückerstattung

Künftige Überschüsse und der freie Teil der Rückstellung für Beitragsrückerstattung stellen für Lebensversicherungsunternehmen bedeutende Anteile für die Bedeckung der Eigenkapitalanforderung dar.[75] Die Anerkennung als Eigenmittelbestandteile ist allerdings umstritten.[76] So wird vertreten, daß künftige Überschüsse den bankaufsichtsrechtlichen Vorgaben nicht entsprechen. Aufgrund des zunehmenden Wettbewerbs und der Liberalisierung der Kapitalanlagevorschriften, die mit höheren Risiken und Verlusten bei der Kapitalanlage verbunden sein könnten, scheine in Zukunft die Ertragslage der Lebensversicherungen nicht mehr so gesichert. Jedoch ist eine Abschaffung dieser Eigenmittelbestandteile zur Abdeckung des versicherungstechnischen Risikos unverhältnismäßig, da bei einem Versicherungsunternehmen, das mit Überschußkraft wirtschaftet, die Gewinnreserve im Rahmen ihrer beschränkten Anerkennungsfähigkeit auch tatsächlich im Notfall des Versicherungsunternehmens zur Verfügung steht.[77] Auch für Wertpapierhäuser sind spezifische Eigenmittelbestandteile vorgesehen.[78] Gleichermaßen verhält es sich mit den in der Lebensversicherung anerkennungsfähigen Teilen der Rückstellung für Beitragsrückerstattung.[79] Daher sollten im Ergebnis die versicherungsspezifischen Eigenmittelbestandteile in einer separaten Eigenmitteldefinition weiterhin zugelassen werden.

---

74 *Müller*, Überlegungen zur Vereinheitlichung, S. 19 f.; *ders.*, ZfV 1997, 382, 389; *Hölscher*, ZfgK 1990, 176; *Bitz*, ZBB 1996, 285; zurückhaltend *Wienberg*, S. 207.

75 Vgl. GB BAV 1991, 15.

76 Dafür: *Müller*, VW 1996, 429; *ders.*, Überlegungen zur Vereinheitlichung, S. 20 f.; *ders.*, ZfV 1997, 382, 389; dagegen: *Weinel*, S. 197; *Wienberg*, S. 208.

77 Bei risikoreicherer Wahl der Rechnungsgrundlagen wird diese Überschußkraft aber mehr und mehr schwinden.

78 Anhang V Nr. 2-9 der Kapitaladäquanzrichtlinie.

79 *Müller*, Überlegungen zur Vereinheitlichung, S. 20 f.; *Hölscher*, ZfgK 1990, 174.

cc) Abzugsposten

Die errechneten Eigenmittel werden sowohl im Kredit- als auch im Versicherungswesen um bestimmte Posten gekürzt. Unterschiede ergeben sich in der Kürzung der Eigenmittel von Kreditinstituten um Kredite an Aktionäre, deren Anteil am Kapital höher als 25% ist, wenn sie nicht zu marktmäßigen Bedingungen gewährt wurden oder nicht ausreichend gesichert sind. Um das Risiko interner Vermögensverlagerungen zu verringern und den Aufbau von Kreditpyramiden zu verhindern, wird daher für eine entsprechende Ergänzung der versicherungsaufsichtsrechtlichen Eigenmittelvorschriften plädiert.[80] Dem steht jedoch entgegen, daß aufgrund der relativ strengen Kapitalanlagevorschriften für Versicherungsunternehmen eine solch unübliche Kreditvergabe nicht in Betracht kommt.[81] Des weiteren ergeben sich Unterschiede hinsichtlich der immateriellen Werte. Während für Kreditinstitute der Abzugsposten Beteiligungen unter gewissen Voraussetzungen vorgesehen ist, fehlt dieser für Versicherungsunternehmen. Ob Beteiligungen als Abzugsposten zu behandeln sind, wird noch an späterer Stelle zu erörtern sein.[82]

dd) Zwischenergebnis

Sowohl für das Banken- als auch für das Versicherungsaufsichtsrecht besteht gewisser Korrekturbedarf hinsichtlich der Eigenmittelbestandteile. Auch zeigt sich, daß die Anerkennung gewisser Eigenmittelbestandteile (nicht eingezahltes Grundkapital) sachlich nicht begründet ist und daher ein weiteres Festhalten allein aus dem Umstand, daß es historisch gewachsen ist, nicht gerechtfertigt erscheint. Auch weckt ein weiteres Ineinanderfließen der Tätigkeitsfelder von Banken und Versicherungsunternehmen[83] den Bedarf, über die zur Verlustdeckung heranzuziehenden Eigenmittelbestandteile neu nachzudenken. Da die Grundkonzeptionen grundsätzlich übereinstimmen, scheint eine weitere Harmonisierung der Eigenmittelbestandteile möglich. Jedoch ist es wie bei Wertpapierdienstleistungsunternehmen nicht ausgeschlossen, sondern sachlich geboten, gewisse Bestandteile zur Bedeckung des versicherungstechnischen Risikos zuzulassen und insofern einen separaten Eigenmittelbegriff aufrechtzuerhalten.

---

80 *Weinel*, S. 198; *Amely*, S. 244.

81 S. auch *Hölscher*, ZfgK 1990, 174.

82 Für die Qualifizierung als Abzugsposten *Weinel*, S. 198; wohl auch *Hölscher*, ZfgK 1990, 174; für das BAV s. stellvertretend *Müller*, Überlegungen zur Vereinheitlichung, S. 21 ff.

83 S. hierzu 9. Kap. B. II.

Im Ergebnis kann somit wegen der bedeutsamen Unterschiede des Hauptgeschäftsrisikos von Versicherungsunternehmen und Kreditinstituten kein einheitlicher Eigenmittelbegriff gefunden werden.

b) Anerkennungsfähigkeit branchenspezifischer Eigenmittelbestandteile

Nach dem Richtlinienvorschlag betreffend die Beaufsichtigung von Versicherungsgruppen sollen spezifische Eigenmittelbestandteile der Lebensversicherungsunternehmen bei der Berechnung des verfügbaren Eigenkapitals unberücksichtigt bleiben.[84] Die Kapitaladäquanzrichtlinie sieht für die Ermittlung einer angemessenen Eigenkapitalausstattung von Wertpapierfirmen und Kreditinstituten demgegenüber ein Wahlrecht vor.[85] Die branchenspezifischen Eigenmittelbestandteile sind zugelassene Solvabiliätselemente und können zur Abdeckung von Verlusten und des Beteiligungsrisikos dienen.[86] Daher wäre es unverhältnismäßig, sie bei der gruppenbezogenen Betrachtung der Solvabilität des Lebensversicherungsunternehmens auszuklammern.[87] Vornehmlicher Zweck der gruppenbezogenen Eigenmittelbetrachtung ist es nämlich, die Mehrfachbelegung der Eigenmittel auszuschließen. Da die branchenspezifischen Eigenmittel nicht durch gruppeninterne Geschäfte geschöpft werden, würde ihre Nichtberücksichtigung insofern über die Zielsetzung hinausgehen.

---

84 Vgl. Anhang 1, I B, letzter Absatz des Richtlinienvorschlags über die zusätzliche Beaufsichtigung von Versicherungsunternehmen einer Versicherungsgruppe, wonach bei der Berechnung der bereinigten Solvenzlage alle gezeichneten, nicht eingezahlten Teile des Kapitals und Gewinnrücklagen sowie künftige Gewinne von Lebensversicherungsunternehmen unberücksichtigt bleiben sollen.

85 S. Art. 7 Abs. 15 Kapitaladäquanzrichtlinie. Zu den Eigenmittelbestandteilen s. Anhang V der Kapitaladäquanzrichtlinie.

86 Problematisch ist dies jedoch in Bezug auf die künftigen Überschüsse, *Farny*, ZVersWiss 1984, 35, 46 ff.; krit. zur Anerkennungsfähigkeit *Süchting*, in: Dieter Farny und die Versicherungswissenschaft, S. 537, 546; zur großen Bedeutung der künftigen Überschüsse als Eigenmittelbestandteile *Hertel*, S. 180 ff.; *Weigel*, in: Grundlagen des Versicherungsvereins auf Gegenseitigkeit, S. 141, 142.

87 S. Stellungnahme des Wirtschafts- und Sozialausschusses zum Vorschlag für eine Richtlinie über die zusätzliche Beaufsichtigung der Versicherungsunternehmen einer Versicherungsgruppe, S. 12; Beschlußempfehlung und Bericht des Finanzausschusses, BT-Drs. 13/4110, S. 6 f.; *Van den Berghe*, ZVersWiss 1997, 251, 265; *Müller*, ZfV 1997, 435, 436, mit einer Einschränkung für künftige Überschüsse.

c) Transferierbarkeit der Solvabilitätsüberschüsse und -defizite

Des weiteren stellt sich die Frage, ob versicherungsspezifische Eigenmittelbestandteile beispielsweise eines nachgeordneten Lebensversicherungsunternehmens zum Mutterunternehmen gezogen werden können.[88] Zwei Probleme grundsätzlicher Art stellen sich hierbei: Zum einen wird bei Transferierbarkeit der Solvabilitätsüberschüsse ein Finanzkonglomerat als wirtschaftliche Einheit begriffen, die die rechtliche Selbständigkeit der Einzelunternehmen gleichsam überwindet. Zum anderen wird eine Transferierbarkeit dadurch erschwert, daß der Katalog der für Versicherungsunternehmen zulässigen Eigenmittel nicht abschließend ist. Folgende Möglichkeiten kommen in Betracht: keine Transferierbarkeit der Solvabilitätsüberschüsse, freie Transferierbarkeit oder eingeschränkte Transferierbarkeit insofern, als die Anerkennung des Solvabiliätsüberschusses nicht im Widerspruch zu den aufsichtsrechtlichen Vorschriften für das Mutterunternehmen steht. Die erste Möglichkeit zeichnet sich durch Striktheit aus, vernachlässigt aber, daß es sich bei dem Solvabilitätsüberschuß um anerkannte Solvabilitätselemente handelt, mit denen Geschäftsrisiken bedeckt werden können. Für eine freie Transferierbarkeit spricht, daß in einem Finanzkonglomerat die Unternehmen eng verflochten sein können, so daß die Strukturen der gruppeninternen Beziehungen nur schwer den Einzelunternehmen zuordenbar sind. Insbesondere werden bei zunehmender Gruppenintegration die Möglichkeiten, Vermögenswerte den verbundenen Unternehmen zuzuweisen, mehr und mehr ausgeschöpft werden. Daher scheint es grundsätzlich sinnvoll, Solvabilitätsüberschüsse gruppenweit zu berücksichtigen. Jedoch sind spezifische aufsichtsrechtliche Anforderungen zu beachten. Mangels Verlustübernahmefähigkeit künftiger Überschüsse steht ihre Anrechenbarkeit nämlich im Widerspruch zu bankaufsichtsrechtlichen Grundsätzen. Problematisch ist auch die Berücksichtigung der Gewinnreserven, da diese im Grunde Fremdkapital bleiben.[89]

---

88 Dagegen: *Müller*, ZfV 1997, 435, 436; dafür: Wirtschafts- und Sozialausschuß zum Vorschlag für eine Richtlinie über die zusätzliche Beaufsichtigung der Versicherungsunternehmen einer Versicherungsgruppe, S. 12, sowie die Änderungsvorschläge des Europäischen Parlaments vom 24.10.1997 zum Vorschlag einer Richtlinie über die zusätzliche Beaufsichtigung der Versicherungsunternehmen einer Versicherungsgruppe, EP-Dok. A4-295/97; *Van den Berghe*, ZVersWiss 1997, 251, 268. Für eine vermittelnde Lösung *de Swaan*-Report, S. 56 f.

89 *Süchting*, in: Dieter Farny und die Versicherungswissenschaft, S. 537, 546; *Farny*, Versicherungsbetriebslehre, S. 695. Zur großen Bedeutung als Solvabilitätselement *Müller*, Versicherungsbinnenmarkt, Rn. 716.

Da aber der freie Teil der Gewinnreserve im Unterschied zu den künftigen Überschüssen tatsächlich vorhanden ist, wäre es widersprüchlich, ihn nur beim Lebensversicherungsmutterunternehmen zur Verlustdeckung im Gruppenbereich heranzuziehen, ihn nicht aber zum übergeordneten Kreditinstitut zu transferieren. Daher ist im Ergebnis allenfalls eine sich an spezifischen aufsichtsrechtlichen Anforderungen orientierende eingeschränkte Transferierbarkeit der Solvabiliätsüberschüsse zu befürworten, die hinreichend beachtet, daß es nicht allein darauf ankommt, daß ein Soll einer Gruppensolvabilität erreicht wird, sondern daß gewährleistet ist, daß das Einzelunternehmen seine vertraglichen Verpflichtungen erfüllen kann.

4. Voll- oder Quotenkonsolidierung

Wird das Konsolidierungsverfahren gewählt, stellt sich die Frage, ob eine Vollkonsolidierung unabhängig von der Beteiligungshöhe oder eine an der jeweiligen Beteiligungshöhe orientierte Quotenkonsolidierung vorgenommen werden soll.[90] Gegen die Vollkonsolidierung läßt sich anführen, daß die versicherungsaufsichtsrechtliche Autonomiepflicht für die Geschäftsleitung von Versicherungsunternehmen das Kreditinstitut daran hindert, dermaßen auf die Geschäftspolitik der Versicherungstochterunternehmen einzuwirken, daß eine volle Haftung des Kreditinstituts für die Verbindlichkeiten der Versicherungstochterunternehmen angemessen erscheint. Umgekehrt ist das Versicherungsunternehmen aufgrund des in § 7 Abs. 2 S. 1 VAG normierten Spezialitätsgrundsatzes ebenfalls daran gehindert, in solchem Ausmaß auf die Geschäftspolitik des abhängigen Kreditinstituts einzuwirken. Diese Erwägungen könnten für eine quotale Konsolidierung sprechen. Hingegen zeigen Berechnungen, daß diese unter Umständen zu strengeren Anforderungen an das Finanzkonglomerat führen kann.[91] Daher erscheint eine differenzierende Betrachtung hinsichtlich der Qualität der Unternehmensbeziehung geboten. Liegt eine 100%ige Beteiligung vor, ist von einer Vollkonsolidierung auszugehen. Hinsichtlich anderer Beteiligungshöhen scheint eine quotale Aggregation angemessen.

---

90 Vgl. hierzu §§ 300 ff.; 310 HGB.

91 Vgl. die Berechnung bei *Weinel*, S. 189 f.; *Gröschel/Möller*, Sparkasse 1995, 398 ff.; *de Swaan*-Report, S. 100 ff. Für Vollkonsolidierung aus Vereinfachungsgründen *Weinel*, S. 190 f.; *Hohlfeld*, VW 1995, 564, 568; *Deutsche Bundesbank*, Monatsbericht April 1994, S. 60; *Kohler*, in: FS f. Volhard, S. 96, 102.

Dafür spricht, daß bei der Gewinnverwendung in der Gruppe außenstehende Kleinaktionäre berücksichtigt werden müssen, ferner, daß mit fallendem Beteiligungsgrad eine geringere Einflußmöglichkeit auf die Geschäftsleitung des abhängigen Unternehmens besteht und ein geringer werdendes Haftungsrisiko angenommen werden kann.[92] Die quotale Konsolidierung gerät aber dann an ihre Grenzen, wenn das Mutterunternehmen aufgrund einer Haftungsverantwortung ein Defizit des Tochterunternehmens ausgleicht, das der Höhe nach den Beteiligungsanteil übersteigt. Geht man davon aus, daß sich regelmäßig die übrigen Anteilseigner nicht an einer Stützungsaktion des Mutterunternehmens zugunsten des defizitären Tochterunternehmens beteiligen werden, scheint dies für eine Vollkonsolidierung, wie sie nach Art. 5 Abs. 1 der Banken-Konsolidierungsrichtlinie für Mutter- Tochter- Unternehmensbeziehungen vorgesehen ist, sprechen zu können.[93] Jedoch ist zu berücksichtigen, daß aufgrund der Heterogenität der Finanzkonglomerate Stützungsaktionen in derselben Häufigkeit wie bei Kreditinstitutsgruppen nicht vorkommen werden und daß sie versicherungsaufsichtsrechtlichen Beschränkungen unterliegen, wenn das Spartentrennungsprinzip gilt. Daher dürfte im Ergebnis eine quotale Konsolidierung den Risiken im Finanzkonglomerat eher entsprechen.

5. Folgerungen

Eine uneingeschränkte Gleichwertigkeit der verschiedenen Berechnungsmethoden wird sich bei den verschiedenen Konstellationen eines Finanzkonglomerats nicht erreichen lassen. Im Vergleich scheinen das Konsolidierungsverfahren und die Aggregationsmethode unter Berücksichtigung der entschiedenen Einzelfragen gegenüber der Anforderungsabzugsmethode vorzugswürdig. Mit zunehmend wachsender Verflechtung und Gruppenintegration in einem Finanzkonglomerat scheint das Konsolidierungsverfahren gegenüber der Aggregationsmethode vorzugswürdig. Zusammenfassend läßt sich feststellen, daß sämtliche Solo-Plus-Verfahren sich eignen, die Mehrfachbelegung der Eigenmittel zu vermeiden und somit einer Unterkapitalisierung im Finanzkonglomerat entgegenzuwirken.

---

92 Vgl. hierzu BT-Drs. 10/1441, S. 28.
93 *Nirk*, KWG, S. 70.

Dennoch soll dieses Ergebnis gegen einen eher qualitativ ausgerichteten Transparenz- und Früherkennungsansatz ausgelotet werden. Denn entscheidender Nachteil der diskutierten Solo-Plus-Aufsichtsmethoden ist, daß sie quantitative Kriterien zugrundelegen und damit zu einer Überregulierung der Ansteckungsgefahren führen können,[94] daß sie bestehende Unterschiede in den Geschäftstätigkeiten, den Aufsichtsmethoden und insbesondere beim Eigenkapitalbegriff möglicherweise unzutreffenderweise nivellieren und daß ein Bild einer homogenen Unternehmensgruppe zugrundegelegt und dabei vernachlässigt wird, daß das einzelne Unternehmen und nicht der Konzern oder die Unternehmensgruppe zur Vertragserfüllung verpflichtet ist. Denn eine am Mutterunternehmen orientierte Gruppensolvabilität sagt insofern wenig über die Leistungsfähigkeit des einzelnen Instituts aus.

III. Qualitative Aufsichtsmethode für Finanzkonglomerate

1. Vor- und Nachteile qualitativer Aufsichtsmethoden allgemein

Angesichts der Schwierigkeiten, eine verhältnismäßige und der Risikosituation des Finanzkonglomerats angemessene quantitative Aufsichtsmethode zu finden, stellt sich somit die Frage, ob auf heterogene Gruppen wie Finanzkonglomerate besser eine qualitative und nicht eine quantitative Aufsichtsmethode angewendet werden sollte.[95] Ansätze qualitativer Aufsichtsmethoden gibt es in beiden Aufsichtssystemen, insbesondere im Bereich des Einsatzes derivativer Finanzinstrumente und der Kapitalanlagetätigkeit, die nach bestimmten Anlagegrundsätzen zu erfolgen hat. Gegenstand der qualitativen Aufsicht ist die Prüfung der Adäquanz institutseigener Systeme der Risikosteuerung und nicht wie bei der quantitativen Aufsicht die Messung der Risiken nach einem Standardverfahren. Qualitative Normen bergen aber das Risiko der Rechtsunsicherheit und der mangelnden Vergleichbarkeit der sich daraus entwickelnden Aufsichtsstandards. Daher gelten bislang insbesondere für die Bankenaufsicht quantitative Normen in den klassischen Aufsichtsbereichen, zu denen die

94 S. hierzu das Ergebnis zum Risikokumul, 4. Kap. A. IV. 2 c).

95 Kritisch *Kohler*, in: FS f. Volhard, S. 102; *Knauth*, ZVersWiss 1996, 232 ff.; *Trouet*, WM 1996, 2192. S. hierzu jüngst auch *Horsch/Paul*, ZfgK 1998, 328, 333 ff., die sogar langfristig für eine Ablösung starrer Risikoklassen durch die Selbstverantwortung der Institute in der Finanzaufsicht plädieren.

Finanzaufsicht zählt. Qualitative Aufsichtsnormen können aber dort sinnvoll sein, wo die Anwendung quantitativer Normen aufgrund der ex-post-Prüfung zu verzögerten Aufsichtsmaßnahmen führt, die wegen des hohen Schadensausmaßes nicht mehr effizient genug sind. Ein solcher Bereich ist der der derivativen Finanzinstrumente, der durch hohe Marktvolatilitäten und damit schnelle Veränderungen der Risikosituation gekennzeichnet ist. Für diesen Bereich ist die Effizienz quantitativer Normen begrenzt.[96] Eine vergleichbare Situation ergibt sich grundsätzlich nicht für den Bereich der Unternehmensbeteiligungen. Die Risikosituation unterliegt nicht einer vergleichbar schnellen Veränderlichkeit. Vergleichbar ist der Bereich der derivativen Finanzinstrumente mit dem der Unternehmensbeteiligung jedoch insofern, als eine Quantifizierung der Risiken nur begrenzt möglich ist. Dennoch lassen sich Risiken aus homogenen Unternehmensbeteiligungen, insbesondere Fälle der Mehrfachbelegung von Eigenmitteln, adäquat durch eine angemessene Eigenmittelausstattung vermeiden. Daher ist für den Bereich der homogenen Unternehmensbeteiligungen die klassische Aufsichtsmethode vorzugswürdig. Grenzüberschreitend können so vergleichbare Aufsichtsstandards erhalten bleiben. Problematisch ist an dieser Schlußfolgerung jedoch, daß es sich innerhalb eines Finanzkonglomerats um heterogene Unternehmensbeteiligungen handelt, bei denen eine Mehrfachbelegung der Eigenmittel aufgrund der unterschiedlichen Risikokorrelationen nicht immer risikoerhöhend wirkt.[97]

2. Vor- und Nachteile qualitativer Aufsichtsmethoden für Finanzkonglomerate

a) Vorteile

Für die Nutzbarmachung einer qualitativen Aufsichtsmethode spricht die allgemeine Überlegung, daß eine weitere Erhöhung der Eigenmittelanforderungen nicht zwingend mit einem Zuwachs an Sicherheit im Kredit- und Versicherungsgewerbe verbunden sein muß und daß vermieden

96 S. zur Zulassung bankinterner Modelle zur Risikomessung und -erfassung von Marktrisiken Baseler Ausschuß für Bankenaufsicht, Änderung der Baseler Eigenkapitalvereinbarung zur Einbeziehung der Marktrisiken, Januar 1996, S. 39 ff.; Vorschlag für eine Richtlinie des Europäischen Parlaments und des Rates zur Änderung der Richtlinie 93/6/EWG des Rates über die angemessene Eigenkapitalausstattung von Wertpapierfirmen und Kreditinstituten, KOM (97) 71 endg.; Ratsdok. 9406/97, BR-Drs. 512/97.

97 S. hierzu 5. Kap. A. IV. 2b).

werden sollte, sich von den erreichten Deregulierungen ab- und einer verstärkten Regulierung wieder zuzuwenden. Darüber hinaus besteht die Gefahr, daß aufgrund der sich verstärkenden Regulierung der Beteiligungserwerb praktisch unmöglich gemacht wird bzw. sich Bank- und Versicherungsprodukte verteuern. Ferner sprechen die technischen Schwierigkeiten, eine quantitative Aufsichtsmethode zu entwickeln, für eine qualitative Aufsichtsmethode.

b) Nachteile

Jedoch bestehen folgende Bedenken gegen eine qualitative Aufsichtsmethode für Finanzkonglomerate: Unternehmensbeteiligungen sind im wesentlichen mit Kapitalanlage- und Haftungsrisiken verbunden, die traditionell von Kreditinstituten, aber auch von Lebensversicherungsunternehmen eigenkapitalunterlegungspflichtig sind, da das Eigenkapital die zulässigen Geschäftsrisiken und damit die Risikoübernahme begrenzen soll. Insofern drängt sich hier eine Quantifizierung des Risikos auf. Ferner bedürften institutsinterne Modelle zur Risikosteuerung im Finanzkonglomerat, die von den zuständigen Aufsichtsbehörden qualitativ überwacht würden, einheitlicher und vergleichbarer Kriterien, die innerhalb der Gemeinschaft konsensfähig wären. Bislang wurden solche Kriterien nur für den Bereich der derivativen Finanzinstrumente bezüglich der Marktrisiken erarbeitet und in der Versicherungswirtschaft für die Kapitalanlagetätigkeit praktiziert. Darüber hinaus scheint sich eine quantitative Aufsichtsmethode über Finanzkonglomerate in die bereits existierenden quantitativ ausgestalteten gruppenweiten Finanzaufsichten über Kreditinstitute, Wertpapierdienstleistungsunternehmen und künftig auch Versicherungsunternehmen einzufügen. Kontinuität in der Aufsichtsmethodik könnte somit gewahrt werden; vergleichbare Aufsichtsstandards blieben erhalten und würden fortentwickelt. Schließlich könnten gegen eine zunehmende Ausdehnung qualitativer Aufsichtsmethoden in klassische Aufsichtsbereiche allgemein praktische Erwägungen sprechen, die darin bestehen, daß die Aufsichtsinstanzen dadurch zunehmend Gefahr laufen, in die Abhängigkeit des überlegenen Sachwissens der zu beaufsichtigenden Unternehmen zu geraten. Letztendlich könnte der durch eine qualitative Aufsichtsmethode ausgelöste Prüfungsaufwand angesichts der personellen und finanziellen Ausstattung der Aufsichtsbehörden nicht zu leisten sein.

c) *Erörterung*

Folgende Erwägungen sprechen letztendlich für die Entwicklung einer stärker qualitativ und auf Erreichung einer hohen Transparenz ausgerichteten Aufsichtsmethode für Finanzkonglomerate: Teile derselben unterliegen aufgrund ihrer Zugehörigkeit zu mehr oder weniger homogenen Gruppen, nämlich Instituts-, Finanzholding- oder Versicherungsgruppen, einer quantitativen Gruppenaufsicht bzw. werden ihr in absehbarer Zeit unterliegen. Dadurch wird bereits einer vorhandenen Risikoeinheit bzw. der Doppelbelegungsmöglichkeit des Eigenkapitals für diese Konglomeratsteile Rechnung getragen. Das Problem des Risikokumuls stellt sich – wie gezeigt – im Finanzkonglomerat nicht mit derselben Intensität. Insbesondere besteht in Finanzkonglomeraten, deren Aufbau von der Versicherungswirtschaft betrieben wird, aufgrund der aufsichtsrechtlich bedingten Holdingkonstruktionen nicht ein den Finanzholdinggruppen vergleichbares Systemrisiko, das letztendlich ausschlaggebend für die Einbeziehung der Finanzholdingunternehmen in das Konsolidierungsverfahren war.[98] Hinsichtlich der übrigen Ansteckungsgefahren liegen bereits nach deutschem Aufsichtsrecht wirksame Aufsichtsinstrumentarien vor. Eine versicherungsaufsichtsrechtliche Transaktionskontrolle könnte europarechtlich als Mindeststandard geregelt werden. Mit einer pauschalen quantitativen Regelung wäre das Problem der Überregulierung und damit eine nur schwer vertretbare hemmende Wirkung für die Entwicklung auf den Finanzmärkten verbunden. Des weiteren werden die Risiken im Finanz- und Versicherungsgeschäft immer komplexer mit der Folge, daß die Aufsichtsmethoden ohnehin immer anspruchsvoller werden müssen, da traditionelle Methoden die neuen Risikopositionen nicht mehr zutreffend erfassen können: Eine Risikovorsorge, die allein an einer die Geschäftstätigkeit berücksichtigenden Eigenkapitalunterlegungspflicht ausgerichtet ist, scheint den heutigen Risikomanagementerfordernissen nicht mehr angemessen. Darüber hinaus kann der Aspekt der sachlich und personell begrenzten Ausstattung der Aufsichtsinstanzen nicht entscheidend gegen eine qualitative Aufsichtsmethode sprechen, da sich die wirtschaftlichen Entwicklungen nicht den Aufsichtsmöglichkeiten unterzuordnen haben. Im übrigen kann beobachtet werden, daß eine Unterkapitalisierung selten allein ausschlaggebend für eine Unternehmensinsolvenz ist, sondern daß immer mehrere Faktoren wie beispielsweise unprofessionelle oder unsolide Geschäftsführung, unüberschaubare außerbilanzielle Verbindlichkeiten,

98 Gesetzesbegründung zur 5. KWG-Novelle, BT-Drs. 12/6957, S. 25 f.

unzureichende Prämienberechnungen etc. zusammenkommen.[99] Ziel einer effektiven Aufsicht kann es daher nur sein, ein in sich ausgewogenes und abgestimmtes Instrumentarium an Maßnahmen zur Verfügung zu haben, um solche insolvenzbegünstigenden Faktoren reduzieren zu können. Schließlich scheint eine qualitative Aufsichtsmethode vor dem Hintergrund der hier vorgeschlagenen stärkeren Berücksichtigung der Anlagerisiken bei den Einzelsolvabilitätsvorschriften für Versicherungsunternehmen[100] vertretbar, da auf diese Weise die Gefahr eines Risikokumuls ebenfalls verringert werden kann.

3. Entwicklung einer qualitativen Aufsichtsmethode für Finanzkonglomerate

a) Ausgangspunkt: Früherkennungs- und Kapitalwarntest

Damit eine qualitative Aufsichtsmethode effizient eingesetzt werden kann, bedarf es zum einen entsprechender Transparenz- und Informationszugangsvorschriften, die aber bereits weitgehend gegeben sind.[101] Darüber hinaus sollte europaweit eine Transaktionskontrolle nach dem Vorbild des § 53d VAG unter der grundsätzlichen Einbeziehung der gruppeninternen Darlehen bzw. nach Maßgabe des Art. 8 des Richtlinienvorschlags für Versicherungsgruppen vorgesehen werden. Entscheidend ist schließlich, daß die an einem juristisch noch näher zu definierenden Finanzkonglomerat[102] beteiligten Unternehmen einem regelmäßigen Früherkennungs- und Kapitalwarntest, der die Beteiligungsstruktur und -qualität offenlegt, unterzogen werden. Mittels eines solchen Kapitalwarntests können sowohl die Gefahren aus der Mehrfachbelegung der Eigenmittel als auch des capital leveraging transparent werden. So kann es den zuständigen Aufsichtsbehörden ermöglicht werden, im Wege dieses Frühwarnsystems gegen eine Unterkapitalisierung eines beaufsichtigten Einzelunternehmens vorzugehen. Im Wege der Früherkennung sollen die zuständigen Aufsichtsbehörden in Abstimmung mit den beaufsichtigten Unternehmen zu einem flexiblen, nämlich an den als risikoreich ausgemachten Fallgruppen (z.B. wechselseitige Beteiligung; Lebensversicherung und Kreditinstitut; Kreditversicherung und Kreditinstitut) orientierten verhältnismäßigen Ein-

---

99 S. nur *European Commission*, 10 (1997) Int.I.L.R., G-178.
100 S. 9. Kap. B. II. 2. c).
101 S. 6. und 7. Kap.
102 S. hierzu 10. Kap.

greifen ermächtigt werden. Ein Frühwarnsystem läßt eine eher differenzierte Betrachtung dahingehend zu, daß die Mehrfachbelegung der Eigenmittel in einem Bank-Versicherungs-Konglomerat aufgrund des höheren Systemrisikos, dem Kreditinstitute ausgesetzt sind (Run-Gefahr), risikoreicher zu veranschlagen ist als in einem Versicherungs-Bank-Konglomerat. Aus Rechtssicherheitsgründen und zur Gewährleistung einheitlicher Aufsichtsstandards sollten demzufolge ein Kriterienkatalog oder Regelbeispiele, die die gefährlichen Fallgruppen bezeichnen, entwickelt werden. Leitender Gesichtspunkt der Prüfung sollte sein festzustellen, ob die Solvenz der beaufsichtigten Unternehmen (Versicherungsunternehmen, Kreditinstitut oder Wertpapierdienstleistungsunternehmen) durch die Einbindung in ein Finanzkonglomerat wesentlich belastet wird.

b) Vorschlag für die Durchführung eines Früherkennungs- und Kapitalwarntests

Mit einem Kapitalwarntest soll berücksichtigt werden, daß durch die Einbindung von beaufsichtigten Unternehmen (Kreditinstitute, Versicherungsunternehmen oder Wertpapierdienstleistungsunternehmen) in ein Finanzkonglomerat deren finanzielle Situation beeinflußt, u.U. gefährdet oder fiktives Kapital gebildet werden kann. Erinnert sei hier nochmals, daß die Untersuchung der Gefahrenlagen ergeben hat, daß die Solvabilität des beaufsichtigten Einzelunternehmens im wesentlichen bei Verstoß gegen den Grundsatz der angemessenen Mischung und Streuung der Kapitalanlage, bei wechselseitiger Beteiligung und bei gleichläufigen Risiken gefährdet sein kann. Um diesen finanziellen Einfluß rechtzeitig und effizient beobachten zu können, wird als Methode ein Kapital- und Früherkennungstest mit den folgenden wesentlichen Rahmenbedingungen vorgeschlagen:

Als Grundsatz könnte eine Regelung nach dem Vorbild des § 54 VAG vorgesehen werden, wonach unternehmerische Beteiligungen eines beaufsichtigten Unternehmens an anderen beaufsichtigten und nicht beaufsichtigten Unternehmen des Finanzdienstleistungsbereichs unter Berücksichtigung der Art der betriebenen Versicherungs-/Kredit-/Wertpapiergeschäfte sowie der Unternehmensstruktur so anzulegen sein sollten, daß möglichst große Sicherheit und Rentabilität bei jederzeitiger Liquidität des beaufsichtigten Unternehmens erreicht wird. Denn ein hinreichend diversifizierter Beteiligungserwerb kann vor einem gefährlichen Zusammentreffen gleichläufiger Risiken und damit dem Risikokumul schützen.[103] Ob diese

103 S. zu diesem Aspekt auch *Knauth*, ZVersWiss 1996, 232, 240.

allgemein formulierten Ziele verwirklicht sind, ist sodann durch wertende Beurteilung der Gruppenstruktur zu ermitteln.[104] Bedeutsam ist hierbei eine effektive Unternehmensanalyse und die Feststellung versicherungs- und banktypischer Vorsorgemaßnahmen. Ein solcher Grundsatz mit qualitativem Charakter stellt insbesondere für die Bankenaufsicht eine Veränderung der Aufsichtssystematik dar, da bislang beteiligungsrelevante Regelungen in Form der Großkredit- und Anlagevorschriften quantitativ gestaltet sind, und birgt insbesondere dort das Problem der Gewährleistung der Rechtssicherheit. Zwar bleibt es wie bisher im Grundsatz dabei, daß Beteiligungen von Kreditinstituten an Versicherungsunternehmen keinen speziellen Eigenkapitalbegrenzungen unterliegen.[105] Neu wäre aber eine qualitative Begrenzung der Beteiligungen dergestalt, daß die Diversifikation des Portefeuilles im Hinblick auf seine Ausgewogenheit bewertet wird. Jedoch halten auch im Bankenaufsichtsrecht mehr und mehr qualitative Aufsichtselemente Einzug.[106] Dies resultiert aus der sich verbreitenden Erkenntnis, daß höhere Kapitalanforderungen erzwungene Unwirtschaftlichkeit bedeuten können. Die Einbuße an Rechtssicherheit, die durch die Einführung qualitativer Elemente gegenüber strikten pauschalen und quantitativen Methoden zu verzeichnen ist, kann hingegen durch eine möglichst klare Kriterienbildung und eine verstärkte Zusammenarbeit der Aufsichtssubjekte und -objekte ausgeglichen werden. Hierbei liegt aber der Einwand sich intensivierender staatlicher Eingriffsmöglichkeiten oder gar des wirtschaftslenkenden staatlichen Einflusses nicht fern. Dem ist jedoch entgegenzuhalten, daß bei immer komplexer werdenden Risiken, denen sich Finanzdienstleistungsunternehmen ausgesetzt sehen, und bei im Zuge der Globalisierung immer weiter um sich greifenden Krisen auch im Interesse des Standings des einzelnen beaufsichtigten Unternehmens ein Gegeneinander von Aufsichtsobjekten und -subjekten der Gewährleistung der Aufsichtsziele nicht förderlich ist. Dies berücksichtigend kann ein wirkungsvolles Aufsichtsinstrumentarium auch im Interesse der einzelnen Wettbewerber liegen, die insofern vor möglicherweise übergreifenden Krisen anderer Wettbewerber geschützt werden können. Andererseits ist auch hier wiederum als Grenze des aufsichts-

104 S. für den Kapitalanlagegrundsatz nach dem Versicherungsaufsichtsrecht *Fahr/Kaulbach*, VAG, § 54 Rn. 8.

105 Vgl. § 12 Abs. 5 KWG.

106 Vgl. nur den Vorschlag für eine Richtlinie des Europäischen Parlaments und des Rates zur Änderung der Richtlinie 93/6 EWG des Rates über die angemessene Eigenkapitalausstattung von Wertpapierfirmen und Kreditinstituten, ABl.EG v. 6. 8.1997, Nr. C 240, S. 24.

rechtlichen Auftrags zu beachten, daß Aufgabe der Aufsicht nicht ist, die Insolvenz eines jeden Wettbewerbers zu verhindern, sondern den Wettbewerbsprozeß lediglich zu überwachen, nicht aber zu lenken.[107]

Damit die Ausgewogenheit der unternehmerischen Beteiligungen im Finanzdienstleistungsbereich angemessen beurteilt werden kann, hat das beaufsichtigte Unternehmen des weiteren in einem zweiten Schritt regelmäßig der zuständigen Aufsichtsbehörde entsprechende Angaben zur Beurteilung der Risikosituation sowie der Beteiligungsstruktur und -qualität zu machen, soweit dies zur Erfüllung der Aufgaben der Aufsichtsbehörde erforderlich ist. Ein entsprechendes Regelungsvorbild findet sich in § 25 Abs. 4 KWG, wonach weitere Angaben, die zur Beurteilung der von den Kreditinstituten durchgeführten Bankgeschäfte vorgelegt werden sollen, sich auch auf nachgeordnete Unternehmen im Sinne von § 13a Abs. 2 KWG sowie auf Tochterunternehmen mit Sitz im In- oder Ausland, die nicht in die Beaufsichtigung auf zusammengefaßter Basis einbezogen sind, sowie auf gemischte Unternehmen, deren Tochterunternehmen Kreditinstitute sind, beziehen.

Fehlen solche Angaben bzw. erlauben diese keine hinreichende Auswertung,[108] so ist subsidiär bzw. alternativ, wenn ein Mitgliedstaat die Vorlagepflicht nicht statuiert, ein Kapitalwarntest in einem dritten Schritt nach folgenden Maßgaben durchzuführen: Wird die Spitze des Finanzkonglomerats von einem unbeaufsichtigten Unternehmen des Finanzdienstleistungsbereichs (z.B. Versicherungsholdinggesellschaft) gebildet, so sollte in Anlehnung an das Modell der Versicherungsgruppenrichtlinie wie folgt verfahren werden: Das Kapital eines unbeaufsichtigten Unternehmens des Finanzdienstleistungsbereichs (zuzüglich der von außerhalb des Finanzkonglomerats stammenden Fremdmittel des unbeaufsichtigten Unternehmens) soll die Summe der Solvenzanforderungen ihrer beteiligten beaufsichtigten Unternehmen und der hypothetischen Solvenzanforderungen ihrer beteiligten Rückversicherungsunternehmen erreichen oder überschreiten.

Bildet ein beaufsichtigtes Unternehmen (Versicherungsunternehmen, Kreditinstitut oder Wertpapierdienstleistungsunternehmen) die Spitze des Finanzkonglomerats, so soll die Kapitallage dieses Unternehmens nach dem Modell des Aggregationsverfahrens wie folgt ermittelt werden: Die bereinigte Solvenzlage des beaufsichtigten Beteiligungsunternehmens ist

107 S. zu diesem Aspekt *Rittner*, Wirtschaftsrecht, § 3 Rn. 59, § 6 Rn. 14 sowie 8. Kap. B. II. 3. b).

108 Beispielsweise wenn die Angaben keine Schlüsse auf die Beteiligungsqualität zulassen.

die Differenz zwischen der Summe aus den für die Solvenzspanne zulässigen Elementen des Beteiligungsunternehmens, dem proportionalen Anteil des Beteiligungsunternehmens an der Solvenzspanne des beteiligten Unternehmens, der vom Beteiligungsunternehmen stammt, und der Summe aus dem Buchwert im Beteiligungsunternehmen aller für die Solvenzspanne des beteiligten Unternehmens zulässigen Elemente, der Solvenzanforderung des Beteiligungsunternehmens, dem proportionalen Anteil der Solvenzanforderung des beteiligten Unternehmens; wenn das beteiligte Unternehmen eine Tochtergesellschaft ist und ein Solvenzdefizit hat, ist die gesamte Anforderung zu berücksichtigen.

Kommt die Aufsichtsbehörde nach Durchführung der Schritte zwei und/oder drei zu dem Ergebnis, daß die Solvabilität eines beteiligten beaufsichtigten Unternehmens beeinflußt wird, so ist ein Eingreifen im Rahmen der Finanzaufsicht des weiteren von der Feststellung einer besonderen Beeinträchtigungslage abhängig. Eine solche ist insbesondere dann gegeben, wenn die Haftungstrennung aufgehoben ist (z.B. im Vertragskonzern oder bei Patronatserklärungen in der Gruppe), wenn gegen den Grundsatz der angemessenen unternehmerischen Beteiligungsstruktur verstoßen wird (z.B. legt ein beteiligtes Unternehmen eine Vielzahl weicher Patronatserklärungen aus), wenn eine wechselseitige Beteiligung vorliegt oder ein Risikogleichlauf gegeben ist. Ein solcher Kriterienkatalog ist in die Ermächtigungsgrundlage aufzunehmen und durch eine subsidiäre Auffangklausel zu ergänzen, die qualitativ den genannten Fallgruppen entspricht. Des weiteren ist ein Anhörungs- und Entlastungsrecht des beaufsichtigten Unternehmens vorzusehen, nach dem das Unternehmen ein Eingreifen der Aufsichtsbehörde abwenden kann, wenn es geeignete Risikosteuerungsmodelle als Alternative bereithält. Im Fortgang der Entwicklung sind solche Risikosteuerungsmodelle in einem Finanzkonglomerat zu perfektionieren und mit den aufsichtsrechtlichen Vorgaben und Zielen abzustimmen.

Im Ergebnis läuft somit der vorgeschlagene Früherkennungs- und Kapitalwarntest auf eine subsidiär zum Zuge kommende, modifizierte, nämlich nach qualitativen Kriterien zu handhabende Aggregationsmethode hinaus. Übernommen wird deren einfache Handhabung. Verändert wird jedoch ihre pauschale Anwendung. Die Eingriffsermächtigung ist rechtlich an hinreichend umschriebene Tatbestandsmerkmale zu binden.[109] Kritisch könnte eingewandt werden, daß die im Anschluß an den Kapitalwarntest zu ergreifenden Maßnahmen in das Ermessen der Aufsichts-

109 Vgl. hierzu bereits früher *Farny*, ZVersWiss 1984, 35, 58, sowie ihm folgend *Häusele*, ZVersWiss 1994, 563, 614.

behörde gestellt sind mit der Folge, daß sich ungleiche Standards oder eine ungleichmäßige Behandlung der betroffenen beaufsichtigten Unternehmen ergeben könnten. Das erste kann durch intensive Zusammenarbeit der Aufsichtsbehörden verhindert oder gar vermieden werden. Dem zweiten kann insofern die Schlagkraft genommen werden, als dem beaufsichtigten Einzelunternehmen ein Anhörungs- und Entlastungsrecht gegenüber der zuständigen Aufsichtsbehörde eingeräumt wird. Des weiteren könnte gegen dieses Verfahren eingewandt werden, daß es mit einem hohen Verwaltungsaufwand und damit unnötigen Kosten für die beaufsichtigten Unternehmen verbunden sein könnte. Hiergegen ist jedoch zu sagen, daß durch die spezielle Statuierung von Meldepflichten bereits an vorhandene Transparenzvorschriften angeknüpft wird, die zumindest aus der Sicht der deutschen Aufsichtsrechte nur eine marginale Verschärfung bedeuten würden. Anstelle des gegebenenfalls durchzuführenden qualitativ modifizierten Aggregationsverfahren könnte auch zur Entlastung der zu beaufsichtigenden Unternehmen erwogen werden, daß unternehmenseigene Risikosteuerungsmodelle mit vergleichbarer Zielrichtung eingesetzt und diese aufsichtsbehördlich überwacht werden. Bedenken könnten schließlich auch dagegen erhoben werden, daß durch derartig weitgehende Informations- und Meldepflichten ein unternehmerisches Planen und Agieren verhindert oder zumindest einschneidend erschwert werden könnte. Jedoch ist eine weitgehende Offenlegung der Beteiligungsstruktur und -qualität dann gerechtfertigt, wenn dadurch die Erreichung der Aufsichtsziele gewährleistet werden kann. Festzulegen ist noch im Detail die Gruppenstruktur eines Finanzkonglomerats,[110] die in den Anwendungsbereich einer möglichen Richtlinie zur verstärkten finanzaufsichtsrechtlichen Beaufsichtigung von Finanzkonglomeraten fallen soll. Jedoch ist diese daran zu orientieren, in welchen Fällen ein Übergreifen der Gefahrenlagen eines Unternehmens auf ein anderes nicht oder nur schwer beherrschbar ist. Wegen der negativen Auswirkungen instabiler Solvenzverhältnisse im Finanzdienstleistungsbereich, nämlich Störung der Funktionsfähigkeit des Marktes und u.U. existentielle Gefährdung insbesondere der Versicherungsnehmer und Versicherten, ist bei bestimmten organisatorisch erheblichen Verknüpfungen von Versicherungsunternehmen mit anderen Unternehmen des Finanzdienstleistungsbereichs eine weitgehende Transparenz gerechtfertigt.

110 S. hierzu 10. Kap.

D. Ergebnis

Zur Reduzierung der Gefahren aus der Mehrfachbelegung der Eigenmittel und der sonstigen Ansteckungsrisiken sollte ein qualitativer Solo-Plus-Ansatz entwickelt werden. Als vorzugswürdige Methode erscheint ein modifizierter Früherkennungs- und Kapitalwarntest.

10. Kapitel: Aufsichtsrechtliche Definition des Finanzkonglomerats

A. Kriterien einer Gruppe

I. Einführung

Über die Festsetzung der Beteiligungsschwelle für die gruppenbezogene Eigenkapitalaufsicht im Finanzkonglomerat herrscht Uneinigkeit. Zum einen wird vertreten, daß man sich bei der Festlegung der Schwellenwerte aus Risikogründen an den bankenaufsichtsrechtlichen Vorgaben orientieren soll.[1] Danach besteht eine Pflicht zu einer gruppenbezogenen Betrachtung der Eigenmittelausstattung bei einer Beteiligung von 20%, wobei es sich jedoch bei Art. 5 Abs. 2 der Konsolidierungsrichtlinie und § 10a Abs. 4 KWG um eine sog. qualifizierte Beteiligung handeln muß.[2] Zum anderen wird von der Versicherungswirtschaft eine Beteiligungsschwelle von 50% oder mehr der Stimmrechte oder Kapitalanteile bzw. ein Mutter-Tochterunternehmensverhältnis gefordert.[3] Leitmotiv für die Festlegung des Merkmals Gruppe für die Beaufsichtigung von Finanzkonglomeraten ist ebenso wie bei der Definition der Kreditinstitutsgruppe nach dem Bankenaufsichtsrecht die finanzaufsichtsrechtliche Steuerung der Einflußnahmemöglichkeit und der Mehrfachbelegung der Eigenmittel. Problematisch ist, ob für eine aufsichtsrechtliche Definition des Finanzkonglomerats neben einem Mutter-Tochter-Verhältnis ein weiteres

---

1 *Müller*, Überlegungen zur Vereinheitlichung, S. 26; *ders.*, ZfV 1997, 435, 437; *Wienberg*, S. 196 f.; *Weinel*, S. 211. Nach dem *de Swaan*-Report, S. 4, sollen nur Beteiligungen unter 20% nicht erfaßt werden. Die Brüsseler Vorschläge sind in diesem Punkt dagegen noch nicht konkret.

2 Art. 3 Abs. 1 der Konsolidierungsrichtlinie. Ferner Art. 2 Abs. 1 der BCCI-Richtlinie; Art. 7 Abs. 2; Art. 1 und 9 des Richtlinienvorschlags über die zusätzliche Beaufsichtigung von Versicherungsunternehmen einer Versicherungsgruppe; § 10a KWG n.F. und BR-Drs. 963/96, S. 80. Die Richtlinien orientieren sich einheitlich bei der Bestimmung der Beteiligung an dem bereits für das Gesellschaftsrecht bestehenden Schwellenwert nach Art. 17 der Vierten Gesellschaftsrichtlinie 78/660/EWG.

3 S. z.B. Bericht über das 2. Kölner Versicherungssymposium zur Solvabilität von Versicherungsgruppen und Finanzkonglomeraten, VW 1997, 855.

Unternehmensverhältnis relevant sein soll, bei dem der Schwellenwert der Kapitalbeteiligung bzw. der gehaltenen Stimmrechte niedriger liegt.

II. Mutter-Tochter-Unternehmensbeziehung

Unproblematisch ist eine gruppenweite Aufsicht über die Eigenkapitalausstattung bei einer Mutter-Tochter-Unternehmensbeziehung i.S.d. Art. 1 Abs. 1 der Siebten Gesellschaftsrichtlinie, denn hier bestehen Kontroll- und Steuerungsmöglichkeiten des Mutterunternehmens hinsichtlich des betreffenden Tochterunternehmens.[4] Daher könnten insofern die Bestimmungen über Mutter- und Tochterunternehmen der Konsolidierungsrichtlinie übernommen werden.[5] Die Umschreibung der Mutter-Tochter-Unternehmensbeziehung nach den Dritten Richtlinien ist insofern weiter, als auch der Abs. 2 des Art. 1 und Art. 2 der Siebten Gesellschaftsrichtlinie einbezogen sind.[6] Wird für die Definition von Mutter- und Tochterunternehmen auf die Kriterien, die für die Aufstellungspflicht eines Konzernabschlusses gelten, zurückgegriffen, ist der tatsächlich beherrschende Einfluß unabhängig von der Beteiligungshöhe entscheidend. Damit werden auch Gruppen einbezogen, deren Zusammenhalt nicht allein auf einer kapitalbezogenen Organisation gründet. Jedoch ist ebenso wie nach der Konsolidierungsrichtlinie auch für eine Solo-Plus-Betrachtung maßgebend, daß die Beteiligung mindestens 20% am Kapital des anderen Unternehmens

---

4 So z.B. Bericht über das 2. Kölner Versicherungssymposium zur Solvabilität von Versicherungsgruppen und Finanzkonglomeraten, VW 1997, 855; *Kohler*, in: FS f. Volhard, S. 103; *Gröschel/Möller*, Sparkasse 1995, 394, 396.

5 Nach Art. 1 der Konsolidierungsrichtlinie ist ein Mutterunternehmen ein Unternehmen i.S.d. Art. 1 Abs. 1 der Richtlinie 83/349/EWG sowie jedes Unternehmen, das nach Auffassung der zuständigen Behörden tatsächlich einen beherrschenden Einfluß auf ein anderes Unternehmen ausübt, ein Tochterunternehmen ein Unternehmen i.S.d. Art. 1 Abs. 1 der Richtlinie 83/349/EWG sowie jedes Unternehmen, auf das ein Mutterunternehmen nach Auffassung der zuständigen Behörden tatsächlich einen beherrschenden Einfluß ausübt. Jedes Tochterunternehmen eines Tochterunternehmens wird auch als Tochterunternehmen des Mutterunternehmens, das sich an der Spitze dieser Unternehmen befindet, betrachtet. Art. 1 Abs. 1 der Richtlinie 83/349/EWG ist in § 290 HGB umgesetzt.

6 Vgl. Art. 1 lit. h, i der Dritten Richtlinie Schaden; Art. 1 lit. i, j der Dritten Richtlinie Leben.

beträgt.[7] Entscheidend ist somit bei der Feststellung von Mutter- und Tochter-Unternehmensverhältnissen, ob eine Stimmrechtsmacht gegeben ist. Fraglich ist, ob der Art. 1 Abs. 2 der Richtlinie 83/349/EWG in Verbindung mit Art. 17 der Richtlinie 78/660/EWG als Anknüpfungspunkt für eine positive Begriffsbestimmung geeignet ist und den Anforderungen an die Rechtssicherheit genügt. Zwar enthält Art. 17 der Richtlinie 78/660/EWG sogenannte „weiche Kriterien", die der Auslegung bedürfen und insoweit gegen die Einhaltung der gebotenen Rechtssicherheit sprechen. Als Alternative kommt auch eine Formulierung in Betracht, wie sie die Kommission in ihrem Vorschlag für eine Richtlinie über die zusätzliche Beaufsichtigung der Versicherungsunternehmen einer Versicherungsgruppe verwendet: Dort wird zur Definition eines Mutterunternehmens nur auf Art. 1 Abs. 1 der Richtlinie 83/349/EWG des Rates verwiesen sowie definiert, daß des weiteren ein Mutterunternehmen jedes Unternehmen ist, „das nach Auffassung der zuständigen Behörden tatsächlich einen beherrschenden Einfluß auf ein anderes Unternehmen ausübt." Diese Alternative ist aber unter dem Gesichtspunkt der Rechtssicherheit deshalb abzulehnen, weil sie den Aufsichtsbehörden zur Bestimmung eines Mutterunternehmens einen weiten Beurteilungsspielraum eröffnet. Für die eindeutige Bezugnahme auch auf Abs. 2 des Art. 1 der Richtlinie 83/349/EWG spricht dagegen, daß aufgrund der bilanzrechtlichen Umsetzung beispielsweise in das deutsche Recht in § 290 HGB ausreichend Konkretisierungsmaterial vorhanden ist, so daß die Auslegung überprüfbar und hinreichend transparent und vorhersehbar ist. Darüber hinaus fügt sich die Anknüpfung an die bisherige Systematik der bereits erlassenen Richtlinien, die zur Bestimmung von Mutter- und Tochterunternehmen auf den Art. 1 Abs. 1 und 2 der Richtlinie 83/349/EWG verweisen.[8]

---

7 S. Art. 1 und 3 der Konsolidierungsrichtlinie. Dies ist auch die maßgebende Schwelle der Siebten Gesellschaftsrichtlinie, Art. 1 Abs. 2.

8 Vgl. nur Art. 1 lit. h) und i) der Dritten Richtlinie Schaden; Art. 1 lit. i) und j) der Dritten Richtlinie Leben; Art. 2 Abs. 1 lit. b) der BCCI-Richtlinie; Art. 1 Nr. 12 und Nr. 13 der Zweiten Bankrechtskoordinierungsrichtlinie.

III. Beteiligungskriterium

1. *Mehrheitsbeteiligung*

Fraglich ist, ob es aufsichtsrechtlich relevant ist, wenn bei einer Mehrheitsbeteiligung der beherrschende Einfluß aufgrund eines Stimmbindungsvertrags oder eines Entherrschungsvertrags ausgeschlossen ist. Die aktienrechtliche und bilanzrechtliche Zulässigkeit von Entherrschungsverträgen ist umstritten.[9] Im Bankenaufsichtsrecht wird beim Besitz einer Anteilsmehrheit unwiderleglich vermutet, daß ein beherrschender Einfluß gegeben ist.[10] Da die Risikolage im Finanzkonglomerat nicht nur durch Abhängigkeitsverhältnisse, sondern auch durch die Mehrfachbelegung der Eigenmittel erhöht werden kann, kann es nicht alleinentscheidend auf den beherrschenden Einfluß ankommen. Daher ist auch bei möglicherweise zulässigem Entherrschungsvertrag eine Solo-Plus-Beaufsichtigung bei Mehrheitsbeteiligungen angezeigt.

2. *Minderheitsbeteiligungen*

a) *Einfache Minderheitsbeteiligungen*

Fraglich ist, ob darüber hinaus für beteiligte Unternehmen, die in keinem Mutter-Tochter-Unternehmensverhältnis stehen, ebenfalls eine bereinigte Solvabilitätsermittlung erfolgen soll. Beteiligungen von weniger als 20% ermöglichen weder Kontrolle noch besonderen Einfluß. Daher reicht hierfür die Solo-Beaufsichtigung aus. Problematisch ist die Behandlung von Minderheitsbeteiligungen zwischen 20% und 50% Anteil am Kapital bzw. an den Stimmrechten. Konzernrechtliche Haftungstatbestände treten mangels Leitungsbefugnissen und beherrschenden Einflusses nicht auf. Finanzielle Gefährdungen durch ungünstige Vertragskonditionen sind bereits Gegenstand mittelbarer aufsichtsrechtlicher Kontrolle (Geschäftsleiter- und Aktionärskontrolle). Bei Haftungsgefahren, die durch schuldrechtliche Verträge entstehen, z.B. pVV bei Dienstleistungsverträgen, kann aufsichtsrechtlich punktuell eingegriffen werden. Ein rechtlicher

9 S. nur *Hüttemann*, ZHR 156 (1992), 314, 324 ff.; *Hüffer*, AktG, § 17 Rn. 22; *Koppensteiner*, in: Kölner Kommentar zum AktG, § 17 Rn. 89 ff.; *Schnikke/Kilgert*, in: Beck'scher Bilanzkommentar, § 290 Rn. 46.

10 S. Art. 3 der Konsolidierungsrichtlinie; s. auch *Dietz*, AG 1990, 272 f.; *Troberg*, in: Schimansky/Bunte/Lwowski, Bankrechts-Handbuch, § 136 Rn. 36.

Haftungsverbund bzw. eine Risikoeinheit bei reinen Minderheitsbeteiligungen kann somit nicht angenommen werden. Problematisch könnten Minderheitsbeteiligungen aber hinsichtlich möglicher faktischer Haftung sein, beispielsweise um eine Kooperationsvereinbarung zu stützen. Jedoch sind die nicht generell unzulässigen Quersubventionierungen bereits Gegenstand ausreichender versicherungsaufsichtsrechtlicher Kontrolle. Ferner ist zu bedenken, daß durch die Einbeziehung von Minderheitsbeteiligungen in die gruppenweite Eigenkapitalbetrachtung auch erst die Erwartungshaltung für ein moralisches Einstehenmüssen künstlich geschaffen wird.[11] Gegen die Einbeziehung von Minderheitsbeteiligungen spricht auch, daß auf der Grundlage des geltenden Gesellschaftsrechts der Minderheitsbeteiligte sich nicht zur Durchführung des Kapitalwarntests umfassend informieren kann.[12] Für eine Einbeziehung der Minderheitsbeteiligungen in die bereinigte Solvabilitätsermittlung könnten aber die Aspekte der Umgehungsgefahr und der Mehrfachbelegung der Eigenmittel angeführt werden. Die Umgehungsgefahr wird jedoch durch die Definition des Mutter-Tochter-Unternehmensverhältnisses reduziert. Schwerwiegender erscheint das Argument der Mehrfachbelegung der Eigenmittel. Es wurde aber festgestellt, daß die Mehrfachbelegung der Eigenmittel im Finanzkonglomerat nicht in allen Fällen risikoerhöhend wirkt. Auch entsteht im Finanzkonglomerat aufgrund der Heterogenität und des Spartentrennungsgrundsatzes nicht in gleicher Weise wie bei Kreditinstitutsgruppen die Gefahr eines Anschlußkonkurses. Darüber hinaus werden Versicherungsunternehmen im laufenden Geschäftsbetrieb umfassender als Kreditinstitute beaufsichtigt, so daß die Konkurswahrscheinlichkeit bereits hierdurch reduziert ist. Daher erscheinen bei diesen Kapitalverflechtungen die vorhandenen aufsichtsrechtlichen Instrumentarien ausreichend. Auch von einer Abzugsregelung Beteiligungen i.H.v. mehr als 10% betreffend, die nach dem Vorbild der § 10 Abs. 6a Nr. 4 und 5 KWG ausgestaltet

---

11 S. zu diesem Aspekt auch Beschlußempfehlung und Bericht des Finanzausschusses zum Richtlinienvorschlag über die zusätzliche Beaufsichtigung der Versicherungsunternehmen einer Versicherungsgruppe, BT-Drs. 13/4110, S. 5.

12 S. jedoch die Möglichkeit der Informationsbeschaffung nach § 56a der Außenwirtschaftsordnung, wonach Bilanzzahlen auch von gebietsfremden Unternehmen ab einer Beteiligung von 25% zu melden sind, s. auch BT-Drs. 10/1441, S. 24.

werden könnte, kann abgesehen werden.[13] Hinsichtlich der Beteiligungen von Kreditinstituten an Versicherungsunternehmen ist nämlich zu berücksichtigen, daß sie wie andere Beteiligungen dem Grundsatz I unterfallen und daher entsprechend eigenkapitalunterlegungspflichtig sind. Risikovorsorge hinsichtlich der Beteiligungen von Versicherungsunternehmen an Kreditinstituten wird durch die Kapitalanlagevorschriften und Anzeigepflichten getroffen. Darüber hinaus wird das mit dem Wertverlust einer Beteiligung verbundene Abschreibungsrisiko bilanziell berücksichtigt. Schließlich kann dem Minderheitsbeteiligungen innewohnenden Anlagerisiko dadurch Rechnung getragen werden, daß bei einer Reform der Solvabilitätsvorschriften für Versicherungsunternehmen dieses auch bei Nichtlebensversicherungsunternehmen berücksichtigt wird. Liegt einer kapitalmäßig abgesicherten Kooperation von Versicherungsunternehmen und Nichtversicherungsunternehmen ein Funktionsausgliederungsvertrag zugrunde, so ist damit das Unternehmen bereits der unmittelbaren Beaufsichtigung unterworfen. Im Ergebnis erscheint eine zwingende Einbeziehung der Minderheitsbeteiligungen in die gruppenweite Eigenkapitalbetrachtung nicht angemessen und erforderlich. Schließlich sind die jeweils gleichartigen Finanzinstitutionen, die Teil eines Finanzkonglomerats sind, einer Gruppenaufsicht entweder nach der Konsolidierungsrichtlinie oder der Versicherungsgruppenrichtlinie unterworfen.

b) Qualifizierte Minderheitsbeteiligungen

Fraglich ist, ob für sog. qualifizierte Minderheitsbeteiligungen eine gruppenbezogene Eigenkapitalbetrachtung vorzunehmen ist. Nach Art. 5 Abs. 2 der Konsolidierungsrichtlinie liegt eine solche vor, wenn ein konsolidierungspflichtiges Unternehmen einer Gruppe direkt oder indirekt mindestens 20% der Kapitalanteile eines nachgeordneten Unternehmens (und zwar eines Kreditinstituts, Finanzinstituts oder Hilfsunternehmens) hält, dieses Unternehmen entsprechend § 310 HGB gemeinsam mit anderen nicht gruppenangehörigen Unternehmen leitet und eine Beschränkung der Verantwortung der einzelnen Anteilseigner (der Gemeinschaftsunternehmen) nach Maßgabe ihres Kapitalanteils vorgesehen ist. Eine solche Erstreckung auf Finanzkonglomerate erscheint angesichts der Risiken für übergeordnete Versicherungsunternehmen angezeigt, wenn ein nachgeordnetes Funktionsausgliederungsunternehmen Dienstleistungen sowohl

13 A.A. *Weinel*, S. 198; *Amely*, S. 244, die aber hinsichtlich der Vermeidung von Gewinnverlagerungen die Bedeutung der versicherungsaufsichtsrechtlichen Kapitalanlagevorschriften verkennen.

für das Versicherungsunternehmen als auch für ein Kreditinstitut erbringt.[14] Daher ist eine gruppenbezogene Eigenkapitalbetrachtung auch für qualifizierte Minderheitsbeteiligungen im Ergebnis vorzusehen. Diese Regelung greift allerdings nur subsidiär zum Anwendungsfall der Mutter-Tochter-Unternehmensbeziehung ein.

IV. Problem: Sparkassen-Finanzverbund

Fraglich ist, ob Sparkassen-Finanzverbünde, die aufgrund der Gewährträgerhaftung und ihrer kapitalmäßigen Verflechtungen eine Risikoeinheit darstellen,[15] vom Anwendungsbereich einer ergänzenden aufsichtsrechtlichen Regelung erfaßt sind. Im geltenden Bankenaufsichtsrecht stellen bislang die Verbundorganisationen der öffentlich-rechtlichen und der genossenschaftlichen Kreditinstitute trotz bestehender Risikogemeinschaft einen Sonderfall dar, der von den Konsolidierungspflichten weitgehend nicht erfaßt ist.[16] Sie können aufgrund ihrer dezentralen Struktur weder unter das Konzernkonzept des § 290 Abs. 1 HGB noch unter das Kontrollkonzept des § 290 Abs. 2 HGB subsumiert werden. Der Sparkassen-Finanzverbund ist hinsichtlich seiner Verbundunternehmen, nämlich der einzelnen Sparkasseninstitute und Versicherungsunternehmen, ebenfalls dezentral strukturiert; die wirtschaftliche und rechtliche Selbständigkeit der Verbundunternehmen bleibt erhalten. Der Sparkassen- und Giroverband, der aufgrund eines Mehrheitsanteils am Stammkapital von Versicherungsunternehmen die unternehmerische Steuerung übernehmen kann, ist jedoch nicht Aufsichtsobjekt der Banken- und Versicherungsaufsicht. Bleibt die Dezentralität weiterhin erhalten, so ist eine Einbeziehung in ein Konsolidierungsverfahren nicht möglich; die Aufsicht beschränkt sich dann auf Wahrung der Transparenz, die Kontrolle der Transaktionen im Verhältnis des Verbands zu den einzelnen Versicherungsunternehmen und die Überwachung der Funktionsausgliederungsverträge.

---

14 Vgl. 5. Kap. C. II.

15 S. 4. Kap. E.

16 Vgl. *Burghof/Rudolph*, Bankenaufsicht, S. 86; *Gröschel*, ZögU 1996, 1, 5 ff. Allerdings sind im genossenschaftlichen Sektor Konzentrationstendenzen erkennbar, *Wesseling*, S. 100.

V. Ergebnis

Die aufsichtsrechtlich relevante Gruppenbeziehung besteht in einem Mutter-Tochter-Unternehmensverhältnis. Daher sollte die Definition – wie in den bereits erlassenen Koordinierungsrichtlinien auch – den Vorgaben der Siebten Gesellschaftsrechtsrichtlinie folgen. Somit ergibt sich für eine mögliche Richtlinie der folgende Definitionsvorschlag:

Im Sinne einer Richtlinie über die zusätzliche Beaufsichtigung von Versicherungsunternehmen, Kreditinstituten und Wertpapierfirmen eines Finanzkonglomerats liegt eine aufsichtsrechtlich relevante Unternehmensverbindung vor, wenn zwei oder mehr natürliche oder juristische Personen verbunden sind durch Kontrolle, d.h. die Verbindung zwischen einem Mutterunternehmen und einem Tochterunternehmen in allen Fällen des Artikels 1 Absätze 1 und 2 der Richtlinie 83/349/EWG, oder wenn ein gleichgeartetes Verhältnis zwischen einer natürlichen oder juristischen Person und einem Unternehmen besteht; jedes Tochterunternehmen eines Tochterunternehmens wird ebenfalls als Tochterunternehmen des Mutterunternehmens angesehen, das an der Spitze dieser Unternehmen steht.

B. Aufsichtsobjekte

I. Beaufsichtigte Unternehmen

Vom Anwendungsbereich einer möglichen Richtlinie über die zusätzliche Beaufsichtigung über Finanzkonglomerate zur Reduzierung der Gefahren, die aus der Mehrfachbelegung der Eigenmittel resultieren, sollten zunächst einmal Kreditinstitute, Versicherungsunternehmen und Wertpapierdienstleistungsunternehmen im Sinne der Definitionen der einschlägigen EU-Rechtsvorschriften erfaßt sein. Fraglich ist, inwiefern andere Unternehmen in einen Kapitalwarntest einbezogen werden sollen.

II. Holdingunternehmen

1. Risiken bei einer Dachholding

Bei einer Dachholdinggesellschaft ergeben sich Risiken aufgrund der möglichen Eigenkapitalschöpfung auf Kredit.[17] Aufsichtsrechtlich ist zwischen einer Finanzholdinggesellschaft nach § 1 Abs. 3a KWG bzw. Art. 1 Konsolidierungsrichtlinie,[18] einer Versicherungsholdinggesellschaft nach Art. 1 lit. h des Richtlinienvorschlags über die zusätzliche Beaufsichtigung von Versicherungsunternehmen einer Versicherungsgruppe[19] und gemischten Unternehmen nach Art. 1 der Konsolidierungsrichtlinie bzw. § 1 Abs. 3b KWG bzw. Art. 1 lit. i des Richtlinienvorschlags über die zusätzliche Beaufsichtigung von Versicherungsunternehmen einer Versicherungsgruppe[20] zu differenzieren. Ferner ist von den gemischten Unternehmen eine sog. Finanzkonglomeratsholdinggesellschaft zu unterscheiden. Das Unterscheidungskriterium ist der Umfang der Finanzaktivitäten. Eine Finanzkonglomeratsholdinggesellschaft ist insofern ein Finanzinstitut im Sinne von Art. 1 zweiter Gedankenstrich der Richtlinie 92/30/EWG oder ein Rückversicherungsunternehmen, dessen verbundene Unternehmen ausschließlich oder überwiegend beaufsichtigte Unternehmen, Finanzinstitute oder Rückversicherungsunternehmen sind.[21]

Die Finanzholdinggesellschaft ist in den Kreis der nach Bankenaufsichtsrecht konsolidierungspflichtigen Unternehmen einbezogen. Für die Versicherungsholdinggesellschaften und gemischte Unternehmen soll nach

---

17 S. hierzu 5. Kap. A. IV. 1., B. I. 1.

18 Danach ist eine Finanzholdinggesellschaft ein Finanzinstitut, deren Tochterunternehmen ausschließlich oder hauptsächlich Kreditinstitute oder Finanzinstitute sind.

19 Danach ist eine Versicherungsholdinggesellschaft ein Unternehmen, welches selbst kein Versicherungsunternehmen ist und dessen Tochterunternehmen entweder ausschließlich oder hauptsächlich Versicherungs- oder Rückversicherungsunternehmen sind und zu dessen Tochterunternehmen mindestens ein Versicherungsunternehmen gehört.

20 Danach sind gemischte Unternehmen solche, die weder Versicherungsunternehmen, Kreditinstitute, Finanzinstitute noch Versicherungsholdinggesellschaften sind, mit mindestens einem Kreditinstitut und einem Versicherungsunternehmen als Tochterunternehmen.

21 *Technische Sachverständigengruppe*, Anhang 1, S. 65. Das Merkmal „verbundenes Unternehmen" meint Tochterunternehmen i.S. des Art. 1 Abs. 1 und 2 der Richtlinie 83/349/EWG.

dem vorliegenden Richtlinienvorschlag die Durchführung eines Kapitalwarntests vorgesehen werden.[22] Hiergegen bestehen aber Bedenken. Zum einen unterliegen die Inhaber bedeutender Beteiligungen bereits nach geltendem Aufsichtsrecht einer Zuverlässigkeits- und Eignungsüberprüfung. Gruppeninterne Transaktionen werden ebenfalls weitgehend aufsichtsrechtlich überwacht.[23] Liquiditätsrisiken, die insbesondere durch den Einsatz derivativer Finanzinstrumente entstehen können, ist durch interne Risikomanagementsysteme abzuhelfen. Ferner müssen gesellschaftsrechtliche und steuerrechtliche Vorgaben eingehalten werden (Verbot der Existenzgefährdung). Des weiteren ist den Holdinggesellschaften ein gewisser Freiraum bei der Beschaffung der Finanzmittel zu erhalten.[24] Eine nachträgliche Kontrolle der Transaktionen ist insofern zur Beaufsichtigung eines solchen Konglomerats ausreichend.

Fraglich ist, ob für eine Finanzkonglomeratsholdinggesellschaft zur Vermeidung der Risiken des Leverage-Effekts ein Kapitalwarntest eingeführt werden soll. Die Run-Gefahr ist hierbei wegen der eingebundenen Kreditinstitute größer als bei einer Versicherungsholdinggesellschaft oder einem gemischten Unternehmen. Daher ist ein entsprechender Informationszugang den Aufsichtsbehörden zu eröffnen. Ferner sollten die gruppeninternen Transaktionen besonderer aufsichtsbehördlicher Aufmerksamkeit unterliegen. Wegen der in ein Finanzkonglomerat eingebundenen Kreditinstitute, die einem Run-Risiko mit den möglicherweise fatalen Folgen für die Volkswirtschaft ausgesetzt sind, ist es auch hinnehmbar, daß die Finanzkonglomeratsholdinggesellschaft in gefährlichen Situationen in der Beschaffung der dann erforderlichen Eigenmittel beschränkt ist. Daher sind sie in den Kapitalwarntest einzubeziehen. In Ländern, in denen eine aufsichtsrechtliche Transaktionskontrolle vorgesehen ist, könnte unter dem Gesichtspunkt der Verhältnismäßigkeit ein Wahlrecht zwischen der Transaktionskontrolle und dem Kapitalwarntest eingeräumt werden.

---

22 *Müller*, Überlegungen zur Vereinheitlichung, S. 27. S. hierzu Art 10 i.V.m. Anhang II des Richtlinienvorschlags zur zusätzlichen Beaufsichtigung von Versicherungsunternehmen einer Versicherungsgruppe.

23 S. 5. Kap. C.

24 Beschlußempfehlung des Finanzausschusses, BT-Drs. 13/4110, S. 6.

2. *Risiken bei einer Zwischenholding*

Im Unterschied zu einer Dachholding kann bei einer zwischengeschalteten Holding im Finanzkonglomerat die Gefahr der Mehrfachbelegung der Eigenmittel und der Ansteckung für das Mutterunternehmen auftreten. Steht ein Kreditinstitut an der Spitze des Finanzkonglomerats, so findet eine Einbeziehung der Zwischenholding bereits nach § 10a Abs. 2 KWG statt. Steht ein Versicherungsunternehmen an der Spitze des Finanzkonglomerats, so ist zu unterscheiden, ob der zwischengeschalteten Holding ein Kreditinstitut oder ein Versicherungsunternehmen nachgeordnet ist. Im ersten Fall findet eine Beaufsichtigung der Finanzholding-Gruppe auf konsolidierter Basis gemäß § 10a Abs. 3 KWG statt. Im zweiten Fall wird das der zwischengeschalteten Holding nachgeordnete Versicherungsunternehmen wie eine direkte Tochtergesellschaft des Mutterunternehmens behandelt. In diesem Verhältnis findet dann nach den Vorgaben des Richtlinienvorschlags die Ermittlung einer bereinigten Solvenz statt. Auch bestehen bereits weitreichende versicherungsaufsichtsrechtliche Regulierungsmöglichkeiten bezüglich einer zwischengeschalteten Holdinggesellschaft.[25] Die Einführung eines weiteren Kapitalwarntests erscheint mithin entbehrlich.

III. Rückversicherungsunternehmen

Ob Rückversicherungsunternehmen, die nach Maßgabe des § 1 Abs. 2 S. 1 VAG einer eingeschränkten Aufsicht unterliegen, in den Anwendungsbereich einer Solo-Plus-Aufsicht einbezogen werden sollen, ist ebenfalls umstritten. Für eine Einbeziehung könnte angeführt werden, daß Rückversicherungsunternehmen Versicherungsschutz für andere beteiligte Versicherungsunternehmen gewähren und somit das versicherungstechnische Risiko sowie die Eigenkapitalanforderung des Einzelunternehmens senken können. Insofern könnten Verluste von Rückversicherungsunternehmen ebenfalls die Gruppe gefährden.[26] Eine Einbeziehung der Rückversicherungsunternehmen in die aufsichtsrechtlichen Eigenkapitalanforderungen eines Finanzkonglomerats wäre aber möglicherweise mit erheblichen Auswirkungen auf die Wettbewerbsfähigkeit der weltweit tätigen Rück-

25 S. §§ 7 Abs. 2, 82, 54 ff. VAG. Ebenso *Hübner*, VR 1989, 108.

26 S. *Weinel*, S. 211 f.; *Wienberg*, S. 195 f.

versicherungsunternehmen verbunden.[27] Daher ist insbesondere die Verhältnismäßigkeit einer Einbeziehung zu überprüfen. Steht ein Rückversicherungsunternehmen an der Spitze des Finanzkonglomerats, so unterfällt es der hier getroffenen Definition der Finanzkonglomeratsholdinggesellschaft. Risiken für nachgeordnete Versicherungsunternehmen und Kreditinstitute aus einer Mehrfachbelegung der Eigenmittel sind nahezu ausgeschlossen, jedoch nicht die Risiken aus der Eigenkapitalschöpfung auf Kredit. Zahlungsströme zwischen den beteiligten Kreditinstituten und Versicherungsunternehmen sind Gegenstand gesellschaftsrechtlicher Vorgaben, weitgehender aufsichtsrechtlicher Transparenzvorschriften, jedoch nicht der Entgeltkontrolle nach § 53d VAG.[28] Daher erscheint die Einbeziehung in einen Kapitalwarntest gerechtfertigt, da dieser vorrangig auf rigide Offenlegung der Beteiligungsstruktur gerichtet und nicht zwangsläufig mit einer Erhöhung der Eigenkapitalausstattung verbunden ist.

Schwieriger wiederum gestaltet sich die Situation, wenn das Rückversicherungsunternehmen zwischengeschaltet ist. Angesichts der dargestellten Wettbewerbssituation von Rückversicherungsunternehmen ist aber besonders sorgfältig zu prüfen, ob die Aufsichtsbehörden nicht bereits über hinreichende Eingriffsmöglichkeiten verfügen, wenn der Erwerb oder die Ausgliederung einer Rückversicherungstochtergesellschaft die Solvabilität der beaufsichtigten Unternehmen gefährden könnte. Eine solche Eingriffsmöglichkeit ergibt sich nicht aus § 82 VAG.[29] Ermächtigungsgrundlagen bilden aber § 81 VAG und der neue § 6 Abs. 3 KWG. U.U. könnte auch ein Wahlrecht zwischen der Einbeziehung in einen Kapitalwarntest oder der Durchführung einer aufsichtsrechtlichen Transaktionskontrolle vorgesehen werden.

IV. Finanznahe Unternehmen

Nicht aufsichtspflichtige Finanzdienstleistungen wie etwa das Leasing- oder Factoringgeschäft können auf selbständige aufsichtsfreie Gruppenunternehmen verlagert werden. Hinzu kommen finanzorientierte Tätigkeiten im finanznahen Bereich, etwa die Immobilienvermittlung oder die Unternehmensberatung. Soweit sie unter die Definition des § 1 Abs. 3 KWG fallen, unterliegen solche Finanzinstitute grundsätzlich der Einbeziehung

27 *Van den Berghe*, ZVersWiss 1997, 251, 266.
28 S. hierzu 5. Kap. B. I. 4. c) bb) bbb).
29 *Kollhosser*, in: Prölss, VAG, § 82 Rn. 8; *Fahr/Kaulbach*, VAG, § 82 Rn. 2.

in den Konsolidierungskreis gemäß § 10a Abs. 2 KWG. Fraglich ist, ob für Beteiligungen von beaufsichtigten Versicherungsunternehmen an versicherungsnahen Dienstleistungsunternehmen entsprechendes gelten soll. Angesichts der bereits stattfindenden Transaktionskontrolle und der Anzeigepflichten scheint eine Risikoerhöhung beherrschbar zu sein. Eher könnte auch an eine erweiterte Aufsicht nach dem Vorbild des § 5 Abs. 3 Nr. 4 VAG zu denken sein, der Funktionsausgliederungen auf andere Unternehmen zuläßt, diese aber ebenfalls der Aufsicht unterstellt, § 81 Abs. 4 VAG. Fraglich ist aber, was für finanznahe Dienstleistungsunternehmen gelten soll, die für die am Finanzkonglomerat beteiligten Kreditinstitute und Versicherungsunternehmen gleichermaßen tätig sind. Hier liegt eine Einbeziehung in den Anwendungsbereich der Richtlinie angesichts der möglicherweise nur schwer zuordenbaren Risiken nahe.[30]

V. Handelsunternehmen/Mischkonglomerate

In Zukunft wird sich das Problem stellen, ob und wie Mischkonglomerate aufsichtsrechtlich zu behandeln sind. Mischkonglomerate sind Gruppen, die sich aus Handels- oder Industrieunternehmen und zumindest einem beaufsichtigten Unternehmen – Versicherungsunternehmen, Kreditinstitut oder Wertpapierdienstleistungsunternehmen – zusammensetzen. Ist schon umstritten und nach hier gewonnener Auffassung im Ergebnis abzulehnen, ob bzw. daß die Hauptgeschäftsrisiken von Kreditinstituten und Versicherungsunternehmen in einer Gesamtrisikoposition zusammengefaßt werden können, so gilt dies um so mehr für die Betrachtung der Risiken von Nichtfinanzunternehmen, deren Auswirkungen auf das Konglomerat nur schwer abgeschätzt werden können.[31] Die Tripartite Group schlägt angesichts dieser Schwierigkeiten vor, die Unternehmen, die nicht dem Finanzsektor angehören, über eine zwischengeschaltete Holding vom Finanzteil der Gruppe zu trennen.[32] Gegen diesen Vorschlag bestehen aber Bedenken. Denn dadurch würde erheblich in die gesellschaftsrechtliche Gestaltungsfreiheit der Unternehmen eingegriffen. Vielmehr stellt sich die Frage, ob zur Beaufsichtigung der Risiken, die sich überwiegend aus den Finanzierungsbeziehungen ergeben, überhaupt weiterer aufsichtsrechtlicher

30 S. 5. Kap. C. II.

31 S. hierzu z.B. *Burghof/Rudolf*, Bankenaufsicht, S. 82; *Weinel*, S. 222; *Gröschel/Möller*, Sparkasse 1995, 400.

32 *De Swaan*-Report, S. 37.

Handlungsbedarf besteht. Die Frage soll jedoch im Rahmen dieser Untersuchung nicht weiter vertieft werden.

C. Unternehmenssitz

Finanzkonglomerate sind häufig nicht nur in den Mitgliedstaaten, sondern international tätig. Daher stellt sich die Frage, welche Finanzkonglomerate in den Anwendungsbereich einer möglichen Richtlinie fallen sollen. Angesichts des Zuständigkeitsbereichs des EU-Gesetzgebers ist zwingende Voraussetzung, daß ein beaufsichtiges Unternehmen seinen Sitz in der Gemeinschaft hat. Des weiteren liegt eine Orientierung an den bereits vorhandenen Regelungen der Konsolidierungsrichtlinie,[33] die verschiedene Konstellationen mit Drittlandbezug betreffen, nahe.[34] Als besonders problematisch kann der Fall, daß allein die Finanzkonglomeratsholdinggesellschaft ihren Sitz in einem Drittland hat, gelten. Auch bei einem solchen Finanzkonglomerat ist es wichtig, über die gruppenbezogene Eigenkapitalbetrachtung informiert zu sein. Dennoch hängt eine Beaufsichtigung davon ab, daß die Rechtsvorschriften des Drittlandes eine entsprechende Zusammenarbeit und Informationsbeschaffung ermöglichen.

D. Verantwortlichkeit für die gruppenweite Eigenkapitalausstattung?

Nunmehr stellt sich die Frage, welches Unternehmen im Finanzkonglomerat für die Einhaltung der gruppenweiten Kapitalausstattung aufsichtsrechtlich verantwortlich sein soll, wenn das Ergebnis des Kapitalwarntests Anlaß zu aufsichtsbehördlichem Einschreiten gibt. Nach allgemeinem Gesellschaftsrecht sind die Mitglieder der Geschäftsleitung des herrschenden Unternehmens im Verhältnis zur eigenen Gesellschaft verpflichtet, den Konzern mit der Sorgfalt eines ordentlichen und gewissenhaften Geschäftsleiters zu leiten, § 93 Abs. 1 AktG. Es ist aber umstritten, ob die Mitglieder der Geschäftsleitung des herrschenden Unternehmens auch im

33 Art. 1, 3, 8 der Konsolidierungsrichtlinie.
34 *Technische Sachverständigengruppe*, S. 51 ff.

Verhältnis zu den Tochterunternehmen zur ordnungsgemäßen Konzernleitung verpflichtet sind.[35] Daher kann die Lösung nicht bereits aus dem allgemeinen Gesellschaftsrecht entnommen werden. Gemäß § 10a Abs. 8 S. 1 KWG ist das übergeordnete Kreditinstitut für eine angemessene Eigenkapitalausstattung der Kreditinstitutsgruppe oder Finanzholding-Gruppe verantwortlich. Demgegenüber ist für den Solo-Plus-Ansatz nach dem Richtlinienvorschlag über die zusätzliche Beaufsichtigung von Versicherungsunternehmen einer Versicherungsgruppe keine Bestimmung über ein für die gruppenbezogene Eigenkapitalausstattung verantwortliches Versicherungsunternehmen vorgesehen. Dies ist folgerichtig, da es bei der Solo-Plus-Beaufsichtigung darum geht, den Solo-Plus-Solvenzstatus zu ermitteln, der das freie, nicht mit Risiken belegte Eigenkapital der Gruppe und Eigenkapitaldefizite, die einem beaufsichtigten Einzelunternehmen zuordenbar sind, ausweist.[36] Da hier eine qualitative Solo-Plus-Aufsichtsmethode befürwortet wird, bleibt es ebenfalls bei der Verantwortlichkeit des beaufsichtigten Einzelunternehmens gegenüber der zuständigen Aufsichtsbehörde, die entsprechende Maßnahmen aufgrund des Frühwarntests gegen die drohende Unterkapitalisierung ergreift.

E. Wechselwirkung zwischen den bestehenden Rechtsvorschriften und möglichen neuen aufsichtsrechtlichen Maßnahmen

Die geltenden Konsolidierungsvorschriften bzw. eine künftige quantitative Solo-Plus-Betrachtung nach der Versicherungsgruppenrichtlinie werden durch die neuen Vorschriften für Finanzkonglomerate im engeren Sinne, nämlich für solche, die sich aus Versicherungsunternehmen und Kreditinstituten bzw. Versicherungsunternehmen und Wertpapierdienstleistungsunternehmen zusammensetzen, ergänzt. Fraglich ist, wie bei einem solchen Finanzkonglomerat im engeren Sinne homogene Untergruppen und heterogene Teile, die relativ unbedeutend sind, behandelt werden

35 Vgl. hierzu *Lutter*, in: FS f. Stimpel, S. 825 ff.; *Uwe H. Schneider*, ZGR 1996, 240 und oben 4. Kap. B. I. 2. c) bbb). Abgesehen hiervon gibt es im EG-Ausland ohnehin kein einheitliches Konzernrecht, s. hierzu nur *Hopt*, in: liber amicorum f. Volhard, S. 74 ff.

36 S. hierzu noch Stellungnahme des Wirtschafts- und Sozialausschusses zum Richtlinienvorschlag über die zusätzliche Beaufsichtigung von Versicherungsunternehmen einer Versicherungsgruppe, CES 410/96, S. 5.

sollen.[37] Für homogene Untergruppen bestehen bereits die genannten Konsolidierungsvorschriften, die auch nach wie vor für diese maßgebend bleiben sollten. Ist aber die Untergruppe für die Gesamtgeschäftstätigkeit des Finanzkonglomerats relativ unbedeutend, könnte für die gruppenbezogene Eigenkapitalbetrachtung insofern ein Wahlrecht eingeräumt werden, daß nur die Vorschriften für Finanzkonglomerate im engeren Sinn gelten sollen.

F. Ergebnis

Im Ergebnis können folgende Definitionen festgehalten werden:

Im Sinne einer Richtlinie über die zusätzliche Beaufsichtigung von Versicherungsunternehmen, Kreditinstituten und Wertpapierfirmen eines Finanzkonglomerats liegt eine aufsichtsrechtlich relevante Unternehmensverbindung vor, wenn zwei oder mehr natürliche oder juristische Personen im Sinne des Artikels 1 Absätze 1 oder 2 der Richtlinie 83/349/EWG verbunden sind oder wenn ein gleichgeartetes Verhältnis zwischen einer natürlichen oder juristischen Person und einem Unternehmen besteht; jedes Tochterunternehmen eines Tochterunternehmens wird ebenfalls als Tochterunternehmen des Mutterunternehmens angesehen, das an der Spitze dieser Unternehmen steht.

Eine Finanzkonglomeratsholdinggesellschaft ist ein Finanzinstitut im Sinne von Art. 1 zweiter Gedankenstrich der Richtlinie 92/30/EWG oder ein Rückversicherungsunternehmen, dessen verbundene Unternehmen ausschließlich oder überwiegend beaufsichtigte Unternehmen, Finanzinstitute oder Rückversicherungsunternehmen sind. Für Rückversicherungsunternehmen kann wahlweise die Einbeziehung in einen Kapitalwarntest oder die Durchführung einer aufsichtsrechtlichen Transaktionskontrolle vorgesehen werden.

Es bedarf keiner Bestimmung eines für die gruppenweite Eigenkapitalausstattung verantwortlichen beaufsichtigten Einzelunternehmens.

Die bereits bestehenden Konsolidierungs- und Koordinierungsvorschriften bleiben durch eine Richtlinie zur zusätzlichen Beaufsichtigung von Finanzkonglomeraten im engeren Sinn grundsätzlich unberührt.

37 Ansätze hierzu *Technische Sachverständigengruppe*, S. 63.

11. Kapitel: Aufsichtssubjekte

A. Europäisches Aufsichtssubjekt

I. Ausgangslage

Weder durch das europäische Banken- noch das Versicherungsaufsichtsrecht ist eine europäische Aufsichtsbehörde eingeführt worden. Dies liegt daran, daß die bestehenden Aufsichtsrechte in den Mitgliedstaaten zum Zwecke der Verwirklichung eines europäischen Binnenmarktes harmonisiert, nicht jedoch vereinheitlicht oder zentralisiert wurden. Statt zentraler Institutionen in der EU wurden Kooperationspflichten zwischen den zuständigen Aufsichtsbehörden statuiert.[1] Jedoch wird angesichts der verstärkten grenzüberschreitenden Tätigkeit von Versicherungsunternehmen bisweilen erwogen, ein europäisches Aufsichtsamt für Versicherungsunternehmen einzurichten.[2] Im Bankenbereich wurde bislang nicht über eine Einrichtung einer europäischen Aufsichtsbehörde nachgedacht,[3] sondern diskutiert, ob einer europäischen Zentralbank Aufsichtsfunktionen übertragen werden sollen.[4] Auch für ein Finanzkonglomerat ist kritisch zu betrachten, ob eine effektive Aufsicht möglich ist, wenn Versicherungs-, Bank- und Wertpapieraufsichtsbehörden aus fünfzehn Mitgliedstaaten der EU zusammenarbeiten müssen.

---

1 S. hierzu 7. Kap.

2 Interview mit EU-Kommissar *Raniero Vanni d'Archirafi*, VW 1994, 764; *Dreher*, DB 1992, 2605, 2611; *Müller*, Überlegungen zur Vereinheitlichung, S. 29.

3 Z.B. *Horn*, ZBB 1994, 130, 141. Ablehnend auch *ICBS*, S. 111.

4 *Uwe H. Schneider/Troberg*, WM 1990, 166; *Hahn/Follak*, in: Dauses, Handbuch des EG-Wirtschaftsrechts, F. I. Rn. 57.

II. Subsidiarität versus Zentralisierung

1. *Grundproblematik*

Der Einrichtung zentraler Aufsichtsbehörden könnte der in Art. 3b EGV verankerte Subsidiaritätsgrundsatz entgegenstehen.[5] Danach ist bei allen Vorschlägen des EU-Gesetzgebers abzuwägen, ob diese zur Erreichung der Ziele des EU-Vertrags notwendig sind und ob das gleiche Ziel nicht durch Rechtsakte der Mitgliedstaaten erreicht werden kann.[6] Andererseits könnte die zunehmende Globalisierung der Märkte, die grenzüberschreitenden Auswirkungen des Zusammenbruchs insbesondere eines Finanzinstituts sowie die Gewährleistung einer einheitlichen Aufsichtspraxis für eine Zentralisierung der Aufsichtsfunktion sprechen.[7]

2. *Wirksamkeit der Zusammenarbeit*

In den Mitgliedstaaten bestehen bereits funktionierende Aufsichtsinstanzen, die zu intensiver Zusammenarbeit und Informationsaustausch verpflichtet sind. Sie erfassen sowohl die lediglich oder überwiegend national als auch grenzüberschreitend tätigen Institute. Eine zentrale Aufsichtsbehörde würde demgegenüber im wesentlichen nur die grenzüberschreitend tätigen Unternehmen im Blick haben, so daß ein föderaler Aufbau der nationalen und EU-Behörden sich abzeichnen würde. Zur Gewährleistung einheitlicher Aufsichtsstandards bleibt auch weiterhin die verstärkte Zusammenarbeit notwendig. Sie wäre aber aufgrund des Behördenaufbaus erleichtert.

---

5 *ICBS*, S. 111.

6 S. hierzu *Eiden*, in: Bleckmann, Europarecht, § 26 Rn. 2109; *Schweitzer/Hummer*, Europarecht, Rn. 892 ff.

7 In diesem Sinn *Pernice*, in: Grabitz/Hilf, Kommentar zur Europäischen Union, Bd. 1, Art. 105 EGV Rn. 17; s. auch *Müller*, Versicherungswissenschaftliche Studien, S. 66.

3. *Unterschiedliche Rechtsordnungen*

Problematisch könnte die Zuständigkeit einer zentralen Versicherungs- bzw. Bankaufsichtsbehörde deshalb sein, weil diese nicht nur das harmonisierte Aufsichtsrecht, sondern darüber hinaus auch das nationale Recht, das teilweise vom Aufsichtsrecht überlagert wird, anzuwenden hätte. Da sich aber die nationalen Rechte insbesondere im Konzernrecht wesentlich unterscheiden, ist fraglich, ob unter dem Gesichtspunkt der Subsidiarität die Einrichtung eines europäischen Amtes gerechtfertigt ist.

III. Europäische Zentralbank

Die Aufsicht über Kreditinstitute ist der Europäischen Zentralbank, deren vorrangiges Ziel die Gewährleistung der Preisstabilität ist, nicht übertragen; sie übernimmt lediglich beratende bzw. mitwirkende Hilfsfunktionen, Art. 105 Abs. 5 EGV. Diese Aufgabenwahrnehmung dient dem Zweck, die Stabilität des Finanzsystems zu erreichen, und ist durch die Satzung des Europäischen Systems der Zentralbanken näher umschrieben. Nach Art. 105 Abs. 6 EGV kann der Rat durch einstimmigen Beschluß besondere Aufgaben im Zusammenhang mit der Aufsicht über Kreditinstitute und sonstige Finanzinstitute mit Ausnahme der Versicherungsunternehmen übertragen.

IV. Folgerungen

Daß die Zuweisung von Aufsichtsaufgaben an die Europäische Zentralbank an einen einstimmigen Ratsbeschluß geknüpft ist, zeigt, daß man sich der Geltung des Subsidiaritätsprinzips bewußt ist und daß an dem Grundsatz der Zuständigkeitsverteilung und des Vollzugs des Gemeinschaftsrechts durch die Mitgliedstaaten festgehalten werden soll.[8] Der Gewährleistung einheitlicher Aufsichtsstandards dienen die jeweils eingerichteten Gremien der Aufseher, das Banking Advisory Committee[9] und der ver-

---

8 *Pernice*, in: Grabitz/Hilf, Kommentar zur Europäischen Union, Bd. 1, Art. 4a EGV Rn. 15; *Schmidt-Aßmann*, EuR 1996, 270; *von Borries*, in: FS f. Everling, Bd. 1, S. 127, 128, 145 ff.

9 S. Art. 11 der Ersten Bankrechtskoordinierungsrichtlinie.

schiedenen Konferenzen der Versicherungsaufseher[10]. Die Beherrschbarkeit der Risiken, die sich aus der zunehmenden Globalisierung ergeben können, wird nicht dadurch zwingend erleichtert, daß zentrale Aufsichtsbehörden im europäischen Bereich existieren, da eine internationale Zusammenarbeit mit anderen Aufsichtsinstanzen nicht entfällt und da der Vorteil der nationalen Behörde, der darin besteht, daß nationale Behörden Kenntnis über die nationale Wirtschaftsentwicklung haben, verlorengehen könnte. Aus Gründen des Systemrisikos, dem in besonderem Maße Kreditinstitute und auch Wertpapierdienstleistungsunternehmen ausgesetzt sind, ist es bereits jetzt möglich, durch einstimmigen Ratsbeschluß bestimmte Aufsichtsaufgaben der Europäischen Zentralbank zuzuweisen. Dies scheint unter dem Gesichtspunkt der Berücksichtigung der unterschiedlichen Interessen der Mitgliedstaaten und der Gemeinschaft hinreichend. Da für Versicherungsunternehmen vergleichbare Gefahren aus der zunehmenden Globalisierung oder aus dem Zusammenbruch eines Versicherungsunternehmens nicht drohen, kann es bei der Vollzugszuständigkeit der mitgliedstaatlichen Aufsichtsbehörden verbleiben.

B. Nationales Aufsichtssubjekt

I. Einheitsbehörde

1. Ausgangslage

Derzeit nehmen in Deutschland getrennte Aufsichtsbehörden die Beaufsichtigung über die Finanzdienstleistungsunternehmen wahr. In einigen Ländern ist die Banken- und Versicherungsaufsicht bereits in einem Amt zusammengefaßt, das für alle Bereiche gleichermaßen zuständig ist.[11] Vergleichbare Produkte und die verstärkte Kooperation zwischen Kreditinstituten und Versicherungsunternehmen könnten dafür sprechen, die Einzelaufsichten in einer Behörde auf nationaler Ebene zusammenzufassen.

---

10 *Müller*, Versicherungswissenschaftliche Studien, S. 63 f.

11 Vgl. dazu neuestens die Entwicklung in England, wo eine neue Oberbehörde zuständig sein wird für die Aufsicht von Banken, Wertpapierhäusern, Maklern, Versicherungen und voraussichtlich auch Bausparkassen, FAZ v. 22. Mai 1997, S. 17 („Großbritannien erhält eine zentrale Behörde für die Finanzaufsicht").

Andererseits ist erst kürzlich ein eigenes Aufsichtsamt für die Beaufsichtigung der Wertpapierdienstleistungsunternehmen errichtet und so die bislang vorherrschende Ansicht von der aufsichtsbehördlichen Trennung der verschiedenen Sektoren bestätigt worden. Zu erörtern ist daher auf der Grundlage dieser Gegebenheiten, ob der Einführung einer Einheitsbehörde Bedenken entgegenstehen.

a) Der Gesichtspunkt der zunehmenden Verwischung der Spartengrenzen

Für die Errichtung einer Einheitsbehörde spricht, daß es nicht überzeugend sein könnte, bei zentral gesteuerten Konzernen die einzelnen Glieder getrennt zu beaufsichtigen.[12] Dadurch daß die produktspezifische Ausrichtung der Versicherungsaufsicht durch den Wegfall der präventiven Prämien- und Bedingungskontrolle weitgehend weggefallen ist, haben sich die bislang als unterschiedlich und nicht überbrückbar erscheinenden Zielsetzungen der Aufsichtskonzeptionen weiter angenähert. Somit liegen in Teilbereichen gleichartige Aufsichtstechniken vor. Des weiteren sind Lebensversicherungsunternehmen banknahe Geschäfte bzw. Finanzdienstleistungsprodukte ohne Versicherungselement erlaubt. Schwierigkeiten könnte aber die Errichtung einer einheitlichen Behörde deshalb bereiten, weil materiell die Aufsichtsrechte unterschiedlich sind. Insbesondere unterscheiden sich die Aufsichtskonzeptionen in der Eindringtiefe und in der Finanzaufsicht. Voraussetzung einer einheitlichen Aufsichtsbehörde könnte demnach die Vereinheitlichung der Aufsichtsregeln sein.[13] Die Möglichkeiten der Realisierung einer integrierten Finanzaufsicht sind im 9. Kapitel erörtert worden. Beläßt man es – wie hier befürwortet – bei unterschiedlichen Aufsichtsregelungen, so wäre der Effizienzgewinn bei der Beaufsichtigung von Finanzkonglomeraten durch eine einheitliche Aufsichtsbehörde eher gering einzustufen, da innerhalb einer Behörde unterschiedliche Vorschriften angewendet und so intern Spezialzuständigkeiten vorgesehen werden müßten. Aber auch bei Einführung einer integrativen Aufsichtsnorm bedarf es der Beaufsichtigung des einzelnen Unternehmens im Hinblick auf die Einhaltung der sonstigen Aufsichtsnormen, insbesondere der versicherungsaufsichtsrechtlichen Kapitalanlage- und Rückstellungsvorschriften.

Zu erwägen wäre lediglich, ob für einzelne vergleichbare Produkte eine Aufsichtsbehörde zuständig sein könnte. Dafür spricht, daß auf diese Wei-

---

12 Vgl. *Haller*, Wandel der Finanzdienstleistungen, S. 338; *Kuntze*, ZfgK 1989, 718; *Wienberg*, S. 193; *Burghof/Rudolph*, Bankenaufsicht, S. 66.

13 Vgl. *Uwe H. Schneider*, WM 1990, 1655.

se neutrales aufsichtsrechtliches Handeln gewährleistet und Wettbewerbsverzerrungen (Vermeidung der Regulierungsarbitrage) verhindert werden könnten, da es keinen Anreiz gibt, Geschäftstätigkeiten auf minder regulierte Unternehmen zu transferieren. Problematisch an diesem funktionellen Aufsichtsansatz sind jedoch das entstehende Zuständigkeitsgeflecht und mögliche Kompetenzkonflikte. Daher trägt im Ergebnis eine weitere Aufsplitterung der Aufsichtszuständigkeiten nicht zu der angestrebten Aufsichtsvereinfachung bei.

b) Der Gesichtspunkt des effizienten Verwaltungshandelns

Mit einer einheitlichen Behörde könnten Kompetenzstreitigkeiten zwischen den jeweiligen Aufsichtsbehörden vermieden werden. Mehrfachzuständigkeiten unterschiedlicher Aufsichtsbehörden erschweren nämlich die Aufsicht. Auch besteht bislang ungeregelter Abstimmungsbedarf zwischen den unterschiedlichen Aufsichtsbehörden. Als Beispiel sei § 81 Abs. 4 S. 1 lit. b VAG genannt, wonach das BAV auch Anordnungen gegenüber Nichtversicherungsunternehmen treffen kann, soweit sie für das Versicherungsunternehmen Aufgaben, die Gegenstand eines Funktionsausgliederungsvertrages sind, übernehmen oder Leistungen aufgrund eines Dienstleistungsvertrages gemäß § 53d VAG erbringen.[14] Durch die Verkürzung der Informationswege kann der Kooperationsaufwand entscheidend verringert werden. Es besteht nämlich die Gefahr, daß die branchenbezogenen Aufsichtsbehörden nur schwer oder u.U. überhaupt nicht einen angemessenen und umfassenden Überblick über die Risikolage eines konglomeratsangehörigen Unternehmens erhalten. Eine einheitliche Aufsichtsbehörde erleichtert die Einschätzung der Gesamtrisikoposition eines Finanzkonglomerats. Dies erscheint um so wichtiger, als aufgrund der zunehmenden Überschneidungen der Produktpaletten von Banken und Versicherungsunternehmen eine eindeutige Risikozuweisung mehr und mehr erschwert wird. Nicht zuletzt lassen sich der Zusammenbruch der Bank of Credit and Commerce International (BCCI), die Fälle Barings und Maxwell teilweise auf Aufsichtsmängel zurückführen.[15]

Einheitliche Aufsichtsbehörden könnten aber auch dazu beitragen, daß die Spezialkenntnisse der Aufsichtsbehörden verkümmern. Ferner könnte die Aufsichtsphilosophie der dominanten Branche vorherrschend

---

14 Vgl. hierzu *Kollhosser*, in: Prölss, VAG, § 81 Rn. 122; *Fahr/Kaulbach*, VAG, § 81 Rn. 40 f.

15 Vgl. hierzu Erwägungsgründe der BCCI-Richtlinie.

werden.[16] Unbehagen bereitet auch die Vorstellung einer durch die Zusammenlegung der Aufsichtskompetenzen in einer Behörde entstehenden Riesenbehörde eines „Bundesaufsichtsamts für Finanzdienstleistungen".[17] Gegen die Gründung einer einheitlichen Behörde zur Überwachung von Finanzkonglomeraten spricht weiterhin, daß neben gesellschaftsrechtlich verbundenen Finanzdienstleistern auch Unternehmen bestehen bleiben werden, die sich für die Tätigkeit auf nur einem Geschäftsfeld entschieden haben, etwa weil sie als Nischenanbieter dort ein gutes Auskommen finden und nicht auf Verbünde angewiesen sind.[18] Für diese Unternehmen müßte weiterhin eine Spezialaufsicht bestehen. Im übrigen tendieren auch die von der Europäischen Kommission ausgehenden Überlegungen nicht in Richtung einer einheitlichen Aufsicht, sondern in die entgegengesetzte Richtung, wenn in Umsetzung der EG-Richtlinien eine eigenständige Aufsicht über Wertpapierunternehmen geregelt werden kann.[19]

c) Die Rolle der Bundesbank im Rahmen einer einheitlichen Aufsichtskompetenz

Gegen eine einheitliche Aufsichtsbehörde könnte ferner eingewandt werden, daß die Bundesbank an der Banken- und Versicherungsaufsicht unterschiedlich beteiligt ist. Grundlegende Norm für die Mitwirkung der Bundesbank an der Bankenaufsicht ist § 7 KWG. Die Grundsätze des BAK zur angemessenen Eigenkapitalausstattung und Liquidität der Kreditinstitute ergehen im Einvernehmen mit der Bundesbank. Zusätzlich bestehen ihr gegenüber Meldepflichten der Kreditinstitute. An der

---

16 *Haller*, Wandel der Finanzdienstleistungen, S. 340; *Häusele*, ZVersWiss 1994, 563, 621; *Hohlfeld*, WM 1994, 2105; *Gaddum*, ZfgK 1989, 710, 712; *Amely*, S. 259 ff.; *Kuntze*, ZfgK 1989, 719; *Uwe H. Schneider*, WM 1990, 1657; *R. Schmidt*, in: Prölss, VAG, Vorbem. Rn. 140 a.E.; *Müller*, Möglichkeiten und Grenzen von Allfinanzkonzepten, S. 35; *Weigel*, Auswirkungen unterschiedlicher Aufsichtssysteme, S. 41 ff.; *Hübner*, VR 1989, 108 f. So soll in Schweden und Norwegen, in denen die Aufsichtsbehörden zusammengefaßt wurden, die Erfahrung gemacht worden sein, daß die Bankenaufsicht dominiert, vgl. *Häusele*, ZVersWiss 1994, 621 m.N.; *Knauth/Welzel*, ZfgK 1993, 31. Für die Beibehaltung verschiedener Aufsichtsbehörden *Kümpel*, Bank- und Kapitalmarktrecht, Rn. 2.211.

17 S. auch *Hübner*, VR 1989, 109. In diesem Sinn auch *Kohler*, in: FS f. Volhard, S. 103.

18 *Imelmann*, S. 245.

19 Vgl. Art. 22, 23 der Richtlinie des Rates über Wertpapierdienstleistungen vom 10. Mai 1993, 93/22/EWG, ABl.EG v. 11. Juni 1993, Nr. L 141, S. 27 ff.

Versicherungsaufsicht ist dagegen die Bundesbank nicht beteiligt. Die auch Versicherungsunternehmen treffende Meldepflicht über Großkredite gemäß § 14 KWG dient bankaufsichtsrechtlichen Zwecken, da hierdurch die zu benachrichtigenden Kreditinstitute einen Überblick über die anderweitige Verschuldung eines Kreditnehmers erhalten sollen.[20] Berührungspunkte weisen aber Versicherungs- und Bankenaufsicht in den Regelungen der Kapitalanlage von Versicherungsunternehmen auf, § 54a Abs. 2 Nr. 9 KWG. Schließlich hat die Bankenaufsicht in Zusammenarbeit mit der Deutschen Bundesbank auch geldpolitische Ziele zu verfolgen.[21] Die unterschiedliche Beteiligung der Deutschen Bundesbank an den Aufsichtssystemen erschwert die Einrichtung einer einheitlichen Aufsichtsbehörde.[22] Verfassungsrechtliche Grenzen der Beteiligung der Bundesbank an einer vereinigten Banken- und Versicherungsaufsicht sind zu beachten.[23] Die Schwierigkeiten, die sich aus einer bankaufsichtsrechtlichen Beteiligung der Bundesbank ergeben könnten, erscheinen jedoch nicht unlösbar, da der Gesetzgeber im Rahmen seiner Kompetenzen gemäß Art. 87 Abs. 3 und Art. 74 Nr. 11 GG Verwaltungseinrichtungen gestalten kann. Jedoch ist zu beachten, daß die Bundesbank in den föderalen Aufbau des Europäischen Zentralbankensystems eingegliedert wird und daß gemäß Art. 105 Abs. 6 EGV der Europäischen Zentralbank keine Aufgaben der Versicherungsaufsicht übertragen werden können. Dies läßt den Schluß zu, daß auch die Bundesbank keine versicherungsaufsichtsrechtlichen Aufgaben wahrnehmen können soll.

2. *Ergebnis*

Im Ergebnis kann eine einheitliche Aufsichtsbehörde allenfalls dann befürwortet werden, wenn angeglichene bzw. einheitliche materielle Aufsichtsregeln für die am Finanzkonglomerat beteiligten Unternehmen kodifiziert sind. Solange dies jedoch nicht der Fall ist, wäre mit einer einheitlichen Aufsichtsbehörde keine Effizienzsteigerung der Aufsichtstätigkeit verbunden. Schließlich können nur durch eigenständige Aufsichtsbehör-

---

20 *Hahn*, ZfgK 1989, 714; *Siebelt*, WM 1989, 1273; *Szagunn/Haug/Ergenzinger*, KWG, § 2 Rn. 7.

21 Vgl. hierzu *Reischauer/Kleinhans*, KWG, § 7 Rn. 1 ff. S. auch *Siebelt*, WM 1989, 1269, 1272 f.

22 Vgl. hierzu *Siebelt*, WM 1989, 1269, 1273; *Hahn*, ZfgK 1989, 714.

23 Vgl. hierzu die Entscheidung des BVerfGE 14, 197, 211, zur Frage der Vereinbarkeit der aufsichtsrechtlichen Beteiligung an der Bankenaufsicht.

den für Wertpapierdienstleistungsunternehmen, Kreditinstitute und Versicherungsunternehmen die unterschiedliche Schwerpunktsetzung in den Aufsichtszielen gewahrt bleiben und eine stärkere Signalwirkung im Hinblick auf die Vertrauensbildung bei den Verkehrskreisen ausgehen.[24]

II. Leading Supervisor

1. Kompetenzordnung

Die Ablehnung der Bildung einer einheitlichen Aufsichtsbehörde schließt jedoch nicht aus, den institutionellen und funktionellen Veränderungen im Gruppenaufbau Rechnung zu tragen. Dabei kommt als institutioneller Mittelweg das Konzept einer federführenden Aufsichtsbehörde (leading supervisor) in Betracht, die für die Koordination der Aufsicht über Konglomerate als Ganzes verantwortlich ist. Mindestvoraussetzung einer wirksamen Aufsicht mittels einer solchen Konzeption ist die Schaffung widerspruchsfreier Zuständigkeiten, umfassender Informations- und Auskunftsrechte der Aufsichtsbehörden im Verhältnis zueinander, die Pflicht der Institute zur Offenlegung der gesamten Konzernstruktur sowie ein umfassendes Informationsrecht der Aufsichtsbehörden auch hinsichtlich der Vorgänge nicht aufsichtspflichtiger Gruppenunternehmen.[25] Die „Führung“ übernimmt diejenige Aufsichtsbehörde, die für das dominierende Geschäftsfeld des Finanzkonglomerats verantwortlich ist. Sie übernimmt die Ermittlung und Auswertung der für die Aufsicht über Finanz-

---

24 Hierzu Gesetzesbegründung zur Einrichtung eines Bundesaufsichtsamts für Wertpapierhandel, BR-Drs. 793/93, S. 109.

25 *Remsperger*, Die Bank 1989, 309; *Uwe H. Schneider*, WM 1990, 1657; *Haller*, Wandel der Finanzdienstleistungen, S. 339 f. Diese Lösung befürwortet die Tripartite Group, s. *de Swaan*-Report, S. 32 ff. Ebenso *IOSCO*, Principles for the Supervision of Financial Conglomerates, S. 25. *Deutsche Bundesbank*, Monatsbericht April 1994, S. 61; *Kohler*, in: FS f. Volhard, S. 103; *Amely*, S. 261 f.; *Häusele*, ZVersWiss 1994, 563, 612. In vergleichbaren Formen wird das Modell der führenden Aufsichtsbehörde in Großbritannien, Belgien und den Niederlanden derzeit praktiziert.
Ferner Art. 16 Zweite Bankrechtskoordinierungsrichtlinie; Art. 16 Abs. 5 der Dritten Versicherungsrichtlinien; Art. 7 Abs. 4 der Zweiten Konsolidierungsrichtlinie. Zur besonderen Bedeutung des Informationsaustauschs unter den Aufsichtsbehörden bei international tätigen Finanzinstituten s. AG 1997, R 174 „Internationale Finanzaufsicht“.

konglomerate relevanten Informationen und im Bedarfsfall die Koordination der notwendigen aufsichtsrechtlichen Maßnahmen. Die Übernahme einer führenden Rolle kann auch auf Fälle beschränkt bleiben, in denen das Finanzkonglomerat in Schwierigkeiten gerät oder hinsichtlich aufsichtsrechtlicher Maßnahmen Uneinigkeit zwischen den einzelnen Aufsichtsbehörden besteht.

Was soll aber geschehen, wenn kein dominierendes Geschäftsfeld im Finanzkonglomerat besteht? Hier bedarf es der einvernehmlichen Lösung unter den für die Einzelunternehmen zuständigen Aufsichtsbehörden. Als Vorbild könnte die Regelung des Art. 4 Abs. 2 S. 3 der Konsolidierungsrichtlinie entsprechend herangezogen werden.[26] Sonach ist die führende Aufsichtsbehörde vorrangig durch einvernehmliche Verständigung unter den Aufsichtsbehörden zu bestimmen, in zweiter Linie nach dem eingebundenen beaufsichtigten Unternehmen mit der größten Bilanzsumme, in dritter Linie nach dem beaufsichtigten Unternehmen mit der zeitlich früheren Zulassung. Das Kriterium der Bilanzsumme birgt jedoch den Nachteil, daß damit die Zuständigkeit von Jahr zu Jahr je nach Geschäftsentwicklung veränderlich ist. Problematisch könnte noch sein, daß zumindest in Deutschland die Finanzkonglomeratsentwicklung hauptsächlich von den Kreditinstituten ausging, da die Versicherungsunternehmen aufgrund aufsichtsrechtlicher Vorgaben, insbesondere des bis zu den Dritten Versicherungsrichtlinien weitgehend geltenden Spartentrennungsprinzips, an der Bildung von Finanzkonglomeraten, an deren Spitze ein Versicherungsunternehmen steht, gehindert waren. Daher würde mit Inkrafttreten einer solchen Regelung über den leading supervisor möglicherweise durch die Anbindung an die Konglomeratsspitze in den meisten Fällen die Bankenaufsichtsbehörde die federführende Aufsicht innehaben, so daß zu befürchten wäre, daß der versicherungsaufsichtsrechtliche Einfluß auf die

26 Art. 4 Abs. 2 S. 3 der Konsolidierungsrichtlinie formuliert: „Wenn es kein als Kreditinstitut zugelassenes Tochterunternehmen in dem Mitgliedstaat gibt, in dem die Finanz-Holdinggesellschaft ihren Sitz hat, so verständigen sich die zuständigen Behörden der betroffenen Mitgliedstaaten (einschließlich des Mitgliedstaats, in dem die Finanz-Holdinggesellschaft ihren Sitz hat), um einvernehmlich diejenigen zuständigen Behörden unter ihnen zu bestimmen, die die Beaufsichtigung auf konsolidierter Basis vornehmen sollen. Wird keine Übereinstimmung darüber erzielt, so wird die Beaufsichtigung auf konsolidierter Basis von denjenigen zuständigen Behörden durchgeführt, die das Kreditinstitut zugelassen haben, das die höchste Bilanzsumme hat; falls die Bilanzsumme gleich ist, erfolgt die Beaufsichtigung auf konsolidierter Basis durch diejenigen zuständigen Behörden, die zuerst die in Art. 3 der Richtlinie 77/780/EWG erwähnte Zulassung erteilt haben."

weitergehende Entwicklung und Gestaltung der Aufsichtsrechte zurückgedrängt würde. Diese Bedenken können aber dadurch ausgeräumt werden, daß die Einzelaufsichtsbehörden weiterhin bestehen bleiben und zu intensiver Zusammenarbeit auf der Grundlage des bereits vereinheitlichten Rechts verpflichtet werden.

2. *Eingriffsermächtigungen*

Der Tätigkeitsschwerpunkt der führenden Aufsichtsbehörde sollte in der Sammlung und Auswertung der zur Aufsicht erforderlichen Informationen, in der Koordination der aufsichtsbehördlichen Maßnahmen und in einem Vorschlagsrecht hinsichtlich der zu ergreifenden aufsichtsbehördlichen Maßnahmen liegen.[27] Dagegen bleibt die Eingriffszuständigkeit originär bei den für die Einzelaufsicht zuständigen Aufsichtsbehörden. Sind für die beaufsichtigten Unternehmen eines Finanzkonglomerats Aufsichtsbehörden nur eines Mitgliedstaates zuständig, ist für die Tätigkeit der führenden Aufsichtsbehörde ein Informationsaustausch zwischen den zuständigen Behörden notwendig, aber auch ausreichend. Haben die für die Einzelaufsicht zuständigen Aufsichtsbehörden ihren Sitz in unterschiedlichen Mitgliedstaaten, bedarf es für die wirksame und wirkungsvolle Tätigkeit der führenden Aufsichtsbehörde eines stärker geordneten Informationsaustausches und einer stärker geordneten Zusammenarbeit, die beispielsweise durch bilaterale Memoranden erzielt werden könnten. Dagegen sollte die führende Aufsichtsbehörde nicht mit eigenen Eingriffsbefugnissen gegenüber einem beaufsichtigten Unternehmen eines Finanzkonglomerats ausgestattet werden, für das es im Rahmen der Einzelaufsicht unzuständig ist. Denn die grundsätzlich institutionengeprägte Kompetenzordnung sollte ihrem Charakter nach erhalten bleiben können.

Fraglich ist, ob die führende Aufsichtsbehörde die erforderlichen Informationen von den beaufsichtigten Unternehmen eines Finanzkonglomerates oder von den für die Einzelaufsicht zuständigen Aufsichtsbehörden oder von beiden Quellen erhält. Damit die beaufsichtigten Unternehmen nicht durch die aufsichtsbehördliche Kompetenzordnung unverhältnismäßig mit Kosten und Verwaltungsaufwand belastet werden, liegt die Weitergabe der Informationen in der Verantwortung der für die Einzel-

27 In diesem Sinne auch *de-Swaan*-Report, S. 32 f. Zum Informationsaustausch der zuständigen Behörden hinsichtlich international tätiger Finanzkonglomerate s. ausf. *Joint Forum*, S. 43 ff., 97 ff., 105 ff.

aufsicht zuständigen Aufsichtsbehörden. Damit erübrigt sich auch die Problematik der Weitergabe von Informationen, die die führende Aufsichtsbehörde von den Unternehmen des Finanzkonglomerats erhalten hat, die aber den für die Einzelaufsicht zuständigen Aufsichtsbehörden selbst nicht vorliegen.

Fraglich ist des weiteren, ob das Vorschlagsrecht und die Koordination der aufsichtsbehördlichen Maßnahmen durch die führende Aufsichtsbehörde von den für die Einzelaufsicht zuständigen Aufsichtsbehörden beachtet und befolgt werden müssen oder ob diese sich über Vorschläge der führenden Aufsichtsbehörde hinwegsetzen können. Mit anderen Worten stellt sich die Frage, ob die führende Aufsichtsbehörde gegenüber den für die Einzelaufsicht zuständigen Aufsichtsbehörden ein Weisungsrecht hat. Angesichts dessen, daß wesentliches Merkmal der führenden Aufsichtsbehörde die Sammlung und Auswertung von Informationen ist und daß die originäre Eingriffszuständigkeit bei den für die Einzelaufsicht zuständigen Aufsichtsbehörden verbleibt, kann ein solches Weisungsrecht nicht angenommen werden. Damit besteht aber zugleich die Gefahr der Wirkungslosigkeit der führenden Aufsichtsbehörde, da sie leicht von den Einzelaufsichtsbehörden ignoriert werden könnte. Dem ist durch Memoranden und regen Informationsaustausch sowie regelmäßigen Konferenzen der Aufsichtsbehörden entgegenzuwirken.

C. Führender Abschlußprüfer

Spätestens mit der Verabschiedung der BCCI-Richtlinie sind externe Stellen, insbesondere der Abschlußprüfer, für aufsichtsrechtliche Zwecke verstärkt bedeutsam und entsprechend instrumentalisiert worden.[28] Demzufolge stellt sich die Frage, ob zur Beaufsichtigung von Finanzkonglomeraten ein führender Abschlußprüfer benannt werden kann und soll.[29] Die Bestimmung eines führenden Abschlußprüfers hätte den Vorteil, daß er einen vollständigen Überblick über die Aktivitäten in der Gruppe gewinnen und so besser und früher über kritische Situationen informiert sein kann. Ein führender Abschlußprüfer könnte auch dann sinnvoll sein, wenn Finanzkonglomerate einen Konzernabschluß vorlegen müssen. Be-

---

28 Vgl. Art. 5 der BCCI-Richtlinie.

29 Befürwortend die Tripartite Group, *de Swaan*-Report, S. 34 f.

denken grundsätzlicher Art bestehen gegen den Einsatz von Abschlußprüfern zu Aufsichtszwecken.[30] Ferner erweckt die Bestimmung eines führenden Abschlußprüfers aus wettbewerbsrechtlichen Gründen Bedenken. Wegen des umfassenden Know-how, das von einem Abschlußprüfer bei der Prüfung eines Finanzkonglomerats insgesamt gefordert wird, würden auf diese Weise große, umfassend ausgestattete Wirtschaftsprüfungsgesellschaften gegenüber kleineren privilegiert. Daher sollte eine solche Regelung, die markt- und wettbewerbsregulierend wirken könnte, nicht vorgesehen werden.

D. Ergebnis

Im Ergebnis ist an der vorrangigen Zuständigkeit der nationalen Aufsichtsbehörden festzuhalten und für Finanzkonglomerate ein leading supervisor zu bestimmen.

30 S. hierzu bereits 6. Kap. C.

Zusammenfassung der wesentlichen Ergebnisse

Die Untersuchung hat im wesentlichen folgende Ergebnisse hervorgebracht, die thesenartig wiedergegeben werden:

1. Veränderungen auf den Finanzmärkten, die zunehmende Internationalisierung und Sekurisation einerseits und ein erhöhtes Anlage- und Vorsorgebedürfnis in der Bevölkerung andererseits haben zu einem schärferen Wettbewerb im Finanzdienstleistungssektor, aber auch zu einer verstärkten Gruppenbildung unter den Unternehmen der Finanzdienstleistungsbranche geführt. Organisatorisch werden zur Verstärkung des Allfinanzangebots Kooperationen, strategische Beteiligungen oder die Konzernbildung gewählt. Dadurch werden die funktionalen und institutionellen Trennungslinien zwischen den einzelnen Sektoren der Finanzdienstleistungen mehr und mehr aufgehoben. Das Aufsichtsrecht ist herausgefordert.

2. Die an einem Finanzkonglomerat beteiligten Kreditinstitute und Versicherungsunternehmen unterliegen institutionell getrennten staatlichen Wirtschaftsaufsichten, die durch EU-Richtlinien jeweils weitgehend harmonisiert sind und eine weitgehend identische Zielsetzung, nämlich die Funktionssicherung des Marktes und den Gläubigerschutz, verfolgen. Eine gruppenbezogene Aufsicht über Finanzkonglomerate besteht bereits in Ansätzen aufgrund der BCCI-Richtlinie im Bereich der Offenlegung der Strukturen von Finanzkonglomeraten, nicht jedoch im Bereich der Finanzaufsicht. Die derzeit bestehenden getrennten Finanzaufsichten für Versicherungsunternehmen und Kreditinstitute weisen erhebliche Unterschiede auf.

3. Organisatorische, wirtschaftliche und finanzwirtschaftliche Verflechtungen zwischen den Unternehmen können bewirken, daß die Risiken der Einzelunternehmen eines Finanzkonglomerats nicht nur auf diese beschränkt bleiben, sondern auf andere Gruppenunternehmen oder auf das gesamte Finanzkonglomerat übergreifen (Ansteckungsgefahr). Ansteckungsgefahren können sich aus rechtlichen und moralischen Haftungsverpflichtungen ergeben und entweder aufgrund der Einflußnahmemöglichkeit eines Unternehmens über ein anderes oder aufgrund der kapitalmäßigen Verflechtung der Unternehmen untereinander verursacht werden.

a) Quellen der Einflußnahmemöglichkeiten auf ein beaufsichtigtes Unternehmen müssen angezeigt, Unternehmensverträge versicherungsaufsichtsrechtlich vorgelegt und genehmigt werden, und die Inhaber bedeutender Beteiligungen sind einer aufsichtsrechtlichen Zuverlässigkeitskontrolle unterworfen. Aufgrund der strikten versicherungsaufsichtsrechtlichen Konzernbildungskontrolle sind Unternehmensverträge zwischen Kreditinstituten und Versicherungsunternehmen weitgehend unzulässig. Hingegen können faktische Konzernierungen vorgenommen werden, wobei aus versicherungswirtschaftlicher Perspektive aufgrund aufsichtsrechtlicher Begrenzungen in den meisten Fällen eine Holdinggesellschaft an der Konzernspitze installiert wird. Eine Unternehmensgruppe eigener Art stellt der Sparkassen-Versicherungs-Verbund, im wesentlichen bestehend aus öffentlich-rechtlichen Unternehmen, dar, auf den die konzernrechtlichen Tatbestände allenfalls im Verhältnis Verband zu Verbundunternehmen, nicht jedoch im Verhältnis der Verbundunternehmen untereinander analog angewendet werden können.

b) Die Risiken aus gruppeninternen Eigenkapitalschöpfungsmöglichkeiten sind im Finanzkonglomerat differenziert zu betrachten. Eine einfache Übertragung der kreditaufsichtsrechtlichen Konsolidierungsvorschriften auf Finanzkonglomerate verbietet sich daher.

c) Aufgrund der bereits in Kraft getretenen Richtlinien bzw. der noch zu erlassenden Richtlinie über die zusätzliche Beaufsichtigung von Versicherungsunternehmen einer Versicherungsgruppe sind bzw. werden weitgehende Transparenz und umfassende Informationsmöglichkeiten geschaffen.

4. Ansteckungsgefahren, die aus leitungsspezifischen Haftungstatbeständen und Gewinnverlagerungen resultieren, können durch aufsichtsrechtliche Vorkehrungen im Bereich der Konzernbildungskontrolle (Aktionärs- und Geschäftsleiterkontrolle), der Offenlegungspflichten und der aufsichtsrechtlichen Transaktionskontrolle weitgehend wirksam begrenzt werden.

5. Dem Kumulrisiko kann im Wege einer gesteigerten Finanzaufsicht gesteuert werden. Angesichts dessen, daß es keine umfassende und zugleich bezahlbare Sicherheit gibt und daß das Aufsichtsrecht nicht zum Ziel hat, Unternehmensinsolvenzen um jeden Preis zu vermeiden, ist ein Kompromiß zwischen Sicherheitsbedürfnis der Gläubiger einerseits und Wettbewerbsfähigkeit der Unternehmen andererseits anzustreben.

6. Angesichts der Allfinanzentwicklung, der Globalisierung der Finanzmärkte und des zunehmenden Wettbewerbsdrucks ist § 7 Abs. 2 S. 1 VAG wegen seiner unklaren Handhabung reformbedürftig.

7. Nicht allein eine angemessene Eigenkapitalausstattung vermag gegen Ansteckungsgefahren zu schützen, sondern ein ausgewogenes und abgestimmtes Instrumentarium verschiedener Aufsichtsmaßnahmen (Transparenz, Geschäftsleiterkontrolle etc.) hilft, Unternehmensinsolvenzen

vorzubeugen. Denn Insolvenzen werden in der Regel durch eine Kombination verschiedener Faktoren (z.B. unprofessionelle Geschäftsführung, Intransparenz etc.) verursacht.

8. Im Hinblick auf die Konstruktion einer gruppenbezogenen Finanzaufsicht hat sich der konsolidierte Ansatz einer Gesamtrisikobetrachtung als ungeeignet erwiesen. Auf der Grundlage eines quantitativen Solo-Plus-Ansatzes kann das Phänomen der Mehrfachbelegung der Eigenmittel im Finanzkonglomerat wirksam beseitigt werden. Jedoch lassen derzeit bestehende technische Schwierigkeiten bei der Entwicklung einer ausgereiften Solo-Plus-Methode und die Gefahr der Überregulierung mit der damit verbundenen Gefahr unbegründet hoher Kapitalkosten einen flexibleren qualitativen Solo-Plus-Ansatz in Form eines Kapitalwarntests vorzugswürdig erscheinen. Eine solche qualitative Methode ist mit einer aufsichtsrechtlichen Transaktionskontrolle zu flankieren.

Im Sinne einer zu erlassenden Richtlinie über die zusätzliche Beaufsichtigung von Versicherungsunternehmen, Kreditinstituten und Wertpapierdienstleistungsunternehmen eines Finanzkonglomerats liegt im wesentlichen eine aufsichtsrechtlich relevante Unternehmensverbindung vor, wenn zwei oder mehr natürliche oder juristische Personen im Sinne des Art. 1 Absätze 1 und 2 der Richtlinie 83/349/EWG oder durch ein gleichgeartetes Verhältnis zwischen einer natürlichen oder juristischen Person und einem Unternehmen verbunden sind; jedes Tochterunternehmen eines Tochterunternehmens wird ebenfalls als Tochterunternehmen des Mutterunternehmens angesehen, das an der Spitze dieser Unternehmen steht.

9. Die Errichtung einer europäischen einheitlichen Versicherungs-, Banken- oder Finanzkonglomeratsaufsichtsbehörde ist nicht gerechtfertigt. Es ist an der vorrangigen Zuständigkeit der nationalen Aufsichtsbehörden festzuhalten und zur Beaufsichtigung von Finanzkonglomeraten ein leading supervisor zu bestimmen. Von der Benennung eines führenden Abschlußprüfers ist abzusehen.

Sachregister

Bei Fragen zur Produktsicherheit wenden Sie sich bitte an:
If you have any questions regarding product safety,
please contact:

Walter de Gruyter GmbH
Genthiner Straße 13
10785 Berlin
productsafety@degruyterbrill.com